力動的心理査定

ロールシャッハ法の継起分析を中心に

Baba Reiko
馬場禮子 編著

岩崎学術出版社

目　次

序　章　　　　　　　　　　　　　　　　　　　　　馬場　禮子　*1*

第Ⅰ部　理論編

第1章　力動的解釈の歴史　　　　　　　　　　　　伊藤　幸江　*8*
第2章　施行法・記号化について——片口法とその修正点　黒田　浩司　*34*
第3章　各記号の解釈仮説　　　　　　　　　　　　人見健太郎　*78*
第4章　解釈法①——解釈過程の力動的理解と量的分析　内田　良一　*101*
第5章　解釈法②——継起分析　　　　　　　　　　西河　正行　*121*
第6章　テストバッテリーと退行現象
　　　　１．テストバッテリーについて　　　　　　人見健太郎　*155*
　　　　２．退行理論と投映法　　　　　　　　　　馬場　禮子　*160*
第7章　パーソナリティの病理とそのロールシャッハ法への
　　　　現れ——自我の機能と機制を中心に　　　　馬場　禮子　*167*
第8章　他の検査との統合——SCTの場合　　　　　村部　妙美　*191*
第9章　所見の書き方　　　　　　　　　　　　　　伊藤　幸江　*209*

第Ⅱ部　事例編

ケース1　神経症水準の現れ①——ヒステリー性格　　　　　　　*222*
ケース2　神経症水準の現れ②——強迫性格　　　　　　　　　　*237*
ケース3　BPO水準の現れ①——結合型　　　　　　　　　　　　*251*
ケース4　BPO水準の現れ②——併存型　　　　　　　　　　　　*268*
ケース5　精神病水準の現れ①——反応継起がある程度理解できる事例　*283*
ケース6　精神病水準の現れ②——サインの顕著な統合失調症の例　*312*

文　献　　　　　　　　　　　　　　　　　　　　　　　　　　　*327*
継起分析の基本姿勢——あとがきに代えて　　　　　西河　正行　*339*
付　記　　　　　　　　　　　　　　　　　　　　　人見健太郎　*341*
人名索引　　　　　　　　　　　　　　　　　　　　　　　　　　*343*
事項索引　　　　　　　　　　　　　　　　　　　　　　　　　　*345*

序　章

馬場　禮子

1．本書出版の経緯について

　このたび，ロールシャッハ法を中心とする投映法解釈の学習を長年続けて来たグループのメンバーとともに，心理検査を用いた心理アセスメントに関する一冊の本を出すことになった。その中心になるのは，私が研究と実践を続けて来たロールシャッハ法の解釈である。著者たちは，主に大学院生の時代に私の投映法の授業を受講した人たちで，大学院修了後もずっと同じ研究会で，投映法解釈の事例検討会を続け，今ではそれぞれ指導的な立場にあるベテラン研究者・臨床家たちである。

　私は主としてロールシャッハ法の解釈技法を研究し，それを心理査定全体の中に位置づけながら解釈法を推敲し，さらにそれを教えることを長年にわたって続けて来た。教える相手は次第に広がり，数を増して行った。その間に指導者として私の方法を教えられる人も増え，その人たちもこの方法を教えるようになった。そのようにして広まった私の解釈法は，ふと気がつくと私の手を離れて一人歩きしていた。私の訳語である「継起分析」という言葉が sequence analysis 一般を指す言葉として使われるようになっていた（従来，一般的用語は「継列分析」であった）。それだけ広く使われるほどに有用な方法であるなら，これほど嬉しく有り難いことはない。研究者冥利に尽きることである。しかしその一方で，私の与り知らぬところで何らか誤った使い方がされているかもしれないという懸念も起ってくる。

　このような懸念をベテラン研究会で話したところ，それではこの際，精神分析的な心理査定について総まとめする本をこのグループで作り，私の投映法解釈を確認し直そうではないかということになった。本書はそのような経緯から作成されたものである。

出版の相談を始めた当初は、ロールシャッハ法解釈の解説書を作るつもりであった。しかし、たとえロールシャッハ法のように情報量の多い検査であっても、一つの検査の理解のみで被検者の人物やその病理の描写をすることは不可能である。私たちが常にやっているのは、いくつかの検査の所見、臨床像、さらにできれば被検者の生活状況や成育史に関わる情報を収集し、総合的に判断することである。

これらの手続きをすべて行わなければ、"心理検査を用いた心理査定"をしたことにはならないのであって、日常の臨床でも、Korchin, S. J. のいうフォーマルアセスメント（Korchin, S. J. 1976, 村瀬孝雄訳 1980）をする場合には、この手続きがなされている。そこで、書くのならばそこまで、単なるロールシャッハ法の解説書ではなく、パーソナリティ査定および病理査定のすべての手続きを記載し、その中に中心となるロールシャッハ法を位置づけた解説書にしようということになった。

本書はこのような経緯から生まれた、ささやかながらも力動的心理査定の集大成である。

2．投映法を用いた臨床心理査定の役割

私が準拠する理論は精神分析理論である。投映法を中心とする心理アセスメントを行う場合、どのような検査法やシステムを使うにしても、そのパーソナリティ理解の基礎には何らかの人格理論および人格病態論があることは、欧米の心理臨床家にとってはきわめて一般的なことである。そしてその場合大多数の心理臨床家が基礎に置くのは力動的理論（広い意味での精神分析理論）であって、すでにその方向性は Rorschach, H. 自身から始まっていた。それは鈴木睦夫氏の訳（1988）による『精神診断学』に収録されている Rorschach, H. による事例解釈の論文を見ても明らかである。

しかしわが国では、それは数ある立場の一つに過ぎないと位置づけられている。それでは他の立場はどのような理論に基づいているかというと、例えば名古屋大学法、大阪大学法、包括システム、片口法、というように、それぞれのシステムが挙げられるだけで、解釈の背景となる人格理論は明らかでない。そこで、私のように理論的基盤を提唱するのは特殊な立場ということになる。また一方、私は独自のシステムを持たない。私自身、初めのうちは Rapaport 法に準拠していたが、次第に周囲に片口のシステムを使う人が多くなって、周囲

の人々と共通言語で語れることが望ましいという考えから，片口法に準拠するようになった。解釈の仕方や観点はどのシステムを使っても変わらないので，現在では包括システムも取り入れている。このような特徴も私の方法を不明瞭にしている一因かもしれない[注1]。

どのようなシステムに準拠するにしても，それは検査資料収集の手続きに過ぎない。重要なのは収集した資料をどのように読み込むのか，そこから何を読み取るのかということであって，その読み方の中心には，読み手が背景にしている人格理論や病態論がなければならない。精神医学的診断の基準がDSMやICDによって画一化されて以来，症状や疾患にかかわる個人的な条件は軽視される傾向が強い。しかし精神疾患は一人一人の"人"についての細やかな情報がなければ，深い理解と適切なトリートメントには繋がらない。そしてこの診断名と個人との間隙を埋めるものの一つとして，投映法を用いた心理アセスメントによる理解がある。したがってその理解には，パーソナリティに関する深い理解のための理論がぜひとも必要である。

3．私のロールシャッハ法解釈について

本書の序論の一部として，私がどのような経緯から現在の解釈法に到達したのかについて，その経緯を述べておきたい。私にとって，投映法への関心と精神分析への関心はほぼ同時に始まり，しかもそれは心理臨床の世界に入ったのと同時（1956年頃）であった。投映法に関する教科書としても，最初に注目し入手したのはRapaport, D. 他のDiagnostic psychological Testing（1946）であり，この本で学んだゆえにロールシャッハ法のシステムもRapaport法から始めたのであった。ただし，当時日本にはすでにいくつものシステムが紹介されていたので，解釈技法については，システムを超えて多くの研究者の方法を調べ，実際の検査資料に適用し，所見を主治医の観察と照合するなどして研鑽していた。そうした中で，特に役に立つと思われたのは，Klopfer, B. とSchafer, R. が提唱している sequence analysis の方法であった（どちらも1954年の文献）。

しかし，どちらも，具体的な分析方法については詳述されていない。

注1）不明瞭な私の立場を，松本真理子氏らの近著（2013）では「慶大法」と名づけて紹介してくださっている。）

Klopferは「sequence analysisのやり方について説明するのは難しい。分析の実例を示すのが最もよい教授法である」として，必要な注意点12ヵ条をあげるのみである[注2]。

　Schaferの著書には，これよりは遥かに多くの分析法に関する記載がある。彼は反応語の読み取り方を，量的分析，内容分析，主題分析，態度分析，継起分析，と分けて説明している。反応継起の力動的な読み方としては，自我の機能の仕方を観察の焦点とし，適切に機能している状態から退行して機能低下するという継起，低下して欲動に支配されている状態から現実検討力を回復する継起などを，実例を挙げて説明している。

　しかし，それぞれの分析法の詳細は，やはり読書のみで理解するのは難しい性質のものである。また彼の解説は，とかく反応語の"内容"に注目が偏りがちで，反応語の"構成"のされ方への分析的観点が乏しいと思われた。構成というのは，反応語の枠組み，つまり領域の取り方，形態質，決定因の選び方である。

　私がこの構成を重視するのには二つの理由がある。第一の理由は，とかく分析者の主観で決めつけがちな継起分析を，より客観的で分析者による偏りの少ないものにするには，誰がやっても一定になる客観的な分析の手がかりが必要である。そのために，各反応語に付随するスコア（領域，決定因，内容，形態水準）を手がかりにする読み方を徹底し，活用するとよいのではないかということである。この読み方を手引書に記載すれば，多くの人が独学でも継起分析法を身につけられるはずである。第二の理由は，この構成的側面にこそ，自我機能の働き方の善し悪しや，自我の防衛／適応のメカニズム（機制）が示されるので，これは健康と病理の測定には不可欠の側面である。反応語の内容や主題には，その被検者のファンタジーという側面が示されるが，そのファンタジーがどのような自我機能の支えの中で表現されるのかによって，あり方は全く異なるのである。

　このような理由から，"反応ごとにスコアの変遷をよく見ること"をやかましく注意する私の継起分析の手法が出来ていった。しかし実際には，必ずしもスコアの変遷にばかりに注目するのが望ましい分析法とは言えない。私自身が継起分析をしている時の心理状態を振り返ってみると，特にどこにも注意を向

注2）Klopferのもとへ留学された河合隼雄先生の話では，彼の解釈法の教育はsequence analysisによる事例検討ばかりだったということである。

けず，というより，反応語のあらゆる現象に同様の注意を向けて，常に全体を見回している。するとおのずから，反応語の構成と内容，言葉遣いと態度，その移り変わりが，流れとして私の感覚に入ってくる。たとえば，いま少し動揺して注意散漫になった―ちょっと見方が変わった―気分も変わって生き生きしてきた―新しいカードを見て不安になっている―次第に落ち着いてきた，というように。それが自我機能の変遷と感情や気分の変遷として把握される。その浮き沈みの激しさや深さに個人差があって，それが健康と病理と個性の指標となる。この読み方が身につくと，継起分析が出来ていると言えるのである。このアプローチを言葉で説明するのは難しいが，私の研修会で育った人たちに，これが出来ている人が大勢いるということは，熟練することが可能な方法であろうと信じている。

4．本書の成り立ち

　本書は2部からなり第Ⅰ部は理論編，第Ⅱ部は事例編となっている。
　第Ⅰ部第1章は歴史で，ロールシャッハ法が最もよく使われ研究されて来た米国を中心に，力動的解釈の研究史をまとめた。この領域に特化した歴史解説はわが国では珍しいであろう。わが国での歴史も調べて記載したが，むしろこの領域の研究がいかに少ないかが浮き彫りになった。
　第2章では私たちが準拠している片口法について，私たちの修正点を中心に解説している。「システムとしては片口法に準拠する」と提唱した以上，片口法に忠実に従うべきかもしれない。しかし実際に使ってみると不合理なところも多々見出される。他の研究者の主張や方法を参照しながら改善しているうちに，かなりの数の修正が生じて来た。これらを中心にシステムの見直しをした章である。
　第3章は記号の解釈仮説である。片口はKlopfer法を基礎にしているので，記号の意味づけはKlopferに準拠しており，基本的に力動的であるから，修正は少ない。しかしここでも，多くの研究書を参照しながら次第に追加修正したところも多いので，それらを記載している。
　第4章は私たちの解釈の基本的な考え方や姿勢について記した部分と量的分析の位置づけ，及び片口の修正点について記載している。
　第5章は継起分析の実際の手続きについて言葉で表現するという，最も難しい仕事を試みたものである。執筆者はさらにここでは書ききれなかったことを

あとがきで記載している。つまり継起分析の基本姿勢とも言うべきものである。

　第6章はテストバッテリー論で，投映法の構造とその観点に基づいたロールシャッハ法の位置づけである。これが分かっていないと複数の心理検査の所見を適切に配置して理解することができない。

　第7章はロールシャッハ法に示された現象の意味を理解するために必要な背景理論である。本章で述べているような力動的パーソナリティ論や病態論を背景にしなければ，ロールシャッハ現象を力動的に意味づけることはできない。

　第8章はロールシャッハ法と組み合わせる投映法のうち，最も重要なSCTの力動的解釈，および組み合わせる際の留意点について述べている。

　第9章は検査結果を臨床的に如何に使うか，被検者，主治医，その他の関係者に伝える際の留意点について述べている。

　以上のように本書は，馬場による力動的解釈を中心に置いた心理アセスメントを行なうために必要なことのすべてを一冊にまとめたものと言える。その後に続く第Ⅱ部・事例編は，いくつかの代表的な病理を持つ事例の解釈を，実例として掲載した。投映法理解の学習には，ケーススタディが最も有益なのだが，スペースの関係と守秘義務の関係から，掲載できる事例が少なくなるのは残念であるがやむを得ない。できる限り学ぶところの多い事例を選んで提示した。

第Ⅰ部
理論編

第1章　力動的解釈の歴史

伊藤　幸江

1．精神分析的立場によるロールシャッハ法解釈の歴史

ロールシャッハ法は，Rorschach, H. の『精神診断学』（1921）以来，量的研究と質的研究が相補的に発展してきた。質的研究の多くは精神分析理論に基づく。本章では精神分析に基づく主要な研究について概括する。

1）Rorschach, H.

Rorschach, H. は，Ellenberger, H.（1954）によると，1884年11月8日スイスのチューリヒで生まれ，少年時代と青年時代をシャフハウゼンで過ごし，医学を学ぶために1904年チューリヒに移り，1909年医師免許を取得した。当時のチューリヒ大学精神科の教授は Bleuler, E. で，大学の精神科診療所も高い評価を得ていた。同僚の多くが大学の診療所に行くなか，Rorschach, H. はミュンスターリンゲンの州立病院で精神科医としての最初の一歩を踏み出し，精神医学の実際を学びつつ，学位論文の準備を始めた。

その傍ら，インクのしみに対する連想と Jung, C. の連想検査法を比較する実験を，シャフハウゼンの州立学校時代の友人 Gehring, K. と共同で行っている。しかしすぐにやめてしまう。そのわけは，「彼がだんだんと精神分析に熱中するようになったからである」と Ellenberger, H.（1954）はいう。Rorschach, H. は，1912年から1914年にかけて『精神分析学中央誌』（Zentralblatt für Psychoanalyse）に小論文や書評を投稿しており，1919年に精神分析の新しい団体が結成されたときには副会長に選出されている。会長は Oberholzer, E. だった。

1918年，Rorschach, H. はインクのしみを使った研究を再開した。Ellenberger, H.（1954）によると，その前年 Hens, S. というポーランド人がインク

のしみを使った想像についての研究をBleuler, E.の承認した学位論文のなかで発表しており，それに衝撃を受けたのだという。

　Rorschach, H.はインクのしみを使った研究を当時の勤務地ヘリザウの医学会で発表したが，あまり理解されなかった。そこで書物にまとめようと考えたが，出版を引き受ける会社がなかなか見つからず，主著『Psychodiadnostik（精神診断学）』が刊行されたのは1921年6月末であった。その9カ月後の1922年4月2日，彼は不帰の客となった。

　ところで，インクのしみを何かに見立てるという着想はRorschach, H.の創案ではない。18世紀から20世紀にかけてのヨーロッパでは，紙の上にインクをこぼして折りたたんでしみを作ってそれを何かに見立てる遊びが流行り，そうやって作ったしみを刺激に用いて知能や想像力を探求する研究がいくつか発表されていた。Hens, S.の研究もそのひとつである。しかしそれらは今日話題にのぼらない。Rorschach, H.の研究が100年近く経た今なお活用されているのは何故だろうか。

　Ellenberger, H. F.（1981）は，Rorschach, H.の研究がHens, S.の研究よりも勝る点として，「第1に図版が美しく魅力的であること，第2に心理学的診断のつくパーソナリティ・テストを作製し，ブラインドで診断するところまで進めたこと，第3に記録と評価のシステムをつくりあげたこと，第4に『精神診断学』の豊かさ」を挙げる。

　第1に関して，Rorschach, H.の図版は確かに美しい。単純に美しいばかりでなく，怪しい暗さも湛えている。そしてインクブロットのどこに目を据えても，見ようとすれば何かが見えてくる。けれどそのものそのままではない。ああも見えるし，こうも見える。

　Hens, S.がインクブロットを作ったとき20～30枚に1枚しかものにならなかったという。苦労の末にできあがったそのインクブロットを，Ellenberger, H. F.は「芸術的な質が貧しい」と酷評する。わが国でも20世紀半ばに別のインクブロットを作る試みがなされたが，広く流布されるには至らなかった。

　白い紙にインクを垂らして二つ折りにして広げればしみはできる。誰でも作れる。けれどもどのようなしみでも何かに見立てることができるかというと，そうではない。逆に，こんなふうに見立てさせようと意図して作ると，仮に成功したとしても，見えるのは意図したものばかりで他のものは見えないことが多い。ロールシャッハ図版のようなしみはそうそう創れるものではない。

　第2の「心理学的診断のつくパーソナリティ・テストを作成」について考え

てみよう。

　パーソナリティ・テストであるためには，それによって得られる反応がパーソナリティのどのような側面を反映しているのかについて的確に把握されていなければならない。Rorschach, H. は，ロールシャッハ法で得られる反応は「知覚と統覚の概念に属する」とし，本検査は「下意識からの自由な創造を引き出すのではなく，与えられた外的刺激への順応，『現実機能』の活動を要求する」という。

　また，パーソナリティ・テストであるためには，記録と評価のシステムが整っていなければならない。Rorschach, H. は，記録については「記録は被検者[注1]の反応ばかりでなく，可能な限り，身振り表現，随意的および不随意的な仕草，起こっているかもしれない色彩ショックのしるしなどを再現しているべきである」と述べるのみだが，評価システムに関しては独自のものを開発した。すなわち，反応数・反応時間・反応拒否，反応決定因・形態水準，反応領域，反応内容である。

　反応の分類と記号化に関しては，Rorschach, H. 以後さまざまな研究者たちが変法や追加，細分化を加えて独自の方法を提起してきたが，それらの間の類似点の多くは『精神診断学』に基づいている（Exner, J. E. 1986）。無作為的なしみを解釈するには現実機能の活動が要求されるという洞察，および評価対象を反応内容に限定せず他の要素にも注目したこと，とりわけ決定因という視点を設けたことは Rorschach, H. の慧眼である。

　パーソナリティ・テストであるためには標準化が求められる。『精神診断学』は，現代心理学に照らして整っているとはいえないものの，健常者117名，統合失調症者188名をはじめとして，精神病質，躁うつ病，認知症などそれぞれ若干名を被検者として，統計的な数値を掲載している。その上で，精神医学的診断に関しては，「症状の質は教えてくれるが，量的な程度に関しては不確かにしか教えてくれないし，症状の混合比率も不確かにしか教えてくれない」と述べ，診断的見積もりをつけるにあたっては，「体験型，気分変調のしるし，知的要素，反応の数，被検者の従順さの有無，だいたいの反応時間など，これらすべてを総合的に見渡さねばならない。多くの被検者の反応様式は，さらになんらかの特異性をもっているものである」という。

注1）被検者：鈴木睦夫訳『新・完訳　精神診断学　付　形態解釈実験の活用』では「被験者」と記されている。『精神診断学』は Rorschach, H. の実験の報告書であるからその訳書としては「被験者」という用語が適切だと思う。しかし本書では「被検者」で統一する。

疾患を有する被検者たちに関する知見は，臨床像を何も知らされずに提供された被検者の記録に診断をつけてみて，その後提供者から知らされた臨床像に関する情報と照合することで見出したという．ブラインド・アナリシスである．ここで看過してはならないのは，Rorschach, H. はブラインド・アナリシスを施行者の訓練には有効としつつも，ブラインド・アナリシスによって実際の臨床診断を下すことのないように戒めていることである．また，ロールシャッハ法だけで診断をつけることにも警告を発している．

とはいえ，Rorschach, H. は，亡くなる数週間前にスイス精神分析協会でブラインド・アナリシスを披露している．ここで Rorschach, H. は，Oberholzer, E. から性別と年齢以外何も知らされないまま送られてきた反応を基に，その患者がどのような人物であるかを精神分析的に描き出している．まさに，精神分析に基づいてロールシャッハ法を解釈した世界で最初の事例報告である．

その事例報告で，Rorschach, H. は，まず最初に各スコアの比率を示す．示しつつも，「結果の処理から生ずるこれらの数値を決して絶対的なものと受け取ってはならず，常に結果全体を見渡して，岩礁につまずくようにある単独因子の値につまずくことのないようにしなければなりません」と警鐘を鳴らし，「こうして得られた数値は，私がサイコグラムと総称したところの解釈の基礎を提供してくれます．いくら訓練と経験を積んでも，整理することなしに実験プロトコルだけから確実で信頼できる解釈に到達しうることなど論外であると私は思っています」と断言する．つまり，解釈の基礎は量的分析であるという．

その上で，色彩ショック，体験型，領域把握，公共反応，形態パーセント，形態彩色反応，濃淡反応の各因子を取り上げてゆく．その際，数値だけに着目するのではない．あるときは元の反応に戻り，あるときは他の因子と関連づける．相互に矛盾する場合は，矛盾するという現象から解釈を深める．また，前述の評定項目にのらない現象に注目することもある．諸因子の数値を取っ掛かりとして，あらゆる反応を隈無く縦横無尽に見て回る．そうしているうちに，抑圧をはじめとした被検者の防衛のあり方，すなわち自我の働きが立体的に生き生きと描き出されてくる．しかし，葛藤の内容については抽象的にしか言及しない．そして，この実験から明らかになるのはここまでだという．実際の葛藤の具体的な内容は，被検者の精神分析をした Oberholzer, E. が説明する．それによって Rorschach, H. が描き出した自我の働きの具体的な在り様が見えてくる．

『精神診断学』について，堀見・杉原ら（1958）は，「彼（筆者注：

Rorschach, H.）の叙述はあるいは決定的でありかなり独断的色彩をもち，機械論的で，またあまりに文学的表現でありすぎるかもしれない」という。そう述べつつも「彼の臨床的慧眼および現実的洞察は，今日においても彼の著書の右に出るようなロールシャッハ法に関する論文はみないのではなかろうかと考えられるほどすぐれたものである」と続ける。『精神診断学』と『形態解釈実験の活用』は，初心者が読むと多少混乱するかもしれないが，ある程度学んだ者には必読である。

2）ヨーロッパからアメリカへ

　Rorschach, H. の研究は，スイスをはじめとしたヨーロッパの精神医学界ではほとんど問題にされず，心理学界からは酷評された。それでも彼の同僚たちは彼の方法を用い続けた。特に，ヴァルダウの精神病院の先輩で後に『精神診断学』の刊行に尽力した Morgenthaler, W. と Oberholzer, E. は，Rorschach, H. のブロットや評定法を守って普及に努めた。しかし Rorschach, H. が行ったような実証的研究をすることはなかった（Exner, J. E. Jr. 1986）。

　Rorschach, H. の研究を最初にアメリカに持ち込んだのは，精神科医の Levy, D. である。彼は1920年代前半スイスの Oberholzer, E. の下で研究をしているときに，Rorschach, H. の研究を知った。帰国後ニューヨーク市の児童相談所の専任精神科医となったが，ロールシャッハ法を使うことはなく，研究もしなかった（Exner, J. E. Jr. 1986）。

　1927年 Levy, D. の施設に，Beck, S. J. というコロンビア大学で実験心理学を修めた大学院生が心理検査の実践を学びにやってきた。Levy, D. によって Rorschach, H. の論文を紹介された Beck, S. J. はロールシャッハ法の標準化を思い立ち，1930年に87名の知的障害児について年齢別にロールシャッハ特徴を整理した（Beck. S. J., 1930）のを皮切りに，次々と研究を発表し，1932年に学位を取得した。彼の学位論文は，Rorschach, H. 以降初の体系的研究である。彼の研究によってロールシャッハ法に関心をもつ学生が出てきたが，1934年 Beck, S. は Oberholzer, E. の下で研究するためスイスへ旅立った。

　ちょうどその年，ユダヤ系ドイツ人の心理学者 Klopfer, B. がナチスによる迫害を逃れてアメリカにやってきた。彼は，アメリカに渡る前に一年間滞在していたチューリヒでロールシャッハ法を学んでいたので，学生たちは彼に指導を求めるようになった。Klopfer, B. は学生たちの指導をするうちに，『精神診断学』には不十分なところがあることに気づいた。たとえば施行法では，領域

や決定因に関する情報をいつどのようにして聴取するか記されていない。スコアリングに関しても，濃淡・陰影反応を分類するスコアがなく，形態水準はプラスかマイナスに分類するのだがどちらにも分類しがたい反応が少なくなかったのである。そこで Klopfer, B. は独自に施行法を整え，新しいスコアを加え，形態水準の評価法をすっかり変更した。そして解釈においては，サイコグラムに基づく量的分析よりも，質的分析を重視した。

　一方 Beck, S. J. は，質的分析に対してきわめて慎重な態度をとり，量的分析を重視した。量的分析のためには客観的で安定した手続きに基づく標準化が必要であり，それがなければ科学的な検査とはいえないと主張し，スコアリングを軽視する研究者を強く糾弾し（Beck, S. J. 1936），Rorschach, H. のスコアリング法を勝手に変更する Klopfer, B. の動きにも反論を唱えた。これに対して，Klopfer, B. も反論で応じた。両者の対立は激しかったようである（Exner, J. E. Jr. 1986）。

　1930〜40年代には，このふたり以外にもロールシャッハ法の研究者たちが登場してきていた。たとえば，Beck, S. J. の友人の Hertz, M. R.，ナチスの迫害を逃れてヨーロッパから渡ってきた Piotrowski, Z.，Rapaport, D.，Schachtel, E. G. などである。彼らは Beck, S. J. と Klopfer, B. の対立には距離をおき，それぞれ独自のスコアリング法や解釈法を体系立てていった。

　当時のロールシャッハ法研究者たちによって臨床心理査定の研究対象が子どもから大人へ，健常者から精神科患者へと広がったと Holt, R. R.（1968a）はいう。

　1970年代に入ると，施行法やスコアリング法，解釈法がバラバラにいくつもあるのはロールシャッハ法の実証的研究の発展に望ましくないと考える人たちが登場した。つまり，2人の研究者が同じひとつのカードを使っても施行法やスコアリングの仕方が違うならば，それぞれの結果を持ち寄って比較することはできないというわけである。そこで実証的研究に適した方法を作ろうということになり，さまざまなロールシャッハ法体系を展望して作り出したのが Exner, J. E. らの包括システムである。

　本章の続く単元では，精神分析的立場によるロールシャッハ法の解釈法を概括する目的から，Klopfer, B.，Rapaport, D.，Schafer, R. らについて簡単に振り返る。

3) Klopfer, B.

　Klopfer, B は1900年ドイツのバイエルンで生まれ，1922年にミュンヘン大学を卒業した心理学者である。在学中より精神分析に関心を持ち，1927年に教育分析を受けて1931年には訓練分析を始めたが，ユダヤ系であったためナチスの迫害を逃れて1933年スイスへ亡命した。スイスでは Jung, C. G. の知遇を得て就いた職場でロールシャッハ法を学び，1934年アメリカへ渡り，研究員としてコロンビア大学に就職した。そして，彼は学生への指導を通して，検査者の主観の介入を抑えるためには施行法とスコアリング法を精密にすることが肝要であると考えた。

　領域や決定因を知るための質問をはさむタイミングについて，1937年に出版された Beck, S. J. の入門書（Beck, S. J. 1937）によると，Oberholzer, E. やアメリカの研究者たちの何人かは被検者が反応を出すと次のカードに進む前に質問を行っていたという。それに対して Beck. S. J. は，ロールシャッハ法の最も重要なところは被検者の自由であるとして，検査者からの質問は10枚のカードすべてに対する反応を出し終えてから行うと述べている。つまり，被検者はまず1枚ずつカードを見て反応をするが，その間，検査者は質問をはさまないようにする。これを総称して「Experiment proper」と称した。10枚のカードへの反応が終わってからカードIに戻って1枚ずつ検査者が質問をしてゆくのだが，質問に関する叙述は「記録」の項目のなかで簡単に触れている程度である。

　Klopfer, B. は，基本的には Beck, S. J. と同じだが，専ら反応する段階と質問をする段階とを明確にして，前者を Performance Proper，後者を Inquiry と呼んだ。Inquiry をさらに細分して，Inquiry，Analogy Period，Testing the Limits（限界吟味）の3段階に区別した（Klopfer, B. et al. 1954）。Beck, S. J. も1961年には「Inquiry」という項目をたてて解説している（Beck, S. J. 1961）。ちなみに，Klopfer, B. の Performance Proper に該当する段階は「The free association period」という項目名になっている。

　さて Klopfer, B. に戻ろう。彼は，スコアリングに関しては概ね Rorschach, H. を基本にしているが，形態水準の評定に関して Rorschach, H. のプラス・マイナス方式を廃し，点数制を導入した（Klopfer, B. et al. 1954）。解釈に関しては，量的分析と継起分析（Sequence Analysis[注2]）という2つの主要なステップを設け，その後両者を統合するという3段階方式を提唱し，第2段階の継起分析を解釈の本質的要素とした。それは，カード1枚ごとに，ひとつひとつの反応を，その内容や言い回し，あるいはそのブロットが喚起しや

すいのはどんな反応であるかなどを斟酌しながら，基本的な解釈仮説に基づく概念や他の反応との関係から導かれる解釈に翻訳してゆくことである。すなわち，反応を，常に，その反応が出されたブロットの刺激特性という側面と，出された反応の背後に流れる力動的側面の両面から検討することであり，反応をプロセスとしてとらえるものである。

継起分析のやり方について，Klopfer, B. は，『役立つ12の留意点』を挙げ，詳解している。以下項目のみ列挙する。

① 各カードのブロットが，領域，決定因，内容，公共反応に関して，どんなことを反応させやすいかを知っていること。
② 領域の使い方を，継起，構成，ブロットとの関係という点に関して検討すること。
③ 各カードで出された反応の数に目を向けること。
④ 決定因の使い方を，継起，ブロット，領域，内容との関係という点に関して検討すること。
⑤ 形態水準がカードからカードへ反応から反応へ変化するのを，また，領域や決定因，内容といかにかかわっているかを検討すること。
⑥ Performance Proper 段階や質問段階，および，限界吟味段階や検査終了後の被検者の注釈に注意を払うこと。
⑦ ブロット，もしくは個々の反応と関係すると思われる被検者の行動に注意すること。
⑧ 初発反応時間や反応時間が，ブロットや領域，決定因，反応内容との関連で，カードからカードへ，反応から反応へと変わるのを検討すること。
⑨ 反応の色彩による力動を，色彩反応だけでなく，インクブロットの色彩的要素に対する反応のあらゆる側面に関して検討すること。
⑩ 反応の陰影による力動を，陰影反応だけでなく，陰影の変化につれて変わる反応のあらゆる側面を調べること。

注2）Sequence Analysis：1970年代はじめ頃までは，Rorschach, H. の「Sukzession」を「継起」と訳し，Klopfer, B. の「sequence analysis」は「系列」と訳されていた。
　小此木・馬場（1972）は『精神力動論』において，「この訳語を逆に用いたほうが，原語の意味に適合すると考えている。したがって，本書では，継起という語を sequence の意味で用いることにする」と宣言し，以後これを実行した。
　それから40年以上経過した今日では，「継起」という語を「sequence」の意味で使った学術論文や学会発表が目につくようになった。本書でも「継起」を「sequence」の意味で用いている。

⑪ Performance Proper段階で出された資料と質問段階や限界吟味段階になるまで出現しなかったものとを比較すること。
⑫ 被検者と検査者との間の関係性と，それがどんなふうに performance（反応）に影響しているかを考察すること。

継起分析の具体的方法については，「説明するよりもデモンストレートした方が簡単だ。それは現象学的アプローチなのだ」という理由で，解釈事例は掲載されているが，具体的な手続きについては記されていない。

なお馬場は上記の12項目を読んで，この注目項目から推測すると，「Klopfer の Sequence Analysis は，われわれのやり方に非常に近い」と記している（小此木・馬場　1972, 1989）。

4）Rapaport, D.

Rapaport, D. は1911年にハンガリーのブダペストで生まれた心理学者である。ユダヤ系であるため1938年にアメリカに移住し，2年後メニンガー・クリニックに勤めた。

メニンガー・クリニックは1919年に Menninger, K. A. によってトピカに創設されたクリニックで，精神分析の実践と研究，精神科医やクリニカル・サイコロジストの教育訓練などを行っていた。当時のアメリカの精神分析は自我心理学派で，精神内界の構造と力動精神医学的診断に関心が向けられていた。

Rapaport, D. の関心もそこに向いた。彼は，それまで州立病院に勤務した経験があり心理検査に関する共同研究もしていたので，精神医学的アセスメントに心理検査を導入した。当初は周囲から疑惑のまなざしを向けられたが，彼の所見は驚くほど的確に患者を描き出すので，8年後彼がそこを離れる頃には同僚の精神科医たちから畏怖されるようになっていたという（Holt, R. R, 1968a）。

1946年，彼はメニンガー・クリニックでの心理検査に基づく精神医学的診断に関する研究をまとめて，Gill, M., Schafer, R. らと『Diagnostic Psychological testing volume I & II』を著した（Rapaport, D. et al. 1946）。これは，約20年後の1968年，Holt, R. R. によって改訂版が出版された。

ただし彼は，ひとつだけの検査でどんな場合でも診断がつくというわけではないとして，複数の種目を組み合わせて用いることを提唱した。テストバッテリーである。

彼はまた，心理検査の結果は理論的に解釈されなければ医師にとっては意味

がないとして，検査の心理学的理論化に努めた。検査に関しては，「構造化」という概念を導入して諸検査間の違いを一元的に説明した。たとえば，受検中の被検者にとって外面的な知識や常識的なやり方が助けにならないようなテスト事態は「構造化されていない」とした。つまり，知能検査とパーソナリティ・テストでは，後者のほうが構造化は低い。後者の中でもとりわけ低いのが，連想テスト，ロールシャッハ法，TATであるとした。Rapaport, D. の構想は，「構造化」の異なる検査種目を組み合わせて用い，それぞれの種目に現れる被検者の「思考」の様相を整理統合して，理論的に解釈して精神科的診断に至ろうとするものである。当時の精神科的診断で重要なのは統合失調症と神経症の鑑別であり，彼は統合失調症の徴候が「思考」によく現れると考え，診断のための指標として取り上げたのである。

　パーソナリティ・テストとしては投映法（Projective Technique）の種目を用いたが，投映（project）の概念についても明確にした。彼によると，projective technique というように使われるときの project は，Freud, S. が記述した防衛機制としての projection ではなく，外面化（externalization）を意味するという。Frank, L.（1948）の説をもとに，「人にはそれぞれその人のパーソナリティをまとめている法則に沿って構造化された私的世界がある。投映法による検査（projective testing）は，あまり構造化されていない素材を被検者が自分の私的世界に取り入れる際，パーソナリティをまとめている法則をあてはめるようにさせて，それを調べるのである」と解説した（Rapaport, D. 1952）。

　ロールシャッハ法でインクブロットに直面したときに被検者の内面で生じるプロセスについて，「知覚的所産としてのみ捉えるのも連想過程そのものとして捉えるのもどちらも間違っている」として次のようにいう。「『構造化されていない（unstructured）』インクブロットへの反応は，曖昧な（vague）知覚体験から始まり，その知覚体験が連想過程を引き起こす。これは，あらゆる思考過程と同じく，概念形成（concept formation）と記憶，そして注意（attention）・専心（concentration）・予期（anticipation）という視点からアプローチすることができる。なかでもロールシャッハ・テストの分析視点として際立つのは概念形成である。曖昧な知覚の印象によって引き起こされる概念が記憶の性質を有しているのは明らかだが，ロールシャッハ・テストでは被検者の個人的記憶に関する反応は極めて稀である。そのような個人的な反応が出現した場合は，重い精神病理か奇抜な独創性の指標となる。したがって一般的に

は反応の基となるプロセスにおいて知覚的印象とイメージとの間に調和や融合がみられるのであり，調和を成り立たせるのが概念形成である。知覚的印象によって喚起された連想過程は，インクブロットと十分調和する概念に到達したときに，終結する。調和の基準は人によって非常に異なるし，個人においても状況によって異なる。臨床上きわめて重要なのは，精神病理によっても異なるため，鑑別診断の大切な資料となるのである」(Rapaport, D. et al. 1968)。

　彼はロールシャッハ法の実践に関して，必要なのはすべての適応・不適応の記録を充分調べることのできる簡便な施行・分類法であり，手間のかかる複雑な Inquiry はできる限り避けなければならないし，スコアリング・カテゴリー（分類項目）とその計数（比率など）は最小限にしなければならないという。そうすることによってのみ，蓄積された経験に由来する準拠枠が結晶化するのだし，それを維持することができるという。そして，その準拠枠があれば新しい事例にそれを適用することは苦もないことであり，そうなれば，練りに練られたたくさんのスコアを解釈本の助けを借りて心理学的な供述に翻訳しようなどという誘惑は避けることができるのだと述べている (Rapaport, D. et al. 1968)。

　彼の施行法 (Rapaport, D. et al. 1968) は，Inquiry の仕方が当時の一般的な方法と異なっている。当時は Klopfer, B. や Beck, S. の方法が一般的となっており，被検者が10枚すべてのカードで反応を出し終えた後に，カードⅠに戻って，カードを見ながら Inquiry が行われていた。これに対して，Rapaport, D. の方法では，各カードごとに反応が終わるとすぐカードを被検者には見えないようにして Inquiry を始める。彼はこれを「目隠しインクアイアリー（blindfold inquiry)」と呼んだ。このようにすることによって，被検者の保持しているインクブロットのイメージの中に被検者を立ち戻らせることができ，反応の生起に最も影響を及ぼした決定因を際立たせることができるという。「目隠し」だからカードごとにやらなければならない。なぜなら，10枚のカード全部に反応し終えるまで引き延ばすと記憶に負うところが多くなり，信頼性が低下するからである。また，続くカードの反応への影響を抑えるために，質問はできる限りあっさりしたものにしなければならない。

　分類法では，領域，決定因，内容，形態水準に加えて，5番目の尺度（criterion）として，公共反応と独創反応，結合（combination），言語表現（verbalization）を加えた。

　結合は，インクブロットの2つあるいはそれ以上の領域を繋げて結びつけた

反応をいう。どのように結合させるか，その内容はブロット上には存在しないものであり，したがって被検者の連想思考過程によるところが大きい。結合の量と質は被検者の統合能力を反映し，不適応状態では結合反応が生じにくい。しかし生じた場合は現実的でない関係性になる。その現実的でない関係性は不適応の指標になることが多いという。

　言語表現とは，被検者が自分の使った決定因や自分の選んだ領域，自分の見立てた内容について検査者に知らせる言葉のことである。これもまたその反応の不可欠な様相であり，被検者の思考過程の産物であり，分類し系統立て診断的に評価することのできるものであるとした。そしてさまざまな臨床例から収集した膨大な量の逸脱した言語表現を分類整理した。その理論化に際して「図版からの距離」と「反応からの距離」という概念を導入した。

　実は逸脱言語表現の大部分が統合失調症の病理的な思考を反映するものを抽出しているので，彼の試みは統合失調症の思考過程を推論しようとするものであった。なお，逸脱言語表現という「スコア」について，Rapaport, D.（1968）は「これらは質的な指標であって，記録のなかにあることがしっかり気づかれていれば，スコアリングシートの場所を塞ぐ必要はない」と述べ，数量化することはなかった。

　その後，Watkins, J. G. と Stauffacher, J. C.（1952）が，Rapaport, D. の分類した25項目の逸脱言語表現から15項目を選び出し，病的程度に応じて加重点を与えて数量化した。これがΔ値である。

　トピカを離れた後 Rapaport, D. の関心は精神分析に移っていった。しかし，テストバッテリーにおける「構造」という視点やロールシャッハ法の逸脱言語表現の整理，そして彼の下から多くのロールシャッハ法研究者が輩出したことなど，彼の貢献は大きい。

5）Schafer, R.

　Schafer, R. は，1922年ニューヨーク生まれの心理学者であり，精神分析家である。近年は対象関係論に関する著作が目につくが，若い頃はメニンガー・クリニックで Rapaport, D. の訓練を受け，1946年に Rapaport, D., Gill, M. とともに『Diagnostic Psychological Testing. volume I & II』を著し，翌年単独でそれらの続編にあたる著作（Schafer, R. 1947）を上梓した。この書が Rapaport, D. らと著した前著と異なるのは，さまざまな病態の事例が豊富である点とロールシャッハ法の反応内容の解釈をしっかり取り上げている点である。

1954年には『Psychoanalytic Interpretation in Rorschach Testing Theory and Application』(Schafer, R. 1954) を著し，ロールシャッハ法の反応内容の解釈に関して『主題分析（thematic analysis）』という方法を確立し，防衛解釈へと発展させた。

　Schafer, R. (1954) は，ロールシャッハ法における「未構造性（unstructureness）」は知覚する被検者の態度や意図によるところが大きく，インクブロットの「未構造性（unstructureness）」は，インクブロット自体の曖昧さや捉えどころのなさというよりも，どのようにでも見立てることのできる可塑性を意味するとした。

　また，「これは何に見えるか，自由に見て，おっしゃってください」という教示を解説して次のようにいう。「何に見えるか」と問うことで，インクブロットの形状や性質に適した反応をするようにと言外に示唆し，客観的知覚状況を設定する。同時に，「自由に見て」ということで，実際のものとの厳密な一致を求めているのではないと示唆し，客観性に対する自己批判的努力を緩和するよう促している。その上インクブロットは絵や写真のような写実的なものではないから，被検者は，イメージを掻き立て，そのイメージや刺激に関する自分の認識を頼りに反応するように求められることになる。つまり教示は，個々の反応を産出する過程において現実検討と自由な想像を互いに影響させつつ合流させるよう被検者に促しているのである。インクブロットという外界の現実に注意を向けさせる一方で，同時に，被検者の内面生活のかなりの部分を構成するイメージや記憶や概念に注意を向けさせることによって被検者を被検者自身の心の内に引き込んでいるわけである。その結果，被検者の心的機能水準は，微妙に複雑に束の間に移り変わるのである。

　Schafer, R. (1954) は，ロールシャッハ法のテスト過程を理解するにあたって，Kris, E. (1952) の「自我のための退行（regression in the service of the ego）」という考え方を導入した。Kris, E. は，芸術家の創造過程について，芸術家は自由に自我の統制の下で無意識過程に退行し，この退行を通して体験された無意識過程を適応的に再統合する過程で芸術を創造するという。この退行は自我による随意的統制下に起こり，しかも一時的で速やかに現実に復帰する弾力性を備えている。このような自我の退行と再統合を自由に弾力的に引き起こすことができるのは，それだけ強い健康な自律的自我が存在しているからであると述べた。Schafer, R. は，ロールシャッハ法における自我の退行はKris, E. のいう「自我のための退行」とみなすべきであるといい，反応の時間

的継起はこの退行と進展を繰り返す過程であり，そこから自我の強さや弱さを推測することができるとした。彼は Kris, E. の「自我のための退行」を「生産的退行」とよんだ。

　したがってロールシャッハ法の知覚様式は，知覚活動で働き続けている持続的でまとまった反応傾向として，欲求や防衛，適応努力の持続的なありさまとそれらに関係する心像（imagery）を反映するものとして捉える方がより稔り多いだろう。知覚を組み立てることと反応内容を生み出すことは同じ過程の2つの側面であり，パーソナリティの主要な側面は，知覚構成と反応内容の両方に現れる。Schafer, R.（1954）はこのように述べて，反応内容の解釈について考究し，「主題分析」という方法を提起した。

　「主題」という概念をロールシャッハ法に適用するのは Schafer, R. のオリジナルではない。Beck, S. J.（1952）も導入しているが，Beck, S. J. の挙げた主題リストはほぼ顕現された内容ばかりだと Schafer, R. はいう。他にも積極的に反応内容の解釈を行う研究者がいるが，Schafer, R. は，Phillips, L. と Smith, J. G.（1953）や，Lindner, R.（1950），Brown, F.（1953）を取り上げ，特定の反応に対してそれの置かれた文脈を考慮することなく固定的な意味を持たせ，被検者の過去体験や現在の人格を象徴するものとしていると批判した。

　主題分析について，Schafer, R.（1953）は簡単に解説して次のようにいう。たとえば，「ゆりかご」「口をあけた鳥の雛」「胃」「ウェイター」は，伝統的な分類法では異なる4つのカテゴリーに分類されるが，これらはすべて受身性の強い口唇期受容的な意味を言外に含んでいると解釈できる。つまり，抽象化されたレベルでは共通したひとつの主題（theme）を有しているといえる。これに対して伝統的な反応内容カテゴリーは静的（static）に考案されたものであり，反応内容を完全に解釈するには不十分である。

　主題分析に際しては被検者の年齢，性別，社会的背景，病理性，反応の出された文脈などを考慮に入れるべきであるという。また，主題の準拠枠はテスターが彼の依拠する理論によって選択するものだから，可能な解釈のすべてを包含する主題の準拠枠などはないし，精神分析的準拠枠の中においても同じ反応内容が異なる視点から捉えられることもあるという。彼も主題の一覧表を挙げているが，それを辞書的に個々の事例に当てはめることの危険性を警告している（Schafer, R. 1954）。

　彼は継起分析を重視しているが，まとまった解説はしていない。また，彼の著作に収録された事例で取り上げているのは反応内容の継起である。

6）Schachtel, E. G.

　Schachtel, E. G. の著書『Experiential Foundation of Rorschach's Test』（Schachtel, E. G. 1966）の2001年再版における Krr, J. のはしがき（Krr, J. 2001）によると，Schachtel, E. G. は1902年ベルリンで生まれ，ギムナジウム卒業後フランクフルトの大学で法律を学んだ。フランクフルトでは Fromm, E. の家に滞在し，Fromm, E. は Schachtel, E. G. の親を説得して Schachtel, E. G. が大学在学中に精神分析を受ける許可をとりつけたという。大学卒業後はベルリンに戻って父親の法律事務所に勤めた。そして政権を握ったナチスによる政治活動家一斉検挙で捕まってしまった。Schachtel, E. G. 自身は政治には関係していなかったが，いろいろな知識人の代理人をしていたためだろうと思われる（Krr, J. 2001）。釈放された彼はジュネーブに移住し，最初の妻 Anna と結婚した。彼女がロールシャッハ法を学んでいたため，Schachtel, E. G. もロールシャッハ法の探求を始めることになった。

　ナチスが政権を握った後，Fromm, E. らフランクフルト学派の人たちは国外へ移住し，その多くはニューヨークに渡った。Fromm, E. は Thompson, C. らとウィリアム・アランソン・ホワイト・インスティチュートの設立に加わっていたので，Schachtel, E. G. がニューヨークへの渡航許可を得ると，Fromm, E. は彼を迎え入れた。ホワイト・インスティチュートではすぐに教授陣に加えられ，訓練分析家，スーパーバイザーとなった。彼の同僚には，Fromm, E. や Thompson, C. の他に，May, R. や Fromm-Reichman, F. らがいた。他の機関でも長い間ロールシャッハ法を教え，そして1975年に亡くなった。

　Schachtel, E. の著書は1959年に刊行された『Metamorphosis』と1966年に刊行された『Experiential Foundation of Rorschach's Test』で，前者は精神分析理論に基づく発達心理学，特に発達初期に関するものであり，後者はロールシャッハ法についての Schachtel, E. G. の経験をまとめたものである。

　前出の Krr, J.（2001）は後者のはしがきだが，Krr, J. は「本書で，Schachtel, E. G. は Rapaport, D. と対話している」という。Schachtel, E. G. は Rapaport, D. が見出したことで自分には見出せなかったことやその逆のことについてこの書の至るところで言及しているからだという。

　Krr, J. がそう述べるのも頷ける。Schachtel, E. G. は，Rapaport, D. と同じく，ロールシャッハ法の理論化に取り組んだのである。「あるスコアなりスコアの結合が，ある種の病理やある種の傾向，被検者のパーソナリティの強みや限界を示唆するという経験上見出された知識だけでも検査として使用することはで

きる。しかしそれでは，何故そのスコアがそう解釈されるのかが解明されないままになる」「特定のスコアや特定のシンボル（反応内容の解釈においてよくされているが）について権威ある人や本から学んだ固定的な意味に頼ることは，それが擬似的な安心感を与えてくれる限りにおいて，特に初心者にとってだが熟練者にとっても，魅力的だ。一方，この解釈は自分の目の前のこの事例に本当に当てはまるのかどうかと常に新たに検討し直さなければならないとしたら，それはとても難しいことである。もちろん，特定のスコアと特定の意味の間の関係に関する統計的妥当性に価値がないというのではない。一般的な意味が，特定のこの事例にあてはまるかどうかの判断が必要だと言いたいだけだ」とSchachtel, E. G. (1966)は述べる。

彼は，現象学的方法によって，ロールシャッハ法受検中の被検者の体験，その体験に対する被検者自身の反応，特にインクブロット体験にどのようにアプローチしたりそれを避けたり，あるいは対処したりしているかを明らかにして再構成しようとした。このような取り組み方を，彼は「体験的（experiential）」と呼んだ（Schachtel, E. G. 1966）。

ロールシャッハ法のデータとは，被検者がテスト課題に反応するときに被検者の内部で動き出すさまざまな過程の結果であるとSchachtel, E. G.（1966）はとらえる。ここでいう過程とは，検査者のパーソナリティやテスト状況に対する被検者の反応のすべてである。そこには被検者のするべきことについて検査者が実際に示したり心の中で描いたりする期待に対する被検者の反応も含まれるし，検査者や被検者にとって重要な人たちがこのテスト結果を基にどんな結論に達するのかについての被検者の考えや想像，あるいはそういったことへの無関心さ，被検者自身に対する期待，被検者が作りたいと思う印象に関する被検者の考え，テスト状況によって喚起された被検者の自己イメージに発する衝動も含まれる。これらは，自我理想を実現しようとする試みと，否定的な自己イメージとみなされそうなものを隠そうとしたり，時には挑戦的に表現しようとする試みの両方から成る。このような状況の下で，被検者はロールシャッハ・インクブロットと出会う。この出会いの性質，すなわち被検者がインクブロットをどのように体験してどのように反応するかによって，狭義の意味における「ロールシャッハ反応」は決定されるのだという。

知覚と連想という概念で解説されるRapaport, D.の理論に，Schachtel, E. G.は被検者の検査者に対するコミュニケーションという視点を加えたのである。

Schachtel, E. G.の論究は，インクブロット，決定因，数値へと進む。とりわ

け決定因を重視し，詳細に検討している（本書第3章参照）。

7）その後のロールシャッハ法研究者たち

　1960年以降ロールシャッハ法研究者が続々と登場し，数々の有意義な研究を行った。その中から，Mayman, M., Holt, R., Lerner, P. M. & Lerner, H. D., Cooper, S. H. と共同研究者たちについて概述する。

　Mayman, M. の功績のうち後学が必見すべきは，形態水準の評定法と人間運動反応の論究であろう。

　形態水準に関して，Rorschach, H. はプラスとマイナスの二分法を提起し，Beck, S. はそれに従い，Klopfer, B. は独自の点数法を開発し，Rapaport, D. は Rorshcach, H. のプラスとマイナスのそれぞれに2つの下位分類を設けた。しかしこれらは，形態水準の意味についての概念化が十分ではなかった。

　Mayman, M（1962, 1964, 1970）は，形態水準について現実検討を反映するものとして意味づけ，知覚の形態的性質だけを査定の対象とし，その知覚を覆っている空想や内的対象世界（inner object-world）は対象外とした。彼の評定法では，現実遵守から現実排除に至る7つのスコアが設けられている。この評定法は，Rapaport, D. の流れをくむ多数の研究者によって用いられている。

　人間運動反応を決定する要因について Mayman, M.（1977）は，それまでのロールシャッハ理論家たちによって明らかにされたものとして，(1) 運動反応の喚起を促進するインクブロットの性質，(2) 運動を知覚するために貢献する空想，(3) 運動感覚とそれが関係する運動反応の自己表現的性質，(4) 人間運動反応の内容に含まれる対象表象，(5) 運動反応に映し出される感情移入や同一化の5項目を挙げ，そのひとつひとつについて論究した。これは今なお参考となる。

　Holt, R. R. は，Rapaport, D. の業績を次代に伝えるために多大な貢献をした。とりわけ一次過程思考のロールシャッハ法上の現れに関する研究の意義は大きい。

　一次過程とは，Freud, S. によって提起された概念である。Freud, S. は，夢の分析を通して夢は欲動を幻覚的に満足させる過程であることを明らかにし，このような原始的な心理過程を最初に成立する心理過程という意味で一次過程と呼んだ。心的組織の発達が進むにつれ，一次過程による幻覚的満足の方法によっては心的均衡を保つことができなくなり，外界との現実関係を考慮し，現実の変化を引き起こすことによって欲動を満足させる方法が獲得されるが，そ

れとともに二次過程が成立する。神経症の症状を形成する根源的な過程は一次過程であるとした（小此木 2002）。

Holt, R. R.（1968b）は，「Rapaport, D. が逸脱言語表現の分析によって明らかにしようとしたのは一次過程思考の兆候だったと確信する。しかし，図版からの距離の喪失と増大という概念を使って解釈するには困難がある」と指摘する。その理由として，ひとつは距離の喪失と増大という概念自体あまりにも曖昧なため実践において頼りにならないこと，もうひとつとして，距離の喪失と増大という概念では Kris, E.（1952）の「自我のための退行」という概念を利用することができないことを挙げた。そして，一次過程を示す資料が病理的な破綻（不適応な退行）なのか，あるいは，自我親和的（egosyntonic）で社会化された受容できる表現（適応的な退行）なのかの区別は，一次過程の出現に対処する際に被検者が効果的に制御したり防衛したりすることができているかどうかを綿密に注意することによって可能となることを見出したという。

Holt, R. R. は Havel, J. とともに，一次過程の表出と自我による統制と防衛を測定するスケールを作成した（Holt, R. R. & Havel, J.（1960），Holt, R. R.（1977））。このスケールでは一次過程思考を多面的に捉えようとして，内容変数（content variables），様式変数（formal variables），統制と防衛変数（control and defense variables）の3つの大きなカテゴリーを設けている。内容変数は一次過程的な願望を反映するものであり，様式変数は Rapaport, D. の逸脱言語表現を修正したものであり，統制と防衛変数は統制と防衛の効果を反映する。これらのカテゴリーそれぞれの下に，より具体的な下位カテゴリーがあり，それらは一次過程思考がより原始的（primitive）であるか，より社会化されているかによって2段階でレベルづけされている。

このスケールは精巧につくられており，一次過程思考の現れを理解するのに有効であるが，変数があまりに多いため実践場面での利用に際して煩雑な感の伴うことも否めない（人見・黒田 2006）。

防衛のロールシャッハ法上の現れに関する研究は，1970年代までは抑圧をもとにした神経症的防衛が主であったが，1980年代に入ると原始的防衛に関する研究もなされるようになった。

1970年代半ば，Kernberg, O.（1976）は，アメリカの自我心理学派の知見とイギリスの対象関係論学派の知見との統合を試み，Klein, M. らイギリスの対象関係論学派によって用いられていた分裂，否認，原始的理想化，原始的脱価値化，投影性同一視を，抑圧や抑圧をもとにした防衛よりも発達的に低水準に

ある原始的防衛として定義した。原始的防衛は境界性パーソナリティ構造の理解に貢献した。

　Lerner, P. M. & Lerner, H. D.（1980）は，ロールシャッハ法の人間反応を対象として原始的防衛を評定するためのスコアリング・マニュアルを作成した。なお，このマニュアルを使用する際の形態水準は Mayman, M. のスコアリング・システムに基づかなければならない。

　Cooper, S. H. と共同研究者たちもまた，原始的防衛を査定するための尺度を作成した（Cooper, S. H. & Arnow, D. 1986）（Cooper, S. H., Perry, J. C. & Arnow, D. 1988）。彼らは，被検者が統合の失敗をさまざまなレベルで経験していればいるほど，ロールシャッハ法の反応にも流動的でまとまりのない知覚が出現してくるので，防衛や対象関係の解釈に際してはすべての反応に注意を払う必要があるとして，人間反応のみならず，動物，物（object），自然（natural phenomena）などを含むすべての反応内容と反応継起や検査者―被検者間相互作用をスケールの評定対象としている。

　Lerner, P. M.（1998b）は，Lerner 尺度と Cooper 尺度の比較研究をもとに，「Cooper 尺度のスコアは高い機能を持って入る外来患者群を識別するのに有効であると思われるのに対し，Lerner 防衛尺度のスコアは不十分な機能しか持っていない入院患者を識別するのにより効果的であると思われた」と述べている。

8）継起分析について

　継起分析に関してどのような研究が見られたかというと，Lerner, P. M.（1998a）が総括して「ロールシャッハ法の理論家全員が，継起[注3]は意味ある情報源であると認めているにもかかわらず，それを概念化したり利用したりするための体系的で包括的な方法を提示した者はほとんどいなかった」と述べている。

　Lerner, P. M.（1998a）は続けて，継起分析に言及した諸家の見解を簡単に整理する。Schachtel, E.（1966）は，継起が被検者の検査へのアプローチの仕方や，その欠如を反映し，その仕方は個人が課題をいかに体験し，理解し，感じるかに基づいていると述べているが，彼は継起を反応領域のスコアという点

注3）継起：Lerner, P. M.（1998a）の引用は，基本的には溝口らの邦訳（溝口・菊池監訳 2003）に基づく。原文の「sequence」を溝口らは「系列」と訳している。しかし本書では「sequence」は「継起」と訳しているため，ここでも「継起」に置き換えた。

に限って定義しているためいくらか限界がある。Klopfer, B. ら（1954）は，継起は世界に対する個人の反応を反映すると示唆している。彼らはカードの1枚1枚や反応のひとつひとつを吟味することだと指摘するが，主題となる内容を相対的に軽視し，形式的な特性を強調している。Exner, J.（1993）は，構造一覧表の中にスコアの継起を含めてはいるが，分析を形式的なスコアの継起に限定している。解釈的には情報過程への個人のアプローチの仕方を査定する際に，反応領域のスコアの継起を含めている。Schafer, R.（1954）は，反応内容への評価を含んでいる。彼は夢の分析の比喩を用いて，被検者は主題の連続性の中で，葛藤とその葛藤の解決についての物語を語るのだと述べている。

そして Lerner, P. M.（1998a）は彼自身の見解として，一般的な考察として6項目述べる。

① 継起分析はプロトコル全体，カードの1枚1枚や反応の1つ1つについての評価を含むという Klopfer, B. の意見に同意する。しかし継起分析には，あらゆる言語化や無造作な発言に表れるような検査態度や検査行動も含めるべきである。

② 各カードの刺激特性を理解しておくことは，特定のカードやカードの特定の領域に見られやすい反応内容を予測すると同時に継起分析の質を高める。

③ 継起分析は，パーソナリティ構造における進展的，退行的変化を観察するのにとりわけ役立つが，これらの変化は形式的なスコア，反応内容，あるいは両者の組み合わせに反映される。私（Lerner, P. M.）は，形態水準の継起と逸脱言語表現を含んだ反応の継起が特に有益だということに気づいた。

④ 継起分析は，検査者がやや調和を欠いているとか不適切だと思う反応から始めるのがしばしば有効である。形態水準の急激な低下，逸脱言語表現の出現，カードの思いがけない反応拒否，形態優位の反応に混じった純粋色彩反応の出現，および過度に長い反応時間は，すべて，より形式的特徴に基づいた継起分析の適切な出発点である。心象（イメージ）の継起的な分析は，反応内容が特に劇的で，説得力のある，力動的にわかりやすい反応から始めるという Schafer, R. に同意する。

⑤ 継起分析は，テスト理論以上に広大で，その外部に位置している人格理論や精神病理学に特に依拠している。継起分析は，本質的に，時間的に連続した形で与えられる個々の観察の間に，力動的な関係を見ようとするものである。この点で，反応の流れに注目する。個々の観察の結合は

推論だが，仮説と呼んでもよい。私（Lerner, P. M.）は，その仮説が理論に基づくものでなければ，せいぜい常識程度にすぎず，悪くすれば検査者の投影であると思う。
⑥ 内容分析の場合と同じく，妥当性の厳密な規則を継起分析に適用することがきわめて重要である。反応継起から推論を導き出す場合，検査者は，その定式化や理論的な仮説を採用するに至ったロールシャッハ・データを明らかにする用意がなければならない。

Lerner, P. M.（1998a）は，この一般的考察を記した後短い結論をつけて，この章を終える。継起分析を利用するための体系的な方法は，提示していない。

2．本邦への導入

本邦では，1930年に岡田（1930）と内田ら（1930）がRorschach, H. の『精神診断学 Psychodiagnostik』を参照した論文をそれぞれ発表している。岡田（1930）は論文中でRorschach, H. の原版を呈示しているが，内田ら（1930）は彼らの行った複数の実験のうちのひとつとして取り上げており，言及は短く，実際にRorschach, H. の原版を用いたのかどうか定かではない。

1942年には，本明（1942）によって，早大版として知られる8枚のインクブロットが作成された。当時は第二次世界大戦の最中だったので，おそらくRorschach, H. の原版はなかなか手に入らなかったのだろう。

本邦初のロールシャッハ法解説書は，本明によるもの（本明 1952）だろうと片口（1987）はいう。本明（1952）には文献リストが掲載されていないが，内容から推して，Beck, S. に基づいていると思われる。

片口による最初の解説書（片口 1956）は，1956年に出版された。その2年後，片口を中心とする東京ロールシャッハ研究会によってRorschach, H. の『精神診断学』がはじめて邦訳された（東京ロールシャッハ研究会訳 1958）。

同じ1958年，戸川らが監修した『心理診断法双書　ロールシャッハ・テスト（1）』が刊行されたが，そこには，戦後さまざまな研究者がそれぞれの場で積み重ねてきた研究をもとに考案した独自のスケールが掲載されている。

堀見・辻ら（1958）は，阪大法スケールを発表した。このスケールでは，施行に際して「回転してもよい」と教示することや領域に関して多少独自な区切り方をしているが，それらに増して最も大きな独自点は「文章型」，すなわち

言語表現の仕方を分類カテゴリーに入れている点である。

村松・村上（1958）は，名大スケールを発表した。このスケールでは，Beck, S. と Klopfer, B. から出発し，阪大スケールの表現形式カテゴリーを取り入れ，形態水準は阪大スケールを基に独自のものを組み込んでいる。さらに，「感情のカテゴリー」と「思考障害のカテゴリー」を新たに加えている。

また，シリーズ第2巻では，佐竹・田中（1958）がロールシャッハ法を集団法として施行する試みを紹介している。

本邦ではじめて精神分析理論に基づくロールシャッハ法の研究が発表されたのも，1958年であった。馬場が小此木と共に著した『ロールシャッハ・テストの精神分析研究（その1）（小此木・木村 1958）』である。本邦ではそれまで精神分析理論に基づく研究はなく，継起分析に関しては Klopfer, B. の紹介の中で触れられる程度であった。

3．馬場による精神分析的ロールシャッハ法研究と実践

『ロールシャッハ・テストの精神分析研究（その1）（小此木・木村 1958）』は，検査状況に働く心的因子とロールシャッハ反応について精神分析学的に考察し，事例を通して検討したものである。

著者はまず，ロールシャッハ法は検査者と被検者の特殊な対人関係とロールシャッハ法に固有の条件によって構成されるとし，被検者の精神力動やパーソナリティといった個人的特徴が，検査状況に基本的に具有される一般的刺激に対する個性的な反応として投映されると述べる。そしてロールシャッハ法の検査状況には，空想性・退行傾向を促進させる因子と，外的現実との接触性や現実検討機能を維持させ，統合傾向を支持する因子とがあり，これらの諸因子が複雑に働きあって自我の退行と統合・進展の運動を生み出し，これが一定の反応に圧縮されて表現されたり，一定の時間的反応継起によって表現されるという。換言するならば，被検者の内に喚起された欲動や情動とそれに対する防衛，外的現実への適応の仕方がロールシャッハ法に反映されるといえる。ロールシャッハ反応から防衛の様相を読み取る際には，スコアに反映される反応形式，反応内容の主題，検査態度の3つの標示を手掛かりにするという。そして事例を3例挙げ，上記の理論と手続きに基づく解釈を提示している。事例の解釈では継起分析を行っている。

この論文以降も馬場は精神分析学的知見のロールシャッハ法上の現れにつ

いて検討しているが，そうした研究において，理論的基盤を精神分析学に置き，理論的考察によって生み出された仮説を事例を通して検証するという点は一貫している。その意味において，この論文は馬場のロールシャッハ法解釈の基軸を示しているといって過言ではないだろう。この論文が提起した基本的な解釈法に基づいて，対象事例を広げていった（小此木・馬場 1959, 1961, 1962, 1963）。

　同じ頃，馬場はこれら以外にも，精神分析理論に基づくロールシャッハ法研究について折々発表していた（馬場 1961, 1966）。そうした論文をもとに，精神分析学とそれに基づくロールシャッハ法解釈の解説書として，1972年に小此木と共に『精神力動論』（小此木・馬場 1972）を上梓した。小此木は精神分析理論の解説をし，ロールシャッハ法に関しては馬場が執筆している。

　小此木・木村（1958）は，ロールシャッハ法における被検者の自我の退行の特徴は，Schafer, R.（1954）のいう「生産的退行」，Kris, E.（1952）のいう「自我のための退行」，「一時的・部分的退行」という言葉によって適切に説明されるように思われると述べている。1960年馬場は，Kris, E. の退行理論が掲載されている『芸術の精神分析学的解明』を抄訳した（馬場 1960）。

　馬場は1973年頃から当時活躍中の詩人と作家にロールシャッハ法を施行する機会を得，1979年に『心の断面図　芸術家の深層意識』（馬場 1979）として発表した。これは，ロールシャッハ法の資料と施行後に行われた被検者と馬場との対談で構成されており，病理的退行との比較研究ではない。芸術家に施行したロールシャッハ法については他の研究者の発表もあり，馬場の試みが特別画期的というわけではない。しかし馬場のスーパーバイジーたちには，馬場が「この反応は『生産的退行』の現れと読める」と言うとき，馬場の脳裡には芸術家へのロールシャッハ法施行という自らの経験によって肉づけされた退行理論に関する準拠枠があるのだろうと思われてならない。

　1960年代の精神医学および精神分析学の領域では，当時境界例と呼ばれていた一群の人々をどのように理解するかという研究が盛んになされた。馬場もまた，この一群の人々のロールシャッハ法上の現れを研究した（馬場 1965）。その後さらに事例研究を重ね，1983年『境界例――ロールシャッハ・テストと精神分析』を刊行した。

　1977年，馬場は仲間たちと『反応過程における距離の意味』（馬場ら 1977）という論文を発表した。馬場らは，ロールシャッハ法における「距離」には被検者が外界にかかわる距離と被検者自身の内面にかかわる距離の2つあるが，

「距離」という概念を提示したRapaport, D.（1946）はこの2つを曖昧にしていると指摘し，外界との距離と内面との距離は相互に絡み合っており，現象としての距離は増大と喪失の極において連続性をもつ，すなわち上下が円環状につながる性質をもつと考察した。2010年に馬場はKleiger, J. H.の『Disordered thinking and the Rorschach Theory, Research, and Differential Diagnosis』を監訳したが，Kleiger, J. H.も同様のことを指摘している（Kleiger 1999）。

ところで，馬場の継起分析の指導を受けたスーパーバイジーの中には，スーパービジョンの事例に関しては「なるほど」と思うが，別の事例について自分で継起分析を行おうとするとどうしたらよいかわからなくなったり，分析用語をギクシャクと羅列するばかりで被検者のその人らしさを少しも描き出せなかったりする者が少なくなかった。文献を当たってみても継起分析の実際的な手続きについて具体的に細かく述べた論文や著作はなく，何を読んでも隔靴掻痒の感が残るばかりであった。そうした状況下，馬場は1995年に『ロールシャッハ法と精神分析——継起分析入門』（馬場 1995）を上梓した。同じ年，『Rorschachiana』に包括システムを用いた継起分析の試みを投稿している（Baba, R. 1995）。

その後も継起分析をより広く伝えるために多くの論文を発表している。

4．歴史を踏まえた私たちの立場

精神分析的立場によるロールシャッハ法解釈の歴史を概括したところで，私たちが先達の研究によって得られた知見を基に平素念頭においている基本姿勢について記載しておきたい。

① ロールシャッハ法の反応に反映されるのは，検査を受けている時の被検者の内的活動（主体自己）である。ちなみに質問紙法は，被検者が自分を振り返って自己を客体化して描写したものである。

② ロールシャッハ法受検中の被検者の内的活動には，その時その場だけの動きもあれば，日常生活場面にも通ずる比較的一貫性のある動きもあり，その両方がロールシャッハ法の反応に反映される。

③ ロールシャッハ法の反応に反映される被検者の内的活動は，与えられたインクブロットを何かに見立てるという認知活動である。そこには過去から現在に至る被検者の記憶を想起する活動が関与する。記憶には情緒と結びついたものもあるし，インクブロットの色や濃淡も情緒を刺激す

る。検査を受けること自体，あるいは検査者をどう思うかによっても情緒や欲求が喚起されることもある。そして被検者の心の中では，喚起された情緒を検査場面に適うように制御する動きも出てくる。つまりロールシャッハ法は構造化が低いため，情緒や欲求，願望などを引き起こす要因が多く，産出された反応には喚起された情緒や欲求，願望およびそれらに対処する被検者のやり方が反映される。

④ ロールシャッハ法に反映されるのは，精神分析用語でいうなら，情動や欲動と，それを調整する自我活動との相互作用の現れといえよう。

⑤ ロールシャッハ法で捉えられるのは主として構造化の低い状況，すなわち，常識や教養など行動規範となる手がかりの乏しい状況における内的活動であるから，被検者のパーソナリティを多面的に理解するために，より構造化の高い検査（SCT など）を併用する。

⑥ ロールシャッハ法の施行・記号化に関しては片口法を用いるが，片口法でなければならないというのではない。ただし，どのシステムを使うにしても，以下の5点には留意する。
  i スコアをつけるための質問は，被検者がすべてのカードに反応し終えた後に行う。
  ii 反応時間を計測することが望ましい。少なくとも初発反応時間は把握する。
  iii 反応数が少ないからといって，それ以上の追加を要求することはない。
  iv 記録は，被検者・検査者双方の言動を，できる限り逐語的に記す。
  v 限界吟味を控える（本書第2章参照）。

⑦ 解釈の前段階である記号化を私たちは重視する。確かに記号化によって反応の中の微妙な表現はそぎ落とされる。それでも記号化を重視するのは，領域，決定因，反応内容，形態水準という分類軸がひとつの反応を異なる視点から立体的に捉えるのに有効だからである。

⑧ 解釈では，まず量的分析を行い，その後，継起分析をして，両者を統合する。

⑨ 私たちは，量的分析を解釈の土台とする。なぜなら，量的分析によって被検者のパーソナリティの骨格が描き出されるからである。

⑩ 継起分析では，ひとつひとつの反応を，それが出された状況と文脈に照らして解釈してゆく。状況の中でも最も重視するのは，カードの性質で

ある。ロールシャッハ・カードは，それぞれ性質が違う。呈示される順番，無彩色と有彩色の違い，濃淡の強弱，視覚的に図となりやすいかどうかという形態性など，さまざまな点において異なっている。あるカードに出された反応は，そのカードのもつ状況性における被検者の心の中の動きを反映しているととらえる。文脈とは，反応の移りゆくさまである。それは，③で述べた被検者の心の中で起きている「喚起された情緒や欲求への対処」の動きでもある。つまり，喚起された情緒や欲求を抑えたり，表出・表現したり，あるいはそれに流されたりする動きである。解釈に際しては，領域，決定因，反応内容，形態水準を基軸として，さらに，記号化の過程でそぎ落とされた微妙な表現や，態度・表情・仕草などノンバーバルな表現も取り上げる。

第2章　施行法・記号化について
——片口法とその修正点

黒田　浩司

1．はじめに

　被検者のロールシャッハ反応について，妥当で信頼性がありなおかつ被検者にとって役立つ解釈がなされるためには，適切な施行法によって，検査データが適切に収集されている必要がある。ロールシャッハ法から被検者の精神力動が導き出され，それが被検者の病態水準や防衛機制（言い換えればパーソナリティ）に還元されるためには，検査の施行が適切であることが大切な前提となる。

　私たちは施行法・記号化の方法として基本的に片口法を用いており，ここでは片口法に準拠して解説をする。これは馬場法による継起分析を行うためには記号化の方法が片口法でなければならないということではない。記号化法が例え名大法でも，阪大法でも，包括システムであっても馬場法による精神力動的な解釈を行うことは可能である。片口法を取り上げるのは，これが日本では比較的多く利用されている記号化システムであり，私たちのメンバーの多くが施行法と記号化法に関しては片口法に準じているからである。ただし，どのような施行法・記号化法を用いているかに応じて，継起分析や精神力動的な解釈の進め方において考慮しなければならないことがある。たとえば，包括システムは他のスコアリングシステムに比較して質問段階であまり施行者が質問をしすぎないように心がけている。ゆえに，包括システムでは他のシステムに比較して，検査者の繰り返す質問によって，被検者の主観性・恣意性が高まることは少ない。一方，片口法を用いる場合，質問段階においてどれほど詳しく質問をするかは検査者によってかなりの個人差があるように思われる。継起分析を進

める際には，反応についての説明・明細化は被検者により自主的になされたものであるのか，検査者の質問（場合によっては誘導的・恣意的といえるような働きかけ）によって生じたものであるのか十分に吟味して解釈を進める必要がある。

　ここでは基本的に，片口法の最も一般的なテキストである片口（1987）に準じているので，施行法および記号化法の詳細については片口（1987）の第Ⅱ部の施行・分類法（第3章～第9章）を参照されたい。また，片口・藤岡・松岡（1993）や岡部・菊池（1993）も参考にされたい。本章では馬場法による精神力動的解釈やその基礎となる継起分析を行うに当たり，テスト施行時や記号化の際に留意すべき点，配慮すべき点について論じる。片口（1987）の解説の中には，施行法や質問段階における施行者の質問として，適切ではないと思われる記述も多く認められるので，ここではより適切な被検者の理解につながる継起分析にとって重要であると，日頃私たちが考えている点について解説する。

2．施　行　法

　これは片口（1987）の第3章（p.27～39）にあたる部分である。片口（1987）では，現在では適切でないと思われる部分や補足が必要な部分が幾つかある。片口（1987）と多少重複するが，少し詳しく記述する。

1）準　備
① 用具と検査室，検査者の位置

　ロールシャッハ法の実施にあたっては，片口（1987）が挙げるように，(1)ロールシャッハ・カード（10枚ひと組），(2)反応記録用紙，(3)時間を計測できる時計あるいはストップ・ウォッチ，(4)ロケーションチャート（反応整理用紙に含まれる），(5)筆記用具，を整えておくことは言うまでもない。カードが10枚全部そろっており，正しい順番で並んでおり，どれかに被検者の反応に影響を与えうるような損傷がないことをチェックしておくことも当然である。十分な記録用紙や筆記用具があることを確認しておくことも言うまでもない。片口（1987）では必要に応じてテープレコーダーを使用できるように用意しておくようにと書いているが，反応の記録についてはICレコーダーなどの録音機材は用いないことが通常である。録音されていることで非常に不安や緊張が高まってしまう被検者もいるし，検査者も「録音しているので」という気の緩みか

ら，聞き方が雑になってしまうことがあるかもしれない。ただし，自分の検査施行の仕方，特に被検者に対する質問の仕方について振り返るために録音・録画をすることは意義があるかもしれない。時間を計測できる時計あるいはストップ・ウォッチは初発反応時間などを計るために使用する。現在のストップ・ウォッチは音も静か（ほとんど音がしないものもある）なので，以前よりストップ・ウォッチの使用には抵抗が少なくなっていると考えられる。被検者が時間を計測されていることをあまり意識しないように工夫をしている検査者も多い。秒針がある時計を用いて，それほど厳密ではないものの大まかに計るといった検査者もいる。また，時間を計られることを過剰に気にする被検者もいるので，〈時間は一応計りますけれども，気にせず自分のペースでやってください〉と言及する場合もある。重要なのは大まかに被検者の各カードにおける最初の反応から反応を終了するまでの時間の経過が把握できていることであり，それによって「どのカードにおいてもさほど滞りなく円滑に最初の反応がされた」，「何枚かのカードでは，渡すとほぼ同時に反応が得られた」，「特定のカードで著しく反応が遅れた」，「あるカードでは反応を終了するまでに非常に時間がかかった（あるいは短時間で次から次へと反応が出された）」といった被検者の特徴を捉えることである。

　準備として重要なのは検査を施行する環境や状況を整えることであろう。心理検査が行われる部屋やその周辺が騒がしくないことや，被検者が検査を受ける日時が多くの他の医学的検査などを受検する日時と近接しないことも配慮すべき事柄の一つである。また，検査室の設定が重要であることは言うまでもない。部屋の雰囲気が落ち着いており，不用意に他のスタッフがノックしたり，入室してきたりすることがないことがもちろん望ましい。また，部屋の中がロールシャッハ反応に影響を与えるような刺激に満ちていないことも重要である。部屋に鮮やかな色に満ちた印象の強い絵画やそのほかの芸術品が飾られていないこと，検査者の衣服や装飾が強烈な色彩に満ちていないことが望ましい。片口（1987）は直射日光を遮蔽する必要があることを指摘している。これも当然配慮されるべきことのひとつである。

　検査室でロールシャッハ法を施行するにあたり検査者と被検者がどのような配置で座るかについてはいろいろと議論がある。あまり知られていないことであるが，Rorschach, H. 自身は被検者の背後に座る方法を取っており，Klopfer, B. や Hertz, M. も同様に検査者は被検者のわずかに後ろに座るべきであるが，隣に座っても差し支えないと言っている。Piotrowski, Z. は被検者と

検査者は最も自然な位置を取ることを強調している。Rapaport-Schafer法では検査者と被検者は向かい合う位置に座る必要があると述べている（Rapaport, D. et al. 1946）。片口（1987）は，このやり方に固執する必要はないとしているが，被検者の行動を観察するのに都合がよいという理由で検査者と被検者が向かい合って座る方法を提案している。一方，Exner, J.（2003）は施行者と被検者が対面して座る方法はいかなる場合においてもさまざまな言語的・非言語的なヒントを被検者に与えることになるので適切ではないと論じ，検査者と被検者が横並びに座ることを推奨している。岡部・菊池（1993）も対面の位置は緊張を生じやすく，対人恐怖や視線恐怖に悩んでいる被検者や劣等感・不安の強い人，緊張しやすい人，検査に反発的な人には直角に座る方式を進めている。横並びに座るという形式は欧米人には違和感があまりないらしいが，日本人はこのように座ることはあまり慣れていないようである。岡部・菊池（1993）は親和的になりすぎる可能性を欠点としてあげている。

　私たちは横並びから少しずらして120度ほどの角度で座ることや，90度の角度で座る方法がよいと考えている。この方法だと検査者が何を記録しているのか被検者からは見にくいし，被検者が検査者から反応に関する言語的・非言語的ヒントを得ようとすることに対してあまり心配しなくてよい。また，検査者から被検者のカードの回転や，インクブロットのどの部分を見ているかを把握するのにも非常に都合がよい。現実的にはそれぞれの機関・施設において実際に検査をおこなう部屋やその周辺の環境の諸事情を考慮して，最も現実的で適切と思われる座り方を設定していることが多いものと考えられる。また，ロールシャッハ・カードやロケーションチャートが，検査前に被検者の目に触れてしまわないように，くれぐれも注意をする必要がある。

② インフォームドコンセントと動機づけ
　検査施行前の準備としてもうひとつ重要なことは，被検者に心理検査への動機づけを十分に行い，検査に積極的に協力してもらう体制を整えることである。これは換言すれば心理検査に関するインフォームドコンセントをきちんと行うということであり，心理検査に関する被検者の動機づけをきちんと行うことと言える。ここでは，被検者があらかじめ心理検査やロールシャッハ法についてどのように知っており，どのように検査依頼者や主治医から聞いているか，そのことについて被検者本人はどう考えているかを聞き取ることが重要である。被検者がロールシャッハ法に対して，もし過剰な心配や不安を抱いていたり，誤った先入観を有していたりしたら，それを修正し，正確な情報を提供し，検

査への協力体制を整える必要がある。心理検査を依頼した主治医・心理療法担当者がロールシャッハ法に理解があり，すでに適切な説明を十分に受けている被検者もいるが，主治医・心理療法担当者が被検者にほとんど説明をしていない場合や，被検者が誤解をするような説明をしている場合もあるかもしれない。一方で，主治医・心理療法担当者が適切な説明をしていても，被検者がなんらかの理由により検査を施行されることを迫害的に捉えていたり，評価されることを非常に恐れていたり，非協力的な状況にあることもしばしばある。

そこで，〈心理検査について，どのように聞いていますか？〉と検査者から尋ねるとよい。重要なのは，被検者の思い巡らせていること，不安を感じていること，想像していることをよく聞き，それに対して丁寧に説明し，検査施行が被検者の利益になることを伝え，ぜひ検査に協力して欲しいことを伝え，被検者が主体的に心理検査に参与することができるように配慮することである。ロールシャッハ法を行うことで被検者の問題の背景を考えることができ，心理療法やカウンセリングを行う際にとても参考になるので，ぜひ協力をして欲しいということを伝えることが重要である。被検者が「自分が思ったことを話そう」という意図を持っていなければ，どんな投映法にも，豊かな表現はなされないのである。

2）反応段階（performance proper）

ロールシャッハ法の施行は大きく分けて反応段階と質問段階に分かれる。片口（1987）では反応段階を**自由反応段階**と表記しているが，私たちはこれを不適切と考えている[注1]。反応段階はそのカードにおける最初の反応までの時間を計測しながら，各カードへの反応を聞き取り，書き留める。反応段階で10枚のカードに対する反応が確認されたら，次に質問段階に移る。

注1）反応段階は被検者が自由に反応を生成する過程であるので自由反応段階と呼ばれることもあった。これは，Beck, S.（1971）が free association period と言及したことにその源があると思われる。しかし，実際にはインクブロットから何かを連想しているわけではないので，現在はこの呼び方は不適切と考えられ（たとえば Exner, J. 2003），単に反応段階と記されることが多い。また，Kloper, B.（1962）は response ではなく performance proper と呼んでおり，片口法や阪大法でも performance proper の邦訳として反応段階と記していることが多い。私たちもこの片口の方法に従い，反応段階は performance proper の邦訳と考えている。また，阪大法ではこの performance proper のことを実施段階と呼んでいる（辻 1997）。

① 教　示

　片口（1987）ではロールシャッハ法の教示に際して〈（10枚のカードは）インクを落として偶然にできあがった模様ですから，何に見えてもかまいません〉と説明し，「（被検者が"偶然できあがった"ということを信じない場合には）紙の上に実演して見せるのがよい」と述べているが，これはロールシャッハ・カードが実際に作られた際の事実とは異なるので適切ではないだろう。私たちは片口（1987）の教示のこの部分を修正して，〈これからあなたに10枚の「インクのしみでできた絵」を見せますので，それが何に見えるかを答えてください。見えたものを順番に言っていってください。1枚ずつ渡しますから，両手に持って見てください。では最初がこれです〉と言って，カードⅠを手渡しする。被検者の中にはカードを手に持ってくれない人もいるし，手にとってもすぐに机上に置いてしまう人もいる。そういった場合にはさらに〈手に持って見ていただけますか〉と言葉を添えると良い。時に，被検者が不潔恐怖症の場合に手で持つことができない場合がある。何らかの方法で対応できる場合（たとえば，被検者に我慢して手に持ってもらうことやカードの周囲だけ何らかの方法で消毒すること，新品のカードを用いることなど）もあるが，どうしても手に持つことができない被検者もいるので強制することはできない。この場合には検査者が手に持って見せる方法や，机の上に置くなどして対応し，カードの回転が必要な場合には被検者から指示してもらうなどの配慮が必要になる。

　この教示でスムーズに検査状況に入ることができ，比較的速やかに反応を生成することができる被検者もいる。その一方で，この教示だけでは検査状況に入り込むことができない場合や，あるいは検査施行に対するさまざまな不安から，「いくつ答えればよいのか」「時間に制限はないのか？」「（カードを）回転しても構わないのか？」「絵の一部分だけでもよいのか？」と質問してくる場合がある。こういった質問が出た場合には施行者は基本的に〈（あなたのしたいように）ご自由にどうぞ〉と，被検者の思いのままにすれば良いことを伝える。この他，時間について質問してくる場合や，黙っている場合，自己卑下してくる場合は基本的に片口（1987, p.33）の方法で対応するのが望ましい。ただし，カードの裏などは見ないようにしてもらうのは当然のことである。ロールシャッハ法は検査場面をどのように受け止め，インクブロットとどのようにかかわり，どのように反応するかは被検者に委ねられており，そこでの被検者のふるまい方に被検者のパーソナリティが反映されると考えられる。

反応段階で反応を終了する際にも被検者の個性がうかがえる。「これだけです」、「他にはもう見えません」、「…くらいですかね」と、反応が終わりであることを明確に示す被検者もいる一方で、検査者が声をかけないとかなり長い間カードを見続ける被検者もいる。被検者が自らこれで終わりという反応の終了を示すことが難しい場合には片口（1987）にあるように、〈これ以上見ていても、他に何も見えてきそうもないと思ったら、カードを前に伏せてください〉と伝え、反応終了の潮時を示唆する場合もある。

　反応段階では各カードにそれぞれいくつかの反応が示されて、ある程度解釈をすることが可能な反応数を得ることになる。反応失敗や反応拒否が生じているとか、反応数が非常に少なくて、十分に根拠のある検査結果を導き出せない場合もある。解釈可能な反応数の考え方は立場により異なっている。総反応数7〜8個程度でも解釈可能である場合もあるが、包括システムでは妥当で信頼性のおける解釈のためには14個以上の反応が必要であるという考え方をしている。検査開始後、最初のカードの方で反応数が少ない場合、被検者が非常に短い時間しかカードを見ずに反応を終えてしまった場合（たとえば、初発反応を出したのち20秒程度で反応を終えてしまった場合）には、〈他にも見えてきたら答えてください〉〈もう少し見ていただいてよいですか〉とさらなる反応を促す場合もある。

　また、反応段階では以下のようなことも起こりうる。被検者の反応段階の言語化では、個々の反応なのか、大きな領域を用いた統合的な反応の中の個々の部分を説明しているのか不明瞭な場合があり、質問段階で詳しく聞くまでは正確な反応数が確定しない場合もある。このような場合、反応段階ではあえてこのことを明確にすることはせず、反応段階においてそのような特徴があったこと（さらにそれが質問段階で最終的にどのような反応に仕上げられたのか）を被検者の特徴として理解する。また、反応段階では出されなかった反応が、質問段階において追加される場合もあるし、被検者が反応段階で自らの生成した反応のいくつかをとり消したり、思い出せなくなることもある。後者の場合には反応数が減少することとなる。こういった場合も被検者の特徴として理解する。

　被検者が非常に警戒して、各カードに一つずつしか反応を示さない場合や複数のカードにおいて反応失敗（Fail）や反応拒否（Rej）が示され、被検者が検査に対して非協力的または生産力が著しく低下していると推定される場合がある。カードⅠで一つの反応しか示されなかった場合には、〈もう少し見て

いて，他にも見えてきたら言ってください〉と促してみることが一般的である。被検者が各カードに1つしか反応してはいけないという思い込みをしている場合もあるが，反応数が各カードに1個ずつで合計10個程度では，妥当な解釈を行うための材料が不十分である。ただしこの問いはカードⅠにおいてのみ行うのが一般的であり，カードⅡ以降では原則行わない。それは，カードⅠで〈他には？〉と検査者が言うことには「一つだけではなくいくつかの反応を示すことを期待している」含みがあり，それでも一つの反応しか被検者が示さないのは，それがその人らしさである。複数のインクブロットに対して反応失敗・反応拒否が認められる場合には，検査を一旦中断して，被検者が抱いている検査に対する不安や不信について確認することや，検査を行う目的や意味について被検者と再度話し合う必要があるかもしれない。一枚のカードに対する時間や反応数の制限は基本的にされていないが，あまり多くの反応が生成される場合や，あまりにも長い時間をかける場合は，適度なところで反応を切り上げ，次のカードに進むことが望ましい。反応数が多い場合，被検者によっては一つのカードに10個以上も反応を見る場合もある。被検者が多くの反応を出さなければいけないと思い込んでいたり，自己顕示欲が強くて多くの反応を出すことで自分を主張していたり，強迫的な性格を有しており思いついたものはすべて出さないといけないと思っていたり，精神病的な不安に圧倒されており次から次へと反応が浮かんできてしまう場合もある。あまりにも長い時間をかけることは被検者に望ましくない場合もあるので，被検者の臨床像や疾患によっては各カードで5分程度の反応時間あるいは5個程度の反応数で切り上げることも多い。〈はい，それくらいで結構ですので，次に行きましょう〉と切り上げを促せばよいであろう。たとえば，後に初期の統合失調症者であることがわかった被検者では，時に思考がまとまらず膨大な数の反応数を生成してしまったことがあり（筆者の経験では10枚のカードで150個以上の反応を出された被検者がおられた），すべての反応の質問段階を終えるのに5～6時間を要するだろうと推測される場合がある。また，Exner, J. (2003) の研究によると，多くの反応が生成される場合に各カードの最初の5つの反応で解釈を行った場合と，すべての反応で解釈を行った場合に大きな差異が生じなかったことが明らかにされている。また，近年新たなロールシャッハ・システムとして注目されている Meyer, G. ら (2011) の R-PAS (Rorschach Performance Assessment System) においては原則として1枚のカードに4つ以上の反応を被検者が行わないように促しており，反応数が多くなりすぎないように制限を加えている

（おおむね30個以内となる）。
② 反応段階の聞き取り方と記録
　ここでは被検者の反応語を聞き取り，それを記録用紙に記入してゆく手順について述べる。時計あるいはストップ・ウォッチを確認して反応時間を記入してゆく。各カードでの最初の反応が生成されるまでの時間が初発反応時間（R_1T）である。被検者の最初の発言が反応とは限らず，感想などを話すこともあるので（たとえば，カードⅡで「わっ，色がついた」，カードⅧで「わあ，きれいだなあ」），反応記録には各反応が産出された時間，その際のカードの方向も同時に記録する。

　反応語の記録はなるべく詳しく，逐語的にしてゆくことが望ましい。被検者の独特な言い回しや，反応を説明している途中で説明や反応の特徴が変容していった場合にもその経過を追体験できるようにするためである。また，被検者の行動・様子も可能な限り詳しく記述しておくとよい。"眉間にしわを寄せて，「うーん」と唸る""カードを片手に持ち，施行者の顔を何度も見る：終わってもよいかどうか尋ねようかどうしようか迷っている様子""カードを斜めに傾けてエッジング（注：統合失調症者がしばしば行う特徴的な行動である）""このあたりから何度も欠伸をする"などである。これらの被検者の行動は反応継起を分析・解釈する際のヒントを与えてくれる。被検者は一枚のカードにおいていくつか反応を生成した後，「これだけです」「もう他には見えません」と言って反応を終えることが多い。この時点を各カードの反応終了時間（RT）として記録する。反応終了の際には，何も言わずに検査者からの指示を待つ被検者もいる。検査者の顔を何度もちらちら見て，「もう見えないけどな…」と小声でつぶやく被検者もいる。最初のカードの方でこのようなことがあるならば検査者の方から〈もう見えなければ（このカードではここまでにして）結構ですよ〉と伝えるように私たちはしている。

　記録に関しては，労力を省くために省略記号をもちいて記録をする場合がある。たとえば，「LF（のような感じ。Like と Feeling）」，「DK（わかりません。Don't Know の省略）」などであり，これは質問段階でもそうである。「人間，人」を Hu，「動物」を A，「顔」を Fa，と省略するなど工夫している検査者も多い。

　以上のようにして，カードⅠが終了したら直ちにカードⅡを渡して同時にストップウォッチを押し，カードⅩまで休みなく施行する。繰り返しになるが，ロールシャッハ法を施行して，検査の中途で，10枚のカードに対して解釈に十

分耐えうる妥当な反応が明らかに得られていない可能性がある場合には、検査の目的について確認するなどの何らかの対応が考えられるべきである。

3) 質問段階 (inquiry)

10枚のカードに対して被検者が示した全反応を（質問も取り消しの言葉も感想も含めて）記録したら、続いて質問段階を行う。ここでは反応段階で得られた反応のうち、記号化の対象になる反応語と思われるものについてひとつずつ、いくつかの観点より質問を行う。ここでの質問により、反応の記号化のために必要な情報を収集すると同時に被検者の反応の過程における内的な体験について理解を深めるのである。被検者は反応段階では感覚的・感情的に行った反応を、質問段階では検査者の質問に応じて説明するという論理性や現実検討能力が求められる。この反応段階と質問段階の差によってロールシャッハ法に被検者の自我機能のありようが現れやすくなる。そのため、この質問段階の施行の仕方は非常に重要である。検査者の恣意的・誘導的・暗示的な質問により反応が歪められることがないように十分に留意しなければならない。ゆえに質問段階における質問・対応の仕方にはかなりの熟練を必要とする。

反応段階が終了したら、原則として速やかに質問段階を行う。質問段階においては基本的に記号化の重要な4つの側面、①反応領域（インクブロットのどこに反応を見たか）、②反応決定因（インクブロットのどのような特徴からその反応を見たか）、③反応内容と公共反応、④形態水準、が記号化できるように質問をしてゆく。質問段階では最初に以下のような教示を行う。質問段階の教示は、片口（1987）を参考にするとよい。

〈いろいろ答えてもらいましたが、これからそれがこの絵のどこに見えたか、どういうところからそのように見えたか、ということについてお尋ねします。それではもう一度カードを初めから一枚ずつお見せしますから、私の質問に答えてください〉といったものである。

この教示の後で、再びカードⅠを被検者の前に置く。ここではより適切に記号化（分類）がされるように、適切に質問がなされる必要がある。しかし、検査者の質問は非指示的である必要があり、誘導的になったり、暗示的になったりしないように十分に気をつけなければならない。〈どうしてそのように見えたのか〉と尋ねる検査者がいるが、これは適切な質問ではない。〈どうして〉という質問は被検者の思い込みや主観を語る方向へ促しやすく、インクブロットの特徴から逸脱した明細化を促進しやすいので〈（このカードの）どういう

ところが似ていますか？〉のように，**本人が見たままを言えるように工夫する**。被検者の知覚やそれに伴う思考を一緒に探索的に理解してゆく態度とそれを行うのに適切な質問をしてゆくことが重要である。

　質問段階の最初には反応段階で被検者が述べた反応をそのまま繰り返し質問することから始めることが多い。たとえば，ある被検者がカードⅠで①「蝶」，②「上だけ見ると蝙蝠」，③「片方だと天使か聖職者」という3つの反応を示したとすれば，質問段階においてはそれぞれ〈蝶とおっしゃいましたが？〉〈上だけ見ると蝙蝠とおっしゃいましたが？〉〈片方だと天使か聖職者とおっしゃいましたが？〉と尋ねる。飲み込みの早い被検者はこの質問だけでほぼすべての記号化が可能な詳しい説明をしてくれる場合もある。一方で，「はい，そう見えます」とのみ答え，具体的な説明をしない被検者もいる。被検者が慎重だったり，警戒心が強かったり，受身的だったりするのかもしれない。その場合には検査者が順次質問してゆくことになる。〈どういうところが蝙蝠に似ていますか？〉と尋ね，「羽が」と言われたら，〈羽の他には？〉と聞くとよいであろう。

① 反応領域についての質問

　検査者は"その反応がどこにどのようになされたのか"ということから質問をしていく。反応がどこになされたのはロケーションチャートを用意して，正確に書き込んでゆく。後に反応が再現できるように，インクブロットのどの部分をどのように見立てたのかについて具体的に記録しておくとよい。反応記録とロケーションチャートを見れば被検者がどのような反応をしたのか，反応の生成過程が正確に再現できることが望ましい。反応が一枚のカードに多くなされた場合や，同じような領域に類似した反応を生成した場合には，一人の被検者に複数のロケーションチャートを使用することもある。また，被検者が反応領域をあまり明確にしない場合には，反応領域を指などで囲ってもらい，明確にしてもらうようにする。

② 反応決定因についての質問

　ここでは"どのように見えたか"を質問し，この反応を決定づけたものが形態（輪郭）か，運動の感じか，色彩か濃淡か，あるいはこれらを組み合わせたものかを確かめる。前述のように，どこにどのように見えたかを被検者に尋ねると，その質問に従って詳しく説明をしてくれる被検者もいる。しかし，そうではない場合にはさらに質問をしてゆくことになる。私たちはこの際に「らしさ」を聞くようにしている。たとえば，カードⅠで蝶と答えた場合には〈蝶ら

しいのはどんなところですか？〉と尋ねるのである。また，被検者が反応の形態（輪郭）や場所の説明しかしない場合には〈もう少し詳しく教えてください〉あるいは〈もう少し詳しく説明してください〉〈他に○○らしいところはありませんか？〉と尋ねるようにしている。

　反応決定因に関しては，決定因を直接示すわけではないが反応決定因に関連していると思われるキーワードがある。たとえば，反応が「演奏会」「お祭り」「何かの儀式」である場合や，説明に「楽しそう」「にぎやか」などという言葉があればそこに運動や色彩が含まれる可能性がある。「美しい花」「きれいな器」「暗い森」「憂鬱そうな顔」「滑らかな球面」「柔らかそうな毛皮」などは色彩や濃淡が決定因に関与している可能性が高い。このような場合には，〈演奏会というのは？〉〈お祭りというのは？〉〈楽しそうというのは？〉〈美しい花というのは？〉〈きれいな器とおっしゃいましたが？〉〈暗いというのをもう少し説明してもらえますか？〉などと尋ねる。ここでは決して〈この人間は動いていますか？〉〈花と思われたのは色彩と関連していますか？〉〈毛皮と思われたのは濃淡があるからですか？〉などと質問してはならない。このような質問をすることにより，それまで被検者が意識していなかったインクブロットの色彩や濃淡について言及するようになってしまう場合がある。このようなやり取りによって，被検者が「検査者がそういう反応・説明を期待している」と思い込んでしまい，そのような反応をより多く出す（あるいは逆にそのような反応を出さないようにする）場合がある。

③ 反応内容についての質問

　これは"何を見たか"についての質問であるが，多くの場合は特に質問をしなくても分類・記号化ができる。しかし，時に「どんなものか」が十分に説明されない場合もある。「何かの顔」，「何かが踊っている」といった反応がこういった例になるだろう。このような場合には，反応内容を確認する必要がある。この場合には，〈人間の顔ですか，動物の顔ですか？〉，〈踊っているのは人間ですか，動物ですか？〉と聞くのは適切でない。一般的には〈何が（どんなものが）踊っていますか？〉〈踊っているものについて，もう少し説明してもらえますか？〉と聞くのが良い。また，このように尋ねても被検者が「人か動物かはっきりしないもの」と答える場合もある。この場合は，被検者の指摘する特徴や言い回しから反応内容を決定することになる。たとえば，説明の途中で「しっぽがある」「牙が生えている」と説明すれば動物反応により近いだろう。また，時に人間や動物の全体か部分かが明確でない場合があるので，こ

の場合には質問して確認をする必要がある。たとえば，〈人間の頭と手，他には？〉と質問するのが一つの進め方である。

④形態水準についての質問

形態水準の記号化については，各反応の①～③が十分に把握されていればスコアすることが可能である。しかし，いわゆる知覚の異常や逸脱言語表現が反応に含まれる場合には，形態水準のスコアリングを確定するためにこれらの反応の特徴的な側面について質問をすることもある。

繰り返しになるが，質問段階において重要なことは聞きすぎないことである。被検者の反応の中には分かりにくいものがしばしばあり，その中には精神病やパーソナリティ障害の特徴につながる混交反応や作話結合反応の特徴を有している場合がある。このような場合にもいくつかの反応が重なり合っているのか，別々のものなのかがわかれば，詳しく聞きすぎない方が良いと私たちは考える。たとえばある反応で混淆反応が疑われる場合には，二つの概念が重なり合っているかどうかが確認できれば十分で，〈（その二つは）一緒にあるのですか？　別々ですか？〉とか〈（二つのうちの）どっちですか？〉〈（その二つは）どういう関係ですか？〉といった質問はしない方が良い。そうした質問は反応語の病理性に気づかせ，修正させる働きかけになるからである。

⑤その他の質問

すべてのカードのすべての反応の質問段階が終了したならば，最後に好きなカードと嫌いなカードを選んでもらう。被検者が好きなカードあるいは嫌いなカードあるいはその両方を複数枚選んだ場合には，その中で最も好きなカードと最も嫌いなカードも確認し，選んだ理由も聞いておく。また，家族の全員のイメージカードと，自身のイメージカードを聞いておき，その理由も簡単に聞いておく場合もあるが，このようなことは聞かない方が良いと考えている立場もある。包括システムではそのように考えており，好きなカード，嫌いなカードも家族イメージカードも聞かない。また家族のイメージカードを選んでもらう時に，被検者が結婚していて，家族をどこまで含めるかの判断が難しい場合があるが，その場合は被検者が家族と言われて思い浮かべる人を挙げてもらえば良いだろう。家族として重要と思われるメンバーを被検者が挙げない場合もあるかもしれない。そして最後に今回ロールシャッハ法を受検した感想・印象を聞き取り，記録しておく。

質問段階では，反応段階と質問段階で反応が変容してゆく場合のように，しばしば判断が難しい状況が生じる。ロールシャッハ法の質問段階は反応につい

て説明し，インクブロットのどのような特徴からその反応が生成されたか，刺激をよく吟味し，実際にどのように似ているかを検査者に説明し，現実検討をする段階であると言える。この状況で，反応段階よりも現実検討が低下して病理としての反応の変容が生じる場合もあるし，逆に反応段階よりも現実検討が回復してより適応的な反応になる場合もある。片口法ではこのようなことが生じた場合には，被検者が最終的に行った反応について記号化をすることが原則であり，私たちも同意見である。反応の変遷過程には自我活動が反映され，最終結論にはその成果あるいは失敗（機能低下）が反映されるからである。反応を記録する際には，反応がどのように変化していったかというプロセスはとても重要な情報なので，それが分かるように記録をするのが良い。この観点に関連することでは，片口（1987）では反応段階では部分で見ていたものが，質問段階でまとめられ全体反応になった場合を「D→W」と記録するようにしているが，私たちは最終的なスコアリング（Wのみ）を記録する。しかしながら反応の記録（プロトコル）を読めば，片口でいうD→Wとなった経過が分かるように記録する。なお，包括システムにおいては最初に見えた反応を記号化し，変容した反応についてはあまり詳しく質問しないのが原則である。しかし，反応段階で与えられながら，質問段階で忘却されたり，とり消されたりした反応については，そのような忘却やとり消しがなぜ起きたのかも重要なので，よくわかるように記録しておくことは必要である。場合によっては暫定的なスコアリング（おそらくこのように見たのではないかとある程度推測できる場合には，参考のために必要最小限のスコアリング）を付けて，記録には残しておく場合もある。

　反応語として分類・記号化されるのは，反応語として報告された内容である。時に，反応語なのか，感想なのか判断が難しい場合がある。判断が難しい場合には，質問段階において確認のための質問をし，それによって反応語と見なせる（領域，決定因，内容を記号化できる）場合には分類・記号化する。

4）限界吟味について

　片口（1987）では限界吟味段階を実施する可能性について論じている。限界吟味段階とは，すべての反応の領域が全体反応で，部分反応が全く生じない場合や，運動反応や色彩反応あるいは陰影反応が全く生じない場合，人間反応が全く生じない場合，公共（平凡）反応が全く生じないあるいはごくわずかにしか生じない場合に，被検者がそのような反応を見ることができるかど

うか確認することである。限界吟味についてはロールシャッハ法の解釈において有用であるとは必ずしも言えない。一方で被検者が将来何らかの理由でこの検査を再び受ける機会があった場合には，限界吟味段階が悪影響を及ぼす可能性が危惧されており，最近では以前より限界吟味を行わないことが多くなっている。実験的な研究により，重度の統合失調症のような精神病圏の被検者であっても，カードⅢやⅦの「人」や，カードⅤの「蝶」を知覚できることが確かめられている。したがって，ある被検者がこれらの反応を示さないのはそのような知覚ができないのではなく，被検者の心理構造によりいくつかの反応の候補の中からこれらの反応が選択されないゆえだと考えた方がよい。私たちも限界吟味は基本的には行わない。限界吟味の施行は被検者に反応のヒントや示唆を与えることになり，被検者が将来再検査を受ける可能性を考慮した場合に，限界吟味段階を行うことで被検者の反応を歪める可能性が高く，データの正確さを低める要因となるだろう。

3．記号化（Scoring）

1）記号化の前提

　これは片口（1987）の第4章「分類（Scoring）の前提」にあたる部分である。被検者の反応記録において何を反応として記号化するかについて示されている。これについて私たちは既に述べている。また，ここでは反応数，反応拒否（反応失敗），反応時間の集計について解説してある。なお，片口ではScoringを分類と訳しているが，私たちはScoringという語の本来の意味としては記号化が適切と考えるので，記号化あるいはそのままスコアリングという言葉を用いる。なお，包括システムではScoringではなくCodingという用語を用いている。

2）反応領域（Location）のスコアリング

　反応領域は反応がインクブロットのどこに対してなされたのかを示す記号化である。片口法（1987）では全体反応（W），普通部分反応（D），特殊部分反応（Dd），空白（間隙）反応（S）と分類している（片口 1987, p.47）。さらに，全体反応，部分反応，特殊部分反応にそれぞれ下位分類がある。反応領域は被検者が外界をどのような仕方で把握するかを理解するのに役立つ指標である。私たちのスコアリングの分類の仕方も基本的には変更なく片口法に基づいてい

る.具体的な反応分類例については片口(1987)を参照されたい.ここでは,留意すべき事柄についていくつか論じておく.

まず,WかW(ダブリュカットあるいはカットオブダブリュと読む)かの判別についてであるが,カットする部分がどんなに微細な部分であっても被検者が,「ここは除いて」「ここ以外の全部」と領域を指定した場合にはWではなくWである.また,同じような説明をした場合でも,反応領域がインクブロットの半分にも満たない場合にはWとするのは適切ではないと考える.被検者の見た領域に基づいてD(普通部分反応)やdr(特殊部分反応)と分類することが適切である.また判断が難しいのはインクブロットの3分の2から5分の4程度の領域を用いた場合である.この場合にはWか大きな領域を用いてのDあるいはdrであるのか判断が難しい.Wは被検者が「基本的にはインクブロット全体を把握しようとしていながら,一部分を自発的に除くとか入れないと指摘する場合」と定義できるので,被検者の説明や言い回しにこのような姿勢が明らかであればWとなり,そうでなければ「恣意的にある部分を切り取った」と見なしてdrなどと記号化するように私たちはしている.被検者がWを見ているのかdrを見ているのかわからない場合には,〈○○(反応語)に見えるところを指で囲ってください〉と問い,被検者がどのように領域を囲むか,説明するか,を参考にすると理解が深まる.領域を囲むように求めると「ここだけは入れないで…」「ここを除いた全体で…」と説明してくれる場合も多い.

また,DW(作話的全体反応)はインクブロットのごく一部の形態上の印象に基づいて,それ以外には何らの手がかりもなしに,飛躍的に,その反応形成概念をブロット全体に拡大してしまう反応である.換言すれば,この種の反応はその出発点を除いては,反応概念とインクブロットの形態上の対応は全く無視されており,したがって,後に述べる形態水準はマイナスとなる.DWは統合失調症など精神病的な心理特性を有する被検者に時に認められる反応である.片口(1987)ではDWを一つのカテゴリーとして設けているが,DWの出現頻度は非常に少ないことと,DW以外にも精神病理や思考障害を示す反応は多様にあるという理由から,私たちはDWを別個のスコアリングカテゴリーとはしていない.基本的にDWに該当する反応はWとスコアしている.

また,W(普通全体反応)とW,S(全体空白反応)の判断も微妙になる場合もある.たとえば,カードⅠやカードⅧにおいて全体反応を示した場合には,当然その中に空白領域も含まれている.しかし,こういった場合にSがスコ

アされるのは被検者が空白領域について言及した場合のみである。カードⅠで空白領域を「蝶々の白い模様」「オオカミの顔の目と口」のように，Sを領域として使った場合には反応領域のスコアリングにSを加える。カードⅧやカードⅩにおいてインクブロット全体あるいは大部分の領域を顔と見た場合も，白の領域に言及し「肌の部分」「白塗りの化粧の上に…」と説明を行った場合にはSがスコアされる。

　Dとdについては片口（1987）ではKlopfer法に準拠している阪大法に基づいて定められており，Dとdにあたる領域が定義されている（片口　1987，p.54-p.63）。普通部分反応（D，d），特殊部分反応（dd, de, di, dr）をどのように捉えるかについては特記すべきことはないが，いくつか補足をしておく。

　Dおよびdについては，片口（1987）がp.64で述べているように，判断が難しい場合がある。Dの場合にdよりも判断が難しい場合が多い。たとえば，カードⅠのD_3の領域をもう少し内側まで見て少しだけ大きい領域を見た場合にはD_3とスコアして問題ないだろう。しかし，これがd_3の領域まで含んでいた場合やそこまではいかなくともd_3に隣接する領域まで含んでいた場合にはdrとスコアする方が適切だろう。同じく，カードⅣのD_4の領域をもう少し太くとった場合やカードⅤのD_1の領域をもう少し狭くとった場合も判断が難しいが，ある程度領域が近似していればDあるいはdであることは片口にある通りである。あまりに検査者が強迫的になるとdrが多くなる傾向があり，正確な施行はもちろん重要だが，領域に関する強迫的なスコアリングはかえって誤りになる場合がある。

　しかし，特殊部分反応においては，deがブロットの外縁以外の要素（部分）が含まれていないこと（「海岸線」とか「山の稜線」という反応語だけでdeと決めつけてしまってはいけない），diは内部の領域でも輪郭が認められる場合にはスコアしないことは十分に留意しなければならない。

〈留意事項〉

　同じ領域を見て反応を生成した場合にも被検者の見方・説明の仕方によっては異なったスコアリングがなされる場合ある。たとえば，カードⅢにおいて，赤の領域（D_1およびD_3）を除いた黒の部分だけで反応した場合，「赤い部分を除いて」と言及すればWがスコアされる。しかし，「二人の人間（D_2）がテーブル（D_5）を間にはさんで対峙している」と言及すればDとDの組み合わせなのでDとスコアされる。しかし，カードⅢのこの黒領域全体を「鎌倉時代の壺」や「昆虫の上半身」と見た場合には独特の領域の切り取り方を

したこととなり，スコアリングはdrとするのが妥当である。基本的にDとDの組み合わせはDとスコアされ，Dとdrの組み合わせはdrとスコアされる。たとえば，カードⅣで「オオカミの顔が二つ（D_2）と竜の頭（D_1）」，カードⅨで「カバ（D_1）が大玉（D_7）の上に乗って曲芸をしている」と見た場合には反応領域のスコアリングはDとなる。一方で，カードⅠで「4匹の動物が踊っている」と反応し，左右のD_2領域が2匹の動物であり，そのうちの1匹はD_3領域のものであるが，もう一匹はD_2領域のD_3を除いた残りの部分であると答えた場合は，前者の動物はD領域，後者はdr領域となる。この場合はDとdrの組み合わせでdrとスコアされる。しかし，カードⅧやⅩにおいて「動物がいっぱいいる」と反応し，その多くがD領域であり，たった一つだけがdrであった場合，そのdrが中心的な役割を果たすものでなければこの反応全体の反応領域はDとスコアすることが妥当であると私たちは考える。

　空白（間隙）反応についても片口（1987）に特に加える必要はない。インクブロットの中で全く色彩や灰色がついていないわけではない領域についてもSをスコアすることがある。カードⅨのD_3とD_5の間の領域がその代表的なものである。ここに言及した場合には原則的にSをスコアする。カードⅩのD_{13}領域を昆虫などに見た場合の眼にあたる領域は厳密には灰色であり，Sではないが，「この空白領域が目に見えて」と言及した場合にはSをスコアする（D, Sというスコアリングが適切であろう）。しかし，カードⅥの中央やや上の卵型の灰色領域や，カードⅦのD_4を顔と見た場合の眼によく見られる領域は，「この白く空いているところが」と言及したとしてもこの領域は空白領域ではないので，原則としてSとはしない。

　反応領域については，反応全体の中でどの反応領域が相対的に多いかによって，被検者がどのように外界を把握している特徴があるかを推測するが，各カードにおける反応領域の継起も重要な情報として注目される。被検者によって，インクブロット全体から見てゆくか，あるいは部分や空白から見てゆくかという特徴はある程度一貫しており，このアプローチがカードごとに頻繁に変わって一貫しない場合には病的な特徴（特に統合失調症者に多い）のひとつと考えられている（Exner, J. 2003）。

3）反応決定因（Determinant）のスコアリング

　被検者の与えた反応が，インクブロットのどのような属性に基づくのかが反応決定因である。反応決定因は「形態」，「運動」，「色彩」，「陰影」の4つの主

要カテゴリーに分類され，それぞれいくつかの下位分類が存在している。反応決定因は Rorschach, H. が独自に注目した観点である。インクブロット検査はロールシャッハ法以外にも数多く存在するが，ロールシャッハ法が世界各地で最も用いられている要因の一つが，Rorschach, H. が反応決定因に注目したことによると考えられている（もう一つの要因は，ロールシャッハのインクブロットがパーソナリティを把握するのに非常によくできているからであるとされている）。反応決定因は被検者のパーソナリティのさまざまな側面と関連している。運動反応は被検者の内向性，および空想性，共感性，観念活動など内的活動性と関連すると考えられ，色彩反応は外部から来る刺激への反応性，特に感情的，情緒的反応性の側面と関連し，陰影反応は被検者の愛着や依存と，無彩色反応は被検者のうつ気分や不快な感情との関連を示唆すると考えられている。さらに形態反応は，内外からの刺激を受けて動く内面の変動を統制し，論理性や客観性を与える自我の機能と関連している。つまり決定因とは，内的情動や感受性とそれをコントロールする自我機能との相互作用がどのようかを示す側面であり，力動的解釈の中心となる情報である。反応決定因に関する指標は Summary Scoring Table（まとめの表）の中でも多く扱われており，ロールシャッハ法の量的分析の中で占める役割は大きい。反応決定因に関して，私たちは基本的に片口（1987）の基準を用いているが，いくつか修正点・留意点があるので，ここではその点について述べる。

反応決定因における主決定因と副決定因の原則　主決定因および副決定因の決め方についても，私たちは基本的には片口（1987）に準じている。一つだけ留意すべきことに言及する。片口（1987）の p.72 の副決定因に関する説明の「形態因子は，その他の決定因子の中に含まれることが多いので，形態反応を副決定因とすることは原則的にない（脚注で，ごくまれに F を副決定因とすることはあると記されてはいる）」についてであるが，F が副決定因になる場合は少ないとしても，片口（1987）に記載されているほど珍しいことではないと私たちは考えている。たとえば，カードⅥで「（D_1 以外のすべて領域で）この部分は砂で，灰色の薄汚れた砂がある。砂の端に小さな柱（D_4 の上 3 分の 2 の領域）がある。円柱形の形をしている柱」といった反応は，「灰色の薄汚れた砂」は CF あるいは C' が反応決定因になり，柱の決定因は F であろう。小さな柱は中心的な反応内容ではないので，この反応の決定因としては「CF, F」などが適切だろうと考えられる。このように，主決定因でないところにのみ F があるという場合は，副決定因の F が付くことになる。

① 形態反応（F：form response）

　形態反応（F）は純粋形態反応とも呼ばれる。形態反応は基本的に運動，色彩，濃淡（陰影）などの因子を含まずに純粋に形態因子のみによって決定された反応である。しかし例外的に，必ずしも純粋形態ではないにも関わらず，Fが主決定因としてスコアされる場合がある。それはFの他に反応決定因としてスコアできるものがない場合である。たとえば，カードⅠ全体で「水たまり」「形がはっきりしないから水たまり，色とかは関係ないです」と被検者が反応した場合がこれにあたる。この場合に「水たまり」の反応決定因としては（潜在的には被検者が感じている可能性はあるものの，言語化していないので）運動や色彩，陰影の決定因はスコアできない。ゆえに，この反応の反応決定因はFと付けるしかない。Fという反応決定因が必ずしも適切とは思えないが，他に付ける反応決定因がないので，消去法でFが決定因となると言える。

② 運動反応（movement response）

　ここには人間運動反応（M），動物運動反応（FM），非生物運動反応（m）が含まれる。M，FM，mをどのような時にスコアすることができるかは，基本的に片口（1987）に従っている。しかしこの運動反応に関する片口（1987）の解説でいくつか適切でない箇所があるので，ここに指摘しておく。まず，ひとつは，片口（1987）のp.76に示されているような「F→M（M傾向）」といったスコアリングを私たちは付けず，最終的に被検者が人間運動を感知している場合はMとスコアする。p.77のc）の項目にあるような全く静止した，あるいはほとんど動きがない正面向きの姿勢を示すにすぎない人間反応については「F, M」とするとされているが，私たちはこれが適切とは考えない。この反応はMではなくFとスコアすることが適切であると考える。同じく，d）の項目に記載されていることであるが，人間がある動作をとりながら非生物的な力に身を任せている例として，カードⅢのD_1で「小さな天使が空から落ちてくる」と見た場合がFm, Mとなると説明しているが，これだけの説明ではこの天使は特にある動作をとっているとは言えないのでFmとだけスコアするのが適切と考える。また，g）項目において，人間の運動あるいは姿勢が，質問段階におけるやや指示的な質問により引き出された場合は→Mと記号化するとされているが，検査者は〈どんなふうに見えますか〉とか〈この部分はなんですか〉といった指示的な質問をしないのが原則であり，このようなスコアリングは不適切と考える。また，繰り返しになるが「→M」も私たちは用いないので，この場合のスコアリングはFが妥当なものとなる。「→」はFMについ

て p.78 に示されているが，これも私たちは基本的には用いない。副決定因の m に関して，片口（1987）には，m が副分類になる場合には「Fm, mF, m の区別はせずに，一括して m としておけばよい」との記載があるが，反応決定因のカテゴリーの数である D.R.（Determinant Range）の計算で副分類を含めて検討する場合には，Fm あるいは mF か m によってわずかにではあるが数値が変わってくる可能性がある。それゆえ，私たちは Fm か mF かの区別をつけることを薦めている。また，p.79 にある，カード VI の「毛皮がひろげてある」は単に「毛皮」と答えたものと区別するために，F, m あるいは Fc, m とする場合もある，とされているが，「毛皮がひろげてある」は動きとしてのひろがっているという見方が付け加えられない限りは，副 m とスコアするのは適切でない。m も含めて，運動はあくまでも現在動いていることあるいは重力がかかっていることが分かる場合にのみスコアするのが原則である。

　この他にも運動反応についてはいくつも留意しなければならない点がある。以下にそれらを列挙する。

　反応内容が動物であり，その運動がその動物本来の運動でなく人間類似の運動をしている場合には FM ではなく，M とスコアする。「クマがダンスしている」「ナイフで何かに攻撃している」「絵を描いている」などはこういった場合にあたる。動物が「笑う」と説明された場合であるが，「チンパンジー」「サル」などは FM になるかもしれないが，その他の多くの動物では M になる。その動物本来の行動でなく，なおかつ人間類似の行動ではない場合は判断が難しい。たとえば，「シカが火を吐いている」「ミミズが立ち上がって周囲を見回している」「蛇がお腹を広げて蝙蝠のように，羽をはばたかせて飛んでいる」「シマウマがライオンを襲って食べている（シマウマは草食なので，ライオンを襲って食べることはあり得ない）」といった反応がこれらにあたる。こういった場合にはその運動の内容が人間的な行動のニュアンスで語られているか，動物的な行動のニュアンスで語られているかで判断することになる。したがって，「ミミズが立ち上がって周囲を見回している」は M とスコアするのが適切と考えられ，「蛇がお腹を広げて蝙蝠のように，羽をはばたかせて飛んでいる」「シマウマがライオンを襲って食べている」は FM になると考えられる。「シカが火を吐いている」は判断が難しいが，空想の世界においても動物（空想上の動物も含めて）はしばしば火を吐くので，FM とするのが原則であろうと考える。反応内容が「ドラゴン」や「ゴジラ」である場合にはそうである。しかしあくまで一般論であって，被検者の説明を詳しく吟味して M か FM を決め

ることになる。「ドラゴンが仲良くなった人間の窮地を助けようとして，必死の思いで火を吐いている」という説明であればMが適切となる。

③ 色彩反応（C：color response）

ここには彩色反応および無彩色反応が含まれ，それぞれ下位分類がある。彩色反応（FC, CF, C）は極めて特殊な場合を除き，無彩色カード（Ⅰ，Ⅳ，Ⅴ，Ⅵ，Ⅶ）に与えられることはない。もしこれらのカードで色彩を指摘した場合には色彩投映反応（Cp）となる。一方で，無彩色反応（FC', CF', C'）はⅠからⅩまで，すべてのカードで生ずる可能性がある。多彩色カードでも，くすんだ色彩領域への反応はこれに該当する。たとえば，カードⅧのD_3領域で「灰色の魚の頭」，カードⅩのD_{13}領域で「黒い虫」といった反応がこれにあたる。

彩色反応および無彩色反応の決定因を採用するに当たって，判断に迷うことも少なくない。たとえば，カードⅢのD_3領域に対して「この赤いのが蝶々」と述べた場合に，「この赤い領域が蝶々に見える」という意味なのか，「この部分は赤いから蝶々に見える」いう意味なのかなどである。前者であればこれだけで彩色を反応決定因として採用することはできない。しかし，後者であれば彩色を決定因とすることが望ましい。質問段階ではこれがどちらにあたるのかを検査者は慎重に質問しながら探索してゆくことになる。この場合には，〈赤いのが蝶々というのは？〉〈もう少し詳しく説明してもらえますか？〉といった質問が適切である。

時に反応内容そのもの（命名）に色彩の要素が含まれている場合があり，そのような場合には他に色彩に関する言及がなくても（もちろん質問段階でこれを確認する質問をすることが前提であるが），色彩を決定因として採用して良いと思われる。「アオムシ」「ミドリムシ」「クロアゲハ」「シロネズミ」などはその例であろう。しかし，「桃」「ネズミ」といった命名だけでは「桃色」「ねずみ色」を示しているかどうか判断が難しい。「カラスアゲハ」「シロアリ」なども色彩が関与して可能性は高いが，慎重に確認する必要がある。また，かなり高い可能性で色彩を見ているように思える反応（たとえば，カードⅡのD_2で「血」，カードⅩのd_1で「キュウリ」あるいは「ピーマン」）であっても，自発的な説明または質問段階によって色彩因子が指摘されなければCをスコアすることはできない。

なお，片口（1987）では，p.81のカードⅧの「人体解剖図」で検査者が〈この色はあなたの答えに，どのような関係を持っていますか？〉と尋ねている例が記載されているが，このような質問は誘導的であり，適切でない。同じく

p.82のカードXの「黄色い蝶」で検査者が〈形は関係しますか?〉と尋ねている例もあるが,これも同じく誘導的であり適切でない。〈黄色いから蝶とおっしゃってくださいましたが,他に蝶らしいところは?〉などと質問することが適切である。

不自然形態色彩反応(F/C)および不自然色彩形態反応(C/F)については留意しなければいけない点がある。この記号をつけるのは,それがこじつけであったり,現実にはありえない無理な色彩を用いている場合である。しかし,片口(1987)のp.81に指摘されているように,被検者が検査者は知らない実在するものを知っている場合がある。また,技術の進歩により以前には存在しなかったものが存在している場合がある。「青いバラ」などはその良い例であろう。さらに現実世界では存在していなくても映画やアニメの中で描かれており,多くの人が知っているタイプのF/CおよびC/Fがあることを知っておく必要がある。「髪の毛が緑色の女の子」は現代ではF/CあるいはC/Fにあたらないかもしれない。こじつけF/CあるいはC/Fにはそのようなものが実際にあるのか,被検者が見たことがあるのかを尋ねておくのが良い。まれに,被検者が何らかの思い違いをしていることがあり,それが実在しないのに,実在しているかのように思い込んでいる場合がある。これらの場合には,スコアリングは最終的にはF/CあるいはC/Fになるが,その意味合いはF/CおよびC/Fの本来の意味とはやや異なった様相となってくるだろう。

Cn(色彩命名反応)はインクブロットの色彩を「赤」「青」「黄色」という場合である。この反応は知的能力の限界・問題を有する器質性精神病者や,検査自体に十分に入りこむことができない荒廃した統合失調症患者に認められる場合がある。そうした場合を除いては滅多に出されることがない反応である。詳しくは片口(1987)の反応決定因の意味づけの,該当する箇所(p.195)を参照されたい。

色彩投映反応(Cp: color projection)はPiotrowski, Z.(1957)によって考案されたスコアリングで,脳器質疾患者や急性の統合失調症に生じやすいと述べられており,不快気分の否認という仮説が用いられてきた(Exner, J. 2003など)。Cpは出現頻度が非常に少ない反応であり,このスコアリングにどのような意味づけを行うかについては必ずしも明確にはなっていない。青木(2013)が17名の受診患者に生じたCp反応を精査し,CpがカードⅠおよびカードⅥに生じやすいこと(全体の70%),Cpは必ずしも不快感情の否認を示すものばかりではなく,認知統合の失敗を示すCpの存在を示唆している。なお,色彩

投映反応が生じた場合には(あるいは色彩反応が全く生じない場合にも),被検者の色覚が正常かどうかを確認しておくことは言うまでもない。

④ 陰影反応 (Sh：shading response)

　これは被検者がインクブロットの濃淡・陰影を用いた反応である。無彩色ばかりでなく着色された陰影を用いて反応する場合も含んでいる。現在の片口法では陰影反応を材質反応(c)と立体反応(K)に分けている。

　この陰影反応については,被検者がインクブロットの濃淡について触れた場合にも,陰影反応をスコアすることができないことがしばしばある。カードⅥ全体を「キツネの毛皮」といった場合や,カードⅦのD_2の領域で「陶磁器でできた女の子の像」といった反応は材質(c)が関与している可能性が高いと思われる。しかし,被検者が「この色の濃い薄いがふわふわした毛皮の感じ」,「濃さの違いから陶磁器の光沢のあるつるつるした表面の感じがした」など陰影による材質感を言語化しなければ,cはスコアされない。

　陰影反応のスコアリングにおいては,被検者が明らかに材質感や立体・通景を感じていると思われる反応や,材質感や立体・通景を感じている可能性が高いと思われる反応が出された場合にも,材質あるいは立体について言及されなければ材質も立体もスコアすることができない。ある被検者がカードⅣ全体で「クマの毛皮」と反応しているものの,質問段階で詳しく尋ねても「形がクマの毛皮。輪郭が毛皮のよう」と反応した場合にはcをスコアすることはできない。同じく,カードⅦのD_2の領域で「まだ,こどもの兎」と反応した場合に,質問段階で「色と形が兎っぽい。〈色とは?〉このあたりの色(D_4のあたりを指さす)」と明細化しただけではやはりcをスコアすることはできない。「色」というのも濃淡を指しているのか,それとも灰色を指しているのかによってスコアリングは異なる。前者はcが,後者はC'が適切である。なお,被検者は「色が兎」と言ってはいるものの,濃淡の違いがある部分をさすりながら言及する場合にはcと判断しても良いと私たちは考える。同じく,立体についてもカードⅣ全体で「大男」,カードⅦで「断崖絶壁の景色」と反応した場合にも立体・通景が言及されなければKをスコアしない。ただし,cとは異なり,陰影が立体・通景の根拠として指摘されていなくても重なりや大きさを根拠に奥行き感を説明していればKをスコアすることができる。

　また,同じ陰影の部分を用いて,材質感についても触れ,立体感を示した場合には,cとKを両方スコアすることが可能である。たとえば,カードⅧの中央の領域が「赤い漆塗りの器。お椀の形をしており,色が朱色であるから。そ

れから色むらが段階的になっているのでこう丸く漆独特の質感があるみたい。こちら側に出っ張っており，立体的に見える。円柱を横正面から見たみたい。」と答えた場合は，Fc と FK の両方が付く。さらにこの反応では色彩反応も伴っているので，FC, Fc, FK となる。このような反応の場合には被検者は心理的に複雑な体験をしていると理解することができ，包括システムにおける色彩濃淡ブレンド反応および濃淡ブレンド反応にあたり，感情の問題や心理的な苦痛を抱えていることのサインになると考えられている（Exner, J. 2003）。この包括システムの考え方は Rapaport, D. ら（1946）の記号化を取り入れたものである。色彩濃淡ブレンドは自殺傾向との関連が見出されており（Appelbaum, S. & Holzman, P. 1968 など），包括システムでは自殺の可能性を考慮する指標を構成する重要な変数となっている。

　c と K のスコアリングについては，おそらく被検者は材質あるいは陰影による立体・通景に基づいて反応を生成しているかもしれないのに，それを示唆しなかったゆえにスコアされない場合がしばしば生じてくる。これについては，確認するための適切な質問を質問段階で行うことが重要である。それでも，このような反応がいくつか生じる，あるいは多く生じる場合にはこれが被検者の特徴であると理解して解釈を進めることになる。つまり，被検者は材質感をどこかで感じているものの明確に意識することが難しい状況があるのかもしれないし，自分が説明しなくても検査者には当然それが伝わっていると被検者が思い込んでいるのかもしれないといった理解である。

　なお，包括システムでは片口の c, K にそれぞれ該当する T と V というコードがあるが，それ以外にも，陰影について言及した場合には Y（濃淡拡散決定因子）というスコアリングを用いている（また，片口の c と K，包括システムの T と V の間にはさまざまな点で異なりがあり，必ずしも同一ではない）。Y は，「中に違った灰色があって，嵐のときの雲みたい」，「ピンク色の違いのせいで腐ったように見える」，といった濃淡の特徴に材質や立体の意味を持たせずに，漠然とした使い方をした場合に用いる。Exner, J.（2003）によれば，Y は被検者のストレスや無力感・焦燥感とも関連することが指摘されている。包括システムを用いない場合にも，包括システムでいう Y がつく反応がしばしば生じていることに留意しておくと，解釈上有効だろう。また，片口法では以前には，弱立体反応 k を採用していた（片口 1974）。これは「地勢図」「レントゲン写真」など本来三次元であるものを二次元にした平面図であり，この場合も包括システムの Y にはあたるが，現在の片口法ではスコアリングから削除

されている。

　また，立体反応（K）は陰影反応の中に分類されているが，陰影を用いない重なりや反射によるKも存在する。たとえば，カードⅤ全体で「滑り台の向こう側に人（D_2）が立っている」といった反応や，カードⅢの「人が鏡に向かって身だしなみを整えている」やカードⅧで図版を横にして「オオカミが水辺にある岩の上を歩いているのが水面に映っている」という場合は鏡映反応であり，陰影を使わないKに該当する。

　これまで述べてきたように，現行の片口記号では，濃淡に関する記号が少ないので，記号化されないニュアンスを感じ取ることも必要である。また，濃淡に被検者がどれだけ気づいて（意識化して）いるか否かには細やかな見分けが必要になるし，半ば気づいているといった微妙な状態もある。それだけに検査者の質問への配慮も必要であるし，被検者の態度，振る舞い，言葉遣いを含めた継起分析での検討が重要になる。包括システムなど他のシステムの記号も参考にすると良いであろう。

　陰影反応に関しても被検者が「この濃淡のある部分が……」「この色がもやもやしたところが……」と説明する場合がある。この場合も，反応領域を示す（限定する）ために陰影に言及している可能性があり，これだけでc，Kをスコアすることは適切ではない。「濃淡があるところ」について質問段階において聞いてゆくと「色が黒であるから……」と明細化がされ，C'がスコアできる場合もある。「濃淡があるというところが……」「色のもやもやしたところが」と被検者が言語化する場合には陰影が決定因として関与している可能性は高いが，質問段階で被検者に丁寧に質問を重ね確認をすることが望ましい。つまり，領域や場所を示すために色や濃淡に言及することをロケーターと呼び，これはその反応を生成した理由ではないので，決定因には反映させないということは強調したい。

4）反応内容（Content）の分類

　反応内容（content）は被検者がインクブロットに何を見たかに関するスコアリングである。ロールシャッハ法のスコアリングの中で反応内容のスコアリングの重要度はそれほど高くはない。また，ロールシャッハの反応内容以外の側面に十分に留意しないまま，反応内容を過剰に解釈することを私たちは妥当であるとは考えていない。また，尖ったものが出てくれば男性器，窪んだものが出てくればすべて女性器といった乱暴な解釈を行うべきではないと考えてい

る。しかし，反応内容から得られる示唆は被検者の理解に大いに役立つことがある。たとえば，人間反応（H）が多いことは対人関係への過敏さを示し，場合によっては過剰な他者への意識や被害念慮的な感覚を示唆することがあるかもしれない。さらに，人間反応の中身として，H（pure H）ではなく，Hd，(H)，(Hd) などの人間の一部分や想像・空想上の人間表象が多ければ，現実の人間関係よりは空想・想像の方向へ逃避していること，それだけ現実の対人関係に不安や怖れを抱いていることを示唆している。また，血液（Bl），解剖（At），炎（Fi）は攻撃性や攻撃性に関連する不安や葛藤に関連している可能性が高い。過剰に主題解釈・象徴解釈を行うことは差し控える必要があるが，どのような表象がどのような被検者の心理的特徴と関連しているかは知っておくことが望ましい。

　反応内容の種類については多様であり，もしも細かく分類したならその種類は無限になってしまう。ロールシャッハ法では解釈をする上である程度意味がある可能性が高いと考えられる反応内容を中心に分類をしている。その主だったものは片口（1987）のp.98〜p.99にまとめられており，私たちも基本的にこの分類に従っている。ここに明記されている以外にはCgとWeaponというスコアリングを私たちは追加している。CgとはClothingsを省略した記号であり，衣類や装飾品を含む。「着物を着ている」「服」「スカート」「頭につけたリボン」「ネックレスをつけている」「イヤリング」「スカーフを巻いている」といった場合にこの記号をスコアする。Weaponは武器であって，「拳銃」「ライフル」「サバイバルナイフ」「戦車」「爆撃機」「地雷」といったものがこのスコアリングに当てはまる。また，仮面という反応は顔反応に準ずる反応として注目されることも多いのでMaskとスコアされる場合もある。同じ仮面でも顔全体のものであれば，(Hd)あるいは動物的なものであれば(Ad)とスコアすることもできるだろうし，Maskとスコアする検査者もいるようである。私たちはこのような場合には基本的に(Hd)あるいは(Ad)をスコアするようにしている。反応内容を決めることが非常に難しい場合もあり，その場合にはその特異さが明らかになるような記号を記しておく検査者もいる。たとえば，「涙」という反応内容は体の一部分や解剖部分ではないのでHdやAtには当てはまらない。水分であるからと言ってNaとスコアするのも不自然である。こういった場合には，想定している反応内容のスコアリングのカテゴリーにない反応ということで，Otherというスコアリングを用いる検査者もいる。また，その内容がよりわかるようにTearといった記号を用いる検査者もいる。

また，以前にはなかったものがロールシャッハ反応として生じてくることが増え，判断に迷う場合もある。たとえば，「レントゲン写真」は解剖反応であり，「人体のCT（スキャン）の映像」「体のMRI」は基本的に解剖反応の範疇に入ると考えれば良いが，「赤ちゃんのエコー写真」など，近年はかなり精密に見ることができるようになっている。この反応は原則としては解剖反応であるが，被検者の説明によってはかなりHに近い反応として理解したほうが良いだろう（もちろん月齢の幼いものの場合は（H）やAtに近いものを被検者は体験しているだろう）。

　反応によっては反応内容の分類に困る場合もある。反応が「ネアンデルタール人」「北京原人」「恐竜」「マンモス」「ニホンカワウソ」などの過去に存在し，絶滅した人間や動物である場合には，（H）や（A）とせずHやAとスコアする。「怪物」「妖怪」「怪獣」などという反応でも被検者の説明がより人間的な特性についても言及している場合には（A）とせず（H）あるいは（Hd）とスコアすることになる。しかし，（H）とスコアするか（A）とスコアするか，あるいは（Hd）か（Ad）か，判断に迷うことが少なくない。被検者が「人間か動物が座っている。どちらかに決めることができない（あるいは見方によってもどちらにも見える）」と反応した場合には厳密に決めることは非常に難しいであろう。「ミッキーマウス」や「ハロー・キティ」，「ピカチュウ」は原則（A）であろうが，「ドラえもん」は判断に迷うところである。被検者の説明によっては擬人化されていると思われるので（H）の方が適切かもしれない。

　また，「エビ」や「カニ」はAでもあるがFoodの可能性もある。これはどちらにスコアすることが妥当であるか，被検者の説明によりある程度推測可能な場合がある。たとえば，「水槽に飼われているエビ」「ダイビングしているときに海底で見ることができるカニ」ならAとスコアする方が妥当であると考えられるが，「おいしそうなエビ」「塩ゆでされたエビ」「浜ゆでされ，冷凍されたカニ」であればFoodとスコアするのが適切であると考えられる。野菜や果実についても，PlなのかFoodなのか判断に迷うことがある。しかし，被検者の説明・明細化に十分な判断の決め手がない場合もある。そういった場合には検査者がより可能性が高いと思われるスコアを付けるか，両方のスコアを付けておいてスコアリングの異なりによって解釈がどのように変わるかどうかを吟味しながら判断することになるかもしれない。なお，包括システムではこのような場合には〈食べ物のエビですか，動物のエビですか？〉と尋ねる方法を示唆しているが，私たちはこのように尋ねることは適切でないと考えている。

私たちはロールシャッハ法の集計の際にはロールシャッハ・テスト反応記録用紙〔型式K−ⅧB〕を用いることが多い。この記録用紙には私たちが注目しているCgやWeaponといったスコアリングの欄はないので，下の空白の欄に独自でつけるスコアリングについては加筆し，使用している。私たちは基本的にCgとWeapon, Otherを加えている。これ以外にもいくつかの反応カテゴリーを追加している検査者もいるが，反応カテゴリーを安易に増やすことはC.R.（Content Range：後述）の数値に影響を及ぼすことになる。

5）反応内容の公共性：公共（平凡）反応

　公共反応P（popular response）とは一般の被検者によって，特定の領域に頻繁に与えられる反応である。P反応が多いということは他の人がよく見る反応を見る傾向が強いということであり，逆に少ないということは他の人とは異なった個性的で独特な見方が多いことを示唆する。この公共反応の概念も元々はRorschach, H.が考案したものである。P反応の考え方として，反応の出現頻度についてRorschach, H.は3人に一人程度，Hertz, M.は6人に一人程度，阪大法では10人に一人程度をP反応の目安にしている。片口法では片口（1987）のp.103の表4に示されている，13の反応が公共反応と定義されており，私たちもこれも採用している。片口（1987）のP反応は，児玉（1958）の研究をもとにしている。同じカードに対して同様の内容のP反応が出現しても2回Pをスコアすることはない。たとえば，カードⅠにおいて，全体反応で「蝶」の後に，同じく全体反応で「ガ」が生成された場合に，蝶はPとするが，ガはP'とスコアし，集計・整理の際にはP'は集計しない。ゆえに，P反応は最大13であり，それを超えることはない。

　公共反応は特定の領域に与えられる反応であり，反応領域や反応内容がP反応の基礎概念を有していれば基本的にPとする。しかし大きく基礎概念を損なうような反応であればP反応と同じような内容を見ていたとしてもPとスコアしない場合も多々ある。たとえば，カードⅢのD_2の領域で「人」と見た場合には基本的にPであるが，D_4が片方の足で，D_6の一部分である通常は「人間の手」とみる部分を両方とも「足」と見た場合（この場合，女性の胸と見る場所を腕と見ていることが多い）にはPとしない。カードⅡ，Ⅲ，Ⅶ，Ⅷにおいては反応領域がWであり，そこにPの領域でPの内容にあたる反応が組み込まれていれば，その反応はP反応となる。たとえば，カードⅧにおいて「ヒョウが岩山をよじ登っている」という反応は基本的にPとされ

る。しかし，反応内容が非現実的なものとなる場合（たとえば，「想像上のトラの怪獣」），芸術作品や装飾品の中に組み込まれる場合には（P）とスコアする。たとえば，カードⅢのD_2は「幽霊」や「妖怪」になった場合には（P）となり，カードⅧのD_1が「動物」であるものの，全体で「動物の装飾のついた置物」であったり，「動物を描いた絵画」であったりした場合にも（P）とする。なお，カードⅧでは一つの反応の中に2つのPが含まれることがまれにある。たとえば，カードⅧ全体で「岩を登っているヒョウがおり，その手前に花が咲いている」という反応は四足獣と花の両方のPが含まれるが，この場合も公共反応のスコアリングはPであり，P・Pとか2Pといった表記をすることは適切ではない（高瀬 2014）。ひとつの反応にはひとつのPのスコアリングが適切であると考えられるからであり，解釈の上でもこのように考えることが妥当であると考える。

　なお，片口（1987）では十分に明確に示されていないが，カードの位置も重要である。たとえば，カードⅠは「蝙蝠」も「蝶」も正位置の場合にのみPをスコアする。しかし，カードⅤでは「蝙蝠」の場合も「蝶」の場合も，正位置でも逆位置でもPとなる。また，同じく片口（1987）には言及はないが，カードⅡの「四足獣」，カードⅢの「人間」，カードⅣの「毛皮類」，カードⅥの「毛皮類」，カードⅧの「四足獣」は正位置で上方向を頭部と見た場合にのみPであり，カードⅦの逆位置でD_5を頭部とみて，「二人の人間」と見た場合にはPとはならない。カードⅧのD_1領域で「四足獣」では，「ラクダ」「ゾウ」は形態が似ていないのでPとはならない。また，同じくカードⅧのD_1領域で「カメレオン」はPであるが，他の爬虫類はPとは認められない。

　また，片口（1987）では独創（稀有）反応（original response）について，基礎技法から除外することを提案している。反応が独創的かどうかの判断には主観が入りやすく，独創にも認知が適切なものと不適切なものがある。私たちも独創反応は基本的にスコアしていない。

6）形態水準（Form Level）

　形態水準とはロールシャッハ反応の質の総合的な評価にあたるものであり，ロールシャッハ法の解釈において重要な概念・変数の一つである。特に精神病理のアセスメントを行う際には形態水準がどのレベルにあるかは非常に重要である。しかし，その一方で形態水準は，ロールシャッハ法を学ぼうとする者にとっては最も理解することに困難が伴う反応の側面である。また，形態水準は

ロールシャッハ諸家によりその考え方や記号化の仕方が異なる。諸家の見解が分かれるところは以下の2点である（馬場・黒田 1992）。

① 何を形態水準の評定の対象とするか？

これは評定対象となるのが，〔a〕純粋に形態の質であるのか，〔b〕反応語総体の質であるのかという問題である。もし，〔a〕であれば一次形態反応の形態把握の適切さのみを評定すべきであろうし，〔b〕であれば思考過程や情緒刺激の取り入れ方も評定の対象となる。質問段階において反応を明細化する際に，作話反応となり，思考や観念の異常が認められるものの，知覚そのものは適切である場合，〔a〕か〔b〕のどちらの立場かによって，良形態質の反応にも不良形態質の反応にもなりうる。多くの検査者が〔b〕の立場に立っているようであるが，そうすると「形態の質」，「形態水準」という言葉と矛盾してくる。

② 形態水準を判断する際に何を考慮するのか？

形態水準を判断する際に考慮される観点は以下のようなものがある。

(1) その反応がどれくらい頻繁に出現するか

これはもともと Rorschach, H.(1921) が『精神診断学』の中で形態質（form quality）を論じた際に用いた基準である。この基準は統計的な方法が用いられ，健常者に多く現れる反応を良形態質反応（Rorschach, H. らは F＋の記号を用いている）の基準と考え，これより質が良くないと判断される反応や出現頻度の低い反応を F－と考えた。なお，Beck, S. や Hertz, M.，包括システムも基本的にこの方法に依って形態水準を決定している。Beck, S. は知的障害者，精神障害者に現れ，健常者に現れない反応を F－としてリストを作成している。

(2) 与えられた反応とインクブロットの適合性

与えられた反応の形態と，その反応が与えられたインクブロット領域の形の適合（fitness）あるいは一致（correspondence）の程度を評価したものである。ロールシャッハ反応の中には出現頻度は必ずしも高くはないものの（①の基準で考えると，むしろ形態水準が低いと考えられる），この意味で質の良いものと判断できる反応が見受けられる。

(3) 反応の明細化の特徴

これは反応段階，質問段階における明細化の説明やそこに含まれる被検者の思考を考慮するものである。臨床事例においてはロールシャッハ反応において，その知覚は基本的に適切なのだが，明細化や結合性が奇妙で，破壊的な明細化によって反応の質が低められる場合がある。このような特徴を形態水準のスコ

アリングの基準に加える。Klopfer, B. はこの観点が臨床的妥当性を高めることについて論じている。

なお，Exner, J.（包括システム）は(1)と(2)を形態水準とし，(3)は特殊スコアとして別にコード化している。名大法においても(3)については『思考感情カテゴリー』を別に作成している。筆者らが準拠している片口法では，臨床的妥当性が得られている Klopfer, B. の方法を応用して採用している。この方法では Klopfer, B. の形態水準評定法の伝統的な出現頻度と知覚の適合性を，総合的に4段階に分けて，評定基準を作成している。この方法は日本独自の方法である。

Klopfer, B. は被検者が，自分が見た概念をインクブロットの形態に適合させる能力，自分の反応を説明して明細化する能力，およびインクブロットの各部分を意味ある広い概念に結合させる能力に注目した。すなわちブロットへの適合性，明細化，結合性という3つの観点を総合的に評価することを提唱した。Klopfer, B. の具体的な手順としては，まずインクブロットの適合性に1.0（確定的概念で，ブロットに適合してるもの）を基準とし，1.5（基本点1.0より形態確定性の高いもの：人間の顔，人間像，特定の動物など）から－2.0（確定的形態概念で，インクブロットに明らかに適合していない）までの基本点を付する。次に明細化については，建設的明細化，無関係な明細化，破壊的明細化に分けている。無関係な明細化とはすでに明らかであることを単に言い換えているだけで，適合性を高めても低めてもいない場合である。破壊的明細化はインクブロットの適合性を弱めたり，破壊してしまったりする場合で，たとえば「二つ頭がある動物」などである。結合性については，現実的な結合と奇妙な結合に分けられる。奇妙な結合の例としては「プランクトンと女の子が手をつないで遊んでいる（カードⅡ）」があげられる。この明細化と結合性に応じて，基本点に加算と減点が行われる。建設的明細化が見られたり，結合性が生じたりした場合にはそのひとつひとつについて基本点に0.5点ずつ加算する。ただし，上限は5.0で，マイナスの基本点には加点をおこなわない。一方，減点は，正確さを弱める明細化や奇妙な結合性に対してなされ，0.5点を減じる。Klopfer, B. の形態水準法は臨床的な妥当性が高いと論じられているが，Klopfer 法は煩雑すぎるという理由で片口は4段階に簡略化している。なお，阪大法では Klopfer 法に，Phillips, L. と Smith, J.（1954）の考えを入れて独自の形態水準のスケールを作成している。結果として，現在日本で用いられている主なロールシャッハ法システムである，片口法，包括システム，名大法，阪大法は形態水準の評定・スコアリングの方法がすべて異なるという状態にな

っている。

また，Mayman, E.（1970）は Rapaport 法の影響を受けて，以下のような7段階の独自の形態水準評定を考案している。(1) F＋：想像力（連想・概念）と現実（ブロットの構造）とがうまく結合している。(2) Fo：明白で容易に気がつく反応で，ほとんどあるいは全く創造的な努力を要さない。P反応及びそれに準ずる頻度の反応。(3) Fw＋（weak）：納得できないが恣意的とは言えない反応で，ブロットの形態と与えられた反応に衝突が見られない。(4) Fw－：ほんの一部分，イメージと形態が一致しているかもしれないが，残りのブロットの特性がほとんど関係ないだけでなく，概念にも不調和をもたらしている。(5) Fv：あいまいで非関与的な反応（非現実的ではない）。以下，非現実的となり，(6) Fs（spoiled）：反応の大部分は良好に見られているが，一部分がひどく誤認された著しい歪みのある反応で，部分的な現実との接触の喪失を表す。(7) F－：思考障害ではなく，全く恣意的な知覚で，被検者はブロットの特性にないものを見ている点で，現実との接触が損なわれている。

Mayman, E. の形態水準評定法は，Rapaport, D. の知覚体制化の考え方をより進展させて取り入れており，インクブロット刺激に対する態度から，被検者と現実の接触を捉えようとしている。私たちは Mayman, E. の評定法を高く評価しており，反応の病理性や質を評価する際に，Mayman, E. の観点を参考にしている。

前述した通り，私たちは Mayman, E. の観点は重要視しつつも，片口（1987）に基本的に準拠して，優秀水準（＋），標準（良好）水準（±），許容水準（∓），不良（病的）水準（－）に分類している。この4種類の形態水準のスコアリングの基準については片口（1987）の p.110〜118 を参照されたい。

片口（1987）の形態水準のスコアリングの実例の中にはいくつか適切でないと思われる記述があるので，これを指摘しておく。まず，標準（良好）水準について記載されている p.114 の一番下の反応例，カードIVの D_1 領域で「ウシの頭」という反応は「P反応であり，典型的な±反応」という記載があるが，この領域は現在ではP反応ではなくなっている。「ウシの頭」で必要な明細化がなされれば形態水準は±が適切であろう。また，不良（病的）水準について記載されている p.117 の反応例，カードIVのWで「兎がとび上がっている」は確かに兎の明細化は不足しているが，－の形態水準をつけるほど質が悪いかどうかは検討が必要である。私たちはこの程度の反応であれば，形態水準は－ではなく∓とスコアするだろう。また，この反応例のやり取りの中で検査者が

〈耳はありますか？〉と質問していることは不適切である。〈兎の形をもう少し教えてください？〉〈足の他はいかがですか？〉といった尋ね方をするのが望ましい。

　片口（1987）では比較的容易に優秀水準（＋）の形態水準をスコアするようだが，私たちはあまりこの水準のスコアリングを用いない。片口（1987）のp.113〜114にこれらの例があるが，もう少し洗練された明細化がなされた際にのみ私たちは＋のスコアを行う。ロールシャッハ法で産出された質の良い反応が，標準的な普通の良い反応なのか，非常に洗練された良い反応であるのかは，重要な観点であることは否定しない。しかし，どの程度以上形態質がよければ＋にするかの線引きは実際には難しいので，私たちはその区別に拘らず，普通以上であればすべて±とスコアしている。形態水準が±であれば基本的に問題がないと考えて，＋をつけるか否かを検討するために労力を使うことをやめている。つまり，私たちが日々の臨床の中でアセスメントを依頼される場合にはどちらかというと形態水準のあまり良くない反応の質が∓か－かを十分に吟味することが重要と考える。また，同じ－の形態水準がつく反応であっても精神病やパーソナリティ障害あるいは境界性パーソナリティ構造を示唆するような知覚・認知や思考の重篤な障害を有するものであるのか，それともそれほど異常ではない健常者にもごく稀に生じる反応であるのかを吟味するのはとても重要である。また，∓の形態水準は防衛がうまく機能せず不全になった場合にも生じるし，やや個性的でユニークな反応の場合にも∓のスコアリングが適用されるであろう。ある程度このような∓反応が生じることはその被検者らしい反応を主体的に生成することができていることを表しているかもしれない。ある反応の形態水準が∓になるか－になるか，そしてそれがどのような性質を帯びている∓あるいは－であるのかは慎重に吟味する必要があると思われる。私たちは±および＋はいずれも健常な質の反応と見なしている。被検者の病態水準を推定する場合には形態水準の悪い反応だけでなく，その形態水準の悪い反応がどのような継起で生じ，そこからの自我機能や現実検討の回復がどの程度なされたかを総合的に検討して判断されるものであり，形態水準の悪い反応の特徴のみによって判断されるわけではない。

　不良（病的）水準の反応については，正確さや一致度が見られない反応，破壊的明細化が与えられたり，全く現実的調和を欠く結合がなされていたりする反応は基本的にマイナスである。作話反応，混淆反応，支離滅裂反応などの逸脱言語反応を伴う反応は基本的にこの水準と考えられる。私たちは

Watkins, J. & Stauffacher, J.（1952）の逸脱言語カテゴリーの基準を参考として、その重みづけが1.00の逸脱言語表現が伴う反応は基本的にマイナス反応とし、重みづけが0.50, 0.25の場合にはその特徴を考慮して形態水準を基本的に一段階低めるようにしている。Watkins, J. & Stauffacher, J.（1952）の逸脱言語カテゴリーについては片口（1987）の p.275～280に具体例とともに解説があるので、参考になる。なお、マイナス反応は必ずしも病的な反応だけではなく、ユニークで個性的な反応も含まれるので、形態水準がマイナスの反応があればその被検者が病的な特徴を有しているという判断をするわけではない。

インクブロット全体を漠然とした顔とみる反応がしばしばみられ、カードⅠ以外は実際に顔とはあまり似ていないことから、私たちはこれらの反応の形態水準は基本的に－としている。この「W－の顔反応」は境界性パーソナリティに特徴的なものであり、詳細は第7章を参照されたい。

〈留意事項〉

なお、片口（1987）ではすべてのロールシャッハ反応に形態水準の記号が付けられ、C, C', c, Cn, Csym, K などの非形態反応も評価の対象となり、これらの反応には基本的に形態水準は－となると述べている。しかし、私たちは色などの特徴だけから反応を判断している場合には形態がそもそもないのであり、形態の質を評価することが不可能と考える。ゆえに、私たちはこれらの反応の形態水準を nonF とスコアする。そして、ΣF＋％や R＋％を算出する際には nonF の形態水準は－側に含めて計算する。定義上は、nonF の反応はそもそも形態質評定の対象にならない。解釈としても、形態を歪めて見ることと、形態を見ないこととは意味が異なると考えるのが適切である。

4．スコアリングの整理：反応整理表の作成

反応の記号化が終わったら、金子書房より販売されている整理用紙（Rorschach Data Sheet K-Ⅷ）を用いて、Scoring List（分類表）を作成し、そこから Basic Scoring Table（基礎整理表）および Summary Scoring Table（まとめの表）を完成させる。

Scoring List は被検者の反応の一覧であり、これは Basic Scoring Table と Summary Scoring Table を作成するベースとなるものである。しかし、分類表はこれらの表を作成するためだけに使われるのではない。分類表によって、被検者の各カードの反応数、反応時間、反応領域、決定因、反応内容、形態水

準を概観することができる。分類表を見ることでそれぞれのカードでどのような反応が生じているかを大まかに把握できるので、継起分析に先立ってまとめの表に加えて分類表をざっと眺めておくことは重要である。たとえば、どのカードで初発反応時間が遅れたかとか、形態水準が低下した反応はどのカードで発生しておりその際にはどのような反応領域や反応決定因が伴っているのか、反応決定因や反応内容が多様になり被検者の内的世界が複雑になったのはどのカードであり、反応数が少なくなるとか反応が単純で反応決定因や反応内容のスコアリングがシンプルになったのはどのカードなのか、といったことである。Scoring List にどのように記述するかについては片口（1987）の p.121〜122 に示されている。しかし、この中には形態水準についてはどこに記載するかについては明記されていない。片口（1987）の他の箇所では形態水準は反応決定因の主のスコアリングに続けて記載されている（たとえば、p.146〜147）。また、見やすさという点から、Other Scoring の欄に記載する検査者もいる。

続いて Basic Scoring Table を作成する。Basic Scoring Table は反応領域および反応決定因と、形態水準の内訳を表にしたものになる。Basic Scoring Table は量的な解釈をする際にとても重要な情報を提供してくれる。たとえば、被検者がしばしば形態水準の低い反応を示すという傾向があった場合、その形態水準の低い反応（−反応）が、どのような反応領域あるいは決定因をともなった際に出現するかは、被検者の内的世界を理解する上でとても重要である。

次に、Basic Scoring Table から Summary Scoring Table を作成し、サイコグラム（Psychogram）を作成しておく。Summary Scoring Table の各項目については基本的に片口（1987）に従っている（p.123〜127）。留意が必要なものについてのみ簡単に補足する。

1）Summary Scoring Table の左列

R, Rej：片口（1987）と同じ。

TT（Total Time）：片口（1987）と同じ。反応拒否（反応失敗）となったカードに要した時間も含む。

RT(Av.), R_1T(Av.), R_1T(Av.N.C), R_1T(Av.C.C), Most Delayed Card & Time：片口（1987）と同じ。Most Delayed Card & Time は初発反応時間が最も遅れたカードとその時間。初発反応時間が遅れたカードがⅡ、Ⅲ、Ⅷ、Ⅸ、Ⅹであれば感情を扱うことの困難が、Ⅵ、Ⅶであれば依存をめぐる葛藤や性的な刺激を感知した可能性があるかもしれない。反応拒否あるいは失敗があった

場合には，$R_1T(Av.)$，$R_1T(Av.N.C)$，$R_1T(Av.C.C)$ は，そのカードを除いて計算される。

Most Disliked Card：10枚のカードの中で対象者が最も嫌いなカードとして選んだカードの番号。同時に，参考になるのでそのカードにおける初発反応時間を記入しておく。

2) Summary Scoring Table 中央列

W：D, W％, Dd％, S％：片口（1987）と同じ。

M：ΣC：いわゆる体験型であり，ロールシャッハ法の最も重要な指標の一つである。

FM＋m：Fc＋c＋C'：潜在的な体験型と呼ばれる指標。

Ⅷ＋Ⅸ＋Ⅹ／R％：同じく体験型を検討する指標の一つ。

FC：CF＋C：感情の表現の程度やそのコントロールを見る指標である。

FC＋CF＋C：Fc＋c＋C'：右辺は，省略して書かれており，実際には Fc＋cF＋c＋FC'＋C'F＋C' のことである。

3) Summary Scoring Table の右列

M：FM, F％, F＋％, ΣF＋％, R＋％, H％, A％, At％, P および P％：片口（1987）と同じ。

Content Range（C. R.）：反応内容の種類の数。これには少し補足が必要である。Basic Scoring Table の Main の Total 欄に何らかの数値（0 でない）が記入されているカテゴリーの数を記入する。片口（1987）には記されていないが，主分類にはなかったが副分類に出現したカテゴリー数（数え方は主分類と同じ）を括弧書きで示しておくと良い。反応内容が主分類で 8 カテゴリーがあり，副分類で主分類になかったものが 5 カテゴリーあった場合には 8 (5) と記入する。C. R. は思考内容の幅の広さを示すと考えられる。それを検討するのには，副分類の数も考慮に入れる方が妥当であると私たちは考えている。

Determinant Range（D. R.）：反応決定因の種類の数であり，表現ルートの幅の広さを示すと考えられる。数え方は C. R. と基本的に同じである。Basic Scoring Table の Main の Total の欄に何らかの数値（0 でない）が記入されているカテゴリー数を記入する。ここでも C. R. と同じく副分類を括弧で入れる。

片口（1987）ではW％やP％など，比率で示す指標に関しては整数で表現されている場合があるが（たとえば，p.148～149），有効数字の観点からすると，比率に関しては小数点以下2位を四捨五入して，小数点以下1位まで示すのが本来は妥当である。同じ，Summary Scoring Tableにおいて，$R_1T(Av.)$，$R_1T(Av.N.C)$，$R_1T(Av.C.C)$がすべて小数点以下第1位まで示してあることからすると比率に関してもそうすべきだろう。p.149に示されているSummary Scoring Tableにおいても，CF+Cは3.0（Cが副分類2つであるので）とするのが適切である。

Summary Scoring Tableの下には$\Sigma h／\Sigma h(wt)$，W－％，⊿％，RSS，修正BRSを記載する欄がある。$\Sigma h／\Sigma h(wt)$は片口（1987）の同性愛に関する指標であり，詳細は片口（1987）のp.345～358を参照されたいが，現代においては性志向についての考え方が変わってきているので，この指標そのものが適切ではないだろう。W－％はW反応（Wを含む）のうち，形態水準が－のものの割合であり，統合失調症の可能性を吟味する際に使用する指標である。⊿％はWatkins, J. & Stauffacher, J.（1952）の逸脱言語表現カテゴリーを数量化したものである。修正BRSはBuhler, C.らの基礎ロールシャッハ得点法（Basic Rorschach Score）を片口が修正したものであり，被検者のパーソナリティ統合の水準を評定し，心理療法によってパーソナリティ変容が生じる可能性を示唆するものと言われている。これについては片口（1987）のp.258～259に具体的に示されている。RSSは統合失調症の可能性を吟味するための指標であり，Pや$\Sigma F+$，W－％，⊿％，修正BRSから算出する。W－％，⊿％，RSSについては片口（1987）のp.265～307を参考にされたい。これらのSummary Scoring Tableの下の欄にある指標について，私たちは基本的に算出する必要はないと考えている。しかし，$\Sigma h／\Sigma h(wt)$以外は算出することや，それを参考にすることが弊害と考えているわけではなく，参考になる場合もあると考えている。

なお，片口法のロールシャッハ・データを整理するソフトウエア（高瀬らによるロールシャッハデータシステム：RODS）が開発されており，実際に活用している臨床家もいる。このソフトではスコアを入力すると自動的にBasic Scoring TableやSummary Scoring Tableが作成されるが，初学者のうちはこういったソフトに頼らず，手計算で算出することを筆者は強く勧めている。Summary Scoring Tableの中にある諸指標を実際に計算することにより，こ

れらの表に示される特徴がどのような質のものであり，どのような背景があるかを理解する助けになる。ソフトウエアを同時に利用することで，記入ミスや計算ミスにも気が付きやすくなるのではないかと考える。諸指標の計算は初学者のうちはとても煩雑に感じ，ソフトウエアがあれば労力が少なくて済むのにと感じることが多いが，慣れてくればそれほど時間もかからず，苦にならないものである。

　繰り返しになるが Summary Scoring Table は継起分析などにより，綿密な解釈を行うための基礎資料になるものである。この表を見ることにより，被検者のパーソナリティ特徴や特性について大まかな理解をすることができる。「感受性が高く，内的世界が豊かではあるが，心の中が複雑すぎて混乱しているらしい」，「非常に観念活動が活発であり，主観的な思い込み思考が多い」，「情緒的刺激に動かされやすく，動かされると抑制なく反応してしまいやすい」，「対人関係に過敏であり，主観的な思い込みで他者のことを色づけて見やすい」，「無色彩反応が多いので（しかも色の指摘は灰色や白ではなく，黒色が多いので）抑うつ的な気分が推測される」，「形態水準が−反応が頻発しており，現実検討を容易に失いやすく，重篤な病理が推測される」といった被検者の特徴を読み取ることができ，これによって被検者のパーソナリティや抱えている問題の背景，有効な支援の方法について継起分析を行ってゆく際の大まかな見通しや仮説を立てることができる。具体例は，本書の第4章を参照されたい。

5．各カードの特徴について

　ここまで，私たちの施行法や記号化について，片口法を参考にしつつも，いくつかの点で異なることを示してきたが，以下は解釈に生かすための知識であり，補足でもある。私たちの考えと片口（1987）の考えでは，カード特徴をどのように捉えて解釈に反映させるかという点においても違いがみられる。ともすると片口のテキスト（1987）のカード特徴に関する記述は決めつけと思える箇所があり，私たちは解釈に際してカード特徴を重視しつつ，スコアリングの変遷も辿りながら継起分析を行う。このことについて，馬場（1999）は既に最高水準の記載をしており，出版社のご厚意で以下に馬場の記述を転載することが可能になった。とりわけ第5章や第Ⅱ部の事例編において必須の知識になるので，片口との違いも頭に入れておいてほしい。

1) カードⅠ

このカードにはまず,「初めて提示される刺激である」という位置的条件がある。インクのブロットは日常見慣れないものであるから,このカードに接する時の被検者の状況は,慣れない場面に初めて出会った時や,新しい課題に初めて直面した時の状況に例えることができる。そこで,そのような状況にどのように対処するかというのが,このカードでの見どころの1つである。10枚のカードを比較してみた場合,これは特に刺激の強いカードではないのに,これが特に汚い,暗いなどネガティヴな印象をもつ人が多いのも,最初の刺激だからであろう。

したがって,ここで最初に公共反応(P)を出す人は,とりあえず常識的な対応で慣れない状況に対処する,そのような護身法が身についている人ということができる。P(蝙蝠,蝶)の他に,動物の顔やハロウィンのかぼちゃなど,「顔」にも見えやすい。領域としてはWが,決定因としてはFが出やすいが,それはブロットの知覚的特質のせいばかりでなく,最初のカードであるための,被検者の動きにくさの反映でもあろう。

2) カードⅡ

初めて赤色が現われ,しかも飛び散ったような形の赤,黒と混ざり合った赤があって,10枚の中でも最も激しい印象を与える。カードⅠが終って,刺激にも反応の仕方にも幾分慣れてきた被検者が,今度は刺激の強さで驚かされる場面である。いわゆるカラーショック(Rorschach, H. 1921)として挙げられているような現象や反応不能が,ここで最も生じやすい。ここではそうした強い刺激場面に被検者がどう対処するかが見どころである。馬場が協力したある研究(健常者が対象)(内田 1989)によると,形態質がきわめて低く内容貧困な反応も,形態質がきわめて高く内容豊富な反応も,このカードで最も多く現われた。低い反応が現われる理由は,強い刺激への対処が難しいためであるが,高い反応が現われるのは興味深い。このテスト状況を遊びの場にできるような創造力のある被検者にとっては,強い刺激は内面を揺り動かして,豊かな発想を呼び起こす誘因となるのであろう。反応継起にも,赤色の扱いを巡ってさまざまの変動の過程が表現されることが多く,興味深いカードである。

このカードでは赤領域を避けて反応を形成するためにWにならないことが多い。また「2人の人」「2匹の動物」(共にP)と両側を2つのものに見立てるのが一般的である。全体を1つのものに見ると,形態把握が漠然としたもの

になりやすい。D_2は噴火や出血と見られることが多いが，そうした赤色および赤色領域をどう扱うかは，感情の統制と表現のあり方を知る上で注目すべきところである。また中央にある目立つS領域は，他のカードのS領域より使われやすいことも知っておくべきであろう。

3) カードⅢ

Ⅱの次に現われるこのカードは，一般的に扱いやすい楽なカードである。赤色はあるもののその領域はずっと小さくなり，黒色と混じらず独立している。また人間像（P）に見えやすい黒部分が目立っている。ここでは運動（M）を伴った人間（H）を出す人が80％以上あるとされており，H，Mが出ない方が問題である。またカードⅡで混乱を示した人がここで立直れるかどうか，というのも見どころである。

中央の赤部（D_3）は形状から「リボン」や「蝶ネクタイ」に見えやすいので，決定因に色彩要素が入るかどうか，注意深い質問が必要である。両側の赤部（D_1）は入れなくてもH，M反応を構成できるが，篝火や照明として加えた場合，領域はWになり，決定因にはFCまたはCFが加わって，反応はより豊かなものになる。しかしこのD_1を不気味に感じて，「人魂」や「血液」と見る人もある。

4) カードⅣ

黒味の強い濃い陰影と三角形の形状が，重苦しい陰うつな，あるいは威庄的な印象を与える。いわゆる陰影ショックも生じやすい。こうした暗い圧迫感をどのように扱うか，陰影への反応がどのように出るか，そこからどのようなイメージを連想するかが，このカードでの見どころである。Bochner, R. とHalpern, F.（1945）の提唱以来，このカードを"父親カード"，それに対応してカードⅦを"母親カード"と呼び，それぞれ父親像，母親像が反映されるという見方があるが，このような見方は解釈を限定しすぎるもので好ましくない。あくまでもこのカードの刺激特徴をありのままに把握し，それに対する被検者の反応をありのままに読み取る姿勢が必要である。

「動物の皮，毛皮」（P）は，よく出るが材質感（c）は，必ずしも伴わない。「毛皮→茂った大木→森の中」などと，いかにも陰影への反応を思わせる反応語が続きながら，cもKもまったく表現しない人もある。これは陰影への反応が意識に近いところにあるけれども，充分意識化していない状態とみるべきで

あろう。陰影を感じているか否かを慎重に見分けることは必要であるが，無理に聞き出すと，意識化の程度がどのようか分からなくなってしまう。またこのカードでは，ブロットの知覚的特質から「大男，怪物」の類いがよく出るので，それだけで男性像への恐怖感の現われと見ることはできず，それに伴う説明や反応態度を考慮するべきである。

5) カードⅤ

これはWの「蝙蝠」や「蝶」（P）が見えやすく，ブロットが小さくまとまり，材質感も弱いので，対応しやすいカードである。10枚のプロセスでの中休みカードともいえる。複雑な課題に挑戦したい人や，複雑な刺激で挑発されたい人は，このカードを"つまらない"という。「ああこれはもう蝙蝠です」と簡単にすませてしまう人は，休める時には休んでおこうというタイプであろうし，ここで反応数を増やす人は，楽な状況で稼いでおこうというタイプであろう。

稀にこのカードを特に不快なもの，不吉なものと感じて，悪魔的な人間像などを示す人がある。この場合，濃い黒色や尖りの多い形によって，陰性感情が強められるようである。しかしこのカードを不快なものと見る人は，他のカードにも全般に陰性感情を投影することが多い。

6) カードⅥ

ここで再び扱いにくいカードが現われる。陰影の強さと，性器を連想しやすい形状のせいで，被検者はこの刺激に出会って戸惑いや不安を感じることが多いようである。それゆえに R_1T は遅くなりやすいカードとされている。性器そのものという反応語は一般に抑制されるが，性的象徴と見做し得る内容が，特に健常者に多く現われる。一方，この刺激に対処しにくい人ほど，de, ddなど周辺的な領域選択や，陰影や材質を連想させない硬い内容や，Fだけの決定因を示す。しかし，これらの防衛操作によって回避されているのが，口唇的な肌触り感覚（依存性をめぐる感覚）なのか，性器期的な関心や欲求なのかは，なかなか見分けがたいところである。

Pの「毛皮」には，カードⅣより明確なcの指摘が伴いやすい。他に出やすい内容として，種々の弦楽器がある。

7) カードⅦ

　これは黒味が薄く，ふわっとした柔らかい陰影と両側に広がる漂うような形を特徴とするカードである。この刺激は一般に好ましいものとして受け取られる。さらに形は「女の子」「兎」（P）とみられやすい特徴を持っており，これらが総合されて，明るい，楽しい，可愛い，という情調の反応が多く現われる。しかし柔らかい陰影に影響されすぎる人には，人間や動物の形が見えにくくなるようである。そうなると，「揚げ物」「クッキー」など柔らかい食物，Kを伴う「雲」「霧」のような輪郭線の弱いものの反応になる。「cF∓Food」とスコアされる，まさに口唇期的退行といえる反応も，出る場合にはこのカードがその出口になりやすい。そこで，このような方向へ引き込まれることに対して，過剰に抵抗する人もある。すると，輪郭線のみのF，硬い物体の内容，たとえば「岩」や「角」，「de F∓」による「海岸線」，中央Sによる「建物」といった反応になることがある。この中央のSによって強い空虚感を感じて不安になる人があるという説（vent reaction）があるが，このカードへの不安反応がSによるものか，ブロットのとらえどころのなさによるものかは，見分けがたいことが多い。

8) カードⅧ

　ここまで4枚無彩色カードが続いた後で，初めての多彩色カードである。被検者は突然賑やかな場面に押し出され，多様な刺激にさらされたような体験をする。R_1Tの遅れ，形態水準の急激な低下，反応不能など，いわゆるカラーショック現象も生じやすいが，ここで気分が明るくなり，活気が出てくる人もある。この状況の変化にどう対応するかというのが見どころで，特にこれまで抑うつ的な反応が多かった人では，ここで気分を変えられるかどうかに注目するとよい。

　一方このカードには非常に見えやすい「動物」（P）の形があるので，これを拠点にして反応語を作り出すことは比較的たやすい。そこで，刺激に対抗して冷静さを守ろうとすると，「D F±A P」という単純な反応語になるし，より柔軟な態度でPを活用すると領域も広がり，決定因にもFM，FCなどが加わってくる。しかしこのPを捉えることもできないほど色彩に圧倒されて，色の洪水のような反応を呈する人もある。

9) カードⅨ

2枚目の多彩色カードであるが,Ⅷよりも色彩が激しく,色が混って濁色の部分があり,形も捉えにくいために,このカードに対処しにくい人が多い。ここでもカラーショック現象は生じやすく,R_1Tの遅れる人が最も多いカードといわれている(片口 1987, Aronowら 1994)。

一方,感情的刺激に対して開放されている人にとっては,興味をかきたてられるカードであるらしい。幻想的,独創的な反応,性的象徴といえる反応もこのカードで多く現われる。D_3を「炎が燃え上がっている」(CF, m)と見るのは必ずしも神経症的な不安の現われではなく,むしろ健常者が,壮大な山火事などを想像する。炎反応に伴う態度や説明によって,開放感と不安感のバランスを検討するとよい。形態の特徴からWにはなりにくいカードで,Wにすると形態水準が下がることが多い。

10) カードⅩ

これも多彩色カードであるが,ここではカラーショック現象は少ない。色彩がD領域に分散していて,ⅧやⅨのような大きさや激しさがないこと,個々のDに目を向けることによって全体からの圧迫感を排除できること,被検者が多彩色に慣れてきていること,などによると思われる。ここではDを動物や植物に見立てて列挙する人が多い。色彩も小領域にすると扱いやすいので,ここで初めてFCを出せる人もある。いくつかのDを「目,鼻,口,ひげ」などにし,Sを加えてdrの「人の顔」という反応が意外に多いように思われる。

構成度の高いWを作るのは難しく,W傾向の強い人でも「海底」「花園」「風景」「模様」など,Dを大雑把に繋ぎ合わせたものになりがちである。このカードは一般に,明るい,楽しい,と受け取られやすいが,不快に感じる人は,うるさい,派手すぎる,と評している。

第3章　各記号の解釈仮説

人見　健太郎

1．はじめに

　創始者のRorschach, H.（1921）に始まり，多くの研究者や実践家がさまざまなスコアリング・システムを作り上げてきたが，私たちは基本的にKlopfer, B. & Davidson, H.（1962）から発展した片口（1987）の記号化法にほぼ準拠して解釈の仮説を立てている。しかし前章で述べられているように，私たちの施行法は片口と全く同じというわけではなく，オリジナルな視点も入っている。

　本章では，解釈の前提となる各記号の意味や，必要と思われる記号について，私たちのグループで共有している平均的な数値について述べるが，グループで検討してきた検査データはほとんどが臨床ケースであり，統計的妥当性のあるものではなく経験的なものである。さらに**数値は一応の目安に過ぎず，総反応数に大きく影響を受けるので，出てきた数値からすぐに解釈に移行するわけではない**。特に初心者の検査所見は，断片的な記号の意味合いに左右されたパッチワークになりがちであるし，平均値のようなものがあると，その平均値と同じなのかそうではないのかということから安易に纏められてしまう傾向がある。これはロールシャッハ法の魅力を大いに減じるどころか，誤った解釈であって，有機的に結び付けられた数量的データの吟味を十分に行うべきである。その上で，被検者の態度，空想，防衛機制，対象関係などを多角的に理解するために継起分析を行い，再び各記号の意味合いに立ち戻ってこそ意味があるというのが私たちの立場である。Klopfer, B. ら（1962）は，「ロールシャッハ施行者としては2〜3カ月で熟達しうるだろうが，能力があってロールシャッハの解釈者となるため適格者とみなされる人でも，ふつう，数年は『学習の段階』にとどまっている」と述べており，ロールシャッハ法は地道な努力によってのみ身

に付くものだと言える。

　以下，片口（1987），Klopfer, B. ら（1962），Schachtel, E. G.（1966），Exner, J. E.（1969, 2003）を参考にしつつ，私たちのグループで共有されている各記号の解釈仮説を述べていく。それぞれの大家の考え方に有形無形に影響を受けているため，引用箇所以外は出典の明記が困難であり，より詳細に知りたいと考える読者には，各原著に当たっていただきたい。

2．各記号の意味と平均的な数値

　ここでは，1）反応数（R）と反応時間（RT），2）反応領域，3）反応決定因，4）反応内容，5）形態水準の5つに分けて説明する。

1）反応数（R）と反応時間（RT）

　Rが意味することは多くあるが，精神活動の活発さ，心理的エネルギー，想像力，生産性などを意味している。だいたい20〜30程度が平均と思われるが，私たちの経験だと臨床例では少ないことが多く，20以上あれば心的活動は普通程度と考えられる。検査に協力的で安心して臨んでいる場合は平均的な数値かそれ以上になるが，多すぎる場合，競争心の強さ，強迫性，易刺激性などが考えられる。一方，反応数が少ない場合，自己防禦的，不安による抑制，緊張，抑うつ，知能の低さなどが考えられる。検査への態度全般を意味するとも考えられるので，検査に導入する際，しっかりとした同意を得て，被検者の動機づけを十分なものにしておくことが望ましい。

　反応拒否（Rej）や反応失敗（Fail）が起こることは，一般成人では珍しい。これらが1つでもあれば，色彩や陰影など何らかの刺激へのショック現象，統覚の混乱が考えられるが，どのカードでRejやFailが起きたかを見ていくことが重要である。たとえば，カードⅠはW，F，A，Pで捉えやすく，通常はRejやFailが起きにくいカードであるが，このカードでRejやFailが起きたのであれば初めての刺激状況や検査を受けること自体への強い不安や緊張や拒否感の表れなどが考えられる。またカードⅣであれば，初めての強い陰影による重苦しい陰鬱さや，威圧感，あるいは性的なショックが起きた可能性などが想定される。その他，表現をはばかるような連想内容が生じたとか，重篤な疾患が背景にあって知覚的に纏め上げられないなど，背景にあることはさまざまである。カード特徴については前章を参照されたい。

初発反応時間（R_1T）以外の RT は，それ自体で重視されることはあまりないが，R，反応領域，反応決定因，反応内容と照合することで意味ある解釈が可能になる。

　R_1T は，5秒から20秒程度で，通常大人より子どもの方が早いとされている。各カードでのバラツキなども見ておく必要がある。一貫して早いのか遅いのか，特定のカードで早くなったり遅くなったりしているのかといったことである。一般的には遅いよりも早い方が良い傾向であると見做されることが多いものの，早すぎると非協力的である可能性や，あまり吟味せずに知覚したものを報告してしまう軽率さという否定的な意味合いになることもある。反対に遅すぎるように思われても，慎重にじっくり吟味する態度を反映していて肯定的側面を示している場合もあり，抑うつ気分の反映とは限らない。特定のカードにおける R_1T の遅延などは，継起分析のような時系列での理解に補足的な情報をもたらすことが多い。ノンカラーカード（N.C.）とカラーカード（C.C.）の R_1T は比較することが一般的であるが，N.C.＜C.C. で10秒以上かつ2倍以上の差はカラーショックが起きた可能性を意味し，感覚や感情を誘発する刺激に対して，過敏に反応して内面が混乱しやすいという仮説が立てられる。逆に，N.C.＞C.C. で10秒以上かつ2倍以上の差は，陰影あるいは黒色ショックが起きたのかもしれず，抑うつや依存愛情欲求の葛藤や問題が刺激されたという仮説が立てられる。カードによって刺激価が異なると考えられるため，R_1T が早くなったり遅くなったりするカードはある（片口 1960）が，平均すると大きな差にはならないようで，吉村ら（2012）も同様の結果を得ている。ただし，片口（1987）は「"ショック"の指標として，R_1T にあまり重点をおくのは危険である」と述べ，R_1T 単独での解釈には慎重な態度を示している。

2）反応領域

　反応領域について，馬場（1995）は「……これとどう関わるか，これをどう処理するか，いわば対処行動の形を表わすのが領域の選択の仕方だといえる。精神分析的にいえば，領域の選択は自我が外界に適応する様式（適応機制）を反映している」と述べている。Rorschach, H.（1921）も触れているが，反応領域がそれぞれのカードでどのように移り変わるかは注目すべき点である。なぜなら，馬場（1995）が指摘するように，「反応語の推移に伴う領域選択の推移には，その被検者が外界と関わっていく過程が反映される」からである。片口（1987）は，「……完全癖の有無，成熟度，知的水準などの人格特性を知ること

も可能である」と述べているが，知的水準に関しては，ロールシャッハ法だけでなく，現実的には知能検査などをテストバッテリーに組み入れる方が実際的だろうと私たちは考えている。

反応領域は，日本人はW％が高いと言われていて，W：D：Dd＋S＝4：5：1が平均的な数値とされる。

① W（全体反応）

Wは多くの研究者のデータを概観すると，Rが平均的である場合，出現率はだいたい40％前後のようであり，片口ら（1958）は，成人のW％を39.0％と報告している。また，小川・松本（2005）は，小学校高学年で最もW％が高く55％を示したと報告しており（包括システムに準拠しての調査であるため，片口法よりもWのパーセンテージは低めに出ていると思われる），古典的にも「子どもにWは多い」と言われてきたが，小川ら（2005）の報告は，過去の知見と一致している。その後，徐々にW％は低くなり，成人期に再び増加すると言われている。このことは筆者の経験ではWを解釈する上で示唆に富む。Wとスコアされる場合，その質が重要である。ブロット全体を「漠然と」把握したのか，「構成的によく練り上げられて」いるのかという差異の検討である。上記の子どもたちの知見も支持しているのは，発達的に人生早期には「漠然と」全体を把握し，長じると分析的態度が生じてきてD（普通部分反応）などが増える。それに思春期心性も関連して，過剰に分析的だったり客観的であろうとする態度が増加するために，成人期よりもWが減少するのだろう。成人期には「漠然とした」Wよりも「よく構成された」Wが増加することが発達的にも望まれる。何らかの病的退行が起きると，曖昧なWが増えたり，DやDd（特殊部分反応）が増加するものと思われる。

Wは「物事を統合的，構成的，演繹的，抽象的に捉える」傾向と理解できるが，これは統合的で質の良いWの場合であり，未分化で曖昧なWが多い場合は，知的能力の低さ，パーソナリティの未熟さ，場合によっては精神病圏の問題の反映など，その意味合いをしっかりと検討する必要がある。また，Wが90％以上という過剰な値を示す場合は，「知的関心が高く能力以上に自分を誇示する」「競争心が強くて野心的である」などと解釈でき，逆にWが極端に少ない場合は，「物事を組織的・総合的に見ることができない」「知的能力が低い」といった解釈も可能である。強迫傾向がある被検者においては，Wが多くなることも少なくなることもある。「過剰に統合しようとしてしまう」態度の反映の場合と，「客観的に確実に見えるところで反応しようとする」態度の

反映の場合があるからだろうと考えられ，全体的な理解が必要である。

またWに関しては，私たちは馬場（1983）が提唱した「W－の顔反応」と総称される現象の病理にも大変注目している。馬場（1983）は，ブロットのほぼ全体を漠然とした顔と見る反応が境界性パーソナリティに多く認められることを指摘している。馬場（1983）が述べる境界的パーソナリティ者とはKernberg, O.（1967）のパーソナリティの発達水準に基づく考え方で，境界性パーソナリティ構造（Borderline Personality Organization）を有している人を指す。DSMなどの境界性パーソナリティ障害（Borderline Personality Disorder）とは必ずしも一致しない。詳細は，本書第7章や，馬場（1983）を参照されたい。

なお，Wに関しては，流派によってはDやDdとスコアされるものであるが，片口法では，一部分のブロットを反応から自発的に除外するものの全体で見ようという姿勢はあるという意味でWのカテゴリーに分類されている。1個か2個のWは見られることもあるが，それ以上になると，自ら積極的に外界にアプローチするという肯定的意味合いを越えて，自分に合うように世界を統制しないと安心できないという自己中心的な発想も背景にあるかもしれない。

反応領域だけであっても，WとDやDd, S（空白反応）との比率や，形態水準との照合など多角的な視点が必要である。

② D（普通部分反応）

Dは「よく見られる領域」への反応であり，流派によってD領域とされる場所の指定がされている。したがって，片口法に準拠してロールシャッハ法を行っている者は，片口（1987）によって指定されている領域以外をDとスコアしてはいけない。国際的なD反応の研究などにおいても，どの流派が提出した数値なのかを把握する必要があるだろう。片口ら（1958）が提示している平均的なD％は50.8％となっており，総反応数の半数程度がDとスコアされることが一般的である。

Dの解釈は，基本的には「目の前の状況の中で比較的解りやすく処理しやすい部分を取り出して関わるという現実的な対処をしている」（馬場 1995）と言える。Dで質の高い反応が多い場合，「物事を分化し具体的に見る傾向」と理解され，常識的，現実的，具体的，実務的な人であると言えるだろう。Dは形態水準が高くなることが多いので，Dで形態水準を下げるような場合，「具体的な事実の正確な判断が困難なほど，情緒的問題がある。あるいは知的欠陥がある」といった可能性が高くなる。片口（1987）は「形態質の低いDを示すものは，同じく形態質の低いWを示すものよりも，発達的に低い水準にある

とみてよい。また優れたDを示すことは，優れたWを示すより容易である」と述べている。

③ Dd（特殊部分反応）

　Ddは一般的には10％程度産出されると考えられるが，私たちのグループでは臨床ケースの検討を行っているという背景もあって，10％を上回るDd％に出会うことが比較的多い。WでもDでもない，自分独自の領域を選択する被検者は，臨床ケースの方が多いということであろう。片口（1987）も古典的研究を引き合いに出しながら，「われわれの経験でも」と前置きしつつ，強迫神経症を例に高いDd％が産出されることを示唆しているが，同時に「実証的研究による裏づけは乏しい」とも述べており，今後の量的研究を待つべきかもしれない。ただし，臨床ケースにDdが多いということは経験的には言えそうである。

　Ddは「本質的でない些細なことへの関心の強さやこだわり；恣意的で独断的」という解釈が基本的になされる。このDdには以下に述べるような4つの下位分類があるが，ほとんどの場合がdrである。逆に言えば，dd, de, diは滅多に生じず，生じれば，解釈上の意味合いはdrよりも大きくなる。

　ddは，ごく小さな領域に注目する反応であり，「些細なことに拘泥する，気の小さい人柄を反映している」（片口 1987）とされている。

　deは，ブロットの辺縁のみを使用する反応であるが，そのブロットの使用の仕方から明らかなように，「物事の中心つまり重要なところは避けて，辺縁のみに関わっている」（馬場 1995）とされる。

　diは，ブロットの輪郭を用いず，ブロット内部だけで反応を産出した場合に与えられるスコアである。たいていの場合は，インクブロットの濃淡を使用していることが多く，形態水準は低いことが多い。漠然としたものの中に意味を見出そうとする反応と言えるが，ともすると妄想的な猜疑心が関与しているとも言える。片口（1987）は統合失調症との関連を示唆しているが，病的な過敏さのみならず，知的で芸術的な感覚を持つ人柄にも生じる反応であるとも述べている。また馬場（私信）は，「diは濃淡を線として扱い，濃淡を輪郭線とした形態を見ていることから，濃淡への敏感さがあると同時に，それを知性化している。つまり肌ざわり感覚の敏感さを反映するのではなく，形態観察の細やかさを反映するという関わり方の現れであろう」と示唆している。

　上記3種類の下位分類に比べて，Ddの中で最も多く付けられるスコアは

drである。WでもDでもないということから，ブロットのまとまりを無視し，自分の見方で領域を恣意的に区切った反応であると言える。適度な数であれば，建設的な自己主張だったり，創造的な退行の結果であるかもしれないが，基本的には「常識的なことを好まず，独創性に富む」という理解になり，drが多くなればなるほど肯定的意味合いが低くなり，「常識性に乏しい」「独断的」といった解釈になるだろう。どのようなカードで，どのようなdrが産出されたのかという文脈上の理解も大切である。

④ S（空白反応）

Sはインクブロットの図の部分ではなく地の部分に反応するというあり方から，歴史的には何らかの反抗心や怒り，刺激を回避する傾向などと理解されているが，肯定的に情報を取り込もうとする姿勢であると理解する場合もあり，解釈については議論が多い。Weiner, I.B.（1966）は，Sの歴史的な概観をする中で，統合失調症者には知覚的課題における図と地の弁別が困難な場合があることを示している。その上で，WS反応を取り上げ，空白部分が1つの間隙として反応されているもの（「羽に穴のあいた蝶」），灰色部分や色彩部分とは異なった1つの色彩として反応されているもの（「雪」），独立した輪郭としての反応（「頂上」）といった3つの反応型を挙げ，それらは図と地の曖昧さを構成するものではなく，またSの総数の値が，統合失調症と特に関係があるわけではないことを述べている。さらにその著書から30年以上経過した別な著書においてWeiner, I.B.（1998）は，Sの特質として「教示を打ち消して課題を自己流に定義し直している」と述べ，いくらかの自律性や自己決定力を示している場合もあることを付け加えている。しかし，Sが副反応になる場合を含めて3個以上あるときは，「気持ちの良い感情体験を妨げる人格の傾向を示す」「標準以上の怒りや憤りを心に抱いている」と述べている。いずれにしてもSの解釈は多義にわたり，Sとスコアされるものでも，カードⅡやⅦの真ん中にある空白を使う場合と，カードⅢやⅩで背景として空白を使う場合など，空白の用いられ方がさまざまであり，一義的な解釈への疑問があるためだろう。たとえば，Meyer, G.ら（2011）の通称R-PAS（Rorschach Performance Assessment System）においてもSのスコアリングに下位分類が設けられている。また，どのカードでどのようなS反応が産出されたかも解釈上重要である。見つけにくいSを見つける場合には，何らかのこじつけがあるかもしれないし，猜疑心が強いのかもしれない。あるいは，怒りや空虚感の現れかもしれないなど，解釈仮説はさまざまである。現在も，馬淵ら（2012）が積極的

にSの解釈に関する仮説を出しており，今後の研究成果が期待される。

こうした議論を踏まえて，私たちは数量的にSの解釈をする場合，まず数の多さ，少なさに注目し，一定の仮説を立ててから，継起分析で内容を検討し，必要であれば数量的なデータから得られた仮説を柔軟に変更するなどしている。臨床ケースにおいてSは副反応を含め3，4個程度といったところが多く見られ，それ以上多い場合は，「自主性や積極性が不適応な形を取りやすい」「敵意や反社会的な衝動性」「関係念慮的な傾向」を疑いながら読み進めていく。カードⅢでP反応の「人間（D_2）」を産出できない被検者は，D_4とD_6の間の空白に目を奪われてしまった可能性も指摘されている。そういう意味では注意深く観察しているとも言えるが，不全感や毀損感が刺激されやすいという仮説も立てられるだろう。いずれにせよ，被検者がどういう体験をしているのか読み取る必要があると言える。

3）反応決定因

ロールシャッハ法の歴史を振り返る時，さまざまな流派が存在するが，流派が分れる大きな要因の1つに反応決定因についての考え方や解釈の違いを挙げても言い過ぎではないだろう（Exner 1969）。スコアリングの段階から，検査者間の不一致が最も大きいものの1つに反応決定因があり，さらに反応決定因をどう読み解くかがロールシャッハ法の熟達と関連があるとすれば，いかに反応決定因についての知識が必要であるか理解できる。

馬場（1995）は，反応決定因について，「インクブロットのもつさまざまな要素を，どのように体験するか，どの要素を体験から排除するかという，意識的，無意識的な体験の構成の仕方が決定因に反映される。……精神分析的にいえば，決定因は感情的，感覚的体験における防衛・適応様式を反映している」と述べている。反応決定因の解釈については，非常に幅が広く，すべての仮説を網羅することは不可能なので，①F（形態）反応，②運動反応，③色彩反応，④無彩色反応，⑤濃淡反応，⑥体験型に分けて，私たちの考えを提示したい。

① F（形態）反応

片口ら（1958）はF％の平均を43.8％と述べており，25％～55％ぐらいの範囲に入る被検者が多いというのが私たちの経験である。Fの解釈仮説は，簡単に定義すれば「感情に支配されることなく，現実を客観的に捉える自我の能力」と言える。つまり，インクブロットという見慣れないものを見た時に，どれくらい動揺せずにいられるかという意味である。

ほどほどのFは，あまり解釈上重視されない傾向があるが，「知的側面と感情的側面を調和させ，現実に適した行動を取れるように自己を統制できる力」があると理解して良い。しかし，総反応数の半数以上がFになるなど明らかに多い場合，「主観的な色づけをせず，客観的に認識しようとする傾向」が強くなりすぎ，杓子定規，表面的，形式的，自発性の乏しさ，自己防禦的などと解釈される。一方，Fが少ない場合，「現実の客観的把握に失敗しがちで，物事を主観的に見過ぎる傾向」があるとされ，主観的歪曲が強く，情緒的に不安定であろうという推測がなされる。F％が20％を下回るような場合，心理的休息が取りにくく，刺激に振り回されている被検者の在り様が想像される。さらに，形態水準が良いFであれば，心理的休息はうまく取れている可能性が高いが，形態水準が低いFばかりであれば，心理的休息というよりも，自分の感受性をうまく表現できず立ち往生した結果，Fしか産出できなかったという消極的な意味合いも考えられる。

　F％が高く，数量的な分析で「表面的な人」という結果が得られても，色彩カードで「血」「花」といったように明らかに色彩の関与を思わせるF反応を出している場合は，無彩色カードで形だけを述べている人とは解釈が変わってくる。情緒的隔離などの防衛を多用する人は，色彩や濃淡などの影響を受けつつも，そのような感情と観念を切り離していて，結果的にFというスコアが多くなるということも珍しくない。また，慢性期の統合失調症患者の中に，単純なF反応ばかりを産出する人たちもいるし，非行少年などのデータも，情緒的体験を意識化，言語化するルートが開発されていないゆえに行動で発散してしまうことに対応して，単純なF反応が増加する傾向がある。F反応はスコアリングこそ難しくないが，解釈には相当な力動的理解が必要とされる。

　このF反応の力動的理解との関連で，F反応についての記述を精密に議論しているSchachtel, E. G.（1966）の見解について少し触れておくことは有用だろう。彼は，一般的な外界の形態把握や認知的把握といったことを十分に述べた上で，ロールシャッハ法の形態反応に言及している。「……認知的把握の度合や質についての最も重要な手がかりは形態反応にある。人間における形態知覚の機能は，事物の本質をなす特徴を把握することにある」として，一般的に考えられているよりも，形態反応には「能動的側面」があることを強調している。私たちも，単純なF反応と複雑に構成されたF反応に対して何らかの区別をしているが，Schachtel, E. G.（1966）は，慣れた見方ないしは紋切型の見方に基づいたF反応を「平凡F＋反応」とし，いくつかの生々しい，的確に

捉えられた独創的なF反応を「特殊F＋反応」と区別している。F反応にも，固く，没個性的な反応もあれば，生き生きとした，可塑性に富んだ開放性を意味する反応もあるということであり，その質の吟味が重要になる。さらに，彼は「力動的形態反応」という用語を導入し，「力動的な形態認知は，特定の形の認知が，一方において，認知される形態の特殊なあり方に関連し，他方において，認知者の特別な衝動，欲求，以前の情緒的体験などに関連した，意識的，無意識的な情緒と組合わされ……よそよそしい形態認知とは異なっている」という細やかな視点を提示している。この視点は，数量的分析のみでは見落とされがちな観点であるし，特に継起分析における詳細な検討をしていく際に「何かを感じていそうなF反応」などと私たちが推測するものと重なりがあるものと思われる。たとえば，カードⅥ（D_3+D_3）で「人の顔。真っ二つに離れている。鼻，口，顎。真ん中に線が入っているからここから離れた（D　F±　Hd）」などである。

② 運動反応

運動反応は，インクブロットに存在しない運動を見ているという点で，何らかの想像力を働かせて産出されていると考えられ，長年，観念活動の指標として用いられてきている。運動反応にはM（人間運動反応），FM（動物運動反応），m（非生物運動反応）の3種類があるが，成人の場合は最も高度な思考活動を反映するとされるMがほどほどに多くなることが期待される。その理由として，Klopfer, B. & Sender, S.（1936）は，8歳までの子どもにはM反応はあまり見られない一方，自由に動作をする動物は見られる（FM）と述べており，発達的要因も大きいと考えられることが挙げられるだろう。

以下に，M，FM，mの解釈について述べる。

(a) M（人間運動反応）

MはRorschach, H.（1921）も，内的創造の能力を示すことを指摘していた。Mの数は内向的であるか外拡型であるかで数値の意味合いが変わってくるが，2～6個程度あることが望ましい。適度な数で良形態のMは「知的能力，創造性，内的安定性，統制力など，高度な観念活動・想像力の水準を保っており，情緒刺激への適切な対処を可能にする内的資質の持ち主」と解釈される。観念活動，つまり「考える」ということは，自我機能における「衝動満足の遅延」という重要な側面と関連があり，良形態のMが適度にあるということは，葛藤場面において欲求充足的で衝動解放的な行動に走らず，抑制する力があるということになるし，対人関係における想像力という観点からは，共

感性の指標と考えることもできる。しかし，M は幅広い反応に付与されるスコアでもあり，タイプ分けした解釈は必要である。「楽しそうに手を大きく振り上げながらダンスをしている」といった積極的な運動をしている M と，「見つめ合っている」というブロットの対称性を利用した消極的な運動反応では，その意味合いは異なる。これらの運動反応の質は，包括システムにおいては，active か passive に分類され，前者の積極的な M は，考えているだけでなく，安定感のある慎重な適応的行動を伴うことも多いと推測されるし，後者の消極的な M は空想しているだけで終わってしまう人である可能性が想定される（Exner 2003）。

また，運動反応は，インクブロットにはない「運動」という要素を加えるものであるから，本人の主観と直接結びつくものであり，内容が特殊であればあるほど，本人の内面の投影と理解される。多すぎる M は投影過剰な対人関係やそれに伴う活発な思考活動を想像させるし，その形態水準が低い場合は，現実的な対人関係でも共感的な行動が取れない可能性が高いと判断される。つまり，歪んだ内的対象関係の表出という捉え方もできるのである。作話を伴う M が多い場合，高度な観念活動というよりは関係念慮など思考の障害を意味している可能性も高く，内容をしっかり吟味する必要がある。一方で，M ＝ 0 とか 1 という少なすぎる M は，観念活動が不活発であったり，過剰に防衛的であったりする可能性が高く，さまざまな病理が潜んでいることを示唆しているが，Schachtel, E. G.（1966）は，たとえ M があっても，P 反応の 1 個のような場合は「ないと同様だ」と述べている。

(b) FM（動物運動反応）

上述の Klopfer, B. ら（1936）の指摘から，FM は M に比べると知的な分化をあまり必要としない運動反応と言える。子どもに多く見られるということや，「走っている」とか「噛み付いている」といった反応が多くなるということなどから，生理的な生命力とか，本能的あるいは原始的な衝動の水準での観念活動であると定義できるだろう。成人の場合，M＞FM が望ましいと述べたが，FM の理想的な出現数は 2 〜 6 個程度が平均的で，数だけで言えば M と大きく変わりはないので，M：FM の比率で各被検者の観念活動のバランスを見ていくことが大事になる。M＜FM の成人であれば，「現実を無視し直接満足を得ようとする幼児的かつ即効的な衝動性が高い傾向にある」という解釈仮説を立てることが可能だろう。しかし，FM はいわば心理的エネルギーの源としても理解できるので，FM ＝ 0 の場合は，自発性や活動性の深刻な欠如を疑わざ

るを得ない。逆にFMが多すぎる場合は，欲求の不充足感が強く，欲求充足への衝動を強く感じていると考えることもできるだろう。古典的な研究（たとえば，Piotrowski, Z. A. & Abrahamsen 1952）は，アルコールによる意識水準が低下した状態においてFMが増加し，M＜FMである場合は，被検者がかなり攻撃的になりやすいと報告している。こうした知見も，FMが意味することの裏付けとなるだろう。

(c) m（非生物運動反応）

　Klopfer, B. & Davidson, H.（1962）は，「もし1〜2個より多いmを有するときは，m反応は，一般に緊張と葛藤を示すようである。m反応は，個人が統制できず，したがってその自我を脅かす内的，外的な圧力を示すものであろう」と述べ，Schachtel, E. G.（1966）も「無生物の運動は，……それに対して，何もすることができない，という被検者の気持ちを表現する」ものと述べている。MやFMと比較して，一般的に出現頻度は少ないため，解釈のための実証的な研究も多いとは言えない。しかし，不安傾向の強い人にmが多く出現することは経験的に知られており，上述のKlopfer, B.ら（1962）やSchachtel, E. G.（1966）の見解から，mは自分が主体ではなく，自我が自分を守るための緊張感なのではないかと読み取ることができる。Schachtel, E. G.（1966）の例示を引用すれば，「たとえば爆発や火山の噴火は，自分の統制外にあると感じている，禁止され抑圧された衝動を発散したいという欲求と，それに伴う恐れとを同時に表現している」といったように，内的緊張との関連が指摘されている。一般にmは0〜1個程度になることが多く，1個程度ある場合は，内的葛藤を表現できているという肯定的な解釈も可能である。mが2個以上の場合は，不安や緊張，焦燥感が強いという解釈仮説を立てることができる。吉川（1970）はサイコセラピーの立場から，不安の指標としてのmの意義を指摘し，以下の5項目に分類した。すなわち，m1：対象から外へ出てゆく運動，m2：力のぶつかり合い，干渉，m3：不安定な状態，浮遊状態，m4：落下，流れるなど重力による作用，m5：受動的なもの，外から力が加わった状態である。彼は不安顕在群には受動的m5が多く，不安潜在群には噴出・拡散のm1と受動的m5が共存し，両極関係があることを見出した。mは単独で主決定因になることもあるが，副決定因になることも多々あるし，一次形態反応（Fm）なのか否か（mFやm）といったことも注目すべきだろう。いずれにしても，今後も解釈仮説が検討されるべきスコアの1つと言える。

③ 色彩反応

　色彩反応に関して Rorschach, H.（1921）は「抑うつ的な気分の変調にある人は，すべて色彩の貧困を示しており，高揚性気分変調の人は，すべて数多くの色彩反応を与える――（中略）――情緒が固定されているという特徴をもった被験者は，すべて色彩反応をわずかしか示さないか，全く示さないかである」と述べ，当時の Rorschach, H. が使用した数少ない決定因の中でも色彩反応は運動反応同様，重要な記号として記述されている。彼の記述の中で既に明らかなように，色彩反応は情緒と関連があるとされている。また，Schachtel, E. G.（1966）も色彩認知に特徴的な認知的態度として，強烈な効果を持つ色を見た時の経験の分析を例に挙げ，認知者の受動性，体験の直接性，色の有する刺激的で強烈な，熱いといった特性などの要因を指摘している。現代においても，色彩反応は，「情緒に関する指標，環境からの刺激に対する情緒的な反応の仕方」として重視されている。上述の運動反応が観念活動の指標で，この色彩反応は情緒的反応の指標として，体験型において「考える人か（内向型）あるいは行動する人か（外拡型）」という対比をされ，パーソナリティ理解に大変役立っている。内向型の人であっても，色彩反応が０ということは感情閉塞を疑う所見となり，FCやCFであれば１〜３個程度産出されることが望ましく，pure C は動揺の激しさを意味するので，期待値としては０である。

　以下，FC，CF，C という色彩反応に加えて，やや特殊な意味合いを含む F/C や C/F，Csym，Cn，Cp などの解釈も若干述べたい。

（a）FC（形態彩色反応）

　FC は形態を把握しつつ色彩を取り入れた統合的な反応で，「情緒を失わず，しかも情緒的な統制が可能である」「環境の情緒的な要請に対して，適合した感情や動作をもって対処できる」という意味合いがある。感情的な揺さぶりに対して，冷静な一面を保っていると理解できる。以下に述べる CF や C よりも高度な色彩反応であり，FC：CF＋C という比率において，成人であれば FC 優位であることが望ましい。しかし，FC：CF＋C で CF も少数は出ていないと，統制過剰で感情刺激を自由に取り込んで遊ぶことが難しい人であるという解釈になる。ほどほどには緩められることも高度な自我機能であると言えるだろう。片口（1987）は，神経症者はセラピーを受けると FC が増えると述べている。ただし，良形態の FC でない場合は，その肯定的な意味合いは相当減じられ，意識的には感情刺激を統制しようとしているが潜在的には情緒的混

乱が生じていると理解される。
　(b) CF（彩色形態反応）
　CF は FC に比べると，やや統制が欠けてはいるが，素朴な情緒性を示す指標とされる。CF は質の検討が重要になり，情緒の自発性を示す一方で，情緒的な統制の弱さであると解釈する方が妥当である場合は，自己中心性・衝動性の指標となる。特に片口（1987）は，M や FC が欠けていて形態水準の低い CF が量産される場合には，無統制な行動の指標になるとして注意を呼びかけている。また，同じ CF でも「花びら」のような内容のものと，「爆発」「火事」のような中和されない攻撃性の現れと考えられる反応では意味合いが異なることも述べており，機械的な数量的分析に主眼を置くことの危険性にも触れていると考えられ，私たちも全く同じ見方をしている。つまり「花や美しい風景などによる CF は美化という防衛の所産であって，火や血のような衝動性の表現とは異なる」ので，CF は質も吟味して解釈することの重要性を馬場はさまざまな場で述べている。
　(c) C（純粋彩色反応）
　期待値が 0 であることからも推測できるように，C は基本的に正常成人にはあまり見られず，情緒的刺激に圧倒されて，形態，すなわち現実を全く考慮できないほどに自我機能が低下している状態とみなすことができる。つまり，かなり病的な退行のニュアンスを含んでいる。C とは何らの形態も伴わない反応で，「血……赤いから」という反応が代表例だろう。中和されない攻撃性の表現の最たるものと言える。しかし，たとえば，カードXにおける W 反応で「花畑……色とりどりだから」という場合は，確かに形態把握はできていなく自我機能が低下していると言えるが，楽しんでいるという意味では自発的に退行していると理解できる場合もあり，反応継起も十分に見ていく必要があるだろう。
　(d) その他の彩色反応（F/C，C/F，Csym，Cn，Cp）
　ここまで述べてきた色彩反応以外にも，いくつかのスコアリングが片口法には存在する。F/C あるいは C/F は，不自然な彩色反応であり，「赤いネズミ」のように色彩が実在しない事物の明細化に使われている場合に付けられる。解釈仮説としては，強引に色彩を割り当てるということから「恣意的な人である」「表面的な仕方で情緒刺激に反応する」といったものになる。Csym（色彩象徴反応）は，色彩を使って象徴的・抽象的な反応に付与されるスコアリングであり，作話反応などに見られることが多い。「この赤は人生の情熱を

意味しています」といった反応であり，芸術的な感性の持ち主から妄想的な人までさまざまな被検者が反応する可能性がある。複数の Csym がある場合は，何らかの病理を疑った方が良いと思われるが，たいていの場合は，思考障害を意味する反応にも該当するので，その質をよく検討すれば良いだろう。続いて，Cn（色彩命名反応）であるが，これはブロットの色彩をそのまま「赤」「青」「黄色」などと答えるものであり，色彩反応の中で最も原始的で退行した反応である。小さな子どもの場合は特に大きな問題にはならないが，通常は年齢を重ねると消失する反応であり，成人において見られた場合は，被検者が検査の教示を誤解していないのであれば重篤な病理を考えて良いだろう。最後に Piotrowski, Z. A.（1957）によって提唱された Cp（彩色投映反応）であるが，無彩色カードに対する特殊な彩色反応であり，カードVで「緑色の鳥」と反応するような場合に付けられる。解釈仮説としては，「偽りの感情を示す」とされ，事実，防衛機制としての否認との関連が示唆されている。ただし，Cp の出現率は非常に少なく，Exner, J. E.（2003）によれば，非患者成人600人のサンプルで5人，非患者児童1390人のサンプルでも7人にしか現れなかったということで，解釈仮説の検証は難しい。イメージを述べているに過ぎないこともあるので，反応なのか，広い意味での感想なのか，インクアイアリーでしっかり確かめる必要がある。その上で，Cp であるとスコアが確定した場合，片口（1987）は「その被検者はブロットの客観的属性を無視し，強い主観的連想や感動に押し流される場合に生じる」と述べており，幅広い病理の可能性を想定しても良いだろう。前章でも紹介されているが，最も新しく系統的に Cp 反応をまとめているものに青木（2013）の論があり，そこでは茶色などの嗜好性の低い色も多く見られ，肯定的感情を伴う Cp 反応ばかりではなく，MOR（損傷反応）など否定的感情を伴う反応が見られたとのことである。結論として，Cp 反応は必ずしも不快感情の否認を示すものばかりではなく，数種類あることが推測され，その1つとして認知統合の失敗を示す Cp 反応も存在する可能性を指摘している。

④ 無彩色反応

無彩色反応は，「黒いのでコウモリ」といったように，黒色，灰色，白色の影響で反応が生成された場合に付与されるスコアリングである。主に抑うつ的な気分，不快な過去経験，不安などと関連付けて解釈されることが多いが，片口（1987）は実証的研究の乏しさや，黒色への言及と白色への言及を同じに扱って良いのかという疑問もあるからか，解釈仮説に関して非常に控えめな記述

に終始している。十分な確認ができていないと述べつつも C' が精神的外傷体験に関係があるとする Klopfer, B. & Davidson, H.（1962）の見解に片口（1987）は注目しているようである。そこで，Klopfer, B. ら（1962）の FC'，C'F および C' 記号と見出しのついた箇所に目を向けると，「一般に，濃淡を無彩色の色として用いることは，色彩に対する弱められた反応と解釈される。もし C' 反応属（FC',C'F, C'）が，他の色彩反応の多い記録に生じるならば，これは色彩に対する感受性の拡張されたものであり，ブロットに示されたすべての刺激に対する豊かで多彩な反応を意味している。しかしながら，色彩反応のあまりない記録中にある C' 反応属は，外界からの刺激に対する反応性が弱められ，ためらいがちなことを示す」とされ，色彩反応の数との比較が重要であることが示唆されている。色彩反応との比率に関して彼らが述べている箇所では，「無彩色の諸反応（Fc＋c＋C'）が色彩反応（FC＋CF＋C）の2倍より多いときは，その人は外的刺激においてひどい心理外傷を負っているので，傷つけられることを恐れるあまり，ひっこみ思案になってしまっている。これは『やけどした子ども』の仮説である」と述べているが，Exner, J. E.（1969）の解説によれば，Klopfer, B. & Kelley, D. M. は1942年の時点で，既に「一般に無彩色反応は，明るい色彩反応より多い場合，抑うつ傾向を示す」と述べている。さらに外傷に関する箇所では「やけどした子ども」という用語も Klopfer, B. ら（1942）は使用しており，その意味するところは「(C' は) 一連の外傷体験を経験した人に見られ，このような人は"強烈な"明るい色彩の領域から，感情的でない灰色，黒，白のより安全な領域に引きこもる傾向がある」と記述しており，彼の解釈仮説は20年の研究成果を経ても大きな変化はなく一貫している。抑うつ状態の被検者が比較的多く C'（黒）を産出することがこの解釈仮説の背景にあることが読み取れるが，経験則に沿った仮説提出型の域を出ていない研究成果であり，今後，仮説検証型の研究が望まれる領域であろう。また，c などの濃淡に関する反応と無彩色反応は比較的近い解釈仮説を有しているようで，その意味の差異も今後の研究課題であるように思われる。片口（1987）も述べるように，常識的な発想に依っている解釈仮説が C' には用いられているということなのだろう。成人の被検者では，通常は1個か2個といったところが妥当な数値であろうが，多すぎる C' 系統の反応には「暗さにのみ選択的に反応するという意味での抑うつ状態」を控えめに仮定するのが良いかと思われる。ただし，まだ議論も多い状況ということもあって，私たちのグループでは，色彩反応と無彩色反応の比率に関して，それ単独で重視するという姿勢ではなく，1

つの目安として理解し，その意味合いを継起分析で補い深めるという考え方に立っている。なお，実証的な試みとして Exner, J.E.（2003）は C' には「ため込んでいる不快感情」を，c（包括システムでは T にほぼ相当）には「対象喪失の関連」なども示しており重要な知見である。

⑤ 濃淡反応

濃淡反応は，ブロットの微妙な特徴である濃淡や陰影に反応したものを指すが，濃淡を明細化の際に表明することの難しさもあって，出現頻度はそれほど多くない。臨床ケースでは，濃淡反応が 0 ということも珍しくないが，主にカードⅣ，Ⅵ，Ⅶは陰影因子に影響されやすいカードであり，じっくりと反応の質を吟味すると，さまざまな特徴が浮かび上がってくることがある。たとえば，カードⅥで「動物の毛皮」と反応しつつも濃淡の影響を言語化できないプロトコルに遭遇することは稀ではない。その際，「何らかの材質感を感じていそうだけれども，意識化することまではできなかった」という理解をすることになる。ブロットの濃淡あるいは陰影因子が，何らかの触感を刺激することは容易に想像できると思われるが，ロールシャッハ反応は過去の記憶との照合が前提なので，単に見たことがあるという記憶の検索だけではなく，同時に触感のような感覚レベルの記憶も蘇りやすいと想定される。それが「ふわふわ」したものであれば，養育的な環境で育ってきた感受性，すなわち安心できる依存性を想像させるし，「ごつごつ」したものであれば，心地よい愛着関係を持ちにくいという仮説も立てられるだろう。単に「ここが縞々になっている」というように濃淡を指摘しただけの場合は，厳密には片口法の記号化においては何もスコアされないが，包括システムでは濃淡拡散反応（FY，YF，Y）というコーディングが付与され，無力感を中心とする解釈仮説が用いられており，そうした知見も参考にできると良いかもしれない。片口法ではcとKが濃淡に対応するスコアリングであるが，K に関しては濃淡以外の要因によってもスコアリングが付与されるので，その意味合いを頭の中で整理することも重要である。いずれにしても，被検者の繊細な感受性や敏感さを反映するスコアリングであり，1つか2つの濃淡反応が出ることは望ましいと言える。ここでは，cとKについて述べる。

　(a) c（材質〈きめ〉反応）

形態の把握度によって，Fc，cF，c と 3 種類に分けられるが，望ましいのは Fc であって，cF や c は未分化な感受性なので期待値は 0 と言える。Fc は 1 個からせいぜい 2 個程度の産出が望ましい範囲と思われる。c は先に述べた

ように，何らかの接触感覚が生じた反応であり，依存・愛情欲求の処理の仕方を表すとされる。Fcは，依存・愛情欲求を直ちに満たそうとはしないで，自分の依存欲求を認知しながら，他人の気持ちも理解する感受性を持っているという解釈が可能であるが，その数が多い場合や，色彩反応と一緒に産出される場合は「過敏な傾向」を有していると意味合いは否定的な方向に傾く。彩色カードでの濃淡反応は，通常であれば分かりやすい色彩反応をするぐらいが情報処理としては適切であるが，そこに濃淡の関与まで見るとなると，非常に複雑な心理的プロセスを有していると理解される。自殺者のプロトコルに色彩反応と材質反応の組み合わせが見られるという報告もあることから，その場合は要注意な指標となるだろう。材質感もさまざまで，「ふわふわ」「ごつごつ」「ぬるぬる」「べとべと」などが挙げられ，基本的には「ふわふわ」とした材質感以外は，肯定的に解釈されることは少ないようである。

(b) FK（立体〈通景〉反応）

FKにはいくつかのスコアリングの使い分けが必要で，解釈仮説もそれぞれ異なる。共通することは濃淡因子の関与の有無にかかわらず，三次元的な知覚をしているということである。インクブロットはもちろん二次元のものであるから，そこに立体感を見るということに濃淡が関与している可能性は高い。先ほど材質反応のところで述べた「ごつごつ」に関しては注意が必要で，濃淡・陰影因子を使用した立体感覚を伝えている表現かもしれず，歴史的には劣等感の指標とされる。また，良くない意味での過剰な繊細さを意味しており，抑うつ状態にある被検者に多く産出されるという経験も，このFKに含まれる否定的意味合いを支持している。

濃淡因子とは関係のないFKもあり，2種類ほど挙げておけば十分だろう。

第一に，たとえばカードⅣを「大男」などに見立てる場合であり，これはブロットの上下のバランスから生じた遠近感に基づいた三次元的知覚である。全体的に見通す力という理解になるので，内省的努力の結果でもあり，心理療法などに導入を考えている場合，1個程度の遠近感などは望ましい指標になる。

第二に，いわゆる「鏡映反応」にもFKというスコアリングが付与される。例を挙げるとカードⅦのP反応で「右側にいる人が鏡を見ていて，左側は鏡に映っている自分」とかカードⅧのP反応である「四足獣」を使って，「動物が山を登っているのが水面に映っている」といった反応がある。左右対称にあるものを「鏡や水面に映っている」として，対人関係の相互作用が認められないことから，自己愛的な指標として理解される。1個程度はあり得るだろうが，

多数の鏡映反応がある場合は，自己愛の病理を想定しても良いだろう。

他にも「重なり」や「めくれ」など，FK はさまざまな三次元的知覚に付与されるスコアリングで，敏感さの現われという共通項はあるが，その内容はしっかり検討する必要がある。重要な意味合いがある一方，片口法の Summary Scoring Table には出てこないので，見落とされやすい指標でもあることに留意したい。

FK に関しては，スコアリングが簡便であるというメリットがある一方，1つのスコアリングに纏め過ぎているためのデメリットがあり，その点では，包括システムのコーディングの方が細かい解釈をしていく上で優れていると言わざるを得ない。濃淡因子と関係のある三次元知覚には，濃淡立体決定因子である Vista（FV，VF，V）というコーディングが付与され，入院中のうつ病者に多く見られるという報告もあり，ある種の過敏さを反映する。続く，濃淡因子が関与しない奥ゆきや立体知覚（カードⅣの「大男」など）には，形態立体反応（FD）というコーディングが付けられる。これは片口法同様，内省力の指標ともなる。そして，鏡映反応は反射反応（Fr，rF，r）というカテゴリーがあり，自己中心性指標という，自尊心と関与する指標で重視されている。このような背景も把握して，特に継起分析において，FK というスコアリングで纏められていても，その質を見分けて解釈を検討する必要がある。

(c) KF あるいは K（拡散反応）

FK に比べると，KF や K は不安の指標という意味合いの方が強くなる。KF と K は深さや拡散を感じていることを表す記号であって，そのまとまりの程度に応じて，KF か K かを決定する。特に K は「暗闇」「雲」「煙」といった反応に付ける記号で，「漠然とした対象の定まらない不安」と解釈され，しかもその不安への防衛不全を意味している。期待値は 0 で，1 個でもあれば注意深い検討を要する。

⑥ 体験型

量的分析には，反応決定因を比率として扱う分析法がいくつかある。ここでは重点的に体験型について述べ，それ以外の数値の比率についても若干述べる。

顕在型（M：ΣC）は Rorschach, H.（1921）も既に重視している。彼は M と ΣC 単独では解釈上不十分で，「本質的なものはそれらの相互関係である」と述べている。「色彩反応が多いほど情動性は不安定であり，運動反応が多いほど，情動性は安定している」と，大雑把に見れば現代でも通じる記述が見られる。しかし，Rorschach, H. の時代には決定因の数が少なく，潜在型（FM

＋m：Fc＋c＋C'）までは吟味されていない。潜在型の導入はKlopfer, B.ら（1942）によって明確にされている。多彩色カードの反応数が総反応数に占める比率もKlopfer, B.ら（1942）の発想であり，それを片口（1987）は受け継いでいることになる。体験型に関する具体的な解説は次章を参照されたい。

なお，包括システムにおいては，Fの数値にラムダという用語を導入して検討している。Fが半数を超えるデータを「ハイラムダ」と呼び，片口法にはない回避型という考え方も導入している。物事を単純化して取り組もうとする態度とされ，被検者の心の壁の高さに喩えられることが多い。壁が高くなれば，外界との接触ができず，見ることも見られることも難しくなる。このことも心理療法における関わりと大きく関係する。一方，極端にラムダが低い場合は，上述のF％の低い場合と同様の事態になりがちで，心理的休息が取れない状態であると考えられる。

なお，反応決定因の種類の数はD. R.（determinant range）としてまとめられ，平均は5〜6個であり，表現ルートの幅や表現形式の多様性を示す。ある程度の数がないと物事への対処パターンが固定化されがちであるという仮説が立てられる。

4）反応内容

反応内容について，馬場（1995）は「インクブロットの全体，あるいは一部をどのように見立てたか，どのような場面に見立てたか」と定義づけ，反応領域や反応決定因と異なる要素として「見立てることに伴う想像活動」を挙げている。つまり，意識的には，ブロットに類似したものを見付け出そうとしているが，無意識的には，検査状況やインクブロットの刺激条件などから「感覚的感情的反応が活性化されているので，さまざまな個人的連想や想像が誘発されやすい。この客観的認知と個人的連想とが混り合って反応内容を構成する」のである。馬場（1995）は，1人の被検者の反応内容に一貫したテーマが浮かび上がってくる場合，その人の内的状態を知る上での参考になるとしつつも，象徴解釈に偏り過ぎることには注意を喚起している。こうしたことからも，各記号の意味を十分吟味してこその継起分析であることが理解できる。以下，主な反応内容の解釈について述べる。

一般的には，H（人間反応）とA（動物反応）が6〜7割近くを占めることが多いので，この2つには注目すべきであろう。

H（人間反応）は，人に関する関心，感受性，共感する能力などの指標であ

り，少ない場合は，人間関係を避けようとする傾向，不安や抑うつ気分，人への関心の低さ，敵意の強さなどを意味するが，多い場合も，自意識過剰，他人の意図を恐れる，人間関係への過敏さを意味する（片口 1987）。私たちの経験では，H％は25％前後になることが多い。子どもにはほとんど見られず，成人になると多くなることから，ある程度，精神的に成熟していることが前提であるが，Hとスコアされる純粋な人間の全体像を見ている場合と，Hdのように人間の部分ばかり見ていたり，(H) や (Hd) のように非現実的な人間類似のものを見ている場合では解釈仮説が変わってくる。H＞Hd かつ良形態の M と結合した反応は，成熟した社会的関心を意味するが，H＜Hd の場合は，知的問題や情緒的問題があって，成熟した人間関係が難しいと推測される。(H) や (Hd) は現実的な人間関係を避け，空想的な世界に逃避し，刺激からひきこもる傾向があると考えられる。特に，Hd であれ，(Hd) であれ，「W－の顔反応」（馬場 1983）がある場合は，神経症的防衛の破綻を意味することが多いので，慎重な解釈が必要である。

　A（動物反応）は，30～40％程度の多さで見られるが，これはインクブロットの刺激が現実的に動物に見えやすいという客観的側面もあり，無難でありふれたステレオタイプの思考，常套的な行動という解釈が一般的である。そのように，刺激された場面においても，馴染みのやり方で休息を取れることは適応的でもあるので，少ない動物反応は，動揺の激しさや常識的な見方ができない，社会協調性の乏しさなどが考えられる。それを裏付けるように，動物反応は子どもに多く，成人になると減少する傾向があることから（小川・松本 2005），多すぎる動物反応は，心理的な幼さや未熟さ，不安や抑うつによって創造力や独創性などの観念活動が不活発であるなどと言えよう。人間反応同様，全身なのか部分なのか，現実的なのか非現実的なのかも検討が必要である。

　上記2つ以外に注目すべき反応内容として，解剖反応（At）が挙げられる。精神分析的に At は「体内にある外からは見えないものを見ようとするということで，自己の内部への過剰な関心」とされている。小此木・馬場（1963）の量的研究では，心気症者には At は少なく，むしろ M 過剰の傾向が目立つ。ここから「妄想反応と心気症は実在しないものを想定するという点で共通している」という Freud のパラノイアを研究する途上で提出された精神分析仮説も裏付けられる。片口（1987）も解剖反応に関しては「比較的多くの研究者によって，とくに独立にとりあげられている」と述べ，解釈仮説を4つ提示している。①自分の身体に意識が固着していること（心気症的傾向），②一般的な

不安の反映，③ある種の精神障害の結果としての At（解剖）反応，④知的不適応の感情（劣等感の補償）である。確かに，インクブロットは，不安を喚起し，不気味なものに見えやすいという特徴はあるが，多くの人たちは，「そのように反応したらどう思われるか」といった内的・外的批判を自分の知覚に対して行い，吟味された結果，解剖反応の産出は回避することが多いと思われる。医師や看護師といった医療系の職業にある被検者などの例外を除けば，防衛の失敗としても理解できるだろう。あるいは，減多に生じない性反応（Sex）を回避して，何とか解剖反応（At）に仕立て上げたという場合も考えられるので，解釈仮説は柔軟な読み取りの上で適用されると良いだろう。いずれにしても，At％が10％を超えるような場合は，何らかの身体的問題へのとらわれ，不安の強さなどが想定される。

　その他，受動性の指標となる植物（Pl）や隔離の指標となる物体（Obj），遠ざけて美化する風景（Lds）など静的な反応内容が多い場合は，ブロットから情緒的に距離を取ろうとした可能性を示唆し，血液（Bl）や炎（Fire）などが多ければ中和されない攻撃性の高まりを意味するかもしれない。さらに，食物（Food）が何個か見られれば，他者に甘い期待をしがちであるといった口唇的な依存性の高い人である可能性が考えられる。しかし，反応内容だけから独自に判断することには慎重であるべきで，反応領域や反応決定因，どのカードで産出されたのかなど，総合的な理解が重要である。

　最終的に反応内容の多さは C.R.（content range）で示される。C.R. は，8〜12の範囲に多くが入る。物事への興味や関心の幅や活動力を表わすので，数が少ない場合は，何らかの理由の検討が必要である。

　P（公共）反応は片口（1987）によって13個指定されているが，5，6個程度見られるとほどほどの常識性を有している指標になるが，高すぎれば杓子定規，低すぎれば独断的などの可能性が考えられる。しかし，P反応の基準は，やや古いものになっている可能性もあるし，P反応に準ずるような高率で見られる反応もあるので，無条件に数値だけで判断することは避けねばならない。

5）形態水準

　形態水準の考え方は研究者によってさまざまである（たとえば，包括システムは「出現頻度」を重視している）が，私たちは馬場（1995）が述べている「被検者が見立てたものが，ブロットの客観的形態とどの程度一致しているか，を評価するのが形態水準評価である」という考え方に準拠している。つまり，

自我機能の現実検討力を重視しているのであり，その評価のために，たとえば，インクアイアリー段階における明細化も2つ程度なされていることなどを期待する立場である。片口（1987）の形態水準の評価方法は4段階であり，第2章で解説された Mayman, M.（1966, 1970）の7段階評価に比べれば，厳密さに欠ける傾向はあるが，片口法で数量的なまとめをする必要上，4段階評定を採用している。しかし，私たちの研究会の長い歴史において，「＋」という形態水準が付いた反応は数個しかない。そのような反応が少ないということもあるが，量的分析において，±か∓かの違いは大きな違いになるが，＋か±かの違いによって数量的データが大きく変わることはないということも理由の1つである。

　F＋％は，形態因子のみに依拠した反応（F）に関する形態水準であり，限定された状況における基本的な自己統制や現実検討力を示す。おおよそ80％程度の数値が期待されるが，F反応の多義性を先に述べたように，F反応がカバーする領域は非常に広範囲である。単純なF反応か，複雑に統合されたF反応かは質的に大きな違いがある。しかし，どちらであってもよく見られる反応で，かつ明細化が十分にされていれば±という評価になるので，数量的データでおおよその見当をつけておいて，中身を吟味することが不可欠になる。これは，以下の現実検討力の指標となるものにも当てはまる。

　ΣF＋％は，一次形態反応，つまり形態優位の反応（FやM，FCなど）における現実検討力に限定した評価である。一次形態反応は，ある程度の冷静さが基盤にあると考えられ，やはり80％近い数値が期待されるが，臨床ケースでは，その数値を下回ることが多い。最後に，形態把握の弱い反応も含めた全体の現実検討力の指標となるR＋％であるが，70％を下回らないことが期待される。しかし，臨床ケースにおいては，不安や抑うつなどによって自己統制が緩みやすいため，もう少し低めの数値になることが多い。R＋％が40％を下回る場合は，重篤な病理も疑う指標になるが，葛藤解決が独特であるだけという可能性もあり，病理性と，独自性や柔軟性のバランスを考慮する姿勢が望まれる。

第4章　解釈法①——解釈過程の力動的理解と量的分析

内田　良一

1. はじめに——解釈過程の力動的理解について

　第1章でも述べたように，馬場（1972, 1983, 1995）はロールシャッハ法から得られる膨大な情報を活用するために質的な分析の方法を探索し，Klopfer, B.（1942）やSchafer, R.（1954）らが提唱した継起分析（sequence analysis）について，彼らが詳述しなかった具体的な分析方法を体系化してきた。馬場の解釈過程は，次のようにまとめることができる。まず，全反応語のスコアを集計した数値に基づいて量的分析を行う。次に，各反応の特徴とその変遷過程を検討する継起分析へと進む。そして最後に，それらを一人の人物像へと統合して力動的なパーソナリティ理解へとまとめ上げていくというものである。
　この章と第5章では，量的分析とそれに続く継起分析について解説するが，その前に力動的解釈における量的分析と継起分析の位置づけについて述べたい。
　馬場の解釈は，継起分析による力動的理解にその真髄がある。しかし，実際に継起分析を行うためには，各反応語の多くの側面に目配りをした細やかな観察が必要であり，その変遷過程の分析も非常に複雑な作業とならざるを得ない。質的分析というと象徴解釈などの反応内容による解釈が強調されて，解釈自体が恣意的なものになったり，解釈者の主観に偏ったりしやすいことも事実である。それを極力避けるために，馬場の継起分析では，各反応語に付されたスコア（領域，決定因，形態質，反応内容）を手がかりにして，そのスコアの変遷を追っていく読み方が徹底されている。
　このような継起分析の手法に加えて，馬場の解釈過程では，スコアを集計した数値からロールシャッハ現象の全貌を概括する量的分析を，継起分析に先んじて行うことも重視されている。この点は，すでにKlopfer, B.（1942）が「量的分析は骨格であり，それに肉付けをするのが質的分析である」と述べ，量的分析が解釈の土台として重要であることを指摘しているのと同じ姿勢である。

馬場（1989）は，量的分析を「歩き出す前に読んでおく地図」に例えて，質的な分析法である継起分析を行うための見取り図として，森（ジャングル）へと分け入る前に俯瞰的に全体像を捉えることの大切さを指摘している。

ここで，この量的分析から始めて継起分析へと至る解釈プロセスの中で，解釈者の内面で解釈がどのように生み出されていくのか，解釈の生成過程についての考察を進めていきたい。

Kris, E.（1952）の「自我のための退行」（regression in the service of the ego），「一時的部分的退行」（temporary and partial regression）の概念[注1]を，Schafer, R.（1954）は「創造的退行」（creative regression）として被検者のロールシャッハ法過程の理解に適用したが，この退行理論は解釈者が解釈を生み出す過程を理解していく際にも有用である。

すでに述べたように，馬場の継起分析において，解釈者には「反応ごとにスコアの変遷をよく見る」という読み方と同時に，「特定の事柄に注意を向け判断したり分析したりせず，反応語のあらゆる現象に同様の注意を向ける」姿勢があり，これら両方の姿勢を通して解釈が生み出されていく。この継起分析の解釈生成過程を退行理論の視点から見ると，解釈者がスコアを手がかりに分析していくという関わり方は，意識的で二次過程思考優位なプロセスと捉えられる。それに対して，あらゆる現象に同様の注意を向ける姿勢は，被検者の内的世界や情動をそのまま感知しようとする，より退行的で一次過程優位なプロセスである。そして，退行が一時的で部分的であるという創造的退行の特性を基盤にして，一次過程と二次過程の双方のプロセスを柔軟かつ迅速に行き来する「退行と進展の揺れ（oscillation）」（Kris 1952, Bellak, L. 1958）が解釈者の内面で生起することによって，継起分析の解釈が生み出されると考えられる。

このように，対象をより深く捉え理解していくためには，ただ知的にスコアの変遷を追って分析していくという意識的で二次過程優位なアプローチに専念しているだけではなく，対象の内的世界や情動をそのまま感知する，より退行的で一次過程優位な前意識的あるいは無意識的なアプローチが同時に必要なのである。後者は，Freud, S.（1912）の「平等に漂う注意」という無意識を感知するための方法に通じるところがある。馬場の継起分析においても，解釈者の内面で退行（進展）水準の程度と方向性が相反する姿勢（二次過程思考優位な

注1）Kris, E.（1952）は，芸術家の創造過程を検討する中で，それまで病的な心理機制と考えられていた退行を，退行のみの過程としてみるのではなく〈退行と進展〉の一連の過程と考え，健康で創造的な意義を持つものと考えた。

「スコアの変遷を追っていく」関わり方と，一次過程優位な「あらゆる現象に同様の注意を向ける」姿勢）を同時に持ちプロトコルに臨むことが，一次過程と二次過程との「退行と進展の揺れ（oscillation）」を惹起させる仕組みとなって，その中でより深い理解がもたらされるのである。

　このような深い解釈を行う継起分析に先んじて，スコアを集計した数値からロールシャッハ現象の全貌を概括する量的分析を行うことの重要性については，すでに述べた。量的分析を退行理論の視点から見ると，解釈が数値や比率のバランスから行われるため，その大部分が二次過程思考によって処理されるものと考えられる。この量的分析が二次過程思考で処理されるプロセスであることも，その後の継起分析で被検者の内的世界や欲動に関する膨大な情報を活用して解釈を生成するために重要となる。解釈者の内面に起きる退行的な一次過程と二次過程思考とを架橋する「退行と進展の揺れ（oscillation）」を支える土台，とくに退行からの進展過程を支える土台となるのである。その点から考えても，量的分析を粗雑に扱わず丁寧に行いまとめていくことが，その後の解釈過程でより深い解釈を生み出すことを可能にする。さらに，自我の統合機能を支えるという意味で，解釈をひとりの人物のパーソナリティ理解へとまとめ上げていく過程に貢献するのである。

　ここまで，量的分析から継起分析へと至る解釈プロセスの中で，解釈者による解釈の生成過程について，Kris, E. や Schafer, R. らの退行理論の観点から考察してきた。最後に，解釈の前段階に行う記号化について，その詳細はすでに第2章，第3章で解説してきたが，解釈の生成過程との関連で記号化のプロセスの重要性について述べ，この節を終えたい。

　記号化は，被検者のロールシャッハ現象であるアナログデータを，デジタルデータであるスコアにコーディングする作業である。この記号化の作業を正確に行うためには，語られた言葉の内容だけでなく，文脈やそこに伴う被検者の体験を深く読み取ることが必要となる。たとえば，「人が向きあっている」「人が笑っている」という反応に M をスコアするためには，単に人が向き合っているという位置関係ではないことや，表情に筋肉運動が伴っていることが必要であり，解釈者は反応語の内容だけでなく態度などの細かなニュアンスを手がかりに被検者の体験を読み取って判断していく。また，一次的形態反応（FCなど）か二次的形態反応（CF など）なのかという形態関与の程度，さらに濃淡反応（c）や通景反応（FK）がスコアできるかなどについても，同じように被検者のロールシャッハ現象を共感的に理解することで，より正確な記号化が

可能となる。

　この記号化の正確さは，各反応のスコアを手がかりにして解釈を行っていく馬場法にとって，重要であることは言うまでもない。しかし，それだけではなく，記号化を正確に行うために，被検者の体験を共感的に理解しようとする解釈者の関わり方それ自体に，その後の解釈を行っていく上で大きな意味がある。解釈過程に入る前段階である記号化の作業が，ロールシャッハ現象を正確にデジタル化するために被検者の体験に深くアクセスするプロセスになることが，その後の解釈過程の土台になっているのである。そのため，記号化は手早く行うことを追求するのではなく，被検者のロールシャッハ現象を深く読み取りながらじっくりとその作業に臨むことが重要なのである。

2．量的分析

1）量的分析の手順について

　量的分析は，すべての反応語に伴うスコアについて集計された数値や比率などの量的バランスから，パーソナリティ傾向を推定する方法である。実際の量的分析は，記号化された各反応をまとめた集計表に基づいて行う。馬場の方法では，施行と記号化において便宜的に片口法を用いるため，整理表や集計表についても片口式の Scoring List，Basic Scoring Table，Summary Scoring Table の3つの表を使用する。

　量的分析の作業に入る前に，全体を通してどのような反応を出しているのかについてプロトコルの反応段階（Scoring List に反応内容が記載されている場合はその表でも良い）を一通り流し読みしておくと良い。そのことによって被検者の紡ぎ出している世界のおおよそを知ることができる。そこでは，明るく楽しい反応が多い，暗く陰鬱な反応に彩られている，攻撃的で激しい反応が散されるなど，目に見えて特徴的な場合もあるし，逆にあまり特徴のない反応が多いという場合もある。反応内容については，この後の継起分析の中で，スコアされた他の記号などの変遷と照らし合わせながら詳細に検討していくのであるが，まずは分析作業の入り口で被検者の内的世界のおおよその全体像を捉えておくことは，その後の解釈作業にとって有用である。

　量的分析の進め方としては，Summary Scoring Table（以下 Summary と略す）の各項目の頻度や比率の値について，各記号の平均的な数値に照らし合わせて，多いか少ないか，あるいは平均的なのかという数量的な比較をもとに理

解をしていく。その際，Summary の数値だけでは，その項目の質や分布の特徴が把握できないために，同じ値であっても質の違いによって解釈の方向性が大きく変わってしまう項目が多くある。たとえば，反応領域の項目において，W が優位であれば物事を全体として捉えるという対処様式を示すが，質の良い統合的な W が多い場合には，外界を抽象的に捉える統合力や想像力の高さがあると言える。しかし，質の良くない W が多い場合には，物事を漠然と捉える現実把握の弱さ（漠然とした W）や，物事全体を歪曲して捉える現実検討の歪み（無理な統合の W）を示すと考えられる。このように同じ W が優位であっても，反応の質によって，統合力の高さを示す場合と，現実把握の弱さや歪みを示す場合の両方の可能性がある。そのため量的分析を進めていく際には，Summary だけでなく，記号化したデータを Summary として集計する前段階の整理表である Scoring List と Basic Scoring Table の二つの表を適宜参照して，質や分布の特徴をつかみ解釈を進めていくことが大切となる。

　さらに馬場法では，量的分析の解釈をまとめていく際に，Summary 一つひとつの解釈を羅列したパッチワーク的な理解にとどまらず，各項目を有機的に結び付けて一人の人物像としての力動的な理解へとまとめていくことを重視している。たとえば，反応数が普通以上で，体験型が両貧型で F% が高く，形態水準は高く保たれているということから，警戒心が強く固い防衛で身を守っているが，自由な自己表現ができず，表現できない欲動がうっ積していて身体化の症状を生じる可能性があると考えることができる。

　Summary 各項目の理解を相互に関連づけて一人の人物像へとまとめ上げていくことは，初学者のみならず熟練者でも難しさを感じる点である。人はみな個別的で多様であることから，解釈の進め方を手順として整理し解説することの難しさがある。そのため，まずは「量的分析のポイント」について述べ，次に「事例による量的分析の実際」を提示して具体的に量的分析の進め方を詳述していくことで，量的分析の手順と進め方を解説していきたいと思う。

　まとめ上げていく作業には，長年の経験と事例の積み重ねが必要であることは言うまでもないが，その前提として力動的理解の基礎知識やパーソナリティ理論についての学習が必要なことは，すでに繰り返し述べている通りである。

　なお，以下に述べる文章における平均値等は片口（1987）をはじめ，私たちの研究会グループで概ね共有されている数値である。臨床ケースについての事例検討会で得られた体験的知見でもあるため，一つの目安として考えてほしいということは前章でも述べた通りである。

2) 量的分析のポイントについて

以上のように，量的分析はSummaryの各項目について，その値が示す意味を捉えていくという手順で進められ，他の項目とつなぎ合わせて理解し，最終的には一人の人物像としてまとめ上げるところまでが一連の解釈過程となる。

具体的な量的分析の手順として，私たちは次のような進め方で行っている。
(1) 最初の手順は，Summary各項目の分析で，前章で解説した「各記号の解釈仮説」を参考にして，各項目の値が示す意味を捉える。
(2) 次の手順として，Summaryはその内容から5つの項目群に分けることができるため，その5つの群それぞれのについて分析をしていく。
（徐々に習熟してくると(1)を行いながら(2)も同時に分析できるようになっていくが，初学者は，まずは(1)の各項目一つひとつの意味を捉えてから次に(2)の項目群の分析へと進むことで解釈システムが身に付いていく。）
(3) 最後に，この各群の傾向や特徴を相互に結び付けて検討することで，一人の人物像にまとめ上げていく。

以下にSummaryの5つの項目群の項目をあげ，それぞれの分析を進めていく際のポイントについて解説する。
① 反応数と反応時間に関する項目（R, Rej, RT, R_1T）
② 反応領域に関する項目（W：D, W%, Dd%, S%, W：M）
③ 体験型と反応決定因に関する項目（M：ΣC, FM+m：Fc+c+C', Ⅷ+Ⅸ+Ⅹ／R, FC：CF+C, FC+CF+C：Fc+c+C', M：FM, F%, ΣF%, D.R.）
④ 形態水準に関する項目（F+%, ΣF+%, R+%）
⑤ 反応内容に関する項目（H%, A%, At%, P, C.R.）

① 反応数と反応時間に関する項目（R, Rej, RT, R_1T）

Summaryの左の一列には，反応数と反応時間に関する項目が並んでいる。これらには，想像力や自己表現などの心的活動の活発さが反映される。形態水準と合わせて検討することで，自我の働き具合も推測できる。

前章で述べたように一般成人でRejが生じることはまれであるが，一つでもある場合は何らかの刺激へのショック現象，統覚の混乱が考えられ，Rejされたカードを確認する。

TTとRTについては，検査者のテンポが入ってくるので私たちはあまり重視しないが，刺激（インクブロット）にじっくりと関わっているのか，すばやく関わりを切り上げてしまうのかを見ておくことは役に立つ。

RもRTも普通以上である場合，じっくりと刺激に関わっていく姿勢が示唆され，検査に協力的であることが考えられる。よりRが多くなれば野心的で競争心や達成欲求の強いことや，強迫的な特徴を示すかもしれない。逆にRが少なくRTも短い場合は，刺激に表面的に関わり回避的であって，不安や敵意の強さ，あるいは検査に拒否的であることなどが考えられる。また，Rが少なくてRTが長い場合には，刺激にはじっくり関わる姿勢はあるが，警戒的だったり，精神テンポの遅さや，知的に低くて表現力が乏しい，抑圧が強い，精神病圏で途絶や内面が枯渇している可能性がある。ただし，貧困かどうかは決定因の伴い方でわかる。

通常，RejがなくRもRTも普通以上にあれば，ある程度の心的活動の活発さが示唆されるが，次の反応領域や決定因や反応内容との関連を見ていくことで，より詳細な特徴が推測できる。

反応領域との関連では，Rが普通以上に多くて，しかも質の良いWが多い場合には，知的にも高く，物事を統合的，構成的に捉えていこうと野心的で生産的であると言える。しかし，その多くがDであるならば，処理しやすいように物事を分割して事務処理的に片付けていく態度や隔離，反動形成など強迫的防衛の現れと推測できる。

決定因との関連では，Rが普通以上に多くて，質の良いMやFMが適度にある場合に想像力や自己表現の豊かさがあると言える。しかし，F％が高すぎると，杓子定規で紋切り型であったり，自発性や想像力が乏しいなど，感情表出への防衛（抑圧，隔離など）が過剰と考えられる。また，Rが多くてもΣCが少ないと，自己主張をしたい願望が強いのに，情緒的な働きかけに対して反応できなかったり，自己表現を回避して表面的に関わる防衛の固い姿勢であることが示唆される。

さらに反応内容との関連では，Rが普通以上に多くてもA％やPが多くなると，誰にでも見られやすくありきたりで紋切り型の反応ばかりとなり，想像力の豊かさや心的活動の活発さとは言えない。また，興味や関心の幅を表すC.R.や，表現ルートの幅を表すD.R.についても，平均以上のC.R.やD.R.を伴うことが豊かな自己表現を反映すると考えられる。

このようにRが普通以上に多くても，それだけで想像力など心的活動の活

発さを表すわけではなく，質の良い W，M やΣC が適度にバランスよくあることで想像力を伴った自己表現の豊かさや，柔軟で適切な防衛活動や，外界との自由な関わりを示唆する。これに対して，処理しやすいように分割する D，情緒を取り入れず硬く形態だけで捉える F，さらに，これに加えて無難でありふれた普通の見方（紋切り型の反応）である A と P，いわゆる D，F，A，P の比率が大きくなると，R が多くとも，硬く単純で無難に処理する態度，あるいは用心深くて慎重な態度であると推測される。

　前章でも述べたように反応時間の中で私たちが最も重視するものが初発反応時間（R_1T）で，非協力的だったり，吟味せずに表面的に反応しているのか，逆に慎重にじっくり吟味しているのか，色彩ショックや陰影ショックなどの不適応状態なのかを表わす。しかし，R_1T は平均してしまうと各カードの数値が相殺され特徴が見えなくなってしまうことが多いため，Scoring List で各カードの R_1T を一通り確認し，Summary の Most Delayed Card & Time の項目とあわせて，実際にはどのカードで反応時間が早いのか遅いのかをチェックする。その上で，たとえば陰影ショックが想定された場合，どの陰影カード（Ⅳ，Ⅵ，Ⅶ）で R_1T の遅れがあるのか，c のスコアがあるのか，あればその質はどうなのか，C とのバランスはどうなのか，といった他の項目へと検討を進めていく。Ⅳのみで陰影ショックを起こす場合は，初めて遭遇した強い濃淡に対して動揺し混乱したことを示す。そして，これは継起分析でより詳しく検討することになるが，その後のⅥ，Ⅶの濃淡カードで良い反応を出していれば，刺激に慣れて対応できたことを示し，もともと依存愛情欲求にうまく対応できる力が備わっていた可能性が考えられる。あるいは，その後も固く防衛的な反応のみとなる場合には，依存や愛情にまつわる葛藤があることが推測される。また，Ⅶのみで陰影ショックを起こす場合は，より柔らかくやさしい刺激への対応の難しさと考えられ，口唇期的な水準での依存欲求における葛藤が考えられる。

　また，色彩ショックが想定される場合には，どの色彩カード（Ⅱ，Ⅲ，Ⅷ，Ⅸ，Ⅹ）で遅れがあるのか，そしてΣC や FC：CF＋C など情緒への反応性やそこでの統制の良し悪しといった他の項目へと検討を進める。ⅡやⅧでの遅延は，どちらも情緒刺激に突然遭遇したところでのショックであるが，Ⅱは黒と赤の混ざり合った強く葛藤的な情緒刺激であり，Ⅷはパステルカラーで明るく賑やかで複雑な情緒刺激にさらされる体験である。また，Ⅸは色彩が強烈なだけでなく形態もあいまいで捉えにくい刺激であり，Ⅹのみでの遅延は色彩ショックというよりもむしろ色々な細かい要素がバラバラにあって統合しにくい刺

激状況への対応の難しさと考えられる。

　このように，Rejや反応時間について解釈をする際には，本書で繰り返し述べられているように各カードの特徴についてよく把握しておくことが必要で，その理解をもとにカードのどういう刺激からどのような影響やショックを受けたのかが浮き彫りにされ，被検者の特徴を理解していくことができるのである。各カードの特徴については，第2章を参照していただきたい。

② **反応領域に関する項目（W：D，W％，Dd％，S％，W：M）**
　Summary中央列の上部には，反応領域の項目が並んでいる。これらには，目の前の現実にどう関わるのか，どこから手をつけて何を選択して何を省略するのかといった外界へのアプローチの仕方，物事への対処の仕方が反映される。
　Wは統合的，構成的，抽象的な把握あるいは未分化で漠然とした把握，Dは具体的で現実的，drは恣意的で独断的，Sは問題の中心を回避して特異なところで自己主張する傾向を示すが，どの領域を多く使うかあるいは使わないかというバランスによって解釈をしていく。前章でも述べたように，W：D：Dd＋S＝4：5：1が平均的な数値とされているが，SummaryではW：Dの比率のみであったり，D％の項目がなかったりするので，私たちはW：D：Dd＋Sの比率をBasic Scoring Tableで確認して解釈に役立てている。
　Rが普通程度にあり，それぞれの領域への質の良い反応が適度にバランス良く見られる場合には，物事にさまざまな対処を取ることができる柔軟な態度を示し，環境への反応の豊かさと情緒の安定性を表す。反応領域に関する項目では，反応の質に関してSummaryだけでは把握ができないために，この点においてもBasic Scoring Tableを参照して解釈を進めていくことが必要となる。
　反応領域の最後にあるW：Mの項目は，Wが意味する「全体を統合しようとする傾向や要求水準」の程度と，Mが意味する「目標を達成するために必要な知的能力，想像力，内的統制力など内的資質」の程度とのバランスを見ていくものである。日本人はW％が高いため，W：Mは2：1～5：1までが平均的とされる。ここでも同じようにBasic Scoring Tableを参照し，Mの質が良く2～3個以上あり，W：Mが2：1～5：1の場合には，統合しようとする野心や要求水準が，内的な資質，潜在能力に裏付けられていると言える。また，W＞5Mの場合には，統合への欲求や要求水準が内的な資質や潜在能力より高く，自分の能力に対する不全感を抱いていたり，実際に計画性を持って対処することが難しかったりと不適応状態を呈しやすいことを示している。

③ 反応決定因と体験型に関する項目（M：ΣC, FM+m：Fc+c+C', Ⅷ+Ⅸ+Ⅹ／R, FC：CF+C, FC+CF+C：Fc+c+C', M：FM, F％, ΣF％, D. R.）

Summary の中央列中段以降に体験型から始まる反応決定因に関する項目が並んでいる。これらには，インクブロットの持つさまざまな要素をどのように体験するかという感情や欲動の表現と統制の仕方が反映される。

　形態反応は，感情や主観を統制して論理的，客観的に扱おうとする傾向。色彩や濃淡反応は，感覚や感情を動かす刺激を取り入れて，活発に反応，表現しようとする傾向。運動反応は，刺激に即反応せず，内面に取り込んで想像活動に変換しようとする傾向をそれぞれ表している。ここでは，形態要素と色彩・濃淡要素のバランスと，さらに運動反応と色彩・濃淡反応のバランスから解釈をしていく。前者の形態要素と色彩・濃淡要素のバランスとは，形態のみへの反応（純粋形態反応 F）なのか，色彩や濃淡反応なのか。色彩や濃淡反応の場合には，それらが一次的形態反応（FC, Fc など）なのか，二次的形態反応（CF, cF など）なのか，無形態反応（C, c など）なのかによって検討していく。後者の運動反応と色彩・濃淡反応のバランスとは，体験型のことである。これら二つのバランスを検討することで，感情や欲動の表現と統制の仕方を推測できる。

　体験型は，M：ΣC（顕在型），FM+m：Fc+c+C'（潜在型），Ⅷ+Ⅸ+Ⅹ／R％の3つの項目から構成されていて，観念活動と情緒性に関するバランスについて，内向，外拡，両向，両貧の4つの型に分類して見ていくものである。

　体験型の解釈は，まずその基本である**顕在型 M：ΣC** の項目を検討していく。M 優位の内向型では，刺激に反応し行動するよりも内的な観念活動が優位であり，刺激に即反応するのではなく外界からの刺激を内面に取り込んで，自分の考えや欲求によって現実を再構成する想像活動に変換する傾向を表す。質の良い M を伴う内向型では，豊かな内面や情緒刺激への適切な対処を可能にする内的資質を示すが，M に作話が伴ったり，内向への偏りが強くなりすぎると，現実から空想世界に引きこもった感情閉鎖的な傾向や，投影過剰でパラノイックな傾向を示すものとなる。

　その一方で，ΣC 優位な外拡型は，感情を動かす刺激を取り入れて外界に情緒的に反応し表現する傾向を表す。質の良い FC を伴う外拡型では，外界への感受性や順応性の高さを示唆するが，質の悪い FC や，外拡のバランスが強く

なりすぎると不安定な情緒状態にあることを示唆する。特に，Mが0あるいは1個のみの場合には，さまざまな病理の可能性が示唆される。また，ΣCが大きい外拡や両向では，FC＜CF＋Cとなり，情緒が不安定で混乱が顕在化しやすいことを示唆する。FC：CF＋Cの項目で情緒統制の良し悪しを見ていくことは重要である。

さらに，MとΣCが共に高い両向型では，質の良いMとFCを伴う場合には豊かな感受性とバランスの取れた人格を示すが，特に形態質の低い臨床例の場合には，むしろ著しく自己統制力が乏しく，空想活動と実際行動との両面で衝動を発散する傾向を意味する。境界性パーソナリティ障害に多く見られるパターンである。

最後に，MもΣCも0に近く，内的観念活動も外界への情緒的反応性も共に乏しい両貧型では，高いF％である場合が多く，杓子定規な硬さや，防衛的で感情抑制の強さあるいは内的な空虚さを表し，心理療法における関わりは最も困難な事態が想定される。

つづいて，**潜在型FM＋m：Fc＋c＋C'**と，**Ⅷ＋Ⅸ＋Ⅹ／R％**の二つの項目を検討していく。これらは体験型の基本である顕在型を補うもので，顕在型と同じ傾向であれば，その意味するところが強められ，逆転していたり不一致の場合には，内的に何らかの葛藤を有していると考えられる。Ⅷ＋Ⅸ＋Ⅹ／R％は，25％以下が内向傾向，40％以上であれば外拡傾向を意味する。

潜在的な内向傾向であるFM＋mは，本能的あるいは原始的な衝動性や内的な緊張感を表す。質が良く適度なFM＋mは，生き生きとした活力，自発性や活動性，さらには衝動を現実に適合させようとする緊張感や内的な葛藤を意識化できることを示す。しかし，多すぎるFM＋mは，欲求不充足感や欲求充足への衝動，内的な不安や緊張感が強いことを示す。また，M＜FMの場合には，自分の欲求を直ちに充足しようとする未熟で衝動的な傾向がさらに強まる。

潜在的な外拡傾向であるFc＋c＋C'では，ΣCと比較して，適度なFc＋c＋C'は依存愛情欲求や抑うつ感といったより繊細な情緒に対する感受性を表す。ここでも多すぎるFc＋c＋C'は，それらの情緒に対する過敏さや不安定さを示すものとなる。

さらに，顕在型の両辺の合計と潜在型の両辺の合計を比較して，潜在型の合計が大きい場合は，自我が統制できない衝動性や緊張感が強く，常に内面に負担を強く感じている状態であると考えられる。この体験型の両辺を足して，顕在型と潜在型の差から起きている事態を想定する考え方は，包括システムのも

のであり，片口法では採用されていない。しかし，臨床実践上，被検者の内的資質や置かれている心理的苦痛を分析する上では有用な考え方であると思われる。

　体験型のすぐ下にあるFC：CF＋Cの比率は，形態をどのくらい把握しつつ色彩を取り入れるのかの程度を見ていくもので，情緒統制の指標となるものである。

　FC＞CF＋Cと一次的形態反応であるFCが優位な場合，現実に適合した感情表現や行動が可能であり情緒統制が適切にできることを表す。しかし，より統制のゆるく素朴な情緒性を表すCFが0でFCのみの場合には，感情統制が過剰で形式的な対応であることが示唆される。また，FC優位であっても，その質が良くない場合には，感情を統制しようとする構えは見られるが，現実検討が低下してしまうという方向で情緒的な混乱が生じていると理解される。さらに，形態を全く考慮できないCが1つでも見られる場合には，刺激に圧倒され自我の機能不全が生じるという情緒統制の問題を示す。

　その一方で，FC＜CF＋Cの場合には，情緒統制の弱さや情緒的に反応してしまう行動化傾向を表す。ここでもCがある場合には，より退行的で衝動性の強い反応となる。

　Summaryの真ん中の一番下には，彩色反応の合計と無彩色反応の合計を比較した項目FC＋CF＋C：Fc＋c＋C'がある。ここでは，無彩色反応が彩色反応の2倍以上の場合2（FC＋CF＋C）≦Fc＋c＋C'には，情緒的接触に臆病で回避的であり，依存愛情欲求の強さや抑うつ傾向を表すとし，その逆に彩色反応が無彩色反応の2倍以上となるFC＋CF＋C≧2（Fc＋c＋C'）と，情緒を行動に表しやすい行動化傾向や，依存愛情欲求を意識することが難しい傾向を示すと一応考えている。しかし，前章の無彩色反応の解説のところでも述べたが，解釈仮説が経験則の域を出ていないことを考え，私たちとしては，この項目単独で重視することはせず，他の項目の解釈と合わせて検討し，補足していくという姿勢を取っている。

　M：FMの比率は，前章ですでに述べたように，成人の場合はM≧FMであることが望ましく，そこでのMが良い質のものである場合には，内的安定性や情緒刺激への適切な対処を可能にする内的資質を表す高度な観念活動によって自分の衝動や欲求を適切に充足するこができることを示す。しかし，FMが1や0と少なすぎる場合には，生き生きした活力や本能的な衝動への防衛が強

く，自発性や活動性の欠如を示唆する。その一方でM＜FMの場合には，欲求の不充足感や欲求充足への衝動が強く，内的な統制の未熟さを表す。そこへFC＜CF＋Cの特徴が合わさると，欲求の統制ができず，現実場面でもすぐに行動化する傾向を示す。

　続いてF％とΣF％の項目がある。F％の平均は片口によると43.8％であり，25～55％の範囲に多くが入る。F％は，感情に支配されず現実を客観的に捉える自我の能力の指標となる。F（純粋形態反応）については前章で詳述したが，出現した数だけで解釈するのではなく，全体のスコアリングとの関連で解釈していくことが特に重要となる。F％が高すぎる場合には，体験型と反応決定因に関する項目群での，運動反応や色彩・濃淡反応の特徴よりも，Fの特徴である客観的に認識しようとする傾向が強くなり，杓子定規，表面的，形式的，あるいは想像力の乏しさ，感情や感受性の抑制など防衛的な構えの強さを示す。その一方でF％が低い場合には，運動反応や色彩・濃淡反応の示す特徴が強くなり，たとえば質の良いMやFCなどの一次的形態反応が少ない場合や，体験型が外拡型でFC＜CF＋Cである場合には，特に情緒の不安定さや良好な人間関係を維持することが難しい傾向が目立つものとなる。しかし，F％が低くても，決定因に偏りがなく反応の質が良好な場合には，むしろ創造性が豊かであり，想像力や感受性が高く柔軟性のある行動が可能なことを示唆する。このようにF％では，他の反応決定因との組み合わせやバランスを考えた上での解釈が大切である。

④ 形態水準に関する項目（F＋％，ΣF＋％，R＋％）

　Summary右列の上部には，形態水準に関する項目F＋％，ΣF＋％，R＋％の3つがある。これらは，見立てたものがブロットの客観的形態とどの程度一致しているのかを評価する指標で，ものの捉え方の公共性や内的なイメージと現実状況を照合する現実検討力のあり方が反映される。

　F＋％は，純粋形態反応に関する形態水準で，限定された状況における基本的な自己統制や現実検討力を表す。それに対して，ΣF＋％は一次形態反応に関する形態水準で，MやFCなど，より多くの側面を加えた上での自己統制や現実検討の程度を表す。F＋％＞ΣF＋％が顕著な場合には，情緒性や主観を限定した状況では統制のとれた適切な行動を取りうるが，情緒的に開かれ変化に富んだ場面での適応的な行動が難しいと考えられる。逆にF＋％＜ΣF＋％となる場合には，情緒性や主観を硬く統制しようとすると現実検討が低下する，むしろ情緒や主観的な要素を取り入れた方が生き生きし現実検討力も保持

されることを表し、基本的な統制の過剰さや不全を示唆する。

⑤ 反応内容に関する項目（H%, A%, At%, P, C. R.）

Summaryの右列中段以下には反応内容の項目が並んでいる。これらには、インクブロットをどのように見立てたか、客観的認知と個人的連想とが混ざり合った内的イメージが反映される。皆と同じように見たり行動したりする客観性、常識性、協調性と、独自な見方や行動をする個別性の程度やバランス、そして個別性の特徴を推測することができる。

H%では、それ自体が適度な比率であるだけでなく、HがHdや（H）（Hd）より多く、特に質の良いMと結びついている場合に、成熟した人への関心や感受性や共感能力を表す。そのため量的分析の際には、Basic Scoring TableのHの内訳をみて解釈を進めていくことが必要である。

Aは反応内容の中で見られやすく最も多く生じる反応であり、A%は常識性、無難でありふれたステレオタイプの思考、紋切型の指標である。この点では、皆がよく見るような見方ができるかどうかの指標であるP（公共）反応と解釈的に重なり、合わせて見ていくことが必要である。適度なA%とP（P＝3〜5個）は、物事に対して常識的な見方ができ、社会的な協調性を表す。そのため、少ないA%とP（P＜3）は、常識的な見方ができず適度な公共性を保つことが難しいことを示す。一方で、多すぎるA%は心理的な幼さや未熟さを表し、多すぎるP（P≧40%）と共に過度に常識的で紋切り型の思考や行動、想像力などの観念活動の不活発さを示唆する。

3）事例による量的分析の実際

ここまで、量的分析の進め方とそのポイントについて解説してきた。最後に、一つの事例を取り上げ、量的分析の実際を提示する。

ここで取り上げるケースは、馬場の成書（1995; p.40-55）から「神経症水準の対人恐怖症」の事例を用いる。事例は、20歳男性の大学生で、3年前から対人緊張と「馬鹿にされている」「嫌われている」という被害感によって外出できなくなり休学に至った経過のケースである。詳しくは成書を参照していただきたい。

その著書の中でも、この事例の量的分析とそのまとめは述べられているが、ここでは解釈者の視点や思考の流れをできるだけ詳述することで、量的分析の進め方やまとめ方を伝えたい。なお、馬場を含めた私たちのグループでスコアリングについて再検討したため、成書と数値が若干異なっていることを述べて

おきたい。しかし，量的分析としては，本質的には大きな違いはないと考えている。

Basic Scoring Table

Location		Main					Add	Content		Main		Add
		+	±	∓	−	nonF	Total			Freq.	Total	
W	W	6	2				8	H	H	2	6	
	W̌								(H)	2		
	DW								Hd			
D	D	5	3				8		(Hd)	2		
	d							A	A	5	7	
Dd	dd						2		(A)			
	de								Ad	2		
	di								(Ad)			
	dr	1	1					At	Atb		1	
S									Ats	1		
Total R		12	6				18		X-ray			
									A.At			
								Sex				

Determinant		Main					Add	Anal				
		+	±	∓	−	nonF	Total	Aobj				
F		5	3				8	Pl.f				
M		1					1	Pl		1	1	
FM								Na		1	1	
Fm								Obj		1	1	
m(mF, m)			2				2	Arch				
k(Fk, kF, k)								Map				
FK		1					1	Lds				
K(KF, K)								Art				
Fc								Abst				
c(cF, c)								Bl				1
FC'		3					3	Cl				
C'(C'F, C')								Fire		1	1	
FC	FC	2					2	Expl				
	F/C							Food				
CF	CF		1				1	3	Music			
	C/F								Cg			2
C	C											
	Cn											
	Csym											
Cp(FCp,CpF,Cp)												
Total R		12	6				18	Total R			18	

① 反応数と反応時間に関する項目

　まず Summary の左列にある反応数と反応時間に関する項目を見ると，第3章でも述べたように臨床例では R≧20個であれば心的活動は普通程度と考えられるが，R＝18と若干ではあるが20個を下回りやや少なくなっている。Rej＝0で，刺激へのショックで反応できなくなるような強い混乱を起こすようなことはない。続く RT は検査者のペースが大きく影響してくるのであまり重視せず控えめに扱うのであるが，RT（Av.）＝1′28″とカードへの関与をすばやく切り上げてしまうなどはなく，どのカードにもきちんと関わっていることがわかる。そして，反応時間に関して私たちが最も重視している R_1T は，19.5″と平均の範囲内であるが，やや遅めの値である。さらに，N.C. と C.C. を見ると，3″と少しだけではあるが N.C. の方が遅れている。ここでは必ず Scoring List を見て，N.C. と C.C. の平均値の違いだけでなく各カードの R_1T を確認するようにする。このケースでは，N.C. の中でⅣのみで43″と遅れていることがわかる。

　この群の特徴をまとめると，以下のようになる。R＝18とやや少なく，R_1T も平均範囲内ではあるがやや遅めである。しかし，Rej＝0，RT＝1′28″と刺激による強い混乱はないようで，用心深く刺激に関わっていく警戒的な構えが

Summary Scoring Table

R (total response)	18		W：D	8：8	F%	44.4%
Rej (Rej/Fail)	0		W%	44.4%	ΣF%	83.3%
TT (total time)	14′39″		D%	44.4%	F+%	62.5%
RT (Av.)	1′28″		Dd%	11.1%	ΣF+%	80.0%
R_1T (Av.)	19.5″		S%	0%	R+%	66.7%
R_1T (Av.N.C.)	21.0″		W：M	8：1	H%	33.3%
R_1T (Av.C.C.)	18.0″		M：ΣC	1：3.5	A%	38.9%
Most Delayed Card	Ⅳ 0′43″	E.B	FM+m：Fc+c+C'	2：3	At%	5.6%
Most Liked Card	Ⅸ 0′15″		Ⅷ＋Ⅸ＋Ⅹ/R	27.8%	P (P%)	5.5 (30.6%)
Most Disliked Card	Ⅰ 0′10″		FC：CF+C	2：2.5	C. R.	7 (2)
Self Card			FC+CF+C：Fc+c+C'	4.5：3	D. R.	7 (0)
Family Card	Fa.Card		M：FM	1：0		
	Mo.Card					

推測される。また，R_1T ではⅣのみで遅れがあり，そして Most Delayed Card でもある。Ⅳは黒味の強い陰影が初めて呈され，重苦しい陰鬱さや威圧感を与えるカードである。継起分析では，このⅣに注意しながら進めていく必要がある。

② 反応領域に関する項目

続いて反応領域に関する項目を見ると，Summary では比率の項目は W：D のみ，D％の項目はないのであるが，私たちは W：D：Dd＋S の比率で見ていく。W：D：Dd＋S ≒ 44：44：11（％）とやや D が少なめであるがほぼ平均的である。そして，反応の質を確認するために Basic Scoring Table を参照すると，W と D の質は良く，dr は低めとなっている。さらに，W：M は 8：1 であり，ここでもそれぞれの質を確認する。すでに述べたように W の質は良い。M は±であり質の良さは保たれているが，M＝1 とその数がきわめて少ない。全体を統合しようとする要求水準に比べて内的な資質や潜在能力が低いことを示している。

この群の特徴をまとめると，物事の捉え方や対応には大きな偏りがなく柔軟に対応できるが，dr の質が低めであることから，自分の見方で独自に反応しようとすると恣意的で独断的となり適応が低下してしまう可能性が示唆される。また，M＝1 と内的な資質が低いあるいはその働きが抑制されていて，自分の能力に不全感を持ったり，実際に計画的に物事に対処することが難しかったりと不適応を生じやすいことが推測される。

③ 体験型と反応決定因に関する項目

次に体験型と反応決定因に関する項目を見ると，体験型は顕在型も潜在型もともに外拡型を示している。M は±と質は良いものの M＝1，FM＝0 と運動反応はきわめて少なく観念活動は不活発である。その一方で，R＝18 から見ると ΣC＝3.5 と外界への情緒的反応性は豊富である。潜在型の内容について Basic Scoring Table で見ると，左辺では FM＝0，m＝2 と M と FM がきわめて少ないのに m が 2 個あることがわかる。また，依存愛情欲求や抑うつといったより繊細な情緒への感受性を表す潜在型の右辺では，C' が 3 個も出ているのに c＝0 である。次のⅧ＋Ⅸ＋Ⅹ／R は体験型の補助的な項目であり，顕在型も潜在型もともに矛盾なく外拡型を示していて，Ⅷ＋Ⅸ＋Ⅹ／R＝27.8％と特徴的な数値ではないことから，ここまでの体験型の考察に特に変更や修正を加える必要はない。情緒統制の指標となる FC：CF＋C では，2 つある FC の質も悪くないものの，FC：CF＋C＝2：2.5 とやや不安定である。FC

＋CF＋C：Fc＋c＋C'については，私たちはこの項目を単独では重視しないとすでに述べたが，数値的にも4.5：3と両辺に大きな差が見られないので検討の必要はない。M：FM＝1：0では，成人に望まれるM≧FMのバランスを示しているが，すでに述べたようにMとFMがきわめて少ない点が問題である。F％＝44.4，ΣF％＝83.3は平均的な値であり，形態要素とそれ以外の要素とのバランスは適度であることが示唆されるが，自我の統制力という点では次の群にあるF＋％，ΣF＋％とあわせて検討することが必要である。そして，D.R＝7と表現ルートの幅や多様性も普通以上に備わっている。

　この群の特徴をまとめると，物事を客観的に扱おうとする構えのバランスは適度であり，表現の幅や多様性も備わっている。情緒的な反応性が優位な外拡型であるが，情緒統制のバランスはやや不安定である。M＝1，FM＝0と観念活動は不活発で内的な資質や潜在能力は低い。また，生き生きした活力や本能衝動への防衛が強く，自発性や活動性が低くなっていることが示唆される。MとFMがきわめて少ないのにmが2個あることは，自分の欲求や衝動を統制し扱うことができず不安や緊張感を自覚していることを意味するであろう。c＝0であることから，依存愛情欲求を意識することの難しさや葛藤が推測される。継起分析では，濃淡カードのⅣ，Ⅵ，Ⅶでの濃淡刺激の扱い方を含め，この点に注意しながら継起を見ていく必要がある。さらにC'が3個と多いことについては，すべてが形態優位なFC'で質も良い反応ではあるが，抑うつや無力感を表す可能性もあるので，この点についても継起分析で検討することが必要であろう。

④ 形態水準に関する項目

　右列にある形態水準に関する項目を見ると，F＋％＝62.5，ΣF＋％＝80.0，R＋％＝66.7と少し低めではあるが逸脱とまではいえない数値である。これら形態水準をまとめた数値には∓とマイナス反応の質的な違いが反映しないため，Basic Scoring TableとScoring Listを見て，マイナス反応があるのか，あるのであればその数やどのカードにあるかを確認する。その詳細な検討は続く継起分析で行うのであるが，マイナス反応がBPOに特有な「W－の顔反応」であるのか，より重篤な病理である精神病水準に特有なマイナス反応であるのかなどおおよその質について量的分析の段階で知ることは，（そのようなマイナス反応が1つあったからといって断定するものではないが）パーソナリティの病理の程度を推し測るために役立つ。このケースは，マイナス反応もなく，基本的な現実検討力，統制力は備わっている。しかし，F＋％がやや低めで，F

＋％＜ΣF＋％の差が大きいことから，情緒性や主観を硬く統制しようとして現実検討がやや低下することが示されている。

⑤ 反応内容に関する項目

右列の中段以降の反応内容に関する項目を見ると，H％＝33.3とやや多めであるが，その内訳を Basic Scoring Table で見ると H＜(H)＋(Hd) となっていて，人に対する関心は強いが，現実的な人間関係を避け，空想的な世界に逃避し引きこもるという対人関係の特徴がある。また，C.R.＝7と物事への興味や関心の幅と活動力についても，やや低いことが推測される。さらに，A％＝38.9，P＝5.5（30.6％）とどちらも平均的で適度な数であることは，皆がよく見るような常識的な見方ができることを示している。At％＝5.6は，10％以下であるので検討の必要はないが，何らかの不安や動揺の現れだったりすることもあるため，継起分析では少し心に留めておくとよいだろう。

⑥ 量的分析のまとめ

最後に，各群の特徴を相互に結び付けて，一人の人物像にまとめ上げていく。最初の手順としては，ここまで検討した特徴の中から，その人物の中心となる傾向や土台となる特徴を描き出すことである。このケースの場合は，体験型と反応決定因に関する項目の「情緒的な反応性が優位な外拡型」という特徴である。すでに述べたように，反応決定因の特徴を考える際に，F％が高いと体験型の特徴よりも感情や主観を硬く抑えて防衛的であることが中心的な特徴になる。F％がさらに高くなると，両貧型に近づいていく。逆にF％が低くなると，体験型での特徴がより強くなる。このように体験型とF％は合わせてみていくことが大切である。このケースの場合は，F％は平均的であるので，体験型の外拡型の特徴がそのまま中心的な特徴となる。

このケースで次に取り上げる特徴としては，MとFMの少なさであろう。同じMの少なさに関連して，W：Mも特徴としてはかなり明確なものである。また，c＝0やC'＝3も重要である。次に，そこまではっきりしてはいないがある傾向が描き出せるという特徴について取り上げ，それまで描き出した特徴とまとめていく。このケースでは，H％が多めで内容的に (H) と (Hd) に偏っていること，若干Rが少なめなことや，F＋％＜ΣF＋％などである。

量的分析では，平均から多いか少ないかの傾向によって，その人の特徴を描き出していくわけであるが，まとめ上げていく際に，問題点だけでなくその人が平均的にできる能力や安定した特徴についても取り上げていくことも重要である。これは，アセスメントにおいては，ある特徴や問題（病理）がどのよう

な全体状況の中で起きているのかという視点が不可欠であることとも関連している。このケースの場合は，刺激による強い混乱がないこと（Rej＝0 など）や，物事の捉え方には大きな偏りがなく柔軟にできること（反応領域のバランス），物事を客観的に扱おうとする構えのバランスは適度であること（F%），表現の幅や多様性も備わっていること（D.R.），皆がよく見るような常識的な見方ができ（A%，P），基本的な現実検討力や統制力が備わっているなどである。

　以上から，このケースの量的分析をまとめると，次のようになる。全体としては，控えめな態度で用心深く刺激に関わっていく警戒的な構えがみられる。しかし，基本的には情緒的な反応性が優位な外拡型（外向的性格）で，外からの働きかけに対して感情が動かされやすいところがあるが，情緒統制のバランスはやや不安定である。M も FM もきわめて少なく，内的な資質が低いか，あるいはその働きが抑制されていて，自分の欲求や衝動をうまく扱うことができない。そこでは，不安や緊張を感じたり，自分の能力への自信のなさや不全感を持ちやすいことが推測される。また，人への関心は強いが，実際の人間関係は葛藤的であり，働きかけを控えてしまう傾向がある。さらに，依存愛情欲求をうまく扱えず，抑うつ感への敏感さがある可能性があるなど，依存にまつわる葛藤が示唆される。情緒を硬く防衛しようとするとやや統制力が低下する傾向がみられるが，基本的な自我の現実検討力や統制力は備わっていて，大きな歪みは見られないことから，パーソナリティ水準は神経症的であろうと推測される。

　この推測が妥当なのかどうか，より生き生きと被検者を描写するために私たちは継起分析を行うのである（次章参照）。

第5章 解釈法②――継起分析

西河 正行

1．継起分析の概要

1) 継起分析の過程

　序章および第4章で述べているように，継起分析という方法には，反応語の領域，決定因，内容，形態質，の4側面を綿密に検討する仕事と，被検者のインクブロット体験を追体験する仕事との両面があり，解釈者（注：解釈の段階では検査者を解釈者とする）はこの両面の仕事を同時進行で行なっている。言い換えれば，解釈の過程で，解釈者の二次過程の自我機能が働く思考や観察や判断の過程では，各反応語とそのスコアを見ながらどのような領域の選択をしているか，ブロットのどういう属性を取り入れたかまたは排除したか，どういう表象を思い浮かべたか，それら選択されたものとブロット自体の形状との一致度は如何か，などを観察しながら検討している。同時に，より一次過程に近い共感や情緒的反応の過程では，反応語を語る被検者の口調や表情や身振りなどから，その興味関心，躊躇い，困惑，などを感じ取っている。この両面が一緒になって，当該の被検者にとってインクブロットはどのような刺激となっているのか，どのような感情や欲動に働きかけ，またどのような防衛活動を起こさせているのかを推測する，力動的解釈という読み取りを可能にしているのである。

　とかく検査法から正確で間違いのない結果を得るためには，解釈者は私情を交えず冷静に観察し判断しなければならないとされている。しかしロールシャッハ法（その他の投映法）の解釈にはそれでは不足であって，私情（被検者への情緒的反応）を交えつつ，かつ冷静な観察や判断をしなければ，人の内面に関する確かな情報を手に入れることはできない。そこが投映法解釈の難しさであり，ロールシャッハ法の解釈技法が言葉になりにくい所以でもある。そのこ

とを踏まえた上で，力動的解釈の核心である継起分析について解説したい。

次に，被検者の側に生起している過程を整理しよう。被検者は，検査者に反応段階（以下，PP段階）で〈何に見えてもかまいません〉〈見えた順に言ってください〉〈両手に持って見てください〉と教示され，できるだけ自由にありのまま知覚するように奨励される。さらに質問段階（以下，Inq段階）では，〈カードのどこに見えたか〉〈どういうところからそのように見えたか〉と質問され，「自分のなした表現をどのくらい現実状況と照合し，論理づけできるかという現実検討」（馬場 1995: p.8）を問われる。すなわち，ロールシャッハ法では被検者は知覚し連想し表象を形成する課題と，検査者に対して論理的に説明する課題の両方に対処しなければならない。

検査課題への対処過程で，被検者はインクブロットに刺激されて，あるいは教示や質問を通した検査者との関わりによって，意識的，前意識的，無意識的に欲動や感情や連想が喚起され，この検査状況に現実的に対処しようとする（二次過程の）自我機能は退行しやすくなる。その結果，自我機能の不全や内的葛藤が生じるので，それらを統制しつつこれらの検査課題を遂行することになる。

解釈者は反応語を手がかりに被検者の自我活動（防衛機能，適応機能，現実検討機能）の退行と進展の過程，およびそれに伴う欲動，感情，空想，などの現われ方やそれを規定している防衛機制を読み取る。これらを読み取る手がかりとなるロールシャッハ現象については第7章に記載されている。自我の働き方（機能）の善し悪しを端的に示すのは形態水準である。機制としては美化，知性化，隔離といった適応力のあるものを使っていたとしても，結果的に低い形態水準しか取れない場合（たとえば「花，色がきれいだから」CF∓，「古代の城，薄暗くてどっしりしているから」C'F∓）には，その機制を動かしている自我の働きが低下していることを示し，そこから自我機能に何らかの障害があること，少なくとも現在は活発に機能していないことを示唆する。

10枚のカードはすべて異なる条件を持っているので，被検者はそのつど異なる対処をしなければならない。解釈者はそれらの反応語の変遷を追うことで，どのような欲動や情緒が意識化しやすいか，その欲動や情緒は肯定され自己に取り入れられているか，あるいは内的葛藤の根元となっているか，生じた葛藤にどの程度気づいているか，また，どの程度葛藤を調整し修復し立ち直る（自我機能を立ち直らせる）ことができるか，本人にとって最も扱いにくい状況（カード）はどのような特徴を持った状況か，また最も対応しやすく活気がで

るのはどのような状況かに着目する。このような反応語形成に至る力動的過程が，被検者の日常における課題対処（葛藤解決）行動と対象関係の在り様を反映しているのである。

　つまり，継起分析により，「被検者の自我の諸機能の働き方」「機能低下の仕方，機能回復の仕方」「欲動や感情の発達の程度と自我化の程度」「自己洞察力」「中心的に用いられる防衛・適応機制と，組み合っている種々の機制の相互関係」「対象関係」などから，症状や不適応行動の背景にある力動の理解や力動的なパーソナリティ像の把握をするので，そこから「よりよい生き方への助言，心理療法を始めるに当たっての見通し，病態査定への寄与など」が可能となる（馬場 1995: p.23-24）。力動的なパーソナリティ理解とは，たとえば「<u>自覚的に自己を統制する力がやや弱く，抑えがきかなくなること，気分が高揚すると自己顕示欲も高まってくること，そうなると人から嫌われたり叱られたりするだろうと恐れている。</u>そのため，<u>常に冷静で感情表現を抑制し，落ち着いた態度であろうとしている</u>」のような，内面で起こっているさまざまな動きを相互に結びつけ，その対外行動への影響を推測する理解の仕方である。

2）継起分析の実例

　1）で述べたような読み取りをする際に，反応語ごとに付される各種記号と，被検者の態度とが手がかりになる。各種記号の意味については第3章を参照されたい。また，態度とは，反応過程で示される被検者の態度，言葉遣い，Inq. 段階での応答の仕方，カードの回転，検査中の質問，などを指す。これらが被検者の内面で生じている感情やそれを抑える防衛やインクブロットとの照合をする現実検討の在り様を反映しているのである。まずは実例で試してみよう。

① 試し事例I

　ここではカードIとIIのみを使って，読み方の実際を詳述する。

I	1	3″ ∧	チョウ	(Q) まず形が似ている。羽があって，こっちが尾っぽかな，この辺が頭。	W F± A P
	2	10″ ∧	犬が吠えているところ。	(Q) 犬はこの顔が犬の顔に見えて，口を開けているので吠えているのかな……。これが目かな。	W,S FM± Ad

		50″	そのくらいです。		
Ⅱ	1	5″ ∧	小熊	(Q)小熊がじゃれ合って遊んでいる（→）ここが手で，ここが足で，足で蹴っている（？）遊んで蹴ってる。そんなところですね。	D_1+D_1　FM±　A　P
	2	20″ ∧	ランプシェード	(Q)これはもうこの形がそっくり。これが吊るすところで，こうなっている〈縁をなぞる〉ところが電気のカサですね。	S　F±　Obj
		1′10″	他には見えないな。		

　a．カードⅠにおける反応語と継起の理解

　初発反応時間3″で第一反応「チョウ」を出し，公共反応で形態水準は良い。すぐに見つけやすい形態を選んで常識的に対処した。「常識的，堅実で，迅速な対処をする」という印象である。第二反応「犬（の顔）」もよく見られる反応語で形態水準も良く，「吠えている」，Inq段階で「口を開けて」とFMが加わって活気が出てきたことを示し，また「吠えている」という内容から，攻撃性が誘発されたと推測される。その中で形態水準は±を保っていることから，冷静に客観的に全体を見る現実検討力は低下していないことが分かる。常識的対処ではあるが，「W，F±，A」（事実中心の客観的認知）が連続するような杓子定規な反応ではなく，F→FMと内界が活性化する自我の柔軟性がある。

　このように，解釈者は被検者のカード体験を情緒的・感覚的にかつ論理的・力動的に理解する。

　本事例で言えば，「公共反応から見た，しかも瞬時だ。関わりやすいところから関わったなあ」「第一反応はFのみ，第二反応もFMを見てC'はない。外界の刺激に注意が向くより内界が活性化する方向に向くのだなあ」「第二反応は顔反応で『吠えている』と威嚇的なものを見たが，顔をよく観察している」など反応語の特徴にいろいろと気づく。同時に，反応語継起に見られる特徴的な現象は何か，カード刺激に何が誘発されたかを考える。本例では，前者は安定的な対処であり，後者は攻撃性，対人緊張で，カード特性の影響か，C'

はないけれど黒さに影響されたかもしれない。攻撃性，緊張が誘発され，結果的に適応的な対処になった過程にどのような力動が働いたのかを考える。①W，F，②W，FMから感情を抑制し，全体的に客観的に捉えようとする（葛藤に巻き込まれず現実検討する）こと，カードⅠで「吠えて」という見方は珍しいことを考慮に入れると，現実を踏まえた上で，野性的な攻撃性を適度に表現しながらも，内界の安定を保ったことが推測される。

ところで，解釈者の気づきは経験の裏付けを伴う。経験とは，反応語の特徴についての知識と知識に裏付けられた感受性である。カードごとに一般的に生じやすい反応傾向（公共反応，出やすい決定因，平均的反応数，反応時間等）がある。受検態度からも印象は形成される。本例では瞬時に公共反応を見た点に「おっ」と思い，「検査状況でしかも最初のカードなのに，迷いがないし的確な応答を出すな」という印象が生じる。こうした印象は，経験によって鍛えられた解釈者の感受性から生じている。つまり，解釈には解釈者の一次過程に通じる感受性と二次過程としての分析的観察の両方が働いている（詳細は第4章参照）。

例示したように，反応語の継起では，各反応語の記号の組み合わせや態度の共通点，相違点に注目する。記号には力動的な意味があり，たとえば，F→FMと変化したことから，すぐに状況に馴染んで活気が出てくるという力動的過程が読み取れる。初発反応語での的確な応答態度は第二反応でも共通し，安定した対処をしていることが分かる。

　b．カードⅡへの変化に伴う反応語と継起の理解

次に，被検者はカードの変化に直面する。現実の状況に当てはめれば，外界の状況が変化し，状況がもたらす影響（刺激）も変化することを意味し，被検者がそれをどのように体験するか，カードが変わることで対処が変わるか，インクブロットの違いを越えて共通する反応傾向はあるか，それは何か，について観察する。説明の便宜上，はじめにカードⅡの反応語と継起の理解をb-1．に提示し，b-2．にカードⅠとⅡにおける対処を比較する。

　b-1．カードⅡの反応語と継起の理解

第一反応も初発反応時間5″で即座に公共反応「小熊」を見て，「じゃれ合って遊んで」と可愛らしく楽しいものにした。このカードは赤色が加わり黒と混ざるので，一般に不快感，不安，攻撃性を誘発しやすい刺激であり，「じゃれて遊んでいる小熊」にするのは反応形成過程で否認・美化の防衛が働いていると考えられる。しかしこれはよく出る反応（P）であり，形態水準も±なので

適切で適応的な防衛と言える。第二反応は図と地を反転させ，S領域に「ランプシェード」を見た。インクブロットのないSを使い，輪郭のみをFで把え，しかも物体にする，という3点から隔離の機制が働いたと考えられる。よく見られる反応語で，説明も「ランプシェード」らしさを強調し形態水準も良い。①②ともに安定した対処であるが，いずれもCがない。「公共反応を見て，次は空白反応となった。解釈者は「①のコンテントは元気が良かったのに，②で急に大人しくなってしまった，随分落差が大きい」という印象を持つ。このような印象も，経験に裏付けられた感受性によって生じたものである。

　カードⅡでは色彩ショックが生じやすいとされるが，本例では色彩は否認されている。①で「遊んで」を問うと「足を蹴って」（D_2の赤色部分）と攻撃的な連想が発展しかかるが，確認すると「遊んで蹴ってる」と攻撃性はすぐに中和された。また，D_2を使っているのに赤は否認している。②も「ランプ」は赤を連想させるがD_2は排除し，「シェード」の輪郭の説明だけで，内容も動物から物体に変わった。①②ともに赤を巧みに避けているが，赤の間接的影響が推測される。内容（「熊」「足を蹴って」）から，赤により若干の攻撃性が誘発されたと推測される。攻撃性には一旦関わると活発になるがすぐ距離を取ると言えよう。それが，領域（D→S），決定因（FM→F），内容（A→Obj）に反映している。運動の質は能動的，友好的なので，この遊びは攻撃性が中和されたと理解される。

　本例は，攻撃性を誘発される状況でもそれに触れながら適切に対処できる。退行して遊ぶこともできるが，それは一時的ですぐに攻撃性を回避して現実的，即物的な対処となる。赤色という刺激をそのまま受け取りにくい傾向があり，これについては全体の継起と関連付けて再検討していく。

b-2．カードⅠとⅡにおける対処の比較

　相違点はカード特性によるものが多いので，主に共通点を検討する。実際に

表5-1　カードⅠ，Ⅱの初発反応時間，反応語，位置，領域，決定因，形態水準，反応内容など

カード	番号	初発	反応語	位置	領域	決定因	形態水準	反応内容
Ⅰ	①	3″	チョウ	∧	W	F	±	A, P
	②	10″	犬が吠えて	∧	W, S	FM	±	Ad
Ⅱ	①	5″	小熊，遊んで	∧	D_1+D_1	FM	±	A, P
	②	20″	ランプシェード	∧	S	F	±	Obj

は，カードⅡを読む際に，すでに，たとえば「ここでも公共反応から入ったな」というようにカードⅠの反応語継起を意識している。しかし，表5-1のように整理して，改めて検討すると見落としなどに気づきやすい。

表5-1を見ると，カードⅠもⅡも，初発が速く公共反応やよく見られる反応語で，即座に常識的な対処をする傾向が顕著である。細かく見れば，カードが変わっても，正位置，反応数は2つで平均的，反応内容は動物が多いこと（人間が出ない）が分かる。したがって，常識的対処とは言え，やや未熟なところがあるとも言える。

c．2つのカード継起から分かること

カードⅠでは冷静に論理的に（F）全体を見ようとし，カードⅡで赤色刺激が加わっても，まずは常識的な対応をし，さらに楽しんでいる。安定的な対処で，常識的，客観的な点が共通している。誘発された欲動・情緒を見ると，カードⅠでは攻撃性，威嚇を感じつつ，最初にはまず情緒的な刺激を回避して，カードⅡでは攻撃性を否認，美化，隔離して対処している。共通して，攻撃性が誘発されやすいが直ちに防衛するという傾向がある。対処としては神経症的防衛を用いている。初めての検査状況，強い情緒的刺激場面でも安定した対処をしている。

② 反応語理解のポイント

ここでは，反応語の特徴に気づくためのポイントを示す。

第一は，公共反応の有無と出現順位である。上記事例のカードⅠは初発で出ており，まずは常識的な対処が可能であるとみなせる。初発以外で出る場合，たとえば上記事例でカードⅡの反応語の出現順序が逆の場合，刺激に圧倒されてまず刺激のない部分に逃げ込み，刺激を回避して落ち着いたところで全体状況への常識的な対応が可能となると，理解が変わってくる。

第二に，公共反応がない場合は，比較的よく見られる反応語の有無を見る。多くのカードに出現しやすい反応語がない場合は，環境刺激の如何にかかわらず，常に独自の見方をしている人ということになる。

第三に，期待される反応語の記号の組み合わせかどうかである。カードⅠの公共反応「チョウ」であれば，W，F（あるいはFC'，FM）±，A，Pが期待され，一つの基準となる。ブロットの上部を切り取った「チョウ」でdrとなれば，それは特徴的である。あるいは，カードⅠ「チョウの化け物がこっちに飛んでくる。（∧　W，FM±，（A））」のような場合，「化け物（A）がこっちに飛んで」という内容に特徴が出て，カードⅠでこのような作話反応を形成し

た思考の歪みに注意が向けられる。ただし，基本的にはどの程度いろいろな記号を反応語に統合して出せるかに注目するべきである。組み合わせに出ない記号，語られなかったことの方に特徴が示される場合もある。

第四は態度で，平均的初発反応時間とか反応数等およびそれらの個人内の平均値などの量的指標と，位置，カード回転，Inq 段階での応答の仕方，言葉の選び方（知的，観念的，平易，日常的など）などの質的指標である。上記事例でいえば，初発反応時間3″は標準よりかなり早い。また，仮に平均的初発反応時間が15″だとした場合，カードのいずれかに初発反応時間が長いものがあることを示すので，注意深く検討しなければならない。

第五は逸脱言語表現などに代表される反応語の特異性で，形態水準に反映される。逸脱言語表現については，片口による紹介（1974, p.253; 1987, pp.272-279）の他に，Kleiger, J. H. による詳細で広範な解説（1999）も翻訳されている（2010）。

③ 特徴的な現象を把握するためのポイント

一つ一つの反応語を理解しながら，反応語の継起に見られる特徴的な現象を把握する。その際，継起で見るべきポイントは，たとえば対処の安定性，現実検討の推移，欲動・情緒体験，特徴的な記号の組み合わせや態度，カード刺激の影響，検査場面からの距離などである。ここでは，a．対処の安定性，現実検討の推移，b．欲動・情緒体験，c．特徴的な記号の組み合わせや態度について主に解説する。

対処の安定性や現実検討は形態水準に，欲動や情緒は主に反応内容や決定因に示され，いずれもその推移に着目する。量的に多く示される現象が重要であるが，少なくても質的に意味ある現象もある。次に，それらの推移を手掛かりに記号の組み合わせ，および態度と関連づけて力動的理解を得る。以下，便宜的に分けて説明するが，これらは相互に関連，重複するので実際には同時並行的に読んでいる。たとえば，「形態水準が悪く，不快感情が強いので，衝動発散的で不適応的な反応となっている」，とか，「反応語の多くが迫害的な内容に覆われており，カード刺激により誘発された攻撃性を投影する防衛が活発であり，かつ，形態水準が著しく低下しているので，自我の統制が弱化していると推測する」などである。以下，それぞれについて詳述する。

a．対処の安定性，現実検討の推移

物事に対して安定した対処をするためには，その人の内面が安定していることと，対外的判断や働きかけが安定していることとの両面がなければならない。

前者を支えているのが防衛機能であり，後者を支えているのが適応機能であるが，適応機能が適切に働くためには，前提として現実検討機能の適切な働きが必要である。防衛機能の質と適応機能の質とは，大体において一致している。そこで「適応的防衛」とは内面の統制も外界への働きかけも適切な場合を指し，「不適応的防衛」とはどちらの面も不適切にしか働かない場合，あるいは，防衛としては成功しているが適応には失敗しているという場合を指す。たとえば，防衛のために外界との関わりを遮断し，自己主張したい，興味関心を満たしたいといった欲求を抑圧・否認して，自室に閉じこもっているという防衛によって安定している人は，防衛は成功しているが適応に失敗しているということになる。

　内面が安定していることの指標は，決定因に一次的形態反応が多いことであり，対外的判断や働きかけが安定していて，現実検討力がよく働いていることの指標は使われた一次的形態の質（形態水準）が高いこと，少なくとも±であることである。したがって，よい形態水準の一次的形態反応が続くような継起は，被検者の内面が安定していて順調に外界と関わっている状態を意味し，とかく形態が二次的になったり形態水準が上下動するような継起は，内面が葛藤的で，防衛・適応の機能が成功したり失敗したりしている不安定な過程を意味している。また，一次的形態を維持できなかったり，形態水準が低いままで持続するような継起は，防衛機能が退行したままで，外界への適切な働きかけも失われている状態を意味している。

　このような前提で見ると，本事例は，2枚のカードで4個の反応を出しているが，いずれも一次的形態反応で形態水準は±であり，問題なく安定して適切な自我活動を示していると言える。しかし反応語の継起を丁寧に読むと，赤色を巡って僅かな揺らぎと修正があったことが分かり，一見冷静なこの人にも感情の動きがあり，攻撃性が誘発され，しかも適切に処理されるという，内面のプロセスが読み取れ，そこからますます，被検者の健康さが分かるのである。

　もしここで，カードIIに第3反応が追加され，それが「ここは血みたいに見えます。(Inq) なんかこう赤いし，飛び散っているようにも見えるので (D　CF, m∓　Bl)」であったとしたら，この被検者の攻撃性はさらに未分化なものであり，自己制御はさらに難しく (CF)，内的緊張が高まり (m)，時には適応的表現の枠から逸脱した (∓) 攻撃性が発散されるであろうと推測することになる。

b．欲動・情緒体験

　被検者はカードのインクブロットに沿って反応語を形成する過程でさまざまなことを感じる。つまり，ブロットの刺激で欲動を動かされたり，何らかの感情を抱いたりするので，それらがどのように体験されたかを記号の組み合わせ，態度から調べる。欲動と情緒は相互に関連するが，その関連を読み取ることが必要である。たとえば，性的欲動が刺激され，同時に不安感が出てためらいながら説明することもあれば，非常に激しい攻撃性を誘発されて破壊的な反応語を出しているのに平然として，それに見合う情緒が表現されないこともある。以下，具体例で説明する。

　恐怖感を体験した場合，反応内容に恐怖像が示され，態度（初発反応時間の遅れ，「迫ってくる」のような表現，混乱・動揺等），決定因などにも反映されることが予想される。仮に，恐怖感とそれを起こさせるブロット刺激を自覚していて，かつ態度が平然としているなら，対人的には強がり，弱さを見せないようにしていると理解される。反応内容や態度に恐怖感が示されるのに，決定因には反映されない場合，自分の感情を意識化することの難しさ，内省力の乏しさが推測される。また，「黒くておどろおどろしいけど，何かよく分からない」（CF）であれば，恐怖感に押されて自我の外界認知機能（現実検討機能）が弱まったゆえに明瞭な恐怖像を描き出せないことを示す。

　無力感を体験した場合も，たとえば，枯れ葉，内臓，動物の死骸，潰れた動物など形態の崩れた破壊された表象として現れるが，その説明は消極的で控え目になりがちである。このような表象は攻撃性が自分に向けられ，無力になった結果と考えられる。抑圧や隔離などの高次の防衛が弱まった場合には，このような表象に「怖い，汚い，いやだ」など不安感や不快感が伴うことが多い。一方，原始的防衛機制が働く場合には，その状況の残酷さを好んで積極的に語り，ためらいや抑制を示さないのが特徴的である。これは原始的投影同一化をベースにした攻撃化，脱価値化など，対象を徹底的に貶めてしまうことで不安を解消する防衛を示唆している。

　ところで，カード体験には，課題対処への構えそのものから生じるものがある。たとえば，たくさんの反応語を出そうとする被検者にとっては，出せない場合には不全感が生じるであろうし，出せた場合は達成欲求や競争心の満足感が生じるであろう。同様に，緊張して失敗した（厳しい超自我，高すぎる目標と低すぎる自尊心等）とか，有能な人と見られたい願望が満たされた（自己愛，自我理想等）等々がある。これらは，態度（反応数，反応時間，発言，萎縮し

た感じ，得意げな感じ，耽溺した感じなど，混乱・動揺等)，領域(同じ領域で繰り返しチャレンジする等)，内容(自己毀損的表象，自己愛的表象等)に反映される。

　c．特徴的な記号の組み合わせや態度

　記号の組み合わせや態度に特徴的な現象が観察される場合もある。記号に現れる特徴は，ある種の記号が無いことと過剰にあることなどとパターン化である。記号の組み合わせはほどほどに多様であることが多くの働きかけに対応できる健全さの指標になる。態度に現れる特徴は，適応的な退行がどの程度できるか(たとえば，検査を楽しんでいるか，内面の動きを反映できているか，表面的な対処かなど)，内界への観察力，自己洞察力(つまり，心理療法への適応と関係する)がどの程度あるか，などである。

　たとえば，カードⅡのような目立つ色彩を持つカードで，決定因にCがなく，内容にも攻撃性などは反映されず，赤部も回避され，態度にも動揺が見られないといった場合，まったく刺激を意識化できないこと(抑圧，否認)を示唆する。その他種々の記号(その意味は第3章を参照)の出現の有無や組合せ，反応に伴う態度の組合せに，個人的な特徴を読み取りながら反応継起を追う。

④　カード全体を通しての理解

　継起分析では，「木を見て森を見ず」になったり「群盲象をなでる」になったりするという罠に陥りやすい。プロトコルを読むといろいろな特徴に気づくし，力動的な意味を思いつくと分かった気持ちにもなる。一方，分からなさに耐えることは難しいので，いろいろな特徴を無理に統合したり，一つの特徴に固執して全体を解釈しようとすることもある。それを避けるには，平等に注意を払いつつ，そこに見られるいろいろな特徴を把握し，特徴的な現象を引き起こす心的力動を解釈し，その人固有の防衛と適応のパターンの理解につなげていくことが必要である。

　特に，カードの第一反応が重要である。さまざまな特徴，力動的意味や特徴的な現象を把握した上で，もう一度，初心に返り，最初の反応語を読むことが大事である。第一反応にはさまざまな特徴が現れ，それらは被検者のカード体験を反映する。そこで，得られた特徴を手がかりにカードの何をどう体験したかを明確化して，それが諸特徴にいかに反映しているかを読み取り解釈仮説を立てる。ただし，ここで得られた解釈は一つの仮説に過ぎないので，それは念頭に置いて次のカードを読み進め，異なる特徴には新たな解釈仮説を想定し，カードを行きつ戻りつしながらそれら諸仮説の統合を目指す。

読み終わったら，各カードで見出された力動的仮説，対処の仕方の共通点・相違点を，現実検討，欲動・情緒，表象，防衛という観点から総合していく。すると，被検者の対処行動に働く固有の力動が浮き彫りになる。統合された力動的仮説は，既述のように力動的パーソナリティとしてその人らしさが分かるような形で表現する（後述する事例を参照されたい）。しかし，固有の力動，力動的パーソナリティとは，それ自体複雑なものである。たとえばあるカードでは神経症的な防衛機制と理解されるのに，他のカードではそれでは理解できない，あるいは病態水準をどう見るか判断に悩むというように，統合に苦労する場合も多い。しかしそのように混ざり合っているのがその人のパーソナリティの特徴なのであって，どちらかが間違っているわけではない。場の状況によって，より適切な対処ができたり，ひどく混乱して不適応行動が生じたりする人もある。そこでどのカードでより重い病理の特徴が出たのか，どのカードで立ち直ったのかを見直し，カード刺激の特徴を社会的場面の特徴になぞらえて，被検者の行動の変動がどのような外的刺激によって生じるかについて推測することになる。そのように推測して理解しようとしてもどうしても理解できない現象があった場合には，その矛盾や理解困難さをありのままに依頼者に伝えることが，却って役に立つものである。

　事例：対人緊張，視線恐怖を主訴とする男性（馬場 1983: p.135-158）　カードⅠ，Ⅳでは濃淡刺激に自己陶酔的になるが，形態知覚はほぼ妥当である（ヒステリー性格の否認，美化とも思える）。カードⅣでは空白領域へ抜け出して態勢を立て直せる（隔離防衛の再現）。一方，カードⅡ，Ⅲでは赤部を排除した単純な形態把握だけで情緒は否認され，カードⅡでは一時的に「W−の顔反応」という逸脱した知覚が生じる。また，カードⅧではパステルカラーに刺激され原始的理想化の対象（all good object）を見て形態への関心は放棄し，カードⅨでは「パリの美しい風景」（極度に美しいもの）と「そこへ墨か絵の具をぶつけた」（直接的な攻撃・破壊）という破壊的な結合反応になる。ところが，カードⅩでは，無理な統合をせずに各部分を別個に見て形態水準もよく運動や色彩も取り入れ，空想を楽しむなど，強迫的防衛が柔軟に用いられる。

　これらの力動的諸仮説を無理なく統合すると，弱い情緒刺激（濃淡刺激）には自己陶酔的，耽美的と情緒過多になりながらも現実検討の努力が維持されるのに，強い情緒刺激（赤黒カード）では防衛が硬くなり情緒が排されるといった両面があること，対象関係の分裂（カードⅧ）や心的過程の分裂と対象関係の分裂（カードⅡ）という低次の防衛が生じることが指摘でき，対象関係の分

裂がそれほど進行せず両価性に近い状態にあると理解される。本例の病態水準は境界性パーソナリティ構造の higher と middle level の間くらいであろうが、それは神経症的防衛機制を使えるからで、両価性を体験できる面があるということである。境界性パーソナリティ構造を基盤とするが神経症的水準まで発達した面をも持っているとも、前者から後者への移行過程にあるとも言える。

このように、刺激の種類、性格防衛など主な防衛機制の成功・不全、原始的防衛機制の有無、対象関係、現実検討・自我境界のあり方などにより、一人ひとり、その力動的過程は異なる。そもそも主な防衛機制が特定できない事例もある。ロールシャッハ反応には、臨床像（症状や不適応状態）に対応する部分、健康な部分、現実の人間関係ではない検査状況ゆえに表現された潜在的部分が併存して示されるので、それらの関係を読み解くことが必要となる。関係を読み解き、統合するための指針が以下のように3つある。

　a．パーソナリティ構造の水準（病態水準）の観点から、不適応や症状形成に働く防衛・適応のパターンを理解する視点

　Kernberg, O. (1967) はパーソナリティ構造を3段階（水準）に分け、それぞれの段階に共通する、特有の病理があり、それは特有の自我状態を背景にしているとした。その論に従うと、一つは神経症的パーソナリティ構造の場合に見られる防衛の硬直化ないし不全であり、もう一つは境界性パーソナリティ構造に見られる原始的防衛であり、3つ目は精神病的パーソナリティ構造に見られる防衛の破綻である。防衛が硬直化して不適応を起こしている場合を除き、テストへの反応で最も形態水準が低下したカード（群）（反応失敗・反応拒否のカード（群）も含む）と形態水準の良いカード（群）を取り上げ、低下したカード（群）を軸にしてそこに至るまでの力動的過程を捉え直すことが有益である。

　なぜなら、神経症的防衛の不全、原始的防衛機制、精神病的防衛の破綻のいずれにも形態水準の低下が観察されるからである。なお、それらを見極める際、カード変化に沿った心的力動の継起を解釈者が追体験できるかに着目する。追体験ができないほどの思考障害であれば重度の障害を示唆する。それほどでなければ、なぜそこで思考障害が出たかの意味を考える。いずれにしてもその観点から反応全体を精査する必要がある。

　ちなみに、ここで言う形態水準の低下は不良水準、許容水準だけでなく、non F も対象とする。non F は F がないこと（つまり、C, m, c, など）で、歪んだ認知により形態水準が低下するのとは異なり、形態を捉えられなかった意味を考える必要がある。

b．カードの流れに沿った反応過程全体を検討する視点

a．や記号のパターン化と重複するが，反応語の継起のパターンに注目して力動をまとめる。ここでは，いくつかのパターンを例示する。

b-1．ほぼすべてのカードで同じパターンを示す人がいる。

たとえば，一貫した被害的態度，W，F，Aのパターンの繰り返し（抑圧タイプの硬直した防衛），一貫したD，d，dd反応の頻出（硬直した強迫防衛，形態水準が全般に低ければ知的障害），結合型の分裂現象が見られる場合，などである。結合型では，認知そのものはブロットとよく一致しているのに，その認知につける解釈が被害的，攻撃的に色づけされ，ブロットの客観的特性から外れ，欲動的な一次過程思考が優勢になるパターン（内的対象関係の分裂）が繰り返される。なお，ここで述べた結合型や，b-2-2．で述べる併存型については，本書の第7章ならびに事例編を参照いただきたい。さらに深く勉強したい読者は馬場（1983）の『境界例』を参照されたい。

b-2．パターンが途中で変わる人があり，変わり方にいくつかのタイプがある。

b-2-1．時に，形態水準が徐々に低下し，徐々に回復するパターンが，カード内に，あるいは，カードを越えて出現する場合（健常および神経症者の反応過程）である。

防衛が弱まり，不安や欲動が強くなり，両者の間で葛藤が生じ，再び元の防衛に戻る，または，葛藤状態のままで終わる，あるいは二次的な防衛によってある程度の修復をはかる，などの動きが示される。

b-2-2．併存型の分裂現象が見られる場合である。

二次過程思考と一次過程思考とが交代し，両者が葛藤なく併存する。多くの反応語は平凡で常識的な内容で現実検討も妥当で，個人的な情感や連想などをほとんど伴わない。しかし，中に少数，反応過程で唐突にブロット全体を"顔"と見る極端に形態水準の不良な反応（W−の顔反応）が生じる。あるいは，形態が曖昧な全体反応（認知の退行），奇妙な結合反応（分裂に伴う統合不全）が生じる。ところが，カードが変わると，再び良質の公共反応に戻る（二次過程と一次過程の自我の分裂）。これについては第7章で詳述する。

b-2-3．前半と後半でパターンが変わるような場合である。

たとえば，多彩色カード（カードⅧからⅩ）での，形態水準の低い反応語の頻出や突然の誇大的な反応である。これらは，カードをまたいで生じた対象関係の分裂（たとえば，カードⅦまでは理想化された反応語であったのが，多彩

色カードに変わった途端に脱価値化された反応語になる）が想定される。

c．攻撃性，依存欲求，性的欲求，被害感，不安感等の情緒が誘発されるカードでの対処を比較し，被検者の心的構造を明らかにする視点

たとえば，どのような欲動や情緒が意識化されているか，欲動の表出を巡る葛藤があるか，それに伴う罪悪感（超自我処罰），見捨てられ不安等は体験されているか，攻撃性に比べて性的欲求は未発達なままであるか，エディパルな部分とプレエディパルな部分が混在しているかなどを調べる。

ただし，その意味が十分に分からない反応についてはそこで無理に解釈しないで要点や現象を把握しておき，全体を見た後で振り返る姿勢が重要である。見直す際，分からないこと，分かったことを組み直して，収まりのよい理解を求める。

以上の手続きによって，現実検討，欲動・情緒，表象形成，防衛，症状形成，病態水準，パーソナリティ傾向などについて仮説が成り立つ。なお，量的分析で示唆された問題点は継起分析の途中でも随時検討されるが，得られた仮説と照合して矛盾がないように相補的に統合する。最終的に，他の心理検査の結果も踏まえて，病態水準を推定し，最も本人に即した問題解決法を検討する。

2．事例による継起分析の実際

以下，上述した反応語と継起の検討の実際を，第4章で量的分析を提示した馬場の事例（1995: p.40-55：20歳男性，未婚，大学生，対人緊張）を用いて示し，特に，馬場（1995）の解説を踏まえ，馬場の思考を辿れるように説明する。

継起分析は，解釈者の退行と進展の揺れを通して行われるので，読み方を機械的に提示することは難しい。そのため，どのような解説も解釈過程そのものではなく再構成されたものとなる。したがって，本書の理解を深めるために，本事例のプロトコルを記録用紙に転記しスコアリングし，Scoring Table 等の作成も各自で行い，検査を追体験しておくことを推奨する。機械的に当てはめて解釈する材料を得るための how to 式の読み方に陥らないことが大切である。

1）反応語と継起の検討

第4章に示された量的分析の結果を念頭に置いて，継起を検討する。

① **量的分析**

第4章 p.114以降参照。

② **反応語と継起分析**

カードⅠ

Ⅰ	1	7″ ∧ 17″	これ,向きは？（どこから でもどうぞ）(17″)狼の, 顔ですね。〈カードを見 るのをやめている〉(42″) (他にはどうですか)	（Q）ここが耳で, どっちか〈S〉が目 で,ここが鼻です ね。(狼らしさ)形と 色。(色)黒っぽい。	W,S　FC'±　Ad
	2	50″ ∧	昆虫,蛾みたい。〈ずっと 見ている〉(1′25″)あと はないです。〈と,見てい る〉	（Q）この部分が触 角で,あとは翼。(蛾 らしさ)やっぱり黒 いから。	W　FC'±　A　P
		2′15″	他にはないです。		

　PP段階は,すぐに向きを尋ね,①「狼の顔」の後,しばらく見るのをやめ(25″),②「蛾」の後もずっと見続けた(1′25″)。Inq段階を見ると,①「動物の顔」はよく見られる反応で形態水準もよく,黒さも自覚している。②は公共反応で,ともに形態水準はよく安定的な対処である点が特徴であろう。ただし,PP段階での態度に特徴があり,戸惑い,慎重さ,警戒感などであろう。何を体験したのか推測すると,①は顔反応で連想内容が「狼」なので,攻撃性が誘発され,対人緊張,不快感が生じたのであろう。②でも「やっぱり黒い」と不快感,不安感がある。さらに,本カードはMost Disliked Cardで,「狼の怖さ」に言及しており,恐怖感を体験したことが分かる。初めての場面（インクのシミとの出会い）での緊張感,恐怖感と考えられる。本カードのSを「目」と見ることは珍しくないが,（Most Disliked Cardを尋ねるのはInq段階終了後なので）検査終了時まで残る「怖さ」への言及,10枚のカードで唯一のSであることから,猜疑心を伴う恐怖感を体験したのであろう。それほど恐怖感が強いのに,2反応ともにC'を自覚しつつ客観的に対応し,Inq段階での説明態度にも躊躇はない。①で上下のSの「目」の決め難さ,言い間違え（「翼」）があるが,少々動揺した結果であろう。

　最初の場面での恐怖感は本例の主訴である対人緊張と通じる。しかし,「狼の怖さは最初に見た印象から来ているのだ」,「黒い」（C'）と刺激を意識化できる力（自己洞察力）があり,態度も揺るがず,冷静な対処力を維持している。

本例にFMがなく活力に欠け消極的な点は，刺激されたくない，葛藤に巻き込まれたくないという逃げ腰の態度に通じるのかもしれない。「狼」，「耳」「触角」など鋭角的な部分の指摘，「目」や黒さから，攻撃対恐怖の葛藤が潜在するとも考えられる。

カードⅡ

Ⅱ 1	18″ ∧	熊	（Q）何となくなんですけど，黒い色がここから分かれて，横から見た感じで，ここに頭があるって感じなんだけど，これが手，前肢，これ後肢で，これがしっぽ。赤いのが血だと思ったんです。（血らしさ）赤い色と，あと熊に思えたんで獲物をとった時に出た血だと思ったんです。	dr F∓ CF A Bl
2	58″ ∧	あとは小人。	（人）だいたい同じだけど，これが体で，この赤い部分が帽子のよう。（小人）手足も短いし，赤い帽子が何となくそれらしいから。（手足）これが手で……足にこれ。（片方だけ）はい。〈一人だけ〉	D_1+D_3 FC± (H) Cg (P)
	1′15″	それだけです。		

　カードⅠと打って変わり，戸惑いも見せず2つの反応語を出した。冷静で抑制的な態度である。しかし，Inq段階を見ると，①「熊」は，D_3（赤）の下部を頭部とした（隔離不全）ためdrとなり，形態水準が低下し，公共反応（D_1）を作り損なった。ただし，②はよく見られる反応語「小人」となり，形態水準は回復した。カードⅡはカラーショックが生じやすいとされる。本例ではPP段階は冷静な態度であったが，Inq段階で①は現実検討がやや悪くなり，PP段階では言っていない「血」（D_2）も指摘して，説明も「何となく」と自信がないなど，情緒的に動揺し葛藤が生じたことが示唆される。赤部に戸惑いが生じたのであろう。
　内容（「熊」「血」「獲物をとった」）から，攻撃性が誘発されたと推測される。

すると，PP 段階の冷静さは攻撃性の打ち消しの結果とも考えられる。「熊」の説明も生き物というより，「黒い色がここから分かれ」「横から見た」と物体のような説明である（情緒の隔離）。一方，赤を「血」に見ており，情緒刺激は意識化もされている。攻撃性を意識化し，かつ，打ち消して，隔離で防衛しようとしたと考えられる。加えて，「獲物をとった時に出た」ので「獲物の血なのだ」というのは合理づけで，攻撃性を出した言い訳をする必要があったことになる。攻撃性とともに罪悪感も生じたと推測され，攻撃性を巡る葛藤がある。合理づけとは，欲求を充足した後にする自己弁護である。攻撃性を意識化しつつ，抑えようとしている。つまり，攻撃性を表出，表現する方向（内容，CF）と，攻撃性を回避，抑制する方向（PP 段階での抑制的態度，F，合理づけ）との葛藤が体験された。防衛（隔離，打ち消し）が奏功せず，多少の認知の歪み（dr，F∓）とやや無理な合理づけを生じたのであろう。

次の②（D_1+D_3）では，「赤い帽子」と形態優位で色彩も取り入れ，「それらしいから」と特徴も適切で，形態水準も回復した（FC'±）。非現実的人間にして距離を置き，否認・美化・縮小化（小さく可愛い表象），打ち消し（無害な表象）で対処した。

つまり，①の攻撃性を出すか出さないかという葛藤が，②では攻撃性を打ち消し，否認，美化で防衛した結果，攻撃性に脅かされなくなった（葛藤が整理された）ため，より安定した反応となった。攻撃性については，葛藤を起こしながらも意識化して対処することができると言える。

2反応とも領域は部分のみ（全体状況に関わらない），運動（M）を伴わない（感情移入しないことで内界を刺激しない）ところに，関わりの消極性，対象に近づかない態度が認められる。

カードⅠからⅡへの移行

5側面の推移の特徴を表5-2から読み取ることができる。このような整理は初心の内は顕著な特徴に気づくのに役立ち，慣れてくると見落とした現象の発見に役立つ。

表5-2に示すように，本例は，カードⅠとⅡともに，形態優位の反応だけで，反応内容もよく見られるもので，動物反応が多い。カードが変わっても，客観性はあるものの情緒性に乏しく，若干未熟なところがあるかもしれない。一方，領域は，カードⅠは全体反応，カードⅡは部分反応である。形態水準はカード

表5-2 カードⅠ，Ⅱの初発反応時間，反応語，位置，領域，決定因，形態水準，反応内容など

カード	番号	初発	反応語	位置	領域	決定因	形態水準	反応内容	その他
Ⅰ	①	17″	狼の顔	∧	W, S	FC′	±	Ad	PP(7″) 質問，MDC 怖さに言及
	②	50″	昆虫，蛾	∧	W	FC′	±	A, P	Inq 段階①，② 簡潔な回答
Ⅱ	③	18″	熊	∧	dr	F, CF	∓	A, Bl	PP 段階①，② 簡潔な回答，攻撃者への同一化，合理づけ
	④	58″	小人	∧	D(D_3+D_1)	FC	±	(H), Cg, (P)	Inq 段階① 不確実感

Ⅰでは良く，Ⅱでは一時的に低下する。この後，彩色カードで形態水準が下がる傾向が続くかを見ていく。

カードⅢ

Ⅲ	1	23″	∧	かまきり	（Q）ここが目で，ここが口で，で，これがかまの部分，手です。（どこが）こう。（特にかまきり）逆三角形の顔があって，そこから。この部分が手に見えたからと思うんです。	dr F± Ad
	2	1′09″	∧	あとは人が2人	（Q）これが頭で，これが手で，これが足，それがこちら側にもう1人。（どんな人）2人が話している感じがした。	D_2 M± H, P
		1′18″		それだけです。		

初発反応時間23″はカードⅡよりもかかり，色彩カードの中でも少し長い（R_1T(Av.C.C.) = 18.0″）。①「かまきり」はよく見られる反応語で，次は，かなり見た後（1′09″），②公共反応「人間」を見た。カードⅡ① Inq で示された若干の混乱を踏まえると，続く色彩刺激に慎重になったのであろうが，2つとも形

態水準はよく適応的な対処をした。しかも，②は運動反応を見て感情移入したことも，3枚目のカードになったので少し緊張が緩んだ感じがある。ただし，①はカード下部（dr）と領域使用が不自然で，また，公共反応が最も見えやすいカードで，公共反応が先に見えなかったのはやや不安定なプロセスと言える。

内容から，①は「かま」とか「逆三角形」と鋭角的な部分，「顔」を見たことから，攻撃性が少し誘発されたと推測される。①はWないしWで見られることが多いが，赤色（D_1）を無視してカード下部に限定し，②も赤色（D_3）を回避した。ともに色彩を回避することで意識化を避け，攻撃性を防衛したと言える。

赤部の回避，排除は，色彩が続いたので触れないように身構えたかもしれないし，領域を分割しやすいカードであるためとも考えられる。この回避が否認か隔離かの判断は難しい。否認は誰が見てもあるのに気づかないこと，隔離は情緒を切り離し観念だけが意識化されることである。①が公共反応に先立って出たこと，R_1T がやや長かったことは，赤部の防衛にエネルギーを取られた反映と考えられる。

本例で唯一の人間運動②が出て，内的活動が活性化したことを示唆する。防衛が成功して葛藤的でない状況では，観念活動や共感などができると言えよう。ただし，Mの出やすいカードであることを考慮すると，内面の観念活動や対人交流の連想はかなり抑制されている。運動の質は静的で友好的である。なぜなら攻撃性が防衛され，安定し安心できたからこその対人交流の連想と考えられるからである。

なお，「どんな人」という聞き方は望ましくないが，すでにMを想定してい

表5-3 カードⅡ，Ⅲの初発反応時間，反応語，位置，領域，決定因，形態水準，反応内容など

カード	番号	初発	反応語	位置	領域	決定因	形態水準	反応内容	その他
Ⅱ	①	18″	熊	∧	dr	F, CF	∓	A, Bl	PP段階①，②簡潔な回答
	②	58″	小人	∧	D(D_3+D_1)	FC	±	(H), Cg, (P)	
Ⅲ	①	23″	かまきり	∧	dr	F	±	Ad	PP, Inq段階ともに簡潔
	②	1′09″	人が二人	∧	D_2	M	±	H, P	

ながら口にするのを控えていた感がある。「どんな人」と直面化され，本例の慎重さを考えるとどう答えるか躊躇いが生じると予想されるところだが，即答したのは思いつきとしてすでに持っていたためと考えられる。しかし，これが本例の唯一のMであることを考えると，自発的に自分の内面について語るという発想は，きわめて乏しい人と言えよう。

カードⅡからカードⅢへの移行
　表5-3に見るように，Ⅱ，Ⅲでは，ともに正位置，反応数，部分反応，反応内容（動物→人間）が類似している。カードⅢでは，初発反応時間が若干長いものの，①から形態水準がよく，色彩反応がなく，色彩に慣れたせいか，慎重に対処していることが分かる。カードⅡ，Ⅲの第一反応がともにdrとなったのは色彩の影響と言えよう。

カードⅣ

Ⅳ 1	43″ ∧	大きな木	（Q）ここが幹の部分で，あとは枝と葉っぱ。（大きな）うーん，それは……幹のわりには，葉っぱの部分が多いという感じで。	W F± Pl
2	1′13″ ∧	巨人	（Q）この部分が足で，これが手で，ここ顔。（巨人）何か見上げた感じで。足に比べて頭が小さい。見上げた感じがそう見えた。	W FK± (H)
	1′23″	終わりです。		

　初発反応語「大きな木」は43″もかかり，全カード中最も遅く，次に②「巨人」が出た。ともによくある反応語で形態水準も良い。内容は大きなものを連想し，Inq段階で①「幹のわりには，葉っぱの部分が多い」とか，②で「見上げた感じ」と二度繰り返し，威圧感を刺激されている。反応の遅れも含め，大きさに圧倒されたのであろう。圧倒されつつ，時間をかけて適応的に対処した。ここにも本例の冷静さが認められる。ともに材質反応はなく，②は通景・立体反応となった。
　カードⅣの公共反応は「毛皮類」で，本例が「大きな木」「巨人」「見上げる」と見立てたところに，対象との関わり方が反映されている。カードⅣは，「大男」「大魔神」など，威圧感を誘発する対象に見立てられることは珍しくな

い。しかし，本例は特に威圧感を強調している。①濃淡部分の大きさの強調，②通景反応になったのも，威圧感を強く感じたゆえであろう。①は威圧感を隔離して「木」に物体化したが奏功せず，②で「巨人」にではなく「見上げる側」に同一化して，いかに威圧感が強いかを表現している。相対的に自分が小さいという感じが伝わってくる。

　同一化とは，対象の持っているもの（人物の特徴，スキル，行動規範，役割等）を取捨選択しながら取り入れることである。この反応語には威圧される側と威圧する側という関係が示され，威圧する側の行動規範を受け容れる態勢，超自我に服従するという関係性が「見上げる」位置に自分を置くことで反映されている。威圧感を処罰への恐れと考えると，「巨人」は超自我表象であろう。「巨人」が父親表象とするならば，男性関係では，威圧感を敏感に感じて慎重に関わるが，結局，弱い立場に自分を置き，相手をますます強く感じ，自己卑小感が生じるであろう。

　濃淡刺激を意識化しにくい点，FKと距離を取ってしまう点に，柔らかい情感に対する防衛が固く，他者に親しみを感じにくいことが反映している。PIから（H）へと対人的関心が表現されるが，非現実的人間反応を連想したことは現実的人間関係の持ちにくさを示唆している。

　　カードⅢからカードⅣへの移行
　表5-4に示すように，本例は，ともに正位置，PP段階の簡潔さ，反応数，形態水準±，②が人間反応であることが類似して，刺激が変わっても態度は型にはまっていて比較的変わらない。ただし，カードⅣでは初発反応時間が長く，領域がWとなった点が大きく異なる。

表5-4　カードⅢ，Ⅳの初発反応時間，反応語，位置，領域，決定因，形態水準，反応内容など

カード	番号	初発	反応語	位置	領域	決定因	形態水準	反応内容	その他
Ⅲ	①	23″	かまきり	∧	dr	F	±	Ad	PP, Inq段階ともに簡潔
	②	1′09″	人が二人	∧	D_2	M	±	H, P	
Ⅳ	①	43″	大きな木	∧	W	F	±	PI	PP段階①②ともに簡潔
	②	1′13″	巨人	∧	W	FK	±	(H)	

カードV

V 1	11″ ∧	〈カード回転〉コウモリ	(Q)ここが顔で,翼があって,足が。(特に蝙蝠)やっぱり黒い色と,あと何か小さい感じがした。	W　FC'±　A　P
	1′00″		あとはないです。	

　PP段階は,初めてカードを回転し,初発反応時間11″と早く（$R_1T(Av.)$＝19.5″),しかも公共反応一つで済ませた。さらに,しばらく見て,結局,反応語は出さなかった。パッと見て妥当な反応（W,FC'±,A）を簡潔に出して,最小限の関わりで撤収した感じである。

　刺激の弱いカードなので人によっては自由に反応できるが,本例は「羽」を「翼」とより大きく見立てていること,「やっぱり黒い」と不快感があるので,黒さに幾分影響されているのだろう。「小さい感じ」と言うところは,不快感を抱いた証左かもしれない。不快感が誘発されそれを意識化して,適応的に対処した上にすぐに終わらせた。それ以上刺激されたくないという消極的,回避的態度,あるいは,退行して楽しむとか,楽な状況で生産性を上げるやり方はしないという自我の硬さを示しているのであろう。「小さい」は,ブロットが小さいという知覚的印象の可能性もあるが,不快感の縮小化であろう。縮小化は,不快感の打ち消しの不全,ないし,脱価値化と考えられるが,ここでは,怖くないということを言いたいのであろう。

　カード回転や回答後に見続けたのは,関わるか関わらないかという躊躇いの表現かもしれない。

カードⅥ

| Ⅵ 1 | 12″ ∧ | ギター,弦楽器 | (Q)この部分が,何というかギターの棒の部分。その部分だけ見てそう思ったんですけど。(その部分)他のところは見ないで,その部分だけで(どういうところが)やっぱりこの部分だけで……この2本の棒で弦を止めてある。ここから上だけ見て。 | D_2　F∓　Obj |

2	1′00″ ∧	天狗	(Q)〈カードを↑の位置で見ている〉こんどは逆に見て，ここが鼻の部分で，横顔で，目で，口で，(↓ですね)はい。(天狗らしいところ)鼻の高さ。	D₃ F± (Hd)
	1′13″	それだけです。		

　PP 段階は，カードVに続き，12″ と初発が早い。よく見られる 2 つの反応語で簡潔に済ませたが，Inq 段階で①「ギター」は「その部分だけ見て」と説明もしどろもどろで，「棒の部分」（D₂）しか見ておらず，単純過ぎて形態水準が低下した。②「天狗」で回復したが，D で輪郭だけを見ているようである。①は「他のところは見ない」「ここから上だけ」（隔離）としきりに言って，楽器本体（中央）を見ないようにして，②も輪郭だけしか見ていないようで（隔離），「鼻の高さ」に注目して中央の陰影刺激を見ないようにしている。

　カードの中央部は女性器に見られやすく，性的欲求を刺激されたと推測される。内容も，phallic な男性的表象（「棒」「(天狗の) 鼻の高さ」），受容的な女性的表象（「弦楽器」）と，象徴化された性的な連想と推測できる。

　性的欲求を刺激され，「棒」に限局，物体化（隔離），「天狗」の輪郭だけの説明（隔離）から，前意識的に感じた性的刺激を切り離して防衛しようとした。②は非現実的な（Hd）にして距離も取り，現実検討は回復したが，逆位置を正位置のまま説明して余裕がない。いずれも D，F のパターンで，材質反応はない。

　本例は材質感すなわち柔らかい肌触り感覚や，親密感などの感覚（依存欲求も性的欲求も含む）に触れることを強く排除（抑圧と隔離）しており，愛着形成そのものに問題があることが示唆される。観念として女性的な表象は連想されても，情緒的に親密さを感じることはできず，「排除する」という自覚なしに濃淡刺激を無視している。

　青年期的欲動が活性化しているが，欲動を巡る葛藤は表現されず，それだけ抑圧，隔離が強いと言える。カードIVの威圧感の感じやすさ，つまり，競争心を煽られたことを考えると，威圧感を引きずったまま性的連想を刺激され，かなり動揺したのではないか。その動揺を見せずに強がった結果が「天狗」の連想につながったのかもしれない。つまり，phallic narcissistic になったのではないか。攻撃性には葛藤しながらも関われるが，親密さにまつわる感情や感覚

（性的，依存的欲求）については意識化することもできないほど遠ざけ，それだけこの面の情緒は未発達なのであろうと推測される。この点についてはカードⅦも参考になる。

カードⅦ

Ⅶ	1	22″ ∧	兎	（Q）これが耳で，ここが顔で，ここが目で鼻。ここが手で，ここが体。だいたいここら辺だけ見て，顔だけで。（兎らしいところ）耳の長さ。	D_2 F± A P
	2	1′25″ ∧	あとモアイ像。	（Q）逆に見て，ここが目で，ここが口で，ここがこう顔になっている。口を開いている状態。（特にモアイ）顔の形とこの目の，こうここら辺。	$D_{4,5}$ F∓ （Hd）
		1′40″	後は……。		

　初発反応時間は22″と平均的で①公共反応「兎」を見たが，②「モアイ像」は1分以上時間をかけ，逆位置の見方を正位置のままで見ている。①はカードⅤに続く公共反応であるが，②は領域がD_4+D_5で，目と口の位置関係が不自然で開けた口も大きすぎて形態水準が低下した。第二反応での低下は本カードが初めてである。「兎」から「モアイ像」へと柔らかさを打ち消し，硬いものにして，濃淡・陰影刺激（カード特性）の影響が推測されるが，①②ともに材質刺激は否認された。

　カード特性や内容（①「兎」②「口」「開いて」）から，多少は口唇期的な愛着的，依存的な欲求が誘発されたかもしれない。薄色の濃淡に前意識的に反応して依存的欲求が刺激され「兎」が連想されたのだろうが，すぐに打ち消しされ，意識から遠ざけられた。②は不自然な形態だが，Inq段階の説明の感じから本人に違和感はない。形態水準の低下，正位置のまま逆位置のものを見たこと，反応の遅れは，依存的欲求の防衛に心的エネルギーが取られ，現実検討が悪くなったことを反映するであろう。あるいは，d_1は女性器と見られることもあるので，D_2と$D_{4,5}$にしたのは，本当はそこを回避するためとも考えられる。

　カードⅥで親密さにまつわる感情や感覚については未発達であろうと推測されたように，親密性に違和感があり，カードⅦで依存性を刺激されると，「兎」

表5-5 図Ⅳ～Ⅶの初発反応時間，反応語，位置，領域，決定因，形態水準，反応内容など

カード	番号	初発	反応語	位置	領域	決定因	形態水準	反応内容	その他
Ⅳ	①	43″	大きな木	∧	W	F	±	Pl	PP段階①②ともに簡潔
	②	1′13″	巨人	∧	W	FK	±	(H)	
Ⅴ	①	11″	蝙蝠	∧	W	FC′	±	A, P	PP段階簡潔，カード回転
Ⅵ	①	12″	ギター，弦楽器	∧	D_2	F	∓	Obj	PP段階①簡潔
	②	1″	天狗	∧	D_3	F	±	(Hd)	PP段階，Inq段階ともに簡潔
Ⅶ	①	22″	兎	∧	D_2	F	±	A, P	PP段階，Inq段階①②ともに簡潔
	②	1′25″	モアイ像	∧	$D_{4,5}$	F	∓	(Hd)	

から非現実的人間部分反応に変わってしまった。柔らかいものと見るより，堅い大きな像と見る方が親和性があるらしい。

カードⅣからカードⅦへの移行

表5-5に見るように，本例は，カードⅣからⅦはすべて正位置，PP段階の応答は簡潔で，基本的にFで運動がない。対人的関心があるのに(H)のみ，形態認知のみで，対人的関心や感情移入などが抑制されている。また，濃淡・陰影刺激により生じる材質感の意識化が非常に難しい。内容は，物体（大きな木，ギター，モアイ像）と人間・動物反応を揺れ動いている。

相違点は，カードⅣ，ⅤはW，F，カードⅥ，ⅦはD，Fのパターン，後者では全体に関われず，形態水準も∓が含まれた。無彩色なら形態水準が良いということではない。カードⅠに続き，Ⅴの無彩色刺激にはC′が示された。

カードⅧ

Ⅷ	1	24″	∧	人の体の中のいろいろな臓器	(Q) パッと見て，大体ここがこう左右対称に肺があって，あとはよくわからないけど，いろいろな臓器。（臓器らしい）やっぱり赤みがかかっていて，ここだけ違うから，肺という気がした。青い所が。	W　CF∓　At

2	58″ ∧	イグアナ。(1′14″) あとは，いいです。質問なんですが，全体を見てイメージするものか，部分的に見てでも思いついたものでいいんですか。(どうぞ)	(Q) この部分で，これが前肢で，これが尻尾。これが後肢。(イグアナらしさ) 形と，形……色はそうでもないけど，形だけかな……。〈PPでの質問について〉(このカードより前は) それでは……気がつかなかったけど……このイグアナが小さすぎたんで，で，不安になったので。(全体を見ないといけないと思って？) はい。	D_1 F± A
	1′50″			

　これまで基本的に形態優位の反応だったのが，いきなり CF の①「臓器」を出した。しかし，第二反応は公共反応に近い②「イグアナ」となり，すぐに立ち直りを見せた。①の初発反応時間24″は少し長め（R_1T(Av.C.C.) = 18.0″）で，Inq 段階は，大雑把な印象だけで形態は「左右対称」しか言わないため CF となった。一応形態は見ているが，大まかな色分けだけで「肺」と言う。時間をかけた割に，内臓反応をためらいもなく平然と出した感がある。これまでの慎重さと全く異なり，刺激にそのまま感覚的に反応している。

　内容から，無防備な状態での傷つき，不安感，不快感を誘発されたと考えられる。カード特性の多彩色，パステルカラーの影響で，強い色彩に刺激され，多様な情緒を受け身的に体験し無力感が強まったのであろう。②が P に近い反応となったのは，全体から刺激を避けて D_1 に隔離し，色彩を否認し（D，F という具体的，客観的認知のパターン），回復したと言える。情緒体験をすぐに否認，隔離できるのは本例の自我の強さと言えるかもしれない。

　ただ，②では色を入れるか迷っている。少し冷静になって，誘発された情緒の始末に困った感じである。Inq 段階での「部分的に見てでも，思いつきでよいか」という質問，「イグアナが小さすぎて不安になった」という感想も，突然現れた多彩な刺激につられて，思わず率直に感覚的反応を返したが，その後，冷静さを取り戻すと，自分の反応の仕方について不安になったということであろう。

　欲動・情緒を抑制して冷静な態度を保とうとしている人が，情緒に流されて防衛機能が働かなかった自分への不安や，感情を解放したことに対する罪悪感が生じたと考えられる。逆に，欲動・情緒を抑制しないで，パッと緩めて出す，あるいは出してしまう側面もあると言える。客観性など考慮しない，情動発散

的な一面もあることが意外である。カードⅡで見られた赤色刺激を巡る葛藤，攻撃性を出すか出さないかという葛藤はなく，葛藤もないまま欲動・情緒に流された不安だけがある。統制しようとしてできなくなった感じではない。なお，PP段階の態度は，不安や動揺を示していない。表面的な冷静さを保っている。

カードⅨ

Ⅸ	1	15″	∧	炎〈カード回転〉	(Q)ここの赤い辺りが，メラメラと燃えるような。(炎らしさ)ここら辺の形というか，形じゃないんだろうけど，やっぱりオレンジ色と。	D_3	mF∓	CF	Fire
	2	40″	∨	逆から見ると噴水。(1′53″)他はない。	(Q)ここから吹上げて，で，広がって，こう落ちていく感じ。	W	mF∓		Na
		2′05″		〈カードを置く〉					

初発反応時間15″と早く(R_1T(Av.C.C.)＝18.0″)，①「炎」と強い衝動性を伴う反応語を出した。続いて，カードを回転させ，25″も見て，逆位置に見方を変えて②「噴水」と，やはり衝動発散的な見方を示した。ともに形態要素が弱く，現実検討力は回復しない。①はInq段階も，「メラメラと燃える」「形じゃない……やっぱりオレンジ色」と説明する本人の口調には心地よさが感じられる。オレンジ色の炎がメラメラと燃える，とリアルに肯定的に見ている感じが伝わる。普通，社会的場面では欲動充足に何らかためらいや禁止が働くが，本例はこの検査状況で，欲動がまさに動いている感じで，衝動発散を楽しむかのようである。形態への自覚は若干あるが，形（客観性）がないことには関心がない。それだけ退行している。カード特性の影響であろうが，カードⅢのように刺激に慣れて慎重になるのではなく，カードⅧよりさらに衝動統制力の乏しい反応を表出した。

反応内容と表現する態度から，男性的攻撃性（phallic aggression）とともに激しい発散を心地よく感じるという男性的自己愛（phallic narcissism）の充足欲求が誘発されたと考えられる。カードⅧでは自己毀損的になったが，ここでは衝動性の肯定が強まっている。②の内容（噴水）は炎の打ち消しとも考えられるが，「吹き上げ，広がり，落ちる」と動きが中心で，形態は漠然として

おり，発散に伴う漠然とした不安感，緊張感（m）も伴っている。本カードは，Most Liked Card であり，「色も形もきれい」と感じられている。

本カードでも，PP 段階の態度は簡潔でも，内実は感情に流されたままである。これまでのような冷静で客観的な態度によって，感情的になることを堅く防衛している反面，一方で非常に感情的，発散的になる一面がある人なのかもしれない。

カードⅩ

X 1	10″ ∧	王様	（Q）ここが冠で，赤い服を着てて，いろいろ身にまとって，宝石身につけている，というか。（宝石）他に散らばっている全部。（王様はどこ）こら辺。（王様らしさ）いろんな派手な宝石とか身にまとって，で，大部分を占めている大きさ，というか……（宝石らしさ）いろいろな色で，まず王様と最初に思ったから，そこから派生的に出てきたのだと思います。	W　FC±CF　H Cg
	40″	それだけです。		

初発反応時間10″で素早く「王様」を出した。よく見られる反応語で，「冠」「服」「身」だけだが形態水準はよく，カードⅧの内臓反応，Ⅸの火反応からⅩで客観性を取り戻した。R_1T は一番早く，W 把握を考えると，迅速な全体状況の客観的認知，対処力の回復は驚きである。

ただし，連想内容は「派手な宝石……大部分」に向いている。宝石の形態などはどうでもよく，たくさんの宝石の華美さに心惹かれ，魅惑された感じである。はじめは「赤い服」と FC で客観的に抑えようとしたのであろうが，「（宝石）いろいろな色」（CF）と華美さに浸っている。ⅧからⅩへと次第に解放された気分の中で，Ⅸでは退行していた自我機能もⅩでは活性化してきた。これ一つを見たことで満足したのであろう。

内容から，「王様」自体が自己愛的な表象の上に，さらに「宝石で着飾った」非常に派手な人物を見ており，カード特性（多彩色）により自己愛的，自己顕示的な欲求が引き出されたと考えられる。「宝石」らしさの説明も，「王様と思

ったから」と自己中心的である。自己像と見ると，カードIXの衝動発散に続く，自己開放的，誇大的な反応である。本例が本来持っている，かなり誇大的，自己顕示的な願望空想が出てきたと思われる。

カードVIIIからカードXの移行
表5-6に示すように，本例では，多彩色カードになって，これまでの基本的に形態優位なパターンから色彩優位に大きく変わった。ただし，カードXではFCと形態優位に戻した。

一覧表にすると，多彩色カードに変わってから初発反応時間が次第に短くなっていることが分かる。内容的にも「臓器，炎，噴水」対「イグアナ，王様」，領域もW対D，形態水準も±vs.∓と対称的である。課題対処は安定しておらず，現実検討の良し悪しが混在している。

反応語過程全体を通して顕著な特徴を検討する。全体を通して見ると，カードIからVIIまでと，カードVIII，IXでパターンが大きく異なり，後者がテストへの反応で最も退行したカード群（カード）となっている。カードVIIまでは基本的に形態優位で形態水準も保たれているのに対して，後者では形態水準が低下し，反応内容も変わり，第二反応の反応時間も短くなっている。ただ，カードXで形態優位を取り戻すが，適応的とは言えない。つまり，カードIからVIIに見られる形態優位で欲動，情緒表出に抑制的な側面と，カードVIII以降，欲動，情緒刺激に反応して退行し，しかも退行を抑制する自覚が見られない側面の両方がある。

表5-6 図VIII〜Xの初発反応時間，反応語，位置，領域，決定因，形態水準，反応内容など

カード	番号	初発	反応語	位置	領域	決定因	形態水準	反応内容	その他
VIII	①	0'24"	臓器	∧	W	CF	∓	At	PP段階①②は簡潔，②では唐突に質問
	②	0'58"	イグアナ	∧	D_1	F	±	A, P	
IX	①	0'15"	炎	∧	D_3	mF, CF	∓	Fire	PP段階①②ともに簡潔
	②	0'40"	噴水	∨	W	mF	∓	Na	
X	①	0'10"	王様	∧	W	FC, CF	±	H,Cg	PP段階は一つで簡潔

③ まとめ

カードⅠからⅩまでの理解を，現実検討，欲動・情緒，表象，防衛，病態水準とパーソナリティ傾向に分けて整理する。

現実検討 カードⅦからⅨで形態水準が低下したまま終わる以外は，一時的に形態水準が低下することはあるがほぼ一貫して良い。

欲動・情緒 恐怖像（カードⅠ），攻撃性（カードⅡ），威圧感（カードⅣ），傷つき，不安感，不快感（カードⅧ），開放・発散の心地よさと緊張感（カードⅨ），誇大感（カードⅩ）が体験されている。

攻撃性についてはカードⅡのように表出か抑制かの葛藤を起こしながらも意識化して対処することができるが，依存性や性的欲動については回避的である。肌触り感覚や親密感はカードⅥ，Ⅶのように触れることに葛藤があり，意識化しないように遠ざけている。一方で青年期的欲動が活性化し，カードⅨでは開放，発散の快感も感じられるが，性的，依存的ともに対人（対異性）関係の未熟さから，相互交流の中で表現することはできず，一人で楽しむといった自己愛的な開放，発散になっていると推測される。

情緒について，恐怖感は意識化でき冷静に対処できる。威圧感を強く感じ（Ⅳ），超自我対象に服従する傾向が見られる。特に，対父親，男性関係では自己卑小感が生じるであろう。

表象 愛情対象には違和感があり，肌触り感覚，親密感を持ちにくく，内面の観念活動や対人交流の連想もかなり抑制されている。母子関係での傷つきや愛着形成そのものに問題があることが示唆される。また，超自我対象，特に対父親表象は非常に威圧的で，支配-被支配の関係にある。

防衛 回避，打ち消し（カードⅠ），合理づけ，否認・美化，打ち消し（カードⅡ），回避（カードⅢ），隔離（カードⅣ），隔離（カードⅥ），打ち消し（カードⅦ），隔離，否認（カードⅧ），打ち消し（カードⅨ），隔離，冷静，簡潔な態度（全カードPP段階）。

つまり，防衛は隔離，回避が多用され，基本は強迫性格であり，簡潔，抑制的，事務的で，関わらなくて済むなら関わらないという消極的，回避的態度である。しかし情動が強く揺り動かされると否認，美化が活性化し，自己愛的になるという一貫性のなさが問題で，このために本人は対人接触を避けて閉じこもっており，ゆえにますます対人関係機能を成長させることができないのであろうと推測される。これが対人関係を怖れ，人中に出て行けないという本例の

主訴を生み出している要因であろう。

病態水準とパーソナリティ傾向　量的分析，継起分析から現実検討がほぼ保たれ，神経症的防衛機制が多用されるところから神経症水準と考えられる。パーソナリティは回避的，自己愛的傾向を持つと考えられる。

2）総合的解釈

継起分析では，上記の精神分析的観点からの整理を通して，内面で起こっているさまざまな動きを相互に結びつけて理解する。力動的なパーソナリティの理解は，臨床事例の力動的公式化，フォーミュレーションと同義である。欲動，情緒，自我，超自我の相互関係を見る際，たとえば最も適応的なところとそうでないところに着目したり，欲動に対する超自我の反応，自我の反応に焦点を当てる。

本例は，カード全体を通して神経症的防衛が使われているが，抑制的な面と，非常に欲動，情緒表出の強い面を持つ人である。換言すれば，適応的なところは非常に慎重に客観的に現実対処するところ（カードⅠからⅦ）であり，最も不適応的な反応は自己の統制，抑制のないところで誇大性，支配性を発散する傾向（カードⅧ以降）である。これら2つの側面がどのように力動的に関係しているか，継起分析からは次の推測が成り立つ。本例は攻撃性に表出と抑制の葛藤があり，巨大な対象（おそらく対男性）に威圧感を感じたりするので，攻撃性を表出した場合に葛藤や自己卑小感が強まるであろう。つまり，注意していないと，攻撃性や誇大感が出てしまい，怒られたり嫌われたりする恐れを常に持っているのではないかと思われる。それが欲動・情緒を抑制して冷静な態度を保とうとする態度につながっていると考えられる。さらに依存的欲求，性的欲動も未発達，未分化なので，愛情的な関係は回避するしかなく，その点でも対人関係には臆病になり萎縮していると考えられる。

量的分析と照合すると，外拡型（$M：\Sigma C = 1：3.5$，$FM+m：Fc+c+C' = 2：3$）で情緒不安定なところ（$CF+C=2.5$，$m=2$）は主にカードⅧからⅩで退行し欲動発散的になるところに対応し，対人交流，共感性の乏しさ（$M=1$，$FM=0$）は依存性，性的欲動の未発達さ，愛情的な関係の回避を反映している。後者は「材質感に触れられない（カードⅦ）」とともに「観念活動まで心的エネルギーが備給されない（カードⅡ），観念活動は相当に抑制されている（カードⅢ）」のように感情移入しないことで内界を刺激しないように防衛しているとも考えられる。また，形態水準の落差（$\Sigma F+\% = 80.0$，$R+$

％＝66.7）は，抑制的で現実対処をする面と統制を失い情動に流される面に対応している。

　臨床症状は対人緊張，被害感などで，内向的な性格のように見える。臨床症状とロールシャッハ反応とを照合すると，この人が閉じこもっているのは，抑制的な側面が表に出ていることになる。ロールシャッハ反応では抑制して事務的，簡潔に対処してきたのが，全面的な色彩刺激にさらされて欲動，情緒統制が一気に緩んでしまったということになる。そこで，症状形成過程について以下のように理解できるであろう。

　本来は外向的，自己愛的な性格で，人に関わりたいとか表出したい欲求を持っているのに，依存性，性的欲動は未発達で人には関われないし，情緒に巻き込まれると誇大的，攻撃的になりがちで，それゆえ内心は怒られたり嫌われたりすることを恐れている。自己愛の傷つきに敏感で，超自我対象には威圧感を感じても意識化できないので，ただ萎縮するだけになっている。

　そのため，刺激にはできるだけ関わらないで慎重に冷静に対処しようと努めることになる。逆に言えば，冷静な対処と見えるのは，表出欲求の強い人，対人場面で刺激を受けて統制できずに表出してしまう人が，表出を恐れて無理に欲求を抑えている，引きこもって表出しない結果と考えられる。なお，主訴は，人に関われない自分，青年期的欲動に対処できない劣等感などにも関連すると考えられる。

　以下に馬場（1995）のまとめを呈示する。

　本人の基本的，理念的なあり方としては，常に冷静で感情表現を抑制し，落ち着いた態度であろうとしている。また，対人態度としては謙虚で控えめであろうとしている。

　しかし彼は基本的に外向的性格で，状況に影響されやすく，外からの働きかけに対して，思わず感情を動かされるところがある。それが快適な感情である場合，実は本人にとっても心地よい解放の体験なのだが，開放することへのためらいや恐れもあるらしい。そうなるのは，自覚的な統制力がやや弱く，抑えがきかなくなること，気分が高揚すると自己顕示欲も高まってくること，そうなると人から嫌われたり叱られたりするだろうと恐れていること，などのせいであろう。このように理念的に期待する自分と実際に動く自分とのギャップが大きいこと，つまり冷静でありたいと強く願っているわりには自己統制力に柔軟性が乏しく，硬くて脆い統制であることが，人中での自分の行動に自信が持

てない第一の理由であろう。

　また，相手からの敵意や威圧感なども敏感に感じ取るが，この場合には用心深く関わり，種々の防衛を用いて冷静に対処しようとする。それに伴って自分が萎縮し，小さくなっている感覚が生じるので，ますます相手を強力なものに感じてしまう。おそらく対男性関係ではこのような自己卑小感が生じるのであろう。「人に馬鹿にされる，負けてしまう」という恐れはここから来るのであろう。

　HやAが多いのにMやFMがないこと，H＜(H)であることについては次のように考えられる。人に対する関心は強いが，警戒心や恐怖心から現実的に人に近づくことができず，遠くから傍観する態度になっている。この関わり方が内面にも及んでいる，つまり対人関係や人の気持ちについて想像世界で近づいたり共感したりすることをさえも避けている。このような自己限定から，内的な活気が乏しく，内的情緒生活が未発達のままになっている。こまやかな感受性や親密性に欠け（cがなく），これらの感情を誘発する刺激を避けるのも，この同じ理由によるであろう。そしてこのような人への警戒的な態度は，本人もいうように，両親，特に母親との関係に基づいているのであろう。

　自我の諸機能は基本的には発達しているが，主防衛といえる一貫した機制が見られず，それゆえに動揺を生じやすい。ただし，動揺からの立ち直り方は確実であり，また自分の内面の動きを自覚する自己洞察力も備えている。使われている機制，置き換え，合理づけ，否認，回避などはハイレベルの（神経症的）機制であって，パーソナリティ障害の水準は神経症水準と言える。問題の中心は，対人的警戒心が強すぎ，威嚇的な他者像を持っているために，内面の情緒発達が阻害されていること，したがって，感情を表現すると，自己中心的で統制の悪い，未熟な表現になってしまうので，それを恐れて，ますます自分を硬く押さえ，活気を失ってしまうことにある。

第6章　テストバッテリーと退行現象

1. テストバッテリーについて　　　　　　　　　　　　人見　健太郎

1）テストバッテリーとは

　テストバッテリーとは，心理検査を施行する場合に，複数の検査を組み合わせて用いることである。単独の心理検査のみでアセスメントを進めることは危険であるという認識は共有されているが，臨床現場によってはロールシャッハ法のみ施行しているということも耳にする。馬場（たとえば2006）は多くのところで，なぜテストバッテリーを組むのが重要なのか述べているが，その理由の1つとして，それぞれの心理検査には特質と限界があり，それらの検査を上手に組み合わせることによってより深く広い理解を得ることができるということがある。さらに馬場は，一貫して構造化の程度が異なる複数の心理検査を使用することを推奨しており，私たちのグループでは最低でもロールシャッハ法にSCTは組み合わせるということを共有している。その背景には，人間のこころ，あるいはパーソナリティは多面体であり，1つの心理検査だけでは必ずしもその人らしさを抽出できないという慎重な姿勢と，さまざまな切り口があることで，より客観的なデータに仕上げていこうという積極的な理由がある。

　構造化の程度とは，面接法においても一般的に論じられているように，自由度と言い換えることができるだろう。最も構造化されている心理検査はウェクスラー式知能検査であるとされ，施行法は教示も質問も予めしっかりと決まっており，採点方法についても微に入り細に入り取り決めがある。原則的には誰が行っても同じ数値が得られるように工夫されている検査であると言える。被検者の側も何を調べられているのか，どう答えれば良い評価を得られるのかが明確に理解できる。一方，最も構造化されていない，あるいは構造化がゆるい検査はロールシャッハ法である。ロールシャッハ法を用いる流派によって多少

の違いはあるものの，同じ10枚のカードを決められた順番で提示し，何に見えたかを問い，その理由を尋ねるということは世界共通である．構造化の程度という用語は，施行法というより，課題の曖昧さ，多義性，正解の有無などによって分けられており，その点でロールシャッハ法は曖昧であり，多義的であり，正解がないので構造化されていない検査という分類がなされる．そして，ロールシャッハ法のこうした特質は，被検者が何を求められているのか分からないという状況を作り出し，多少不安になりながら，被検者独自の解決方法や防衛機制を用いて対処することを要求する．そこに抵抗や退行など，さまざまな要素が入り込み，複雑な心的様相を描き出す素地があると言える．

　上記のことが意味することを考えると，心理検査の構造化の程度が，Freud, S. の局所論（意識‐前意識‐無意識）とどのように対応するか，および Rapaport, D. ら（1946）のウェクスラー式知能検査とロールシャッハ法のバッテリーが有用であるという知見に基づく病態論とどのように対応するかという2つの視点が少なくとも重視されることが見えてくる．とりわけ，広く境界例者と呼ばれる人たちが俗に「良い WAIS，悪いロールシャッハ」と呼ばれるような現象を呈することは歴史的にも広く議論されてきた．「良い WAIS，悪いロールシャッハ」とは，境界例者は最も構造化された検査であるウェクスラー式知能検査においては思考障害を示さないか，示したとしてもごく僅かであるのに対し，ロールシャッハ法では思考障害が顕著に現れるという意味である．この仮説については支持する研究（たとえば Singer, M. T. 1977）と支持しない研究（たとえば Widiger, T. A. 1982）があるが，包括的な概観は Kleiger, J. H.（1999）に詳しい．

　退行水準という考え方に視点を移し替えると，各々の心理検査が持つ特性を生かすことで立体的な人物描写，病態に応じた固有の退行様式の描写が可能になるということがより一層明確になってくる．退行水準については，Kris, E.（1952）に強く影響を受けた馬場の一連の研究（たとえば1969）があるが，現在の馬場の解説を紹介することは非常に意義があると思われるので，次節に馬場が講義で用いた原稿を掲載する．

2）局所論との対応

　馬場（1969）も「解釈仮説としての人格理論」というタイトルで1節論じているが，ロールシャッハ法に反映される深層とはどのような層であるかを位置づけるために，Freud, S. の局所論と各種心理検査の特性の関連は述べる必要

があるだろう。

　上述したように，構造化された検査は，課題が明確で被検者が何を求められているかが明確であるから，意識水準にあるものが表面化しやすい。構造化された検査とは各種知能検査，質問紙法だが，意識（あるいは自覚）されていない層がデータとして現れるということは考えにくい。その点で，ロールシャッハ法はこれと真逆の側面を有し，課題が曖昧で何を求められているかが分かりにくいため，被検者を不安定な手探り状態に置き「自我（自己統制）機能が退行（低下）するということになる」（馬場 2006）。結果的に，無意識的な層，つまり日常生活では露呈しないような心的側面がさまざまな形で顕在化する可能性があると言えるだろう。もちろん，ロールシャッハ法は個々人の知覚の測定という側面もあり，意識的な層も関与しているが，意識レベルだけの関与で10枚のインクブロットを何かに見立てることは難しい。決して心地よくはない視覚的刺激によって，さまざまな葛藤が生じ，何らかの防衛機制を働かせないと対処できないからである。これらの構造化された検査と構造化されていない検査の中間程度と考えられる代表的な検査がSCTである。SCTは「退行促進要素は少ない。なぜなら，検査刺激は印刷された文字であって，視覚的に訴える力が弱い」（馬場 2006）点がロールシャッハ法との大きな違いである。ところが，SCTを自分で書いたことがある臨床家であれば誰でも経験していると思うが，意識的に文章を構成しているつもりでも，自分自身のこと，両親のこと，対人関係のことなど，さまざまな刺激文に触れているうちに，徐々に思いもよらないことを書いていたり，同じような内容を繰り返し書いていることがある。途中で自分では統制できないような感覚になることさえある。無意識的な層も出てきてはいるだろうが，無意識は自分で自覚できないという定義に従えば，自分で文章を書いているということから，意識的な層と前意識的な層からの情報が中心となって全体が仕上げられていると考えるのが妥当であろう。

　上記のことを大雑把にまとめると，構造化されている検査は意識レベルのチェック，中程度に構造化されている検査は前意識レベルぐらいまでを含んだチェック，構造化されていない検査は無意識レベルも含んだチェックができるということになる。これこそがテストバッテリーを組むことの意義であり，パーソナリティを立体的に描き出すために必要な視点である。ここでは，論を絞るために，至極単純な例を挙げるにとどめておく。

　被検者は，対人関係の疲れから抑うつ状態を呈した不登校の女子高校生である。施行した検査は筆者の時間の都合もあってロールシャッハ法とSCTのみ

であった。しかし，興味深い知見が得られたのである。ロールシャッハ法はM優位の内向型で，観念活動は活発であるが，カラー反応は少なく，多彩色カードでの反応も少なめであった。賑やかな場面では何らかの感情の萎縮，不活発な状態に陥ることが推測された。ところがSCTは「明るいことはいいことだ」「そうなれない自分はダメだ」といった記載にあふれており，外界と積極的に関わりたいという願望や目標を持っているようであった。いわばロールシャッハ法の外拡型の特徴を有する人に見られるようなものを求めており，そのことで無理が生じていることには本人は気付かないようであった。筆者はロールシャッハ法とSCTの結果の矛盾から，ロールシャッハ法には被検者が気付かない被検者本来の自分（無意識的な層；本当の自己）が反映されていると理解し，SCTは「そうあるべき」と本人が自覚的に思い込んでいる理想のパーソナリティであり，より意識の表層に近い考え（あるいは偽りの自己）なのだろうと理解した。それをフィードバックしたことで，他人に合わせ過ぎな自分がいたこと，その無理によって抑うつ的になったことに気付き，被検者は自分なりに読書など静かに過ごす時間を肯定的に感じられるようになって状態は改善した。

　このように構造化の程度の異なる検査間で結果が矛盾することはよくあり，この矛盾こそが被検者の葛藤の源であるという理解は非常に大事な視点である。えてして初心者は各検査間のデータの矛盾が理解できず，なぜ同じような傾向にならないのかと頭を悩ますが，これこそがパーソナリティの諸相であり，どのような検査がどのようなパーソナリティの側面に焦点を当てるのかを知っておくことが重要だろう。それらの情報を臨床像とも照合することによって，立体的なパーソナリティ像が描き出せるようになるということを強調したい。

　なお，SCTをバッテリーに組むことの意義については，第8章を参照されたい。

3) 病態論との対応

　私たちは被検者の病態を考える際，Kernberg, O.（1976）のパーソナリティ構造論と，その理論の修正と補足を行った馬場（1983）の考えに立脚している。私たちが「境界例」と呼ぶのはKernberg, O.（1976）が提唱する「境界性パーソナリティ構造（Borderline Personality Organization；以下，BPOと略す）」を有する人という意味である。Kernberg, O.（1976）のパーソナリティ構造論はDSMのパーソナリティ障害とは異なり，対象関係の発達的視点を

表6-1 Kernberg（1984）による3つのパーソナリティ構造の特徴を圧縮・改変

	防衛機制	アイデンティティ	現実検討力
神経症パーソナリティ構造（NPO）	抑圧が基盤	保たれている	ある
境界パーソナリティ構造（BPO）	スプリッティングが基盤	拡散	ある
精神病パーソナリティ構造（PPO）	スプリッティングなど原始的防衛	拡散	ない（自我境界×，自他未分化）

有しており，BPOと境界性パーソナリティ障害（以下，BPDと略す）が同一のものではないということを強調したい。その位置づけは馬場（1983）の表やGunderson, J. G.（1984）のボーダーライン障害の概念についての図を参照するのが分かりやすい。BPOはBPDよりも広い概念であって，BPOを有する人の中核にある人がBPDという診断に該当することになる。

　Kernberg, O.（1976）はBPOだけでなく，神経症的パーソナリティ構造（Neurotic Personality Organization；以下，NPOと略す）と精神病的パーソナリティ構造（Psychotic Personality Organization；以下, PPOと略す）というパーソナリティ構造も提唱しており，それらは防衛機制，アイデンティティのまとまりの程度，現実検討力の3つの軸から区別できることを示している（表6-1）。

　これらのすべてを解説することは本節の域を軽々と超えてしまうので，詳しくは馬場（1983）ならびに第7章を参照してほしい。それでもここで強調したいのは，NPOとBPO以下では主たる防衛機制とアイデンティティのまとまり具合に違いがあることや，NPOやBPOが現実検討力を保っているのに対してPPOでは保つことができないという違いである。ロールシャッハ上に現れるスプリッティングの現象はさまざまであるが，極端に良い（all good）反応表象と極端に悪い（all bad）反応表象が葛藤なく不連続に示されるということ（goodとbadの縦分裂）や，神経症防衛（抑圧が主体）が目立っていたのに，突如として「W－の顔反応」と総称されるような茫漠とした迫害的超自我像の投影と思われる急激な自我状態の低下（二次過程思考と一次過程思考の横分裂）が起こるなどは知っておきたい知識である。どちらの分裂もNPOの被検者にはあまり見られない現象であり，これがNPOとBPO以下の病理の鑑別に役立つのである。同じように，NPOとBPOは現実検討力が保たれているため，ロールシャッハ法でも知覚レベルではさほど問題のない反応を産出することが多いように思われる。ただし，NPOと比べてBPOの被検者の反応の質

的な違いとして観念活動の活発さを一例として挙げることはできる。カードⅠで「コウモリ」という反応を出してもBPOの人は「邪悪なコウモリで，こっちに向かって飛んでくる」といったような意味付けの過剰さが見られることがある。しかしPPOの人はカードⅠで場合によっては「墨絵」といった形態規定性のない反応（現実検討力の低下；概念枠の崩れ）を示すことがあり，そこまでの現象はBPOの人たちにはあまり見られないと思われる。ここに挙げた現象が単純にロールシャッハ法に現れれば病態水準について悩むことは少なくなるが，臨床ケースは実に多様であって，やはりテストバッテリーを組み，ロールシャッハ法よりも構造化されている検査を用いることは有用である。

　Rapaport, D. ら（1946）の提唱した，かつての境界例水準の人たちについての「良いWAIS，悪いロールシャッハ」仮説は必ずしも実証的な研究で支持しないという研究者たちがいることは先に触れたが，構造化された検査は退行促進的な要素が少ないため，現実検討力が保たれているとされるBPOの人は思考障害を示さないということも珍しくない。筆者の経験ではSCTなどではむしろ自己洞察さえ示していることが多く，ロールシャッハ法での陰惨で加虐的な反応とは全く異なる印象を受けることもある。PPOの人のSCTは，非常に内容が乏しいとか，一次過程思考で汚染されてしまって被害妄想的な内容にあふれることがあるが，そうしたことはBPOの人にはさほど見られない。Kernberg, O.（1976）の考えと馬場（1983）の修正・補足によって，テストバッテリーを組むことによる病態水準の把握は精度が上がっていると思われ，単独の検査だけでは心許ないデータの臨床的妥当性を高めるということは重要な知見であろう。

　次節は，ここまでに少し触れた「退行」を中心に述べる必要がある。そこで，純粋なテストバッテリー論からは少し離れるものの，馬場による退行理論についての講義の原稿があり，原稿そのものに馬場の現在の退行についての考えが明瞭に示されているので，その鮮度を読者にお伝えするという意味で，あえて加筆・修正せずに，これまでの記述と重複もあるかと思うが掲載する。

2．退行理論と投映法　　　　　　　　　　　　　　　　馬場　禮子

1）退行という現象

　退行（局所論的）とは，簡単にいえば自我の機能が低下することである

(Freud, S. 夢事象の心理学：1914)。自我の機能が低下すると，セルフ・コントロールの力が弱くなり，現実検討力が低下し，欲動や願望などが表現されやすくなり，内面の統制が緩むので，言動は自己中心的となり，現実と照合して適切な判断や行動をすることが下手になる。言い換えれば，自我が二次過程（secondary mental process）を維持できなくなり，一次過程（primary mental process）へ向かうことを「自我が退行する」と言う。Freud は退行を夢や病理現象を説明する概念として用い，健常な成人が退行するのは，眠っているときだけ，それが現象として現われるのは夢の中だけだと考えたが，後に Kris, E.（芸術の精神分析的研究：1952）が，より健康な心的現象としての退行があることを提唱し，自我機能の退行は幅広くさまざまな人間行動を説明する原理として理解されるようになった。

　Kris によれば，健康な退行とは，一時的，部分的な（temporary and partial）退行であり，また自我のための退行（regression in the service of the ego）である。その実際を挙げると以下のようになる。

病理的な退行	健康な退行
① 一旦低下した機能は随意的に回復しない。	随意的に退行したり回復したりできる＝自律性を保つ。
② したがってそこから不適応的，症状形成的な防衛が発展したり，衝動行為が生じたりすることになる。	したがって退行を適切に扱って息抜きをしたり，必要に応じて現実に立ち戻ったりできる＝自我の役に立つ。
③ 働いている自我に柔軟性がなく，堅くて脆弱である。	自我に柔軟性，弾力性があり，自由に動ける。
④ 自我は全面的に退行する。	自我の退行は一部であり，したがって退行していない部分を同時に使うこともできるし（oscillation），立ち戻りやすい。
⑤ 退行している状態は不安定で葛藤的である。	退行状態（欲求を充足したり，空想を展開したり）を楽しみ，自我の休息とエネルギーの補給に役立つ。

⑥ 不随意に，不適切な状況で退行し，現実水準に立ち戻れない。	退行しても不適応にならない状況を選ぶことができるし，必要に応じて現実水準に立ち戻れる。

　健常者にも疾患や障害を持つ者にも両方の退行があり得るが，健康な退行を活用するには自我の自律性が保たれていることが重要なので，病理が重くなるほど健康な退行は生かしにくく，病理的な退行に支配されがちとなる。また健康な退行が芸術的創作や新しい理論の発見などに活用されていることについては，Kris も Kubie, L. S. も詳しく解説している。

2) 退行理論による心理療法状況の理解

　心理療法の状況にも投映法の状況にも，退行を促進する要素がある。このことは多くの精神分析療法家や催眠療法家によって指摘されているが，たとえば Balint, M. は，良性の退行と悪性の退行（benign and malignant regression）という表現で，心理療法での退行の作用を説明している。心理療法の状況は，セラピストがどのような話にも熱心に耳を傾け，批判も評価もせずに聞くところから，クライエントの自我は退行する。これを活用して，より柔軟になった内面を語ったり，セラピストの介入を共有したりするのは治療に役立つ良性の（柔軟に上下運動できる）退行であり，一方，セラピストへの過剰な要求や依存性を示したり，自らを見直すという仕事をしなくなったりするのは，治療を妨げる悪性の退行である。

　クライエントの自己規制（自我と超自我による衝動の管理）が緩み，日常は抑制している欲求・願望や感情などが現われやすくなる。つまり退行が促進されている状況であるからこそ，より深い自己理解が可能になるが，同時にそれは治療に必要な自我の働きを妨げ，病理の表現をも促進させる可能性もある。心理的治療が両刃の剣だと指摘される所以はここにある。

3) 退行理論による心理検査状況の理解

　以下の表は，心理検査による構造の相違が，どのように退行を促進したり阻止したりしているかを示したものである。検査の目的が，被検者にとって明瞭であり，検査刺激が具体的で分かりやすく，また刺激に感情や感覚に働きかける要素が少なく，検査場面が外界や他者との交流を含まないという構造であれ

表6-2　各種心理検査の特徴

検査法		目的	刺激	場面	被検者の意識的操作
質問紙法		明瞭	具体的	単独、自主的	可能
投映法	SCT	ほぼ明瞭	具体的	単独、自主的	表面的可能
	TAT	不明	具体的	テスターとの対人場面	表面的可能
	ロールシャッハ	不明	非具体的	テスターとの対人場面	困難

表6-3　心理検査の投映水準

検査法	投映水準	内界の表出
質問紙法	対社会的態度	表層
SCT	↘	↓
TAT	精神内界	
ロールシャッハ		深層

（馬場禮子『臨床心理学概説』2003）

ば，退行は促進されない。その逆であればあるほど退行促進的ということができる。この意味で最も退行を促さない構造を持つのは，目的も課題も明瞭な知能検査であるとRapaportは指摘しているが，質問紙法も同様であり，したがって質問紙法には本人が意図的に示すものしか表現されない。

　この構造条件から見ると，投映法の中でも特にロールシャッハ法は退行促進的である。投映法であることから検査目的が被検者に分かりにくく，受検行動が手探りの不安定なものになりやすいこと，検査刺激が曖昧で，非日常的（非具象的）であり，色彩や濃淡という感覚や感情を掻き立てるものを伴っていること，反応は単語羅列でよく，連続的な思考活動（論理性）を要しないこと，さらに検査者という感情的反応を起こさせる存在があること，などがすべて退行を促す条件となっている。

　こうした条件から，より深い内面が動かされるので，平常には現れない内面の様相（葛藤の生じ方，防衛の仕方，崩れ方，それへの対処の仕方）が示され，それが心理査定の，特に病理的側面を明らかにするための一助となる。種々の逸脱言語など精神病理現象が，ロールシャッハ法を用いた臨床的査定の観点から注目されるばかりでなく，本法に基づく研究の主題ともなるのはそのためである。

　しかし，最も退行した状態を把握することが必ずしもその人のパーソナリティを把握することとは限らない。退行していない時の心的状態や自我の機能状

態を知ることも大切である。したがって臨床的にロールシャッハ法を施行する際には，より退行刺激が少ない方法（たとえばSCT）を併用すること，単一の検査による査定は避けることが望ましい。

〈反応語実例〉

次に，健常から病理まで，種々の退行状態を示すロールシャッハ反応の実例を挙げて，退行現象についての理解を進めたい。

(1) ある健常者がカードⅨ（図版逆転）に示した典型的な健康な退行

「二人の男が碁を指している。木の上から二人の男がそれを見ている。」

〈Inq.〉これがはげ頭の男二人。この緑の木に二人が登って上から見ている。あんまり熱心に「そこじゃない，こっちだ！」と，身を乗り出して応援しているうちに木からストンとこの真ん中に落ちてしまった。

この図の形は確かにそう見える。つまり自分勝手な空想で，あり得ない話を作っていながら（作話反応），つまり思考活動の退行を生じていながら，同時にブロットの特徴をうまく使うという現実に即した観察ができている，という意味では現実検討力は保たれている。これは Kris, E. や Bellak, L. が oscillation（振動）として説明した，退行と進展に向けて同時に動く心的活動の例と言える。健常者の退行には，この現象が生じることが多い。その上，楽しい面白い発想を伴い，被検者本人も楽しんでいる。これも健康な退行の条件と言える。

W　M±，FC　H　Pl　（作話反応）

以下すべて退行促進要素の強いカードⅡで比較参照する。一応疾患名を添えてあるが，これはその病理の特徴を典型的に示しているということではない。どの病理でも現れは実に多様なのであって1例でそれを示すことはできない。ここでは，どんな退行現象があり得るかという実例として何人かを挙げるのに，自我水準を知る手がかりとして疾患名を添えている。

(2) ある神経症性拒食症者の例

「人が向かい合って手をあわせている」

〈inq.〉一人と一人。これが手。こう手を合わせている。（他には）頭で手で全体が体。

W　M±　H　P

一応運動反応になってはいるが，活発な運動はなく，ほとんどブロットの形を説明しているだけである。内面の情感はほとんど動いていない。しかしブロットの形状把握は正確である。これは自我の動きが堅くて融通が利かず，退行

できない,あるいは退行を健康的に使えない,動けない状態を示唆している。この人はカードⅡでこの反応1個のみであった。
(3) ある境界性パーソナリティの例
「長いトンネル。遠くに登る階段みたいなのがあって,地獄に行くみたい。」〈inq.〉この上に地獄があって,周りは真っ暗で,こっち(下)に行っても地獄で〈地獄とは?〉ここが全部赤だから。「ここから先は地獄だ」って。〈図で地獄らしさは?〉色。赤と黒。どっちへ行っても地獄(苦しそうな表情)。
　S, W　FK∓, C, Csym　Fant.　(作話反応)
　一応「階段」とされた部分の形態は適切はあるが,他はすべて色の象徴的扱いで,形態把握が極端に低下している。また想像は「どっちへ行っても地獄」と苦しい心境を反映し,本人が相当に感情移入している,つまり退行した状態に捕われ埋没して動けなくなっている。上下運動(退行と進展の動き)ができるようなゆとりが失われていることが,苦しそうな表情から分かる。言い換えれば,想像と現実が近づき過ぎて,その境界が弱まっているとも言える。
(4) ある初期の統合失調症の例
「カブトガニ」〈Inq.〉黒い部分の形が壊れかけたカブトガニの模型〈模型?〉見たことが無いので僕のイメージです。
　D　F∓　A
「死体」〈Inq.〉全体的に赤が散らばっているのと,ここが人の足に見える。〈赤が?〉血ですね。
　W　C, F−　Bl, Hd
　本例の場合,この後もこのような継起が続き,全体が深く退行した状態にあって,上下運動も乏しく,緊張感も僅かしか伴っていない。
(5) ある小説家(Inq 段階省略)
「秋竜山のマンガの主人公が二人踊っている。」
　W　M±　(H)　(P)
「下の方は女性の性器だね。」
　D　CF∓　Sex, Bl
「白い部分と突出している部分は東南アジアのパゴタ。綺麗な寺院。手前が白くて向こうがぼやけている」
　S, D　FC±, FK　Arch.
「二匹の熊が踊っている。赤い打ち合わせたところは喧嘩しているというか……どっちかというとはしゃいでますね,赤い靴下履いて。」

D　M±, FC　A, Cg　P

　P±の後に「女性性器」が平然と出され，次の反応は遠ざけて美化し，次にはまた質の良いPに戻る，というように，移り変わりが激しい。しかし不安定とは言えず，本人はどれも気軽に楽しんでいる。反応（4）では赤を「喧嘩」という不穏な空想に結びつけそうになって，また平和な想像に戻すという動きがあり，攻撃性に対する禁止が強いのかもしれないと推測できる。

まとめ

　このように考えると，投映法から人物像を描き出すのは，限りなく個人的な，個人と個人の関わりによる行為である。そこでは検査者の感受性（目に見えない，測定し難い）と熟練が重要な役割を果たす。検査者の感受性とはつまり，検査者が健康な退行を活用する能力と言い換えることが出来る。これは従来科学的直感 scientific intuition と呼ばれている。直感そのものが鍛えられ，退行によって活性化した直感を生かしながら現実との交流を保っている状態である。これを身につけることができると，臨床家は自分の中にぶれないスケールを保ち続けることが出来ることになる。

　心理検査によってパーソナリティやその病理を査定しようとする時，特に複数の投映法を使った時，私たちはその情報を統合して一人の人としての理解に達するために，かなり苦労していると思う。人にはさまざまな要素があり，またそれは複雑に絡み合っているのだから，それを理にかなった形に統合して人物像を描くのは難しいことである。そうした中で検査者はとかく被検者の問題探しをしてしまう傾向がある。そうした時に，退行には健全な意味合いや使い道があることや，健常者でも作話反応その他の逸脱した現象を起こすものだということを知っておくことは，検査者の視野を広げる意義があるだろう。

第7章　パーソナリティの病理と
　　　そのロールシャッハ法への現れ
——自我の機能と機制を中心に

馬場　禮子

1．はじめに

　人間は常にさまざまなやり方で自己の内面を調整し，外界に対応している。それを司っている自我の働きを自我機能（ego function）という。またその働きの「さまざまなやり方」を自我機制（メカニズム mechanisms）という。そのメカニズムのどれを主として習慣的に使うかによって，パーソナリティ・タイプが形作られている。つまり，パーソナリティおよびその病理の有りようを理解するためには，どのようなメカニズムが，どの程度健全に使われているか，あるいは，どのように機能低下していて，そのメカニズムによって動く言動の現れが不適切になっているかという観点から人を見るのが，精神分析的なパーソナリティ理解，およびその病理理解の中心をなす。ここではその観点から，パーソナリティとその病理のロールシャッハ法への現れを理解する手がかりを示したい。

2．自我機能について

　精神分析理論でいう自我とは，自分という概念や感覚であると同時に，その自分を保つためのさまざまな機能であり，自我が健全であるか病理的であるかと問うような場合には，もっぱら機能としての自我の働き方が問われている。機能が健全でなければ，自己概念も自己感覚も自ずから不安定になり健全さを失うことになる。ロールシャッハ法を通して検討するのもこの機能としての自

我である。

　自我の機能には、どのようなものがあるのだろうか。研究者によって分類の仕方は多少異なるが、Bellak, L.（1973, 1984）は自我機能評価『Ego Function Assessment（EFA）』の指標を作り、12の自我機能を挙げ、アセスメント面接でその機能の有り様を知るためにどのような問いかけをするかを示唆している。

　その12の機能とは、次のようである。

(1) 現実検討（reality testing）
　　内的刺激と外的刺激との区別、知覚の正確さ、内省力と内的現実検討。

(2) 判断（judgment）
　　結果がどうなるかの予測、この予測を表明すること、この予測が情緒的にも適合すること。

(3) 現実感覚と自己感覚（sense of reality and sense of self）
　　非現実感や離人感の程度、自己同一性と自己評価、自己と外界との境界の明確さ。

(4) 欲動、情動、衝動の調整と統制（regulation and control of drives, affects and impulses）。
　　衝動性を直接的に表現する程度、遅らせるメカニズムの効力。

(5) 対象関係（object relations）
　　対人関係の持ち方の程度と質、原始的（自己愛的か愛着か、共生的な対象選択か）であるか、他者を自分とは別個の人と見ている程度、対象恒常性。

(6) 思考過程（thought processes）
　　記憶、注意の集中力、概念化の能力、一次過程の二次過程のあり方。

(7) 自我のための適応的退行（adaptive regression in the service of the ego ＝ ARISE）
　　認知の鋭敏さを退行的に緩めて寛ぐこと、新しい組み合わせを作ること。

(8) 防衛機能（defensive functioning）
　　防衛の弱さまたはわざとらしさ、防衛の成功と失敗。

(9) 刺激障壁（stimulus barrier）
　　刺激への閾の高低、過剰な刺激入力へのマネジメントの効果。

(10) 自律的機能（autonomous functioning）
　　一次的自律性の組織（apparatus）を傷つけずにいられる程度、二次的自

律性を傷つけずにいられる程度。
(11) 統合・総合機能（synthetic-integrative functioning）
矛盾を調整できる程度，出来事を積極的に関連づけられる程度。
(12) 達成する能力（mastery-competence）
現在持っている能力で，どのように環境に関わり，相互作用し，積極的に影響を与えることができるか（能力），積極的に環境に働きかけ，影響を与えているという有能感を感じているか（主観的役割感），実際の能力と有能感との落差がどの程度か。

これらには重複もあり，また投映法には反映されにくいものもあるので，ここでは次のような7機能に整理して，具体的に検討していきたい。

3．各機能のロールシャッハ法への現われ

1）現実機能

現実（事実）として存在する事象を認識し，判断する機能を現実機能という。ここでは，現実機能に Bellak, L. のいう「判断」と「現実検討」と「現実感覚と自己感覚」を含む。現実検討機能とは，実際にある外的現実について正確に観察し，認識し，状況を判断し，自分のおかれている立場や状況を理解する機能である。

① 現実検討機能

この機能を最も端的に示すロールシャッハ現象は形態水準である。つまり被検者がインクブロットを見て「これは○○に似ている」という時，そのブロットが実際にそれに似ているならば，本人の観察や判断は正確であり，それは現実検討が適切に働いていることを意味している。反応語として選ぶブロットの形が複雑であり，しかもそれが適確に把握され説明されていればいるほど，現実検討力は活発に働いていると言える。したがって，単純な部分の把握よりも全体把握（W）で，適切に把握された部分が組み合わされているような見方（W＋）は，より高い現実検討力を示すことになる。ロールシャッハ用語で言えば，特殊化，明細化ができているほど高い現実検討力を示すと言える。逆に，単純な形態の小部分を見ている反応（たとえばD，F干で「石ころ。丸いから」）が多い場合は，事実を把握する力が限定されていることを示し，複雑な状況には対処できないという，現実検討力の問題が指摘される。

当然ながら，被検者が冷静で安定した心的状態を保ち，自分の主観的思いつきに支配されず事実を正確に捉えようとする姿勢があり，またそれを実行するだけの知的能力と活発な自我活動を維持していることは，形態水準の高い一次的形態反応が優位であることによって示される。逆に情緒不安定であったり，ブロットによって情動を動かされやすく，主観的な思い込みで外界を決めつけやすいような状態であれば，一次的形態反応は減少し，形態水準は低くなる。これも被検者の健康度と病理的状態を知るための手がかりの一つである。

② 自我境界の機能

もう一つ重要な現実機能として挙げられるのは，自我境界を維持する機能である。これは自己の内面にあるもの，つまり空想や思考や感情と，外界にある事実との区別（Bellak, L.の言う「内的刺激と外的刺激」との区別，及び「現実感覚と自己感覚」の区別）をする機能である。さらに内面において，自我，超自我，エスの機能を区別し，対象表象と自己表象を区別するのも内的自我境界と見ることができる。

これらは人には一般的に備わっている機能であって，自我境界の障害や崩壊を示唆するロールシャッハ現象は滅多に生じない。もしこれが損なわれると，現実と空想，外的な事実と自分の願望空想が混同され，その結果，妄想や幻覚が生じることになる。つまり，精神病水準の病理を意味する。

このような自我機能の障害を示すロールシャッハ現象については，本章の後部で，精神病水準の病理現象として一括して取り上げたい。

こうした現実機能の障害が疑われる反応には特に被検者がどのような態度を取るかを見ることが参考になる。自分の反応に疑問を持ち，修正しようとするか，全く疑問を持たず平然としているか，質問段階で取り消したり修正したりできるか，などによって自分の問題に気づく現実検討力（自己検討力）の回復の程度を知ることができる。

2）対象関係機能

内的対象関係，つまり自己と対象の表象を形成し，維持し，さらに両者の関係性に関する表象も形成する機能である。対象関係が形成されるのは，何といっても他者との乳児期からの関わりの中で，特に情緒的体験を通してであるが，それを表象として維持し，外的対人関係に反映させることについては，自我機能が中心的に関わっているであろう。

ロールシャッハ法の中で特に注目されるのは，反応語に出てくる人物像で，

対象表象，自己表象，関係性の表象がどのように形成されているかを最もよく反映する。いわゆるよい属性を持つ人，または悪い属性を持つ人のどちらかに限定されるような場合，特にその属性が極端である場合には，「分裂」の防衛が働いていると推測される（たとえば人物像がすべて「悪魔，妖怪，悪巧みをしている，襲いかかろうとしている」「威嚇している」であったり，「天使，キリスト，抱き合っている，頬ずりしている」であったりする場合）。また適度の共感性を示す運動反応が伴うか，全く伴わずに形状の説明のみであるか，過剰に親密さを示す運動があるかなどから，対象と自己との関わり方が推測される。

神経症以上の，表象が統合されている水準では，同性像も異性像も表現され，攻撃的な欲動も友好的または親密な関わりもそれぞれに示されるのが通常である。人物像に対してどのような属性を与えるかにも，対象関係の発達水準が反映される。

3）防衛・適応機能

ここには Bellak, L. の挙げる「欲動，情動，衝動の調整と統制」，「防衛機能」，「刺激障壁」をすべて含んでいる。

防衛・適応機能にはその働き方のタイプ，すなわち機制（メカニズム）が幾つかあり，そのタイプによって思考様式も行動様式も異なってくる。したがってどのような機制が使われているかが，健常者としても病理を持つ人としても，その人のパーソナリティ・タイプを規定するものとなる。これが，ロールシャッハ法による自我機能評価として最も重要な観点であり，パーソナリティ・タイプおよび精神病理の水準を推測するための中心的な規準になる。

そのメカニズムには，働き方の質によって，健常者と神経症者が一般に使うハイレベルのメカニズムと，境界性パーソナリティ構造を持つ人々が一般に使うロウレベルまたは原始的と呼ばれるメカニズムがあり，そのどれが優勢であるかによって病理の水準が推測できる。

防衛機能とは，内面調整をする機能である。人の内面では種々の欲動や感情が動いており，それを表現し充足したいという欲求や願望があり，またそれを禁止する超自我または自我理想の働きがある。それらを調整して，内面を安定させ，自分が納得する状態に持っていくのが防衛機能である。しかしその調整はスムーズにできるとは限らず，欲動相互や欲動と超自我の間で競い合いや葛藤が生じることも多い。葛藤が強かったり長く続いたりすると調整役の自我は

疲弊し，力が弱まって適切に働かないようになり，そこから種々の神経症症状が生じることになる。

　適応機能とは，外界，環境，他者からの要請や期待に合わせて自己表現を調整する機能である。これを適切に行なうには，現実検討力が必要であり，感受性，表現力，自己抑制力も求められるので，内面調整とはまた違った自我の力が必要である。防衛と適応のメカニズムは同時に同様に動いて，内界と外界に同時に対応しているものである。ハイレベルのメカニズムは適切に使えば適応的な自己表現になるが，より稚拙な原始的防衛は，どうやっても適応的には使えないという特徴がある。

　自我の機制（メカニズム）とそのロールシャッハ法上の現れについては，種類も多様であり，解説には多くのスペースを必要とするので，各種機能の解説の後に，項を改めて記載する。

4）思考過程の退行と進展

　すでにテストバッテリーの章でも継起分析の章でも詳説しているように，「思考過程の退行と進展」という観点は，継起分析を中心的手法にした解釈法の基礎におかれる観点である。私たちはすべてのロールシャッハ現象を，この観点から観察している。反応語の中には「これなら誰でも言うだろう」と思える安全で確実なものを見つけるという最も二次過程寄りの思考から出されたものもあるし，思わず自分の感情をぶつけてしまったような一次過程優先のものもある。反応の継起として，前者から後者への移行が思考過程の退行であり，後者から前者への移行が進展である。退行と進展が同時に起きる振動（oscillation）という動きもある（p.164）。

　このような思考過程の変動を追いながら，被検者がどのカードでどのように退行過程を示すか，その際の退行の仕方はどのような特徴を持つか，退行に伴ってどのような病理的思考が現われるか，たとえば自我境界が崩壊するのか，防衛活動が不活発になるのか，また進展過程はどのように生じるのか，進展による自我機能の立ち直り方はどのようなレベルか。これらの観察から被検者のパーソナリティや精神病理を推定するのが，継起分析によるロールシャッハ解釈の中心的課題である（p.160～166参照）。

5）適応的退行（ARISE）

　適応的な退行とは，Kris が提唱した健康な退行のことであり，Bellak が命

名したものである。退行することを楽しんで遊びや創造に活かすこと，自発的に現実検討を崩したり，現実にはあり得ない状況を仮想したりして，楽しんだり創作したりすることである。ロールシャッハ状況とは，自我機能が比較的働きにくい状況であることから，この中で適応的退行を示すのは，かなり自我機能が健全で健康度の高い場合である。p.164～165に挙げた健常者と小説家の反応語はARISEの好例といえる。しかし，反応語全般にひどく問題な機能障害を示しながら，1個のみ創造性に富む優れた反応語を生み出す人も稀にある。その例として，カードⅩのWで，次のような反応語があった。「2人のマジシャンが手品をしている（D_{13}が帽子，D_{14}が体，間のSが顔）。まわりに散らばっているのはマジックで出した色布。遠くに舞台があって（d_2），ロングドレスの女性が立っている（中央に見える細い線は下が広がっていてドレスに見える）。」

　健常者はロールシャッハ・カードのうち，複雑で刺激の強いものを好み，単純なものは想像力が喚起されないからつまらないと言うことが多い。つまりインクのシミを見て何かに例えるのは彼らにとっては遊びに過ぎないのであって，だから刺激が強い方が，自分の内面を揺らされる，シーソーゲームを体験する面白さがあるのだろう。それは健常者だから，悩みや問題を抱えて，その解決のために検査を受けるのではないからという，受検動機の相違も関係しているが，どんなに刺激が強くてもたかがインクのシミに過ぎないという受け止め方があるのだろう。健常者の反応語にも作話が多いが，話の作り方も語り方も楽しんでいることが分かるもので，苦痛な状況や破壊的なストーリーになることはない。

6）自律的機能

　一次的自律性は，それがなければ日常行動ができないという，基本的な判断や行動を支える機能である。したがって心理検査の課題を理解し，実行できる人はすべて，一次的自律性は確保されていることになる。検査の施行法や質問が理解できず，または理解しても行動に移せないなど，一次的自律性が障害されていると，検査は施行不能となる。

　二次的自律性とは，元は防衛の手段（機制）であったものが身について，その人の自然な行動様式となったもので，何らかの欲動を抑えるためではなく，社会的，常識的行動としてなされる対処（たとえば知人に出会ったらにこやかに挨拶するなど）である。この意味から反応語としては，公共性のある適度の

形態水準を伴った反応が自発的に示されるような場合はすべて，二次的自律性が獲得されていると言える。しかしそれは刺激状況によっては揺らいだり崩れたりすることもあるので，そうした変化が反応継起に示されることになる。たとえば，「黒い岩の一部が赤いのは，野草の葉が紅葉しているのでしょう」と，ごく自然に説明するのは二次的自律性が安定している状態であり，「岩の一部が赤いのは，血じゃなくて，紅葉じゃなくて，やっぱり紅葉で……」などと不安定になるのは，「血」という危険な思いつきが現れた後に，打ち消し（undoing）の防衛が働いた状態と言える。つまり二次的自律性が働いている状態では反応継起は自然な流れになり，葛藤的な状態を示さないということである。

7）統合・総合機能

ロールシャッハ反応での統合機能の現れは，何といってもインクブロット全体をいかにうまくまとめあげて一つの反応語にするかということである。最も望ましく統合機能が働いている状態とは，W反応でありながら，その中で個々の部分についてもよく検討され，それらが合理的にまとめあげられている状態である。当然，形態水準は＋または±となる。

統合機能が乏しい場合の第一は，Wが少なくD, d, dr, が多くなる。第二は，不合理な結合が生じる。原始的投影の活発なタイプの境界性パーソナリティでは，作話結合が多く生じがちである。これは自分の主観によってブロットを意味づけし，その意味に合うようにブロットの部分を繋ぎ合わせる結合で，外的な状況をありのままに受け取らないばかりでなく，自己の主観に合わせて歪めるという意味で統合機能が障害されていると言える。

また固執性の強い強迫性格者でも作話結合が生じることがある。このパーソナリティでは，基本的に個々の部分を正確に把握しようとする用心深さから，全体を纏め上げるという観点が乏しく，纏める力も乏しいので，統合しようという意図なしに，近くにあるものを結びつけてしまうという結合である。たとえば「毛皮の上に鳥がついている（Ⅵ）」，「花の上にライオンが乗っている（Ⅷ）」といった無意味な結合である。

4．各機制のロールシャッハ法への現れ

防衛・適応の機制について解説する。すでに述べたように，機制（メカニズ

ム）にはハイレベル（神経症的防衛）とロウレベル（原始的防衛）がある。理論の歴史から言えば、ハイレベルの方がはるかに旧く、Freud, S. の時代からあったし、それゆえにより広く知られている。防衛機制と言えば抑圧，隔離，知性化と言われるくらいに周知されている。そこでここではハイレベルのメカニズムから先に解説し、馴染みの薄いロウレベルをその後に解説したい。ただし，発達的には、ロウレベルの方が早く，乳児期から発生する。ハイレベルのメカニズムが幼児の身につくのは3，4歳頃からである。

1）健常から神経症水準（ハイレベルの防衛機制）

健常から神経症の場合，前提として，どのようなメカニズム（機制）を使う場合でも，健全に働いている状態と不安定で葛藤的になっている状態との連続的な展開がある。神経症的な場合の方が，より葛藤が強く，不安定であるが，健常者の自己調整が必ずしも安定しているとは言えない。健全に働くというのは，そのメカニズムを動かしている自我の機能が健全だということである。逆に神経症的というのは，自我機能が葛藤的になり，機能低下していて，無理な働き方であったり動きが鈍かったりする場合である。

こうした自我の機能状態と、どのようなメカニズム（機制）を使っているかが，ロールシャッハ反応に示される。健全に働く場合はまず，形態把握が適切であること，つまり反応語に使われる形態要素とブロットの持つ客観的形態の特徴がよく一致していること，説明が適切であること，一次的形態の反応が優先していることで，つまり先に述べたように現実検討力が適切に働いて，外的現実への認識や判断が事実と一致していることを端的に示すことである。次に，運動反応も色彩反応も濃淡反応も適度にあること，一反応毎に決定因が適度にあること，つまり単純すぎず複雑すぎないこと，C.R. も D.R. もほどよい量であることである。その逆傾向になればなるほど，不安定で葛藤的で自我機能が適切に働かない状態になっているということができる。その間で，人によってさまざまな程度の不安定さがあり，望ましい条件を備えた反応語とそうでない反応語の混在がある（それが反応継起として示される）。それは健常者でも同じで，細やかな個人差があるので，実際にどの程度に健康な人か病理性がある人かを読み取り，判断するのは，かなり経験を要することである。

① 抑圧（repression）

抑圧は意識化すると罪悪感や不安を生じるような欲動や感情を無意識の心的領域に抑え込む防衛である。抑圧とは欲動や感情をすべて表に現れないように

無意識化することなので，このメカニズムのみに頼り，これのみを単独で使うことは滅多に無い。もしそうなった場合には，そのロールシャッハ上の現われは，内容は貧困で個性の乏しい見方や発想が並び，決定因はFが圧倒的に多くなり，杓子定規で没個性的ということになる。

しかし多くの場合，一旦抑圧された欲動や感情は，別のルートを辿って，別の形で表現される。それが否認，美化，反動形成，知性化，置き換えなど，いわゆるハイレベルの防衛である。言い換えればハイレベルの防衛とは，抑圧を基礎にした防衛群である。つまり抑圧は，一つの独立したメカニズムでもあり，多くのメカニズムの基礎になる防衛活動でもある。抑圧が抑え込む防衛であるのに対して，その他の防衛は何とかして欲動や感情を表に出して充足しようとする動きであり，そのために外的現実との折り合いをつける工夫でもある。

② 抑圧に否認と美化が伴う場合

抑圧が強いタイプの人でも，これなら自分のものとして表現して構わないと思うような欲動や感情は表現する。それは大抵，自分は良い人で楽しい人だと自認できるような欲動や感情で，表現しても人から楽しい，明るい，好意的で親切な人と見られるような感情や欲動である。また本人も，他者や外界を好ましいもの，好きなもの，安心できるもの，と見立てることで安定を得ようとする。こういう感情や見方を強調する防衛を美化（beautification）という。美化をする場合には，現実状況にある認めたくないものを否認（denial）するという防衛が前提になる。否認とは，現実にある嫌なもの，自分を不安にするもの，意識化したくない欲動を刺激するものなどについて，それが実在しているのに気がつかない，という防衛である。美化とは，現実を実際以上によいものと見立てることによって，それとのよい関わりを保つ，という防衛である。このロールシャッハ表現としては，まず反応語に不快感を表現しないこと，きれいなものや好ましいものを見ようとすることであって，この防衛が成功していれば，そのような反応内容が多くなる。よくあるPの「チョウチョ」でも「きれいなアゲハ蝶」となったり，美しい風景や花や紅葉，また幼児的かわいらしさを強調する「小熊ちゃん」，「ぬいぐるみ」などになる。しかしハイレベル機制の場合，多くは良い形態が伴っているのが特徴である。「花」なら形の特徴で何の花かとか，花と茎と葉を見分けてFC±にする，「風景」でも遠景に建物があって手前に木や岩があるというFK±にするなどである。

抑圧が徹底していれば，たとえ無味乾燥でも安定している，平凡でも不快感を伴わないものが列挙されるが，このタイプが神経症的になってくると，抑圧

したいものが意識に近づき，それに伴って不安が強くなる。外部からの刺激に敏感になり，それは色彩や濃淡への敏感さとして表現される。すると「お城と手前に岩。岩が赤いのは血じゃなくて，花みたいだけど花じゃなくて，何か怖いものみたいだけどそうじゃなくて〜」というように美化しようとしても抑えているはずの攻撃性が現れそうになるので，それを打ち消すために無理で不安定な表現になり，葛藤の強さが示される。また不安を表すmやKFが伴ったり，色彩使用がCFになったりする。この抑圧，否認，美化というメカニズム群を使うパーソナリティは，旧来ヒステリー性格と呼ばれているが，現在DSMの基準では依存性パーソナリティ，演技性パーソナリティの神経症水準に該当する。

③ 抑圧に隔離，知性化が伴う場合

隔離（isolation）とは，感情や欲動の表現を抑えるために，感情と観念や論理とを切り離し，観念や論理だけを意識に上らせるという防衛の仕方である。たとえば苦痛な体験について話す時に，事実のみを淡々と語るといった表現法である。情緒的繋がりを排除しているので，人に対して共感性が乏しく，物事を事務的に割り切るといった傾向になる。これを中心にした防衛群を使うのは強迫性格（強迫性人格）と呼ばれる人たちで，ロールシャッハ上ではブロットを部分に分ける（D, d, dr）傾向が強く，上から順にDで片付けるような見方をする。その方が事務処理的に解決しやすいからである。決定因ではpure Fが多く，内容も物体や物体化されたもの（彫像，標本など）が多くなる。またその形状をかなり詳細に説明するのが隔離の特徴である。したがって色彩，濃淡，運動などは少なくなる。しかし，隔離していても，その奥にある感情や欲動が推測できるような反応もある。たとえば物体反応（Obj）の内容が「鎧，兜，拳銃，刀」などであったり，動物が角や牙のあるものであったりすれば，攻撃性が潜在的に強く，意識に近いところにあることが推測されるであろう。また強迫性格で対人恐怖症のある人にDやDdで区切ったFのみの「顔」や「目」と言う反応が多く出ることがある。しかし，内容が平板で没個性的で，物体の断片のような反応内容が多く，したがって形態水準が低くなるような場合もある。しかもそれらが部分領域（D, Dd）である場合には，防衛としての隔離ばかりでなく，知的な低さや，器質的障害も疑わなければならない。

隔離には知性化（intellectualization）が伴うことが多い。知性化は，欲動エネルギーを知的活動に置き換えること，知的活動を使うことによって欲動の表

現を社会化すること，という両面を含んでいる。したがって反応語の内容や説明はより知的なものになる。専門用語や観念的な言葉を使ったり，特殊な知識を加えたり「この槍の形から〇〇族のようです」「この特殊な形から中国の城門」など。歴史，芸術，宗教などからの引用が多く，ケンタウルス，ペガサスなどもよく登場する。それだけに知性化が伴うと隔離だけの人より内容が豊富になり，観察も説明も細かくなる。知識の披瀝が過剰になる場合もある。色彩を知性化して扱う場合としてCsymが挙げられるが，他にも色彩が知的な説明のために使われることがある（「この色も中国の城門に使われる配色です」）。形態水準は高くなる。隔離が神経症的に歪んでくると，形状のみで見ていながら，内容に本人の願望や欲求を反映するものが多くなったり（前述の攻撃性など），色彩を使っているのに感情から切り離されていたり「この赤いのは血が垂れているような形です〈赤い？〉色は関係ありません」，あるいは「この部分の色は植物を連想させます〈？〉緑だからです」など，色彩を認知しながら距離を置いていることが分る。形態把握は単純になり，形態水準は低くなる。このタイプに作話結合が生じることがある。後に挙げる境界性パーソナリティの作話結合と違うところは，情緒的意味づけをしないところである。「毛皮の上に小さい鳥がついている」「花びらの上に熊が一匹」というように，ただ見えたから言っているだけで意味はないと言う。隔離によって統合機能が不全になっているので，部分を関連なく繋げてしまう結果と思われる。

④ 抑圧に反動形成，打ち消しが伴う場合

これも強迫性格によく見られる機制である。反動形成（reaction formation）とは，防衛したい欲動や感情を抑圧するばかりでなく，その逆を強めることによってよりよく防衛するメカニズムである。打ち消し（undoing）とは，反動形成の不全形で，抑圧するはずの欲動や感情が現われてしまってから，その逆を強調するという不安定な防衛である。どういう欲動を反動形成するのかによって現れは異なるが，よくみられるのは依存性の反動形成と攻撃性の反動形成である。依存性の場合，依存の逆の態度，つまり人から世話され口を出されることを嫌い，尊大，頑固，拒否的となる。ロールシャッハ法では，検査者と関係なく一人で仕事をしているという態度で検査を受け，興味を示さず（「こんなもので何が分かるんですかね」という態度），反応数は少なく，各カードにWが1個といった対処になる。説明も不足がちで，「見えた通りです」と無愛想に答えることが多い。よく見なければ見えて来ないような特殊な領域を見ることはほとんど無い。反応語としては，よくある間違いない見方で批判され

ることを避けたり，大きくて強いものを見ることで強さの誇示を反映したりする。批判されることを回避し，検査態度は用心深い。柔らかさを感じさせるカードでは（Ⅶなど），固いものと見立て（岩，石像，オブジェ），輪郭線のみで反応する。これには依存感情に対する「隔離」も同時に働いているかもしれない。このメカニズムが不安定になると，打ち消しの特徴が目立ってくる。たとえば反応語の中に依存性が見え隠れし，「食物」と言ったものを質疑段階で「今はそう見えない」と否定したり，自信満々で「これは〇〇に違いない」と言ったものを質疑すると「いや，ちょっと思いついただけで。特に似ているわけではない。別にそれでなくてもよい」と取り消したり，「何に見えるかと聞かれたから言ったまでで」と検査者のせいにしたり，といった取り乱しが生じる。不安定になると潜在していた依存性が反応語の中にも現れやすくなる（食物，「食べている」，「寄りかかっている」「口を開けている」）が，それらを「見えたから言ったまで」と輪郭線のみで説明する。

　敵意や攻撃性の反動形成の場合，態度は友好的，検査者に協力的，したがって多弁で反応数も多くなりがちである。量的に大量の反応語を出そうとして同じものの言い換えになったり，質的に高い反応を出そうとして詳細な観察や説明を加えたりすることもある。協力的であろうとして色彩や陰影も取り入れるが，自己主張は消極的，抑制的なので，一次的形態反応が多くなる。形態水準は一体に高いが，無理に反応数を増やすために低下する場合もある。

　この防衛が不安定になると，検査者を権威者と見立てる質問が増えたり（「こう見てもいいですか？」「もっと言った方がいいですか？」「幾つ言えばいいですか？」），評価されていることを過剰に意識したり（「あ，今の言い方は間違えました，訂正します。」「それを聞かれても確かなことは言えません」），検査者への協力的態度のつもりで先へ先へとカードを取る，「では次に行きましょう」など，結局は検査者と競争し，支配する行動を取っていたりすることになる。以上のように，反動形成は検査中の検査者に対する態度によく反映される。

　③と④に挙げた防衛機制の組み合わせは，強迫性格の特徴であって，強迫症状とは必ずしも関連しない。強迫性格には健常から神経症までの水準があり，健常者では，几帳面で仕事を正確に行ない，論理的で冷静で秩序を重んじるといった適応性の高い性格である。強迫症状は必ずしも強迫性格者に生じるものではない（馬場（1977）の研究では3分の1）。強迫症状を呈する人の病態水準も，神経症から精神病までの水準に渡る。また強迫性格者は必ずしも強迫神経症にはならず，むしろこの性格から自分の完全癖に支配されて不全感が高ま

り，抑うつ症状を呈する人が多い。慢性の頭痛，疲労感など身体化する場合もある。逆に言えば，強迫症状を持つ人に共通するロールシャッハ上の特徴というものはない。その症状に伴う病態によって（精神病水準，BPO水準など），ロールシャッハ上にはむしろその病態水準が反映されるので，現れは異なってくる。

⑤ ハイレベル機制の特徴

総じて言えば，神経症水準の特徴は，反応語の構成が崩れてもそれほど不合理なあり得ないものにはならないこと，自分で反応語の構成のおかしさ（不合理）や表現の過剰さなどに気がついて修正しようとすること（内省力），不安定な表現になると安定を取り戻そうとすること（反応継起に示される回復力），もし取り戻せないと葛藤的になること（自己不全感の表明），などである。また，健常度の高い人の作話や作話結合は，面白い発想や楽しんでいる説明が多く，被害‐加害的なものは少ない。

もう一つ挙げておきたいのは，ロールシャッハ法の現れからどの機制を使っているかは必ずしも見分けられないし，また見分けることがそれほど重要ではないということである。実際に防衛機制とはいくつかのものが組合わさって一緒に使われているものであり，単一の現象として現れることは少ない。またロールシャッハ上の現れにも機制の見分けをつけにくいところがある。たとえば，赤色部分を見ていながら色彩を無視するという防衛は，否認とも言えるし，隔離とも言える。こういう場合は単独の現象で決めるのではなく，他の反応でどのような防衛の仕方をしているかを見ることによって判断するとよい。**要は，こうしたメカニズムがあることを知って，この人はどんなやり方で身を守っているのか？と問う観点を持つことが重要である。**

2）境界性パーソナリティ構造を持つパーソナリティ（原始的防衛機制）

ここでは，境界性パーソナリティ構造（Kernberg, O. によるBPO）に特有とされる，いわゆる原始的防衛（primitive defenses）とこれが用いられるような自我水準の現れを中心に解説する。原始的防衛は，未熟な自我による未熟な防衛なので，ハイレベルのメカニズムとは異なり，適応的に使われることはあり得ない。使えば使うほど不適応が増幅されるという性質を持つメカニズムである。

Kernberg（1967）によれば，健常～神経症の防衛が抑圧を基盤にしているのに対して，境界性パーソナリティ構造での防衛は分裂を基盤にしている。分

裂とは，対象関係の未成熟さゆえに，対象表象を複雑で矛盾を含む性質のものとして統合することができず，よい性質や条件を備えた部分（good object and self）と不快で恐怖的な性質や条件を備えた部分（bad object and self）とに分割して保持する内的操作である（二分するのではなくばらばらに分割するとする理論もある）。元は防衛機制ではなく，生後2～3歳までの子どもは，自我機能が未発達であるために，内的対象表象の統合ができていないので，自ずから分裂せざるを得ないのだが，成育の条件（環境的，身体的）が好ましくないと，未発達状態が続き，次第に分裂を防衛として使うようになる。言わば自我機能がその段階から成長せず，いつまでも未熟な機制を使うので，ますます成長が遅れ，未熟な自我でも使える防衛機制が維持されることになる。そのようにして，成人後も分裂の構造を持ち続けるのがBPOである。

ロールシャッハ上の現れの特殊性について　ここで，馬場らの研究によって見出されたBPOのロールシャッハ現象について，予め解説しておかなくてはならない。馬場ら（1983）は，臨床症状からBPOと診断された20例によるロールシャッハ法を分析する研究を行った。その中で，「2つの分裂」と言うべき現象があることに気がついた。それは名づけるとすると「縦の分裂（結合型）」と「横の分裂（併存型）」である。縦の分裂とは対象関係の分裂であり，「横の分裂」とは二次的心的過程と一次的心的過程の分裂である。BPO群はこの二つの分裂の特徴を示す群と，自我機能の弱さそのものを示す群との3グループに分かれるという結果となった。その3群の現象を順次述べるとともに，その原始的防衛の特徴と，DSMにおけるパーソナリティ障害の分類との対応について述べたい。詳しくは馬場（1983）を参照されたい。

① **対象関係の分裂（縦の分裂）**

悪い対象の投影　対象関係の分裂，つまり内的対象表象を「よい対象」と「悪い対象」に分けておくことによって，よい対象関係を維持し，万能感を守るという防衛機制は，第一に反応語の内容の極端さによって示される。悪いものは極度に悪く描き（all bad），恐ろしい，威嚇的な，強烈な迫力があることを示そうとする。たとえば「悪魔，怪獣，怪物，巨人，お化け，魔王」など。善いものは極度によく見立てられ（all good），「天使，女神，キリスト，貴婦人，マリア像」などの表象になる。第二には，反応語に付される属性の極端さである。悪い対象像について語る場合には，反応語全体に暗い荒んだ雰囲気があり，そのためにC'やKやcが使われ，闇，黒雲，潰れたカエル，腐った内臓，などが列挙され，およそ全反応語のイメージが偏っている。第三にMや

FMの動作や行為や表情が悪意に満ちたものとして作られ，作話反応や作話結合となる。こういう傾向からまず分裂があることが明らかになる。また，ロールシャッハ上の反応語のほとんどが極度に悪いイメージ（all bad image）であっても，僅かに「よいもの」を見ようとするものもある。多くはⅧ～Xの多彩色カードでそれが現われ，そこでは手の平を返したように極端に美しいものや高貴な反応語が現われる。多くの場合，形態要素は弱く，CFとなるような天国のように美しい風景や宝石をちりばめた衣装や王冠などが示される。これらにも作話反応や作話結合が伴い，主観性を高めている。

　この点，神経症水準の美化では，たとえ派手でも何らか形態要素をつけようとするものであり，そこに自我水準の違いが示される。反応内容も花園，風景など日常見かけるようなものになりやすい。また神経症水準では時として，よいものと嫌なものとが葛藤的に示されることがある。たとえば「夕方の風景，きれいだけど寂しそうな」。このような混ざり合った表現はアンビヴァレンスの現れであり，むしろ分裂していないからこそ生じる混ざり合った感情の現れであろうと推測できる。

　主観的色づけの強い反応が生じるのは，防衛として原始的投影（primitive projection），つまり分裂を基盤にした投影が働いているからである。破壊的な極度に悪いイメージを作り出す防衛には他にも投影性同一化（projective identification），脱価値化（devaluation），攻撃化（aggressivization）がある。いずれもロールシャッハ反応としては悪いのは他者であるとする投影を基礎とし，作話反応，作話結合を用いて語られる。実例を挙げると，「2人の人がドクロを引っ張り合っている（Ⅱ）」，「禿鷹が獲物を運んでいる。羽の両側から獲物の足が出ている（V）」，「2人の人が内緒話をしている。上に悪魔がいて，2人に悪知恵を吹き込んでいる（Ⅲ）」「女性が2人で肉を解体している。これは解体した肉がぶら下がっている，真ん中のも肉（Ⅲ）」などである。

　よい対象の投影　対象像および対象世界をすべてよい（all good）と見立てる機制は理想化（idealization）で，この側面がロールシャッハ上に主防衛として，多量に出るのは，自己愛性パーソナリティの場合のみである。ある程度は演技性パーソナリティにも現われる。その現れは神経症水準の否認，美化より極端で，「この世にないくらいに素晴らしい」もの（だからこそ理想化）になる。「王様や女王様，宝石をちりばめたもの，大鷲やコンドル」などがよく使われる。カードXは天国になったり，遠い異国の花園になったりする。ブロットの形態には注意を払わず思いつきを語るので，形態水準は低下することが多

い。形態水準が伴わず，現実味が乏しいことが，神経症水準の美化との相違点である。

対象関係の分裂のまとめ　対象関係の分裂がある場合，その悪い対象関係の側面がロールシャッハ上に中心的に現れると考えてまず間違いない。例外は自己愛パーソナリティで，このパーソナリティの場合のみ，極端によい対象や関係性の表象が現れる。なぜこういう分かれ方をするのか，理由は明らかではないが，おそらく最初にカードⅠを見た時にBPOを持つ人の多くは，暗い否定的な感情を抱くのではないか，そうするとそこからすべてが暗くて陰気だという，分裂した悪い対象(all bad object)の世界に落ち込んでしまい，出てこられなくなるのではないか，ということである。特に被害 - 加害的な想定の作話が多く展開するのは妄想性パーソナリティであるが，被害念慮がそれほど目立たず閉じこもりがちな分裂病質パーソナリティでも同様の傾向が示され，実際にその対人認知を聞くと，他者は悪意に満ちているという理由で，接触を持たないように閉じこもっているという。また演技性パーソナリティでは，演技的な誇張や被暗示性の強さもあって，大袈裟な被害 - 加害的な空想をするようである。

こういうロールシャッハ現象を示すBPOのSCTはまた異なる側面を示すことが多いので，この意味でもロールシャッハ法にはSCTが無くてはならない参考資料である。ロールシャッハ法で魑魅魍魎の世界を描き出した人が，より冷静に関われるSCTではまるで別人のように，良い人たちに囲まれて幸せに平和に暮らしている自分を描き出す場合もあり，それによってますます分裂の存在が確かめられることがある。これについては別項で述べる（第8章も参照）。

② **心的過程の分裂（横の分裂）**

これまで述べたような，作話中心の分裂した表現というのは，内的表象の世界がすべて2種類の情動，リビドーと攻撃・破壊性に分かれ，理想化された対象と迫害的対象に分かれ，自我はその分裂を守るために働いている。これに対して，一時的に外的現実の世界から全面的に撤退し，自閉的な内界（一次的心的過程中心の世界）に閉じこもるのだが，社会的常識に従った冷静な言動を取れる自我が優勢な二次的心的過程も一時的には機能していると考えられる反応語がロールシャッハ上に現れる一群がある。筆者はこの現象の意味を理解するために「境界性パーソナリティの横分裂」という考えを提出している。横分裂とはつまり，BPOの人でも社会生活を短期間であれば維持することができるのだが，それを維持させている社会的自己，二次的心的過程を中心に動いて

いる自己，Winnicott, D. W. (1965) のいう false self と，個人的な深い情感を抱えている，それゆえに一次的心的過程に陥りやすい自己，Winnicott のいう true self との分裂である。健常であればこの2つの過程は連続的流動的に機能している。

この分裂の現れとして最も特徴的で意味づけがしやすいのは，カードI以外のカードで示される，ほぼWを使った「顔」という反応である。「ほぼ」というのは，大部分を使った dr とか，Sを目鼻に使ってその周りを囲んだ dr（たとえばカードII）も見られるからで，いずれにせよWかそれに近い領域である。幾つか実例を挙げると，カードIIIのWで，「二つの顔。こっちから見ると目が垂れ下がっていて悲しんでいる顔と，逆から見ると目が吊り上がって怒っている顔」，カードIXのWで，「何か動物の顔を正面から見たところ。大きな鼻の穴，と口と角があって威嚇している」。統合失調症の固執反応で生じる顔と異なるのは，BPOの人たちはこの顔に感情的に関わり，「怒っている怖い顔，血を流している顔，悲しんでいる顔」などとして説明することである。これはBPOにのみ現われるとは言えず，これまでの臨床でも抑鬱症状を持つ人などに見られるが，馬場らの研究ではBPO被検者の3分の1を占める一群に見られたことで，このグループに選択的に生じる現象であろうと考える。またその後の臨床資料としても，この種の顔反応を示すBPOを大量に経験している。

この反応の持つ条件を考えると，カードI以外のW領域は実際「顔」に似ていないが，左右対称の物を極度に遠ざけると，一般に「顔」に見える，ブロットのほぼ全体を占める巨大な顔である，多くは威嚇的な怒っている顔と見立てられる，といった条件がある。これらを合わせて考えると，この種の「顔」を見る人は外界から閉じこもって，極度に距離を取って，自閉の世界から外界を見るのであり，するとそこに内面の極度に悪い対象表象が投影されて，外界全体が巨大な威嚇者像に見える，という心境を反映しているのであろう。成人の被検者でこの反応が出る場合には，そのような閉じこもりと投影が起こっていると考えられるのではないか，というのが筆者の仮説である。

<u>ただし，思春期・青年期（10代）のロールシャッハには「W−の顔」反応がよく出るという研究がある（未発表）。</u>その研究資料自体を見ていないのでどのような属性を持った顔なのかは分からないが，年齢的な自我の未熟さによるものと思われるので，被検者の年代には注意する必要がある。精神病状態（特に統合失調症，一部の鬱病）の固執的な「顔」反応は，むしろ機械的な固執

であって，BPOのようにその顔に恐怖や威嚇といった情動的色彩をつけたり，作話反応にしたりすることはないので，区別は容易である。

　横分裂の現象を示す人の顔以外の反応は，多くの場合平凡で，よく見られやすいものである。形態水準も特に悪くはない。そういう反応が淡々と続く中に，突然，断絶したかのように，「顔」反応が現れることが多い。そこから，二次過程が優位な，安定して平凡な，情緒の動きの乏しい二次的心的過程が進む中に，唐突に一次過程思考優位の自閉状態が起こり，その状態に陥ると対象関係の分裂の構造が露わになって，原始的防衛が発動されるのではないか，そうでない状態では，常識的判断に従った，平凡で無難な思考や言動が可能なのではないか，ということである。健常な自我状態では二つの心的過程は連続しており相互理解ができているから，このような断絶は生じない。BPOの場合，たとえば恋愛をきっかけに，恋人への過剰な執着や万能的期待が起こり，そこから種々の不適応現象が始まったという例がよくある。このような場合，特に親しみを示して近寄り，入り込んでくる人が現れたことによって一次過程への退行が促進され，隠されていた対象関係の分裂の構造が表面化したのではないかと思われる。上司の厳しい一言から退行して，周囲のすべての人に非難されているという被害念慮に陥る場合も同様のプロセスと考えられる。

　成人（20歳以上）で，この「顔」反応を出すのは，これまでに心理療法経過と照合した経験では，ほぼ例外無くBPOである。この「顔反応」を出さずに投影による作話反応を多く出すBPOもあるし，これを出すが他の反応は作話的でなく，むしろ単純で平凡で，特徴がない，という人もあり，多くの場合，縦の分裂と横の分裂は別個に現れる。しかし稀には「W－顔反応」と投影的作話の両方を出す人もある。これらは，パーソナリティ障害のタイプに関連しているように思われるが，このあたりの研究はまだ不十分である。「顔」反応は大抵1，2個であるが，3個以上出す人もある。カードⅡ，Ⅲ，Ⅷ，Ⅸというように色彩刺激の強いカードで出す人，Ⅶで集中的に出す人などあるので，どういう刺激がその人に強く影響して引きこもりを起こさせたのかを推測できる。

③ 非特異的な自我の弱さのみを示すBPO

　Kernbergは対象関係の分裂を防衛として使う現象を，BPOの特異的（specific）な自我の弱さと規定し，その他に非特異的（nonspecific）な自我の弱さもあるとした。分裂という未熟な自我でも可能な防衛を使っていることによって，BPOの自我機能全般が弱いままに留まり，より一般的な自我の弱さ

の現象も示されるという主張である。その弱さは，i) 不安耐性の弱さ＝不安が少しでも高まると抱えていることができず，自我が退行したり，周囲を動かして解消しようとする，ii) 衝動統制力の弱さ＝不安や葛藤を自我の力で処理することができず，過食，暴力，過剰服薬などの行為によって発散する，iii) 昇華経路が発達しない，つまり何らかの技能や趣味を楽しむことで生活を豊かにすることができない，などである。

　ロールシャッハ法から見るBPOのタイプにも，少数ながら"非特異的な自我の弱さ"のみしか示さず，分裂の現象を示さない一群がある。馬場らの研究（1983）では20例中5例がこれに該当し，「仮神経症型」と「自我脆弱型」に分かれた。ここでは二つを纏めて解説する。その弱さの特徴は，i) 人間運動（M）より動物運動（FM）と無生物運動（m）の方が多く，ii) 色彩（C'も含む）には過剰に反応し，時には全く形態の伴わない色彩反応（C, C'）も生じる，形態水準は低いが明らかな不良形態（F−）は無く，曖昧または単純すぎるゆえのF∓が多い。内臓，血液，食物，などまさにプリミティヴなものが多い。このような表現によって自我機能の全般的な弱さと，情動の動きやすさ，影響されやすさを示す。しかし，公共反応や動物反応が多いところからは，常識的な社会的認識や振る舞いは可能であろうと思われる。

　筆者が最近出会ったこのタイプは，対人関係を極度に避けながら，職業生活は可能であったが，不安が高まる出来事を契機に，一過性の精神病的エピソードを示した。

(4) 3群とパーソナリティタイプとの関係

　以上のようにロールシャッハ法では独特の分類が得られたために，これとDSMでのパーソナリティ障害群とは直線的には結びつかない。他の検査や面接の情報も加味しながら各例ごとに検討するのが望ましい。およその関連を述べておくと，対象関係の分裂（縦分裂）が目立つ作話反応タイプは妄想性，演技性に多く，心的過程の分裂（横分裂）が目立つW−顔タイプは分裂病質，境界性に多く，自我の弱さが目立つタイプには統合失調型が多いように思われる。自己愛性は縦分裂の作話反応タイプではあるが，唯一「よい対象」の表象がロールシャッハ法にさえも出ることが多いパーソナリティである。

3) 精神病水準

　精神病および脳器質的疾患に関してもロールシャッハ法への現れの特徴は多くあり，また多くの研究がなされている。力動的理解は必ずしも可能ではない

が，情動コントロールの難しさや，事実認知の難しさや障害について，自我の障害として考えることは可能である。なぜなら，精神分析でいう自我機能とは，すべて脳の基質や機能によって行われていることだからである。言い換えれば，精神病的ロールシャッハ現象は自我の防衛機能や防衛機制の障害から生じるのではない。それ以上に，自我という機構そのものが崩壊していることから生じるのであり，器質的疾患との共通性が出てくるような障害である。そのような観点からの解説を入れながら，精神病水準のロールシャッハ法について特記すべきことを述べたい。

精神分析理論から統合失調症を説明した最も古い理論は Federn, P.（1952）の理論であろう。そこから始まってその後の研究でも，自我境界へのエネルギー供給の低下，それによる自我境界の崩壊，が最も中心的な問題だとされている。外的自我境界には自己と自己以外のものの区別をする機能，つまり内界と外界，空想と現実，の区別ができなくなり，空想をあたかも現実であるかのように受け止める妄想や幻覚が生じる根拠の説明になる。また内的境界が崩壊すると，内面で区別されるはずの自我と超自我，自我と欲動の境界が曖昧になり，内的葛藤が起こらず，衝動が抵抗無しに意識に上る，いわゆる高等感情の鈍麻と言われる現象が生じる根拠の説明になる。また概念相互の境界が崩れるゆえに，概念の混乱や混淆が生じることもある。ロールシャッハ法にもこうした境界の障害が現われる現象が多々ある。以下に統合失調症に一般的に見られる特徴について述べる。

① 形態水準の低さ

全般的に形態水準は低い。総合ΣF＋％が50以下も稀ではない。それは第一に「木の枝，まっすぐだから」，「お尻です，丸いから（Ⅱ，Ⅶ）」「タマネギ，丸いから」のように，見方があまりに単純な場合である。第二には，「全体に何となく」「こんな形です」というように説明ができない場合である。いずれにしてもこれは，現実との関わり方や関心の持ち方が漠然とし，実感が失われていることに関連しているであろう。

② 荒廃色彩反応，荒廃した表象の反応

たとえばⅧ「オレンジ，みかん，桃（inq）色がそうだから（Cnに似ている）」「山とか森林（inq）緑と雲のような色」XをWで「虹（inq）色がたくさんある」というように pure C になり，形態を伴わないか，あっても漠然としている（本人が形態への関心が薄い）。そこが形態を使って合理づけしようとするBPOと異なる。またⅡの赤部をすべて指しながら「赤いのは血かもし

れませんね。飛び散っている（荒廃色彩反応）」と淡々と述べる。こういう反応も多いが，こうなる理由は，精神分析的に考えると，これは防衛によって感情閉鎖しているというより，内面で超自我と欲動と防衛（自我活動）との境界（内的自我境界）が弱まり（崩れ），内的葛藤が無くなっているゆえに，緊張も不安もなく淡々としているのではないかと思われる。色彩に限らず，Ⅶで「バラバラになった身体。積み重なっている」「石が積んであるのかもしれないし，肉の塊かもしれない」等を淡々と言うのもこのためであろう。陰影反応が少ないことも多くの研究者が指摘しているが，これも自我機能と情動との細やかな触れ合いが起こらないことと関連しているであろう。要するに繊細さや敏感さが見られなくなる。

③ 逸脱言語

BPOとは違った意味で，違った質の逸脱言語が現れる。最も精神病的とされる逸脱言語が混淆反応（contamination）である。これについては，もっぱら自我境界の崩壊という概念で説明される。つまり，区別されるはずの概念と概念との境界が失われ，異なる概念が混ざり合ってしまう現象である。

Confusion（混乱）と contamination（混淆）が混ざり，滅裂になった反応の例：（Ⅱ）「動物のお尻みたい（どこが）う～ん，どうなんだろう，便座に似ているからそう言ったのかな，お尻だと説明できない，あとこの血です。〈血だからお尻？　便座？〉出血でもしたのかなと，お尻から」とか，Contamination と作話結合が混ざった例：（Ⅲ）「人の顔が，サングラスみたいな，顔つき合わせているのかな。（inq）サングラスで，顔で，頭です。で，ここに人が二つ。顔で首で胴体で足。とにかくここにも人の顔があるし，ここにも人と人」（他のカードにも同様の混ざり合いがある）。この「顔の中に人がいる」ような，あまりに不合理な結合はBPOの人には出ないものである。

こういう反応は他にどんな反応があったとしても，これだけで精神病水準の反応と疑ってよい。ただし，他の反応の水準や，他の検査，特にSCTの現れは参照して，この精神病的パーソナリティはその人の中でどう位置づけられるのかを考えなければならない。もちろん統合失調症という結論になる場合も多いが，一過性の精神病的エピソードを生じるレベルの境界性パーソナリティという結論になる場合もある。

固執反応　よく出るのは「コウモリ，蝶」とカードⅠでPを出すと，その後ずっと同じ反応を繰り返すというものである（magic band）。「性器」の固執もあるし，「顔」の固執もある。先に述べたBPOの「顔」と違うところは，

情緒的色づけをせず, 淡々と,「目, 鼻, 口」とか「まわりが丸いから」などしか説明しないところ,「性器」についても, 神経症のようにためらったり取り消したり, 早く説明を済まそうとして単純になったりするのでなく, またBPOのように「傷ついている」「出血している」などと破壊的明細化をするのでもなく,「何となく形が」「ただそう見えたから」くらいしか言わない。これも（タブーや禁止に触れるという）超自我と自我と内的欲動の葛藤が無くなっている（内的自我境界の崩壊）, 外界の事物を明瞭に識別できない, といった内的外的自我境界の崩壊という精神病水準の自我障害の現れと考えられる。

これらは, かなり病状が進行し, 慢性化している統合失調症の特徴である。この他にも, 統合失調症だけで見ても, 多くの異なる状態像があり, それに伴って異なるロールシャッハ法表現がある。そのすべてについて述べるだけの知識や経験は無いが, 次の二つの状態の特徴を挙げておきたい。

発症直前または初期の状態　不安というより不穏という方が適しているような, 非常に不安定な様相を示す。揺れ動いているものや, 輪郭の不明瞭なものが多く, 記号としてはm, K, が多くなる。形態水準が低く, 反応を取り消したり, 途中から分らなくなったりする場合もある。心的エネルギーの乏しさから反応数が少なくなる場合もあるが, 不安緊張から多弁になり, 纏まらないために多くなる場合もある。このように不安定で纏まらない様相を示すのが特徴である。

病前性格が保たれている場合　統合失調症そのものの特徴は, 不活発, 反応性や生産性の乏しさ, 物事への関心の乏しさ, などを反映して, 反応語も乏しく, 内容も貧困になるものである。たとえば臨床症状としては妄想や幻覚が活発であっても, BPOの妄想性（パラノイド）パーソナリティのように被加虐的な作話的運動反応が活発になることはなく, 内容の空疎な形態のみの反応が生じるだけである。ところが, より活発でパーソナリティ障害のような反応語を生じるものも, 稀にはある。このような場合には, まずもう一度臨床症状と照合して, 診断を確かめる方がよい。重度の自我障害を持つBPOでは, 一過性の精神病エピソードを生じるほどに機能低下するものもある。そこで統合失調症が確かである場合には, 発病以前からのパーソナリティ（病前人格）に, そのようなパーソナリティ障害があったのであり, それが持続しているのではないかと考えるとよい（こういう人は却って治りにくいということがある）。このような場合, 病前人格はそのままきれいに保たれているのではなく, 断片化していたり, 逸脱した部分があったりするものである。

5．おわりに

　自我の機能と機制の健常と病理という観点から，パーソナリティの病理と健常の，ロールシャッハ法上の現われについて，できる限りの説明をしてきた。しかし，これを知れば病態診断が出来るようになるとは言えない。実際，人はcase by caseなのである。幾つもの病理が重なり合っていたり，さまざまな程度に健全であったりするのが普通で，型のごとき「〇〇パーソナリティ」「〇〇病」という人はいない。その個人差がそのまま反映されてくるところに，投映法による心理査定の有用さがあるのだが，それだけに個別の在りようを読み取るのは難しい。ここに記載したことを手がかりにして，一つ一つの事例を検討していただきたい。

第8章　他の検査との統合
——SCTの場合

村部　妙美

1. はじめに

1）テストバッテリーでの位置づけ

　被検者の人物像をより立体的に多面的に捉えるためには，多くの情報がある方が望ましい。しかし被検者の負担に配慮すると，同じような側面を測定する検査を重ねることは避けたい。また臨床現場では多くの検査を施行することに時間的状況的制約があることも多い。その場合，最低限SCTと出来ればMMPI-IIや矢田部ギルフォードなどの自己報告式検査や，短時間で施行でき，かつ自由度の高い描画テストを，ロールシャッハ法に組み合わせることが望ましい。

　テストバッテリーをどう考えるかに関しては，本書の第6章，馬場（1972, p.386），小川（1991, 2011）などを参照されたい。

　本章ではSCTの特質，特にロールシャッハ法と異なる意義について述べる。SCTにはロールシャッハ法と比較して以下のような退行阻止要素と退行促進要素とがある（第6章参照）。

① 退行阻止要素
(1) 刺激が印刷された単語文字であり，視覚的に訴える刺激が弱い。
(2) 「精研式」では被検者が警戒せず気楽に記入できるようにありふれた日常についての刺激語になっているので，警戒心や不安を起こさせにくい。
(3) 検査者が対面していないので，その分感情に働きかける刺激が少ない。
(4) 被検者が自ら記載内容を考え取捨選択して，書いてもよい，書きたいと思ったことを記載することができる。

(5) 刺激語には，日常生活や社会対人関係について問うものが多いので，被検者の社会生活での感覚，つまり二次過程を優先した精神状態を維持しやすい。

② 退行促進要素
(1) 一人で刺激と向き合うという状況は，「思っていることをそのまま書きたい」という欲求を促進する状況でもあり，その欲求が自己統制力を弱める可能性がある。
(2) part ⅠからⅡへ進むに従って刺激が強められて，次第に退行して本音が出やすくなる。

以上のように，退行促進要素は僅かであり，およそロールシャッハ法より退行していない，二次過程思考がよりよく働く状態での記載が可能だと考えてよい。そうは言っても，臨床例では，SCTに乱れた思考や逸脱思考が示されることも多い。そうなる場合はロールシャッハ法での逸脱よりさらに自我機能が低下している状態を意味することになるが，本章ではそれについても実例を挙げて詳述したい。

上記のような状況の相違がロールシャッハ法とは異なる側面を表現させる要因となるので，それについて馬場（1972）は次のように述べている。

「ロールシャッハテストは退行した時の被検査者の振舞い方，力動的な防衛の仕方など，多くの示唆を与えてくれる。しかし，最も退行した状態を把握することが必ずしもその人のパーソナリティを把握するとは限らない。つまりロールシャッハ法から得られる心像は，被検者の具体的な生活行動そのものからは遊離していることになる。退行していない時の心的状態や自我の機能状態を知ることも大切であることから，より退行刺激が少ない方法（たとえばSCT）を併用する。（以下略）」

「SCTにおいては自己認知のあり方，対社会，対家族，対異性関係，生活史的事実，生活や人生の目標，価値観などに関する直接的な自己表現が示されることから，自我の二次過程を優先する心理状態での被検者の振る舞い方が明らかになり，ロールシャッハ法でみられる限界を補うものとなる。また短文の刺激に応える形式のSCTでは，意識的な統制の少ない気軽な思い付きを記入しやすいことから，前意識の投影が介入しやすいという意味でもロールシャッハ法との連続性を保ちやすい投影的特性を踏まえているといえる。」

2）SCT の歴史

　初めに SCT の歴史と，これまでの用いられ方について簡単に述べておきたい。

　SCT（Sentence Completion Test）は，Ebbinghaus, H. により知能検査として開発された。パーソナリティ検査法として用いた先駆的な研究者は Tendler, A. D.（1930）であり，さらに Payne は50項目からなる SCT を職業相談に用いた（辻 1978，生熊 2001）。1940年代には，第二次世界大戦の軍人動員のためのスクリーニングテストとして研究が進んだ。辻（1978）はその著書の中で Lorge & Thorndike の用いたスケール，Stein（1947）の用いたスケール，Shor（1946）の「自己観念完成テスト Self-Idea-Completion Test」，Rotter & Willerman（1947）のスケール（40課題）について言及している。

　このような SCT の日本版もその研究目的に応じて独自に開発されている。K-SCT（片口 1989，小山 2008）や SCT-B（小林 1990，1993），Loevinger ら[注1]の研究の流れを汲む SCT による自我発達測定尺度の開発やその研究（佐々木 1981a, b，栃尾・花田 1991，栃尾他 1988），日本版 WU-SCT，WY-SCT（27項目）（渡部・山本 1988，1989）などである。これらの研究は，Sullivan の考えから大きな理論的示唆をえた Loevinger, J. の自我概念に基づいたものである。また高齢者研究のための SCT の開発や研究（下仲・村瀬 1975，下仲・中里 1999）もある。

　上記のように SCT にはさまざまな種類があり，鈴木（1999）は「SCT にはロールシャッハ法や TAT のように『決定版』がないという欠点をもつ」と述べている。その中で精研式 SCT（佐野・槇田 1976）は，「刺激文は短い方の SCT で，被検査者のパーソナリティについて広く浅く知るのに適している」として開発された。開発者である佐野・槇田ら（1982, 1995a, 1995b）も解釈の方向性として，「全体を見通して読みこなし――できるだけ被検査者の立場や，表現しようとしている気持ちに自分を近づけるように努めながら――，一貫した特徴はなにか，表現上の矛盾はあるか，感情的なニュアンスはどうか，各領

注1）Loevinger らは，人間の発達を自我発達，身体的発達，知的発達，心理・性的発達と考え，自我発達とは，対人関係様式，衝動の統制・道徳性の発達，意識的とらわれ，認知様式の４つの側面から捉えるとし，自我の発達段階としては10段階を提示した。この自我発達段階を測定する方法が，文章完成法による尺度（Washington University Sentence Completion Test: WU-SCT）である。WU-SCT は，36の質問項目からなり，総合的な自我発達段階を推定する（Loevinger, J., et al 1959, Loevinger, J. 1966）。

域での態度はどんな方向性を示しているか，他人からどう見られているか，珍しい反応や了解しがたい反応はどれか，……などを練り上げていくのがよい」としている。

　馬場法のテストバッテリーとして特に「精研式」を活用する理由は，精研式のSCTはPartⅠとPartⅡにわかれ，その両方に家族関係や対象関係に関する刺激語を多く配しているため，精神力動的側面を浮き彫りにするには適した仕組みとなっていることが大きな要因である。また「私」について語らせる項目が多く，被検者が自己をどう語り，どう評価しているかなど，ロールシャッハ法からは分らない直接的な自己への想いを知ることができる。この意味でも有力な追加資料である。この特徴を活用して精神力動的パーソナリティ理論に基づいて読むことで被検者のパーソナリティ特性や病理性，健康度，現実場面での対処の仕方などの理解を深めることができる。

2. 施行上の留意点

　SCTを施行するとき，検査者が同席している場合，検査者が不在の状態で記述している場合，家に持ち帰って記入してもらう場合など，種々の検査状況が記述内容にも影響を与える。精神病の状態にあったり，書字が困難である場合には特例として検査者が代筆する可能性もごく稀に想定される。その場合記入状況の特殊性（対面の状態での連想）を留意して解釈する必要がある。

　また，書き間違えた場合の対処として①二重線を引いて訂正することを教示として用いる，②万年筆やボールペンなどの消えない筆記用具を使用する教示により，訂正前の記述が残るような施行法もある。ただしこのような状況設定においては，構えが出来たり，筆圧などの情報を考慮することが難しくなる。

　時間制限はないことを伝える反面，迷ったり思いつかなかったりした時は，「番号を◯で囲って先に進む」という教示をするが，それによって直感的でより内面的連想をさせることを意図しているSCTの中で，刺激語に抵抗を感じたり，防衛的な記述で回答したりした項目が浮き彫りになる。

　SCTを持ち帰って記入してもらう場合も多くある。その際鉛筆の使用を認めた場合には修正をし，熟考をすることを可能にしていることで異なった側面を引き出すことが可能になる。馬場（2006）が指摘しているように，「記入する内容について，十分自己吟味し，書いてよい，書きたい，伝えてわかってほしい，と思ったことを記入することができる。逆に書きたくないことや書くべ

きでないと判断したことを避けることができる。そのような判断をする現実機能がかなり維持され活動している状態で記入することができる」。したがって現実吟味の仕方や，二次過程思考による振舞い方や防衛の仕方をみるという点においては，持ち帰ってもらいさらに修正可能な状況設定をすることも解釈する上で有用である。

　漠然と読み進むよりも，いくつかの留意する特徴を想定して読み進める方が被検者の人物像が浮き彫りになる。そこでどのような着眼点があるかを以下で詳述する。

3．力動的解釈

1）形式的側面

　私たちは，ロールシャッハ法との統合的パーソナリティ像を描き出す目的で以下の点を配慮している。

① 記述量の多寡

　記述が極端に少ない場合，以下の可能性を検討する必要がある。
- 検査に対する拒否感，警戒心，言語表現力の低さ
- エネルギーの低下した抑うつ状態や統合失調症を疑う状態
- 注意散漫な躁状態の被検者が短期間で踊ったような走り書きで短い記述をする場合。

逆に記述量が過剰で，2行をはみ出して枠外に書かれている場合
- 「たくさん書かなければならない」と思い込んでいる場合
- 自己顕示願望の強さによる場合
- 自分のことを余すことなく知ってほしいという依存願望が強い場合
- こだわりの強さから記述が迂遠であったり微細である場合
- 自分のことを知られたくないために煙幕として冗長に記述している場合

記述量の多寡により，上記のような可能性が想定される。

② 記述量にむらがある場合

　Part I，IIのいずれかではビッシリと叙述しているにもかかわらず，他方で空欄が目立つ場合がある。このような場合，被検者の精神的なエネルギーの持続にムラがあり，集中力が持続しないことが考えられる。

　あるクライエントは，Part I でびっしり書いていたにも関わらず，Part II において急に空白が目立つ叙述となった。これは内田クレペリンテストの作業

曲線を彷彿とさせるように，出だしは熱心に取り組むがエネルギーが持たず，次第に取組みを辞めてしまうという特徴と推測され，当人の就業困難な状況に対応していた。

③ 記載形式に逸脱や歪曲がある場合

誤字，脱字，助詞の使い方の誤りは，文章力や書字能力の低さや知的水準の低さ[注2]や，集中力の欠如を反映している場合がある。

また刺激語と記述内容を検討すると，その刺激語が被検者の戸惑いや不安を誘発したために書字が乱れた可能性もある。その刺激語にまつわる問題とロールシャッハ上のあり方とを照合すると，さらに多くの情報を得ることができる。

統合失調症の言語新作や文字新作の現れも表現形式の乱れといえるであろう。この場合筆跡も非常に濃いか，もしくは読めないほどの薄い筆跡になるという特徴などが合わせて出現する。

このように自筆による場合，筆跡との関連性にも多くのパーソナリティ像が示されることについては，槇田・古谷津他（1981），槇田（1982）も論じている。

頻繁に文章が飛躍したり，文法的誤りがあったりする場合は言語表現能力の低さ，躁状態や統合失調症，脳器質的疾患の有無を検討する必要がある。ロールシャッハ法と異なり，SCTは基本的に現実原則に即した二次過程思考が優位になる条件を持っている。したがってこのような検査状況で，中断された尻切れトンボの叙述や了解不能な文章のつながりや，精神病の陽性症状の記載などが現れる場合には，ロールシャッハ法での現れ以上に重大な，二次過程思考の障害の可能性が考えられる。記載の形式から知能検査の施行を検討する場合もある。

2）内容的側面

解釈において検査者が知りたい内容と対応する項目は，おおよそ次のようである。

① 自己観

馬場（2006）は精研式SCTの刺激語について，「自己概念，自己評価など自己に関する側面に注目している。過去，現在，将来にわたる自己への思いや評価，自己の家族像，他者像，異性像などを語らせ，ほぼ全面にわたって自己が

注2）SCTの適応限界について，槇田ら（1985a）はIQ＝80-90を限界としている。

扱われている。これほど多面的にまた直接的に，被検者の自己観を把握できる検査は他にはない」と，自己観が描き出されることをこの検査の特質として評価している。具体的に読み取りやすい項目は次のようである。

自己像：I-1 子供の頃，私は，I-10 私がきらいなのは，I-14 私のできないことは，I-22 時々私は，II-25 どうしても私は，II-29 私が努力しているのは。

他者から見た自己像：I-2 私はよく人から，I-5 家の人は私を。

理想自己：I-6 私が得意になるのは，II-17 私の野心，II-25 どうしても私は，II-29 私が努力しているのは。

指向性：I-8 私が知りたいことは，I-16 将来，I-23 私が心をひかれるのは，II-4 私はよく，II-14 私が好きなのは，II-15 私の頭脳，II-19 私の気持ち。

② 葛　藤

I-19 私がひそかに，I-24 私の不平は，II-2 私を不安にするのは，II-5 もし私が，II-7 もう一度やり直せるなら，II-19 私の気持，II-21 私が残念なのは，II-25 どうしても私は。

③ 家族要因

Part I-1 子供の頃，私は，I-3 家の暮し，I-5 家の人は私を，Part II-1 家では，II-26 家の人は，II-30 私が忘れられないのは。

これらの設問をたどるとその被検者が家族をどうとらえているか，家庭での生活の仕方，「家人からどのようにみられていると感じているか」という他者から見た自己像への認識が見えてくる。

また個別の家族成員との関係性に関しては，

I-9 私の父，II-12 もし私の父が，II-8 男，I-21 夫，

I-17 もし私の母が，II-6 私の母，II-18 妻，I-29 女，I-25 私の兄弟（姉妹）。

被検者が子どもの立場で答えている場合には，「妻」や「夫」，「男」，「女」の設問に両親への感情を投影している場合がある。

また，自らの恋愛観や結婚観，性同一性のあり方を投影していることも多い。その場合は合わせて II-11 恋愛，II-23 結婚の叙述を検討することで被検者の恋愛対象との関係を理解することとなる。

④ 価値観，思想，目標

たとえば，I-4 私の失敗，I-6 私が得意になるのは，I-14 私にできないことは，I-16 将来，I-19 私がひそかに，I-20 世の中，I-23 私が心をひかれるのは，I-24 私の不平は，II-14 私が好きなのは，II-17 私の野心，II-22 大部

分の時間を，II-27 私が羨ましいのは，II-29 私が努力しているのは，の項目によって被検者の志向性や価値観，目標としていることを知ることができる。

自分の葛藤や疾患に関心が集中している人は，I-20 世の中，に回答できなかったり，社会的な事柄に関心が向かないことが明確となる。また嫌世感の強い被検者はこの設問にその気持ちを反映させることが多い。

⑤ 希死念慮，自殺企図への視点

臨床場面では自殺につながる叙述は留意する必要が高いので以下の刺激語を注意深く見るとよい。

I-12 死，I-13 人々，I-16 将来，I-19 私がひそかに，II-7 もう一度やり直せるなら，II-13 自殺，II-22 大部分の時間を，II-25 どうしても私は。

現実の負担から現実逃避をしたいと願っていることが読み取れても，同時に「死」や自殺への畏怖の念や恐怖感が語られている場合には，現状の苦しさから抜け出したい気持ちから逃避的に死を求めることにとらわれはするが，自死を実行するまでには至らないと思える。しかしこれらの回答が空白であったり，SCT 全体に嫌世的な叙述が続いているにもかかわらず，これらの項目にはサラッとかわした叙述になったり，非常に希求性の高い言い回しになっているときは慎重に対応する必要がある。

⑥ 性同一性（ジェンダーアイデンティティ）

思春期，青年期の被検者では，特に自分の性同一性の問題を通して，恋愛対象の選択，また対人関係の持ち方や性的成熟，対象の選択などのジェンダーの問題が浮き彫りになることも少なくない。ロールシャッハ反応で，ジェンダーアイデンティティの問題が目立ったときに，SCT で被検者自身がどの程度それを意識化しているか，あるいはどの程度カモフラージュしながら現実との擦り合せを行っているかなども判断できる。

また LGBT の被検者の場合には，恋愛関係や，男女関係を語る時にヘテロセクシャルな恋愛観に自分の恋愛観を当てはめる形で語り直しをしている場合がある。したがって SCT を読むときもそのような置き換えの表現になっていることを配慮する必要がある。さらにそのような置き換えをして，いつも人との会話で辻褄合わせをしなければならない所に，強い苦悩があることも考え合わせて，性同一性のテーマに対する複雑な思いや葛藤を読み取ることが必要である。

⑦ その他

経験上，カウンセリングの対象となる被検者において，I-30 私が思いだす

のは，II-30 私が忘れられないのは，という二つの設問に共通する内容が記される場合には，生活史において特に重要であり，強く印象に残っている事柄だとみなしてよいであろう。

またPart I と II にある類似の刺激語への記載から，両者の共通点，相違点，矛盾に注目するとよい。矛盾が見られる場合，被検者の認知や感情がアンビバレントなものであることが想定される。

以上刺激語と力動的視点との関係において留意する点を示した。しかしここに挙げたのは，刺激語によって誘発されやすい内容の例に過ぎない。精神的に不安定で情緒や欲動をめぐる内的な葛藤が高まっていると，主観的な囚われゆえに，どのような刺激語も自分の問題に結びつけてしまうこともある。

継続面接をしているクライエントの心理検査を，経過の途中でクライエントの状況がかなり明らかになった時に再読してみると，検査時にはあまり気に留めなかった叙述にも，症状に結びつく重要な叙述が初期の段階で言葉になっていたことなどに改めて気づくことがある。

そのような経験からSCTを施行したとき，その叙述内容があいまいであったり，その語り方に何かひっかかるものを感じた時には，フィードバックの時にその項目について尋ねるとよい。するとトラウマに近いものに関しては，誤魔化すような語りをされることが多い。一方，SCTに明確に記載されていることは，本人が意識化して悩んだり葛藤したりしていることなので，面接の比較的早いうちから話題にしてクライエントの理解を深める情報を共有することができる。

なお，各種病理の表れについては次節で述べる。

3．SCTとロールシャッハ法の統合的解釈

ではこのような視点を踏まえて統合的に解釈する際の特徴とテストバッテリーによってどのように多面的に理解されるかを臨床例によって明確にしていきたい（ただし，以下の事例は個人情報への配慮から改変して叙述してある）。

1) 神経症水準の場合

神経症症状の場合一般に，さまざまな設問を通してその人の個人的な問題や葛藤のテーマが，全体として浮かび上がってくることが多い。

特に強迫性格の人の場合，形式的側面においては，一糸乱れぬ形で文字が並

び，書字そのものにもこだわりの高さが表れる。内容的側面も情緒が抑制され
あまり感情が伝わってこず防衛的であったり無味乾燥な語りであったり，自分
の症状を客観的に詳細に解説するなどの特徴がみられる。

　ヒステリー性格の人の場合には，自己顕示性の強いタイプと，抑圧・否認の
強いタイプに分かれる。前者の場合には文章が長文となり2行の枠からはみ出
す形で叙述し，過剰に自分の気持ちを語ろうとする姿勢が見て取れる。さらに
その語りの特徴として，自分の状況や境遇や負担感を詳細に語ったり，身体表
現性障害の場合には不定愁訴や状態の悪さを縷々と語るなど，過剰な自己表現
が特徴的である。後者の場合には叙述は短めで，淡々と感情を抑え込んだ形の
叙述が多くなる。さらにそうした内容がどの設問においても繰り返されるとい
う固執した叙述が見られる人もいる。

事 例（1）

　Aさんは，継父より虐待を受けながらも異父兄弟のために「あなたが我慢す
れば皆豊かに暮らせる」との実母の言葉から，家族の平和のために自己犠牲を
強いられてきた。そのような生い立ちを抱えながらも，結婚をし，2児の母と
なる。末子の子育て中，継父が病床につくと，突如精神的に不安定となり，子
育てや家事全般をこなすことが困難になり精神科を受診した。疎通性も高く多
弁でありながらも強い抑うつ感を訴え，現状に対する自責の念や自己卑下も著
しい。一方その語りからは何処か今まで大変な人生を歩んできた自分に，今度
は周囲が手を差し伸べてくれることを期待しているところが強く伝わってくる。

　ロールシャッハ法の量的分析では，R＝22でP（公共反応）＝5，初発反応時
間（R_1T）は20.5″，R＋％＝77.6％であることから，多少慎重な対応をするも
のの熱心に取り組み，標準的で無難に対処する力もある。しかしM：FM＝
2：7，A％＝63.4％であることからも，幼児性が高く直接的満足を得る傾向
が顕著であると推測された。極端な行動化の傾向は示されない（FC：CF＋C
＝1：1）ものの，標準的で無難な対応をするか，幼児的に欲求を満たそうと
する行動に出るかのいずれかの対応をする可能性が示唆される。

　継起分析からは，Aさんはいろいろな刺激に触発され情動を動かされながら
も論理（F）で抑えて，非常に無難に反応する超自我の強さが，多くのカード
でみてとれる。多くの表象に葛藤や困難を反映させ，さらにそれを非常に遠ざ
けたり，抑圧，否認，美化などの防衛で抑え込もうとする動揺への対処の仕方
が継起分析から鮮明に読み取れる。自我の機能水準は高く維持されている。し
かし炎や爆発を伴うものを含めたFmが4.5とかなり多く，高い攻撃性，内的

緊張の高さや不安定感がみてとれる。感情表現の仕方が未熟で合理づけにより自分の満足を優先するので，幼児性の高さも手伝って周囲に了解しにくい激しい形で表出するかもしれないと疑われる。この攻撃性をどの程度意識化し現実場面で表現できるのかを，表層的で現実面での対応が見えやすいSCTとのバッテリーで検討する事が必要となる。

　SCTにおいては，葛藤的で自己卑下の叙述が多く，家族を美化し，子どもへの愛着の念が強く語られる。たとえばI-4「私の失敗　実父が亡くなった時施設にでも入っていれば，皆が幸せで暮らせた」やI-19「私がひそかに　私さえいなくなれば，皆楽になるのではないか……」I-27「私の顔　どうしようもないです」I-29「女　としては失格だと思います。」II-18「妻　失格です」などすべての問題の原因を自分に帰し，自責感，自己毀損感を表現する叙述が目立つ。ここから，ロールシャッハ法に示された激しい攻撃性は，自己に向けかえられ，自己攻撃，自己処罰，自己卑下となっているという内的力動が理解される。

　また子どもへの執着に関しても，子育て中の母親であることを差し引いても，I-8, 12, 14, 16, 20, 27, 30, II-1, 3, 5, 7, 14, 15, 30とその大半を子どもの叙述に終始している。Part I-6の「……子供は命です」という叙述からも子どもとの距離がとれず，却って事態が複雑化している可能性がみてとれる。

　子どもを分身として捉え，よき母としての理想自己を抱きながらも現在の自己像との不一致や，自分の中にあるさまざまな感情を素直に受け入れられず，超自我の強さも災いして，理想的な母親でいようとするあまり，現実とのギャップに過剰な自己卑下をしてしまい自分を追いつめていることがSCTからみてとれる。

　さらにSCTではロールシャッハ法でみられる，攻撃性の高さ（根深い怒りの感情）は少しも表出されてはおらず，現実生活の中では内面にある自らの攻撃性は自己に向けかえられ，むしろ弱々しい何もできない母親としてのスタンスにより覆い隠され，症状に置き換えられていることが2つの検査から統合的に解釈することで浮き彫りになった。したがっていろいろなことに敏感に反応し，超自我の強さから非常に優等生的な母親でいようとするものの，激しい攻撃性や競争心などを感じていることに自覚がなく，表出の仕方が激しく未成熟なものとなっていることが伺える。

　このようにロールシャッハ法で表出される自我の状態や防衛機制の在り方と，現実場面により近い形でのAさんの対処の仕方が鮮明となるSCTでの現れ方

との相互関係から，うつ状態のヒステリー性格と考えられた。

2) 境界性パーソナリティ水準の場合

　馬場（2006）は「ロールシャッハ法では原始的防衛を顕著に示す境界例でも，SCTでは健康な人，あるいは多少不安定で敏感な人という程度の現れになることが多い」と特徴を述べている。分裂（splitting）などの原始的防衛で対処する境界性パーソナリティ障害においては，「ロールシャッハ法で攻撃的側面を示し，SCTで善良で博愛的な側面を示すというわかれ方になり，同時にロールシャッハ法では自我の退行を顕著に示す逸脱言語表現が豊富に示されるのに対して，SCTでは思考障害や文体の崩れなどはまったく生じない人が大多数である」というように，対人場面で緊張をはらみ退行促進的な検査刺激をもつロールシャッハ法ではその自我の脆弱性を露呈する場合でも，構造化が強くより現実場面に近いSCTにおいては，自分の問題点や病理性を出さないようにコントロールすることが可能となる。そこからむしろSCTで病的体験を自己批判なく記載する場合に，相当に自我が疲弊した状態にあると考えられる。

事　例（2）

　20代の男子学生。大学を3年間留年しており通院服薬している。主訴は「人が怖くて外出ができなくなる」ことである。この怖さや外出できない症状がどのような内的状況から起こっているのかを精査するために，心理検査の導入となった。検査態度はきちんとしていて真面目に取り組んでいるものの，緊張していて表現したいことが言葉になってこないといった様子であった。おとなし気で目線を合わせようとしないという印象がある。

　ロールシャッハ法においては反応数＝38。Summary Scoring Tableからはカードを全体で捉えようとする傾向（W：D＝23：4），体験型は内向型で，情緒的な統制の悪さ（FC：CF＋C＝2.5：4.5）などがうかがえるもののP（公共反応）も6あり，無難で適応的な対応が可能であることが伺える。ΣF＋％＝64％，R＋％＝59％とやや低めではありながらも，現実検討力は比較的保たれていると推察される。

　継起分析ではカードⅠ「こうもり」（W　FM± ,FC'　A　P），カードⅦ「向かい合ってすわっているインディアンの女性」（W　M±　H　P），カードⅧ「2頭のクマが山を登っている」（W　FM±　A,Na　P）など，運動を伴ったよい形態質の公共反応を示せる一方で，自我機能の急激な退行を意味する解剖反応（カードⅠ「人間の骨盤」（W,S　F∓　Atb），カードⅦ「女性の子宮」

(S, de Fc- Sex)，カードⅧ「頭蓋骨」(dr, S F- Atb)) がある。また攻撃性の表現はⅡで「ロケット」(S, W Fm±K, C' Arch, Fire)，Ⅳで「大きなミサイル」(W F∓K, C' Arch) ともに「暗闇を飛んでいる」激しい動きであり，また攻撃性の投影と言える「根元で燃やされている十字架」(dr F± Aobj, Fire)（Ⅳ），「うつぶせになって死んでいる猫」(Ⅵ) があり，攻撃性については統制困難で被害感や緊張感も強いと推測される。さらに，口唇的退行を示す「アイスクリーム」という反応が2個（Ⅱ，Ⅷ）見られ，いずれもCF-を伴っている。これらから，欲求や衝動性への統制機能が弱く，内面は混乱，葛藤を生じやすく，その程度（自我機能の退行水準）は神経症より低く，BPOの「非特異的な自我の弱さ」と言える程度のものと思われる。特異的な弱さとされる原始的防衛は特に認められず，攻撃・破壊衝動も愛情・依存欲求も共に出現している。

　SCTにおいては，自分の対人関係の持ち方や問題点を以下のように冷静に分析し，対象化する一面をもつ。I-4「私の失敗　は，我慢ばかりすることだ。人に不満が言えないことだ」，7「争い　をすることは好まないし，悲しいことだ。でも論争はおもしろい」，8「私が知りたいこと　はいかに人とうまく付き合っていくかということだ。」Part II-3「友だち　はとても大切なものだ。」

　男性性に関しても，Ⅱ-8「男　が『男らしく』生きるとはどういうことなのだろうか」と迷いを自覚している。

　すべて，自分の"うまくいかなさ"を「人は誰でもそうなのだ」「世間は一般的にそうなのだ」「日本人だからうまくいかないのだ」と一般化し，罪悪感や無力感を軽減しようと試みている。

　また，自分が生真面目で手が抜けないのに，努力が報われないという失望が似たような言葉で繰り返し語られている（I-2, 5, 14, Ⅱ-7, 21）。この事例では，ロールシャッハ法に見られた衝動性や欲動の激しさは日常行動面には現れず，また事例(1)のように自己に向けかえることもなく，ひそかな自己弁護や合理づけや一般化によって，自己肯定感や自尊心を維持していることが，SCTとの照合から理解される。

　本事例の場合，温厚で真面目である姿勢で現実対応をしてきたが，自分の中に内包される攻撃性の激しさや性的欲動の高まりで自分の男性性をどのように確立していけばいいかという迷いなど，無意識レベルと，より意識的・現実的な生活レベルでのギャップから，青年期に至って発達の停止を余儀なくされ，対人緊張や対人不安となって現れているものと，テストバッテリーを組むこと

によって推察された。

　このように境界性パーソナリティ障害などの事例においては，退行促進的な検査では自我の弱さを露呈していても，より現実的なレベルでは環境適応的な振る舞いが出来る面があったり，社会性の高い叙述をしたりといったことが多くみられる。

　この事例のように退行水準の異なるテスト刺激によって被検者の振る舞いや適応の仕方の落差が現れるので，テストバッテリーを用いて精査することに意義がある。

3) 統合失調症の場合

　統合失調症や初期分裂病，統合失調症の初期の場合 SCT においても特有の特徴がみられる場合がある。

　内容面　このような精神病理を示す人々は，刺激語に対して分裂や主観的色づけなどが露呈する内容の叙述がある場合がある。統合失調症の初期状態や，初期分裂病（中安 1990, 1996）では非常に主観的で，内面的で観念的な叙述ばかりが色濃く語られる。その反面，解体型の進行した状態や，急性期の被検者では，馬場（2006）が述べているように，「別にない，特にない，どうでもよい，わからない」といった無関心（indifference）の叙述が多くなる。

　形式面　さらに SCT において無反応や反応の失敗による空欄が目立ったり（飛ばし），誤字，脱字，造語，一度書いたものをただ塗りつぶすだけの形で訂正する，非常に短い文（一語文，二語文，単語のみ）であるなどの特徴を示すことがある。また筆圧が低い薄い書字である場合や逆に非常に濃く，太い書字，行の下線部を無視してはみ出し，殴り書きのような書字などの特徴が形式的に現れるときがある。

　このような状態の被検者にHTPやバウムテストなどの描画法検査を導入するとその病理的側面が浮き彫りになることが多い。たとえばHTPですべての描写が線画になり，アイテムが並列され大きさのバランスが無視されることで構成力の乏しさが示されるのは典型的な特徴である。病態が重篤な状態にあり，自我が十分に機能していない状態の被検者になると，形式的分析でしか論じることが出来ず，SCTから精神力動を読みとることが困難であったり，SCTの記入そのものができないことも珍しくない。

　統合失調症の事例は事例編を参照されたい。

4）二つの組み合わせのパターンについて

　SCTとロールシャッハ法，それぞれの心理検査の特徴を熟知し，心理検査のもつ退行促進度に応じて表現される被検者の多面的な性格特徴について検討し，統合的解釈に生かす必要がある。外的規定性が高く退行を促進しにくいSCTにおいては，より日常的，社会的判断を保った状態の被検者の示すイメージや意識が示される。しかしロールシャッハ法では無意識レベル，前意識レベルでの被検者の性格特性が明らかになる。その異同を比較検討することで，被検者の社会的場面や環境の違いによる対処の仕方や性格特性の発露の違いを明らかにする。二つの検査法の現われの組合せについて，二つのパターンを例示していきたい[注3]。

① SCTの記述が，ロールシャッハ法から得られる情報と合わせることで，より具体的な付加的情報として機能する場合

　視点1　ロールシャッハ法で抑圧，否認や隔離の防衛が目立ち，良好な人間反応は示すものの，対人的関わりの表象（M）をあえて避けていたり，決定因にFが多くなるなど，自由度が減り，対人緊張を伺わせる反応継起として解釈される場合。

　たとえばカードⅡ，Ⅲ，Ⅶなどで①人を微細に語ることが出来るものの，あえて片方のD領域に限って語る姿勢が繰り返されたり，②擬人化した表象が多くみられたり，③2つのD領域に「関わり」を持たせているが「動物」であったり（FM），④良好な二人の人が関わる反応を出したすぐ後に，現実検討力の低下した反応になる，急に鎧や鉄，岩などの固い表象の反応になるなどの例にみられるように，対象から距離をおいた防衛的反応となる。

　SCTにおいても，対人関係に対して，緊張や不安，葛藤があると推察される叙述が随所にみられる。この場合被検者には自己内省力があり，対人緊張や人と関わることにかなり自我異和感（ego-alien）を持っていることを自覚していると推察される。このようにロールシャッハ法で推察される不安や葛藤を裏付けるような叙述がSCTに表出される。

　この場合被検者は自分の状況を把握しており，自己洞察力を持ち問題意識を持っているといえる。

　視点2　男性性や女性性に違和感をもち性同一性が十全でないとき，反応継

注3）その際，馬場（1972）の「自我の統合機能とパーソナリティ像の再構成」の視点がテスト間での統合機能の現れを考える上でも有効な視点として活用することができる。（馬場　1972, p.64-384）

起の中で葛藤や自我異和感が浮かび上がることがある。

　たとえばロールシャッハ法で，カードⅦの反応段階で「ポニーテールをした女性が踊っている」と躍動的な女性像を投影しながらも，質問段階でP反応の表象とならなかったり，「顔がきつい，目が怖い」や「何か形がおかしい気がする」と違和感を語り，形態水準が下がったり，奇妙な反応になる場合や，反応段階で「ダンスを踊っている女性」と語りながら，質問段階でカードとの距離が近づき詳細に叙述するうちに，動きを止めて「人形」「置物」などの物体にして対象との距離を取る場合，男性被検者の反応に花や美化した女性的な反応が多くみられる場合などに，性同一性をめぐる葛藤が疑われる。

　SCTにおいても，「女　性は苦手である」「どうしても私は　女性といると何を話していいかわからなくなる」「男　という言葉は重い」「父親　といるといつも喧嘩になる」など，女性，女，母親，男性，男，父親という刺激語に対してネガティブな叙述や，相矛盾した叙述，攻撃的な叙述や役割期待に否定的な叙述が多くみられることがある。つまりSCTにおいても，女性性や男性性を生き生きと語ることに葛藤があることを伺わせるなど，テスト間で同様の葛藤の現れを読み取ることが可能である。

　このようにロールシャッハ法で見て取れる葛藤，情動，欲動や思考のあり方が，被検者自身に意識化されている場合，SCTで語られる現実場面についての叙述や葛藤的側面が，同一のテーマとなる。その結果SCTにおける現実場面での行為や体験への認識やイメージに関する記述を加味することで，被検者のもつ特徴がより肉付けされた形で理解の助けになる。この組合せは，被検者が自分の内的葛藤をよく自覚していることを示している。

②　SCTの記述では，ロールシャッハ法で理解される被検者の特徴が否定されるか，自覚されておらず，表現されないか相矛盾する場合

視点1　ロールシャッハ法の反応で，非常に攻撃性が高く，激しい争いの場面や攻撃的な表象，戦闘機や爆発のような攻撃性を内包した表象が目立つことがある（たとえばカードⅡで「クマが戦っています。足を蹴ってケガをして血が出ている」（D M±FC,m A,Bl），カードⅨで「火山の爆発（W mF∓ Na, Expl）」や，角などが多くのカードにみられる場合など攻撃性を伺わせる表象が並ぶ場合）。

　ロールシャッハ法では，激しい攻撃性を内包していると推察されているにもかかわらず，SCTでは「争い　は嫌いです」「世の中　ではどうして人と争ったりするのでしょう」「どうしても私は　人と争うくらいなら自分のしたいこ

とを我慢してしまいます」など対人関係における攻撃性を否認や隔離などの防衛で，全く自覚していなかったり，回避的に語る，むしろ攻撃性を否定するような語りをするなどの対応が見られる場合がある。

　一見相矛盾するテスト間の解釈を統合的に検討することで，無意識レベルでは攻撃性が高いにもにもかかわらず，意識レベルでは攻撃性を表現することに罪悪感を持つことから過剰に抑制し，欲動の発露がなく，そのあり方が症状形成の一因となり抑鬱的になったり，身体化するなどの場合で，症状形成のあり方を理解する助けになる。

　視点2　ロールシャッハ法において「目」の反応や人の顔反応が多くみられ，対人緊張が強く人の顔色を窺うような表象が多い場合にも，SCTでは「人と一緒にいることは楽しい」「誰とでも仲良くなれる」などの記述が見られる場合がある。このように相矛盾した感情や欲動の表し方がその人の防衛機制の特徴として明確になる。

　視点3　ロールシャッハ法ではいろいろな情緒刺激を無難な反応で納め，対処能力はそれなりに機能しており健康な神経症の現れをしていると判断される。しかしSCTでは非常に困惑した状況や対応困難な叙述に終始する場合がある。その場合SCTにおいては周囲の人への承認欲求が強く，注意を惹きたいために状況を過剰に脚色して記述していると推察される。その際ロールシャッハ上の自己愛傾向を再吟味する必要があるが，概ね健康な自己愛から生じてはいるものの自分の辛さを過剰に語る性格特性として特徴づけられる。

　視点4　境界性パーソナリティ構造である場合，馬場（1983, 2006）が指摘するように，ロールシャッハ法では自我の脆弱性，攻撃化，分裂した対象表象を投映するなど原始的防衛が見られても，SCTでは神経症的な疎通性の良い叙述だけが見られることがある。退行促進度の低いSCTの叙述では二次過程の自我機能を維持して，良識的，内省的に語ることが可能であることが，境界性パーソナリティ構造水準の特徴であるともいえる。したがってSCTの叙述の了解可能性により病態水準を読み誤らないように留意が必要である。

　視点5　境界性パーソナリティ障害でに対人関係においても，分裂の防衛機制により相矛盾した表出行動となることが多い。たとえばロールシャッハ法ではカードⅨで，「W-の顔反応」を示し怖さに圧倒されながらこれを母親カードに指定するような場合にも，SCTでは「母はいつも私のことをわかってくれる」「もし母がいなくなったらどうしていいかわからない」「母はいつも私が幸せになることを考えてくれる」などの叙述を示す場合がある。母親への恐

怖心や嫌悪感がありながら母親に対し、原始的理想化（primitive idealization）をすることで絶対的服従をしたり、従順に振る舞うなど、その背後にある分裂した対象関係が理解できる。

さらにSCTにおいて母親への嫌悪感を露骨に表現する場合でも、友達との関係は理想化され素晴らしいものとして語る場合など、SCTの記載の中でも分裂した対象関係のあり方が露呈することになる。そのような場合、友達との関係においても遠からず脱価値化（devaluation）し、悪い対象関係になることで関係が硬直化し、長続きしない人間関係をもつ可能性も容易に推測できる。

したがってテスト間の矛盾やロールシャッハ法で推察される側面が他の検査で表出されないことがむしろ統合機能の不全と内面に葛藤があることを明確にし、病態水準の推測に役立つ。

本章のまとめ

以上のように検査資料の示す矛盾や整合性を丁寧にたどり、定説で言われている現象と照らし合わせ、被検者の独自性を表わす特徴を個々の事例にそって丁寧に検討し積み上げていくことが必須である。このような蓄積が経験値となり、事例の理解に幅と深さを増していくことが力動的解釈の醍醐味であろう。

さらに本章で述べたように矛盾する点や整合性のなさを看過するのではなく、矛盾した現象こそが、被検者が困難と感じ問題を呈している根源的な問題を理解する糸口であると認識する姿勢が大切である。精神科診断の補助をする場合にも、既存の診断的な分類に押し込もうとするのではなく、そのような分類にあてはまらないさまざまな現象をそのまま被検者の特徴として取り入れながら理解を深めていくという経験を重ねることによって、熟達した解釈に至る。

第9章　所見の書き方

伊藤　幸江

　心理アセスメントの報告は，アセスメント依頼者あるいはアセスメントを受けた本人（本人が未成年の場合は保護者のこともある）に向けて，書面もしくは面談によって行われる。面談では報告の受け手の疑問や感想，意見をその場で聴くことができ，新たな情報を得ることもある。しかし臨床心理実践の場では書面による報告を求められることが多いし，依頼者には，面談だけでなく，書面も提出すべきである。そこで本章では書面による所見の書き方について，日頃筆者が気をつけていることを述べる。

1．基本的な留意点

1）アセスメントの目的に沿う

　心理アセスメントを行う際には目的があり，所見はその目的に沿って作成される。

　目的は，たいていの場合，心理アセスメント依頼者によって提起される。たとえば，パーソナリティ傾向の把握，病態水準の把握，精神医学的診断の補助，心理療法の適否や技法選択を検討するための資料，アセスメントを受ける人（以下，被検者）に関わっている専門職が具体的処遇を決定する際の資料など，依頼者の目的はさまざまである。

　さらに，ひとくちにパーソナリティ傾向の把握，病態水準の把握，診断の補助，心理療法の適否といっても，その内実は個々のケースによってさまざまである。依頼目的が鮮明であれば，依頼者のニーズにあった所見を作成しやすくなる。たとえばパーソナリティ傾向の把握に関してならば，依頼者がパーソナリティのどのような側面を特に知りたいのか，それはどうしてなのか，アセスメント結果をどのように活用するつもりなのかなども知ることができたら，所

見を作成するときに焦点のあて所や論旨の運び方の目安をつけやすいし，依頼者にとってもより有益なものにすることができるだろう．筆者は，依頼者が同じ機関に勤務している場合は検査目的を簡単に尋ねるようにしている．しかし，そのような機会を持てないこともあるし，依頼者が他機関の方である場合もあり，実際にはそこまで詳細に知ることのできない状況も多々ある．そのようなときは，臨床像など入手できた情報を基に，焦点のあて所やより丁寧に記述した方がよい側面などについて，おおよその見当をつけるようにしている．

場合によっては依頼者のニーズに応えられないこともある．たとえば，精神医学的診断の補助を目的に施行したアセスメントで，結論の出せないこともある．このようなときには，結論の出せない根拠と共に，考えられるいくつかの可能性を挙げておく．

依頼目的が被検者の現実生活における具体的な処遇の検討である場合には，特に気をつけるべきことがある．というのは，現実生活上の処遇においては，その処遇に対する被検者の動機づけや実際に被検者に関わるスタッフの関わり方，被検者を具体的にサポートする人やシステムの有無など現実的実際的要因が関わってくるが，そうしたことについて考察する資料が心理アセスメントから得られないことがままあるからである．所見作成者は，入手した資料からわかるのはどのようなことか，何をどこまで言うことができるのかについて，すなわち，心理アセスメントの限界についてわきまえておく必要がある．その上で処遇についての助言を述べることになるが，その助言は一般論であったり所見作成者の私見であったりすることもあるので，その点について明記しておくことが望ましい．

なお被検者自身は，依頼者とは若干異なる目的を持っていることもあるので，被検者宛の所見を作成する際には当該被検者のアセスメントに対する目的や期待を知っておくとよい．しかし尋ねにくい場合も少なくないだろう．被検者の目的や期待を知ることができなかったとしても，被検者がアセスメントに対して積極的か消極的かあるいは内心抵抗感がありそうだといったような動機づけの程度は，検査態度などからある程度推察することができる．そして被検者がアセスメントに過剰な期待を寄せていそうだったり，抵抗感や葛藤がありそうな場合には，所見作成者の伝えたいことを過不足なく，あるいは被検者の抵抗感を増すことなく，被検者にわかってもらうにはどんなふうに書いたらよいか工夫することになる．

2） 資料に忠実に

　アセスメントの資料には，心理検査の他に，アセスメント面接で聴取したことや被検者の臨床像に関する情報や被検者に関わる他職種専門家の所見も含まれる。これらすべてを入手できるとは限らないが，入手できた情報のひとつひとつを資料として総合的に検討する。

　これらの資料の中には，互いに矛盾する情報が含まれていることもある。相互に矛盾する情報もまた，被検者を理解する上での貴重な資料である。もしかしたら被検者は状況によって心理的機能の程度が異なるのかもしれない，もしかしたら一見矛盾して見えることに関係性が見出せるかもしれない。矛盾の生じた意味は他にもありうるが，その意味は被検者をより立体的に理解する糸口となる。

　得られた資料をどのように解釈し，どのように関係性を見出し，どのように統合するかに関しては，なんらかの臨床心理学的理論に基づくことによって論理の一貫性が保たれる。私たちは精神分析学を基に考察している。

3） 依頼者にとって有益でわかりやすい工夫

　所見を読む人は多様である。アセスメントの依頼者としては，医師，教育や福祉の専門家，臨床心理学実践家などが考えられるが，これら以外の場合もあるかもしれない。

　所見は，所見を読んだ人にとってすんなりとわかりやすく，かつまた有益性の高いものがよい。そのために，依頼者宛の所見では依頼者の専門性に応じた配慮をするとよい。

　たとえば臨床心理学実践家に宛てた所見では，心理検査に関する基礎資料を丁寧に記載しておくと，読み手はその資料に基づいて独自の解釈を行うことができるので，読み手にとっての有益性が増す。

　他の専門職に宛てた所見で心理検査の基礎資料を掲載するかどうかは，所見作成者によって違うようである（加藤・吉村 2016）。筆者は，論拠を明示するために，ロールシャッハ法に関してはSummary Scoring Tableを掲載するようにしている。表の中から被検者の特徴をよく示しているスコアをいくつか取り上げて，それぞれの記号の一般的解釈仮説にごく簡単に触れながら数値から読み取れることやスコアとスコアを関連させて読み取れることを記す。必要ならばBasic Scoring Tableや継起にも簡単に言及する。つまり，検査上の現れを述べながら，被検者のパーソナリティの骨格を描き出そうとしている。SCT

では，被検者らしさが現れている項目を引用することがある。そうした記述の後に，パーソナリティ特徴や病理性について記している。このやり方は所見の分量が大きくなりがちなので，冗長にならないように注意する必要がある。このような所見を読むことで心理検査に関心をもつようになった医師もいるが，「簡潔に」「要点のみを」と希望する依頼者宛ての所見では要領よく要点を記述する方がよいのだろう。

医師から依頼されたアセスメントでは，診断の補助を目的とすることが多いが，診断に関しては，疾患名を断定するのではなく，あくまでも「心理検査の所見からは○○の可能性が考えられる」という姿勢で記載するべきである。診断的な結論が決められない場合には，2，3の可能性についてそれぞれ根拠を挙げて記載すると依頼医の役に立つことが多いように思われる。

依頼者宛の所見では，依頼者の専門領域に応じた専門用語を適宜用いると読み手は理解しやすいが，用語は定義に基づいて正確に用いなければ用をなさないので，専門領域の用語を使う際には気をつけたい。

実は，専門用語に拘った記述よりも，平易な日本語で記されたものの方がわかりやすく，かつまた被検者像を生き生きと伝えるのに成功していることが多い。所見作成者の脳裡に専門用語が浮かんだときには，この用語によってこの被検者のどのようなことを表現したいのかを，被検者に即して平易な言葉に置き換えて検討してみるとよい。そのようにして，読み手にわかりやすい記述を目指したいものである。

4）被検者の健康的な側面を忘れずに記載する

心理アセスメントでは依頼目的にない情報が得られることも少なくない。それが被検者にとって有益であるならば，そのことについても記載すべきである。

特に被検者の適応的な側面や健康な側面に関しては，きちんと取り上げるべきである。仮に依頼目的が被検者の「適応不全の把握」や「病理性の把握」であっても，どのような状況では適応的に機能するのか，今後の治療にとって，また本人にとって役立つ健康な力がどの程度どのように保たれているのかを記述することは，依頼者の被検者理解を増す一助となるだろう。

2．所見を書き始める前に

パーソナリティ・アセスメントでは，所見を作成する前に，アセスメントの

資料を基に被検者のパーソナリティ像と，そのどこがどのように病理的状態に陥っているのかという内的力動を把握する。パーソナリティ像は所見を書く過程でさらにまとまってくることもあるが，骨格はつかんでおく必要がある。また，病態水準も把握しておく。これらが所見の基盤となる。

1）パーソナリティ像の把握

パーソナリティ像を把握するための資料は，前述したとおり，心理検査やアセスメント面接，依頼者から提供された事例概要や被検者に関わっている専門家たちの所見などである。

資料は，さながらジグソー・パズルのピースのように，すべてを使うと被検者の像が浮き上がってくる。もちろん，資料のすべてが図になるとは限らず，背景となるものもある。何が前景で何が背景かは，臨床心理学的パーソナリティ理論に基づいて検討することになる。私たちは精神分析学，特に力動論に基づいて，何が原因で何が結果かといった相互関係を理解しようとする。

所見作成者による主観的な着色を避けるために，このパーソナリティ特徴，この防衛や欲動，この価値観や自己像などが，どの検査種目のどの結果に基づくものであるか，あるいはアセスメント面接や臨床像のどこに基づくのかを明確にしておくとよい。

得られた資料相互の間に矛盾がみられた場合には，前述したように，一方だけを取り上げて他方を無視するのではなく，「矛盾している」という現象をひとつの特徴として捉え，パーソナリティ理解を一層深める糸口にする。

資料から得られた理解を立体的に組み立て，パーソナリティを全体像として把握するのは難しいことである。ひとつひとつの理解をどのように統合するかに関しては，それぞれの理解を得た経路を振り返り，その入手状況のもつ意味を考えてみると，まとめる際の手がかりになるだろう。

ここでは，本書で述べてきたロールシャッハ法と SCT の特徴について再度簡単に整理する。

ロールシャッハ法には被検者の心の中で働く防衛がリアルに反映される。そこから被検者の防衛の様相を摑むことができる。主に使われている防衛は何か，状況によって使われたり使われなかったりするものがあるとしたらそれは何か。防衛がうまくいかなくなったとき自我機能はどのような様相を呈するか，つまり，どんどん退行するのか，あるいは退行を食い止めようとして葛藤するのか。退行した際はどのような水準まで機能が低下するのか。このようなことがロー

ルシャッハ法から推察できる。防衛の背後にある欲動も推測しうるし，被検者が適応的・生産的に活動しているときの様相とその水準も推察しうる。ロールシャッハ法で出された最も高水準の反応語は被検者の活動可能性を反映し，その反応語を生じさせたインクブロットは被検者の活動しやすい環境条件を反映している。

こうしたことを把握するために，具体的には，ロールシャッハ法の継起分析に従ってカード毎に被検者の特徴を列挙してみるとよい。それを何度も眺めて，記載内容の相互関係，因果関係，表に出ているものと背後に隠れているものや本人が隠そうとしているもの，繰り返されるテーマや防衛の仕方などをまとめてみる。これを順序よく整理してゆくと，おおよその全貌が描ける。

SCTには，被検者の自覚していることが記されている。被検者の自己イメージ，他者イメージ，関心事，価値観や人生観が読み取れる。そのため，ロールシャッハ法から推測される欲動や防衛，葛藤について被検者がどの程度自覚しているかをSCTをもとに検討することができる。

また，叙述の仕方に一貫してみられる特徴に，被検者の防衛が反映されていることもある。たとえば，一般論を多用して被検者自身の本音はほとんど記されていないとか，被検者自身や周囲の人々について露悪的であったり，美化する傾向がみられるときなどである。

ロールシャッハ法から推測されるパーソナリティ傾向とSCTから読み取れるものは，互いに合致している場合もあれば，ずれている場合もある。ずれている場合に両者を統合するには，ロールシャッハ法とSCTの特色を手がかりにするとよいだろう。すなわち，ロールシャッハ法にはロールシャッハ法施行時に心の中で起きている力動が反映されやすく，SCTの叙述には被検者が自覚している面や被検者が検査者（もしくは所見作成者）や依頼者等に呈示したいイメージが現れやすいという点である（第6章，第8章参照）。

パーソナリティを全体像として把握する過程では，実際には，ひとつひとつの理解の相互の関係性がなかなかつかめなかったり全体としてまとまらなかったりすることがままある。まとまったと思っても，そこに組み込まれずに取り残されているもののあることに気づいて組み立て直さなければならないこともある。そのようなときには，ロールシャッハ法のraw dataやSummary Scoring Table，継起分析に従って挙げたカード毎の特徴，SCTの叙述，その他の資料をじっくり読み直すとよい。筆者にとってこの過程は楽なものではないが，パーソナリティを立体的に統合的に理解しようとする姿勢を育むのに役

立っている。

　まとめあげたパーソナリティ像の特徴を命名したければ，「外向性で，情緒豊かに人と関わることを求める」「内向性で，一人で考えたり静かに過ごすことを好む」「真面目で几帳面で強迫的」などと表現してもよいが，特定のパーソナリティ類型にあてはまらないことも少なくない。そのようなときは被検者のパーソナリティ特徴を具体的に丁寧に描出するとよい。

2) 病態水準の把握

　自我心理学に基づくパーソナリティ理解においては，主要な防衛，退行時の様相と退行水準，テーマとなっている葛藤が明らかになれば，病態水準は自ずと見えてくる。すなわち，防衛は神経症水準のものか原始的防衛か，あるいは防衛はほとんど機能しておらず精神病的退行が認められるなどによって推測しうる。

　したがって，このような側面の反映されやすいロールシャッハ法は病態水準を推測するのに有効な検査であり，それぞれの病態を示唆する徴候に関する研究は多々なされている。日ごろから目を通しておくとよい。

　SCTにも病態特有の徴候がみられることもあるが，そうでないことも少なくない。しかしSCTに病理性を示唆する徴候が出現しないからといって，その病理はないと見なすことはできない。被検者は自らの病理を自覚していないのかもしれないし，ロールシャッハ法で統合失調症を示唆する徴候がみられるのにSCTではみられない場合はロールシャッハ法よりも構造度の高いSCTでは二次過程の自我が機能できているのかもしれない，つまり表面的な，刺激の少ない関わりでは，病理現象は隠されているのかもしれないなど，幾多の場合がありうるので，ロールシャッハ法との照合が必要である。

　病態水準を検討する際，資料のなかにいくつかの異なる水準の動きがみられた場合は，その様相を描出すると被検者像がより鮮明になる。たとえば情緒的刺激の少ない状況においては神経症水準の防衛も見られるが情緒が強く刺激されると原始的防衛が動き出すというような場合には，それをありのままに把握し，さらに情緒的刺激の少ない状況で機能している神経症水準の防衛の性質はどのようなものであるか，もし堅さや脆さが推測されるならばそのことも含めて摑み，どのような情緒的刺激によって原始的防衛が動き出すのかを把握するとよい。

　なお，すでに述べたことの繰り返しだが，アセスメントにおいて適応の良い

面に関する情報を得た場合は，それについても所見に記載するべきである。被検者にとって有益な情報は，依頼目的にないことでも所見に含めた方がよい。

3．所見の構想

　所見作成者は，パーソナリティの全体像を把握したら，アセスメントの依頼目的や依頼者のニーズに照らして，また被検者本人宛の場合は被検者の期待やアセスメントに対する動機づけなどを考慮して，所見に書くことを整理する。
　そして，所見作成者の伝えたいことを読み手にわかってもらうためにはどのように書き進めたらよいかを検討する。所見の冒頭で要約を記した方がよいか，読み進むうちに結論に至る書き方の方がよいかといった形式的な面もさることながら，パーソナリティに関する記述では，どのような側面から書き出してどのように展開すると被検者のその人らしさをより生き生きと描き出せるかについても考えるとよい。

4．表現の工夫

　実際に所見を書く際には，用いる言葉や表現の仕方によって読み手の受け取り方が変わってくることもあるので，気をつけたい。
　パーソナリティを記述する際，心理学書などでしばしば見かける言葉のなかには抽象性が高くて大づかみな，それゆえ書き方によってはステレオタイプなイメージを印象づけやすいものがある。たとえば「衝動性」「未熟」「情緒不安定」「攻撃的」「依存的」などがここに含まれるだろう。
　「衝動性」という言葉は使わない方がよいと思う。「衝動性」という言葉は使わず，たとえば「攻撃性」とか「性欲動」とか「依存欲求」というように内容を明らかにして，その上で，それがどのような状況においても高まって落ち着けずにいるのか，それとも状況によっては制御できているのか，それとも発散されず内面で鬱積しているのかなど，被検者らしさを浮き彫りにするような記述が望ましい。
　「未熟」という言葉もなるべく使わないほうがよいだろう。使う場合は，どのようなことに関してどのような意味で「未熟」なのかを明らかにするとよい。「情緒不安定」に関しても，どのような状況においてどんなふうに「不安定」になるのか，どんなふうに回復し，回復するとどんな状態になるのかなどを諸

検査への反応語から読み取って記すとよい。

　ところで「攻撃性」という言葉の使い方に関しては，前述したこと以外にも気をつけることがある。「攻撃性」という言葉は，精神分析の領域では社会生活に必要な自己主張を含めた広い概念として頻繁に用いられているが，わが国では強い破壊的攻撃性を指すことが多い。前者の意味で用いる際には読み手にその意味がわかるように表現する工夫が必要である（たとえば「攻撃性を活力として生かせている」）。また，ロールシャッハ法で攻撃を主題とした反応語が多い場合は，攻撃的感情を率直に表現できず投影や投影性同一視で防衛するがゆえに想念の世界が「攻撃対被害」の空想でいっぱいになっていると解釈できるので，むしろ，「攻撃性を適度に表現できない問題」として伝えた方がよいこともある。

5．被検者に宛てた所見における工夫

　被検者本人に宛てた所見では，被検者がアセスメントによって知りたいと思うことに応え，さらに，被検者の自己理解に貢献し，被検者の今後に役立つことも目指したい。

　問題点を描写する場合には，被検者の側に立って表現するとよい。たとえば「対人関係に敏感」ならば「人に嫌な思いをさせないようにと非常に気を遣っている」とか，「承認欲求が満たされていないことによる不満」ならば「自分は精一杯やっているのに認めてもらえないという不満」といったように，この被検者はどんなふうに体験しているのだろうと考えながら，元の資料から得られた解釈に基づいて言葉や表現を選ぶとよい。所見全体を通して，被検者を脅かさず，傷つけない配慮をしながらも，問題点を避けずに扱うことが肝要である。

　さらに，問題点にのみ焦点を当てるのではなく，適応の良い面や望ましい傾向もきちんと言及した方がよい。被検者の中には自己評価が低く自分の長所に気づいていない人も少なくないので，長所を指摘されることによって自分を見る目が変わり，自らの問題に取り組む姿勢が変わってくる人もいる。

　所見を作成するときは，被検者が自覚しているだろうと推測される面と，気づいていないと思われる可能性の高い面について，おおよそながらも検討しておくとよい。

　もし被検者が自分では気づいていないことが所見に記されているのを読んだ

とき，被検者はどんなふうに対処するだろうか。もしかしたら「そういえば……」と気づくかもしれないし，もしかしたら「ピンとこない」と切り捨てるかもしれない。あるいは，きちんと自覚できないにもかかわらず鵜呑みにしてしまうかもしれない。さまざまな反応が想定されるので，被検者が気づいていない可能性の高いことに関しては，記述の仕方により細心な注意が必要となる。このときの手がかりとしては，「被検者を脅かさない」「被検者の自己理解に貢献しうる」の2点が役に立つだろう。

　被検者が気づいているかいないかの検討に関しては，SCTの叙述やロールシャッハ法施行中の言動，アセスメント面接での被検者の回答などが参考になる。

　記述は，平易な日本語を用いた，わかりやすいものがよい。用いる言葉に関しては，わが国の社会で一般にどんなニュアンスをこめて使われているか吟味することも大切である。臨床心理学の領域でよく用いられる言葉には吟味を要するものが意外と多いように思われる。前項で挙げた言葉は，わが国の社会で否定的なニュアンスをこめて使われることが少なくない。他に，「依存」「自己中心的」「他罰・自罰」「欲動」「欲求不満」「ステレオタイプ」「外向」「内向」「多動」「多弁」「欠落」「欠損」などもその例だろう。読み手である被検者が社会に流布している否定的なニュアンスを感じ取る可能性のあることを考慮すべきである。否定的なニュアンスの伴わない別の言葉を用いて表現できるものはそうした方がよいし，他に適切な言葉が見つからないときには，どのような意味でこの言葉を用いるのか，どのような状況においてそういう一面が現れやすいと推測されるのかを記し，同時に適応的な面を記すというのも一法であろう。

　同様に，SCTに記された語句やロールシャッハ法施行中の被検者の言葉，アセスメント面接での被検者の発言を使うときは，そこにこめられた被検者の思いやニュアンスも看過できない。

　なお，パーソナリティの類型名をそのまま記載するのは，避けた方がよい。パーソナリティ類型は，実際には，その類型の示す特徴が被検者にあてはまるところもあればあてはまらないところもあるだろう。一方被検者は，レッテルを貼られたように感じたり，所見に記された類型名からその類型の典型例を被検者なりにイメージしてそれが自分なんだと思ってしまうこともあるだろう。類型名に触れずに，被検者のその人らしさを表現することを心がけたい。

　精神医学的症状に言及するときは，症状名ではなく，被検者がどういうことで悩まされているのかを記述するとよい。

筆者は，できあがった所見を，仮に被検者の立場に身をおいて読み直すようにしている。そして自分が被検者だったらこの所見を読んでどんな感じになるか，どんな印象を受けるか，自己理解にどのように役立つかと考えてみる。すると，所見の過不足や手直しすべき箇所が見えてくることがあるので，所見作成時の欠かせない工程となっている。

6．「所見の書き方」の勉強法

　読み手にとってわかりやすく有益な所見を書くためには，どんな勉強をするとよいのだろうか。

　加藤・吉村（2016）は，著者らの経験から，「依頼者の批評を聴く」「他業種の専門家の感想からヒントを得る」「先輩の所見を読む」「研修会に参加する」「文献から学ぶ」「フィードバックセッションから学ぶ」を挙げている。筆者もこれらによって育てられていると実感する。

　付け加えるならば，グループスーパービジョンなど元の資料を事前に読むことのできる研修に参加するときは，他の参加者の事例でも自分なりの所見を書いてセッションに臨むと，事例提供者の所見と自分のものを読み比べたりスーパーバイザーのコメントと自分の所見を照合することができる。セッションの後でスーパーバイザーのコメントを入れて所見を書き直すと，さらに勉強になる。

　独習としては，過去に提出した所見について，その元の資料を読み直して改めて被検者のパーソナリティ像や病態を捉え直して所見を書き，その上で過去の所見を読み直すことも勉強になる。また，心理療法を行った事例に関しては，終結後に，心理療法開始前のアセスメント資料と所見を読み直してみると学ぶことが多い。

7．所見を口頭で伝えることの大切さ

　本章では所見の書き方について記載してきたが，被検者本人へのフィードバックは，できれば，検査者（解釈者）が口頭で伝えることが望ましいと私たちは考えている。

　それは，これまでの臨床経験上，被検者が書面に記された文章を読む場合や，検査者（解釈者）以外の心理検査をよく知らない人から伝えられることによっ

て，誤解が生じることがままあるからである。心理検査の所見を伝えるということは，被検者の「ひととなり」について云々することであり，本人にとっては非常に重大な宣告を受けるようなものとして受けとめられることが多い。したがって伝えるほうにも，同じような，重大なことを伝えるのだという自覚がなければならない。この気持ちの持ち方にズレが生じて，伝える側に重大なことを伝えるという自覚がなく，気軽に片手間仕事のように扱ってしまうと，被検者は自らのパーソナリティが軽んじられたと感じることさえあるだろう。検査を実施した者には，検査場面を通して被検者にとっての重大さが伝わってきているので，気持ちのズレが生じにくいと思われる。

書面に記された文章は，どうしても不十分になりがちで，"言葉足らず"という最も誤解の生じやすい条件を持っている。そのことが，口頭で伝えているとその場で分かるので，すぐに説明を追加して誤解を解くことができる。すでに述べたように，人物描写の用語には誤解を招く言葉や通常は良い意味に取られない言葉が多いので，解釈者が気づかずにそうした言葉を使っていることもあるだろう。また所見には被検者にとって指摘されたくない問題点の記述もあるので，そのようなところは特に気をつけて説明しなくてはならない。そのことを最もよく分かっているのは解釈をした当事者である。

被検者は，心理検査の途上で自分について多くのことを語っている。投映法では自分が思ってもみなかったことが反応語として出てきたり，言うべきでないと思ったことも言ってしまったりするので，解釈者がそれをどう受け取ったか気になっているだろう。そこで，解釈者が被検者の気持ちに応え，被検者の側に立った見方を伝えると，不安を解消することができるだろうし，さらにはよい理解者を得たという安心感を与えることもあるだろう。これができるのは検査者である。

臨床場面の構造によっては検査者と解釈者と伝達者が異ならざるを得ないことも多いので，実現は難しいかもしれないが，口頭伝達のメリットを知っておくことは，所見を書く場合にも何らかの参考になるであろう。

第II部
事例編

ケース1　神経症水準の現れ①——ヒステリー性格

1．事例概要

20歳代女性，未婚。

主訴：自分がダメな人間で役に立っていないという自己嫌悪に陥ってしまう。

家族：両親と年子の弟との4人家族。父親は頑固で自分の考えは絶対という職人気質で，子どもに合わせて何かをすることはなかった。母親は大雑把で楽天的だが，家族のことは自分で何とかしようと抱え込むタイプである。弟は専門学校を出てIT系の仕事をしている。

経過：2歳頃に火傷を負い，小学校高学年まで皮膚の移植手術を繰り返した。学校では，周りにどう声をかけてよいかわからず一人でいることが多く，いじめられることもあった。両親は家業を営んでいたので，小さいころから家事をやっていた。高校は目的が見出せず退学し，専門学校に進学したが自分の実力ではそのままやっていけないと思い，卒業後は家事と家業を手伝い生活していた。自宅に引きこもり気味の生活を変えようとアルバイトを始めるが，早く仕事を覚えなくてはという焦りで，不安，不眠症状が出現。心療内科を受診し薬物療法（抗不安薬，睡眠導入剤）を開始したが，症状が続くためアルバイトを辞める。初めは気が楽になったが，自己嫌悪と将来への不安が強まり，死にたい気持ちが強まり過量服薬による自殺企図があり入院。退院後に，精神科外来とともに心理療法を希望し精神科受診となり，その導入も含めてアセスメントのために心理検査の実施となった。心理検査については，自らも希望し前向きに受検した。

施行した検査：ロールシャッハ法，SCT

2. ロールシャッハ法

量的分析

Basic Scoring Table

Location			Main					Add
		+	±	∓	−	nonF	Total	
W	W		14	5			20	
	W̌			1				
	DW							
D	D		1	1			2	
	d							
Dd	dd							
	de							
	di							
	dr							
S								
Total R			15	7			22	

Content		Main		Add
		Freq.	Total	
H	H	3	7	1
	(H)	2		
	Hd			
	(Hd)	2		
A	A	5	6	
	(A)			
	Ad			
	(Ad)	1		
At	Atb	1	1	
	Ats			
	X-ray			
	A.At			
Sex				
Anal				
Aobj				
Pl.f				
Pl		2	2	1
Na				
Obj		1	1	3
Arch		2	2	
Map				
Lds		1	1	
Art		1	1	
Abst				
Bl				
Cl				
Fire				2
Expl				
Food				
Music		1	1	
Cg				1
Soul				1
Mask				1
Total R			22	

Determinant		Main						Add
		+	±	∓	−	nonF	Total	
F			8	3			11	
M			4	1			5	
FM			1	1			2	
Fm								
m(mF, m)								2
k(Fk, kF, k)								
FK			1	1			2	
K(KF, K)								
Fc								
c(cF, c)								
FC'								
C'(C'F, C')								
FC	FC		1				1	1
	F/C							
CF	CF						3	
	C/F			1			1	
C	C							
	Cn							
	Csym						1	
Cp(FCp,CpF,Cp)								
Total R			15	7			22	

R＝22でM＝5，ΣC＝4，さらにC.R.＝9，D.R.＝6と内的エネルギー，精神活動や自己表現は平均的に活発である。しかし，R₁Tが早く，RTもやや短めであることから，刺激にすぐに反応し早めに関わりを切り上げるという回避的あるいは警戒的な構えが示唆される。

　反応領域に関して，W＝90.9％，D＝9.1％，Dd＋S＝0％と，物事を色々な見方で柔軟に捉えたりはせず，具体的，現実的に捉えるよりも，全体を統合的に捉える傾向があり，野心や要求水準の高さが推測される。

　体験型は，内的な観念活動も外界への情緒的反応性も共に高い両向（やや内向）型である。M：FM＝5：2とバランスは良く，mも2個あり，衝動を現実に適合させようとする緊張感や内的な葛藤を意識化できることを示している。その一方で，FC：CF＋C＝1.5：3と情緒的統制の不安定さが目立っている。さらに，cとC'が0で，より繊細な情緒への感受性が低いあるいは抑えられていて，依存性にまつわる葛藤が推測される。

　反応内容に関しては，H％＝31.8と高めで，しかもH＜(H)＋(Hd)であり，人に対する関心は強いが対人葛藤も強く，現実の人間関係を避け空想的な世界に逃避する傾向があることを推測させる。さらに，A％＝27.3とやや低めでは

Summary Scoring Table

R (total response)	22		W : D	20 : 2	F%	50.0%
Rej (Rej/Fail)	0		W%	90.9%	ΣF%	95.5%
TT (total time)	7' 31"		D%	9.1%	F+%	72.7%
RT (Av.)	45.1"		Dd%	0%	ΣF+%	71.4%
R₁T (Av.)	6.8"		S%	0%	R+%	68.2%
R₁T (Av.N.C.)	6.2"		W : M	20 : 5	H%	31.8%
R₁T (Av.C.C.)	7.4"	E.B	M : ΣC	5 : 4	A%	27.3%
Most Delayed Card	Ⅸ 0' 11"		FM+m:Fc+c+C'	3 : 0	At%	4.5%
Most Liked Card	Ⅶ 0' 07"		Ⅷ＋Ⅸ＋Ⅹ/R	32%	P (P%)	6 (27.3%)
Most Disliked Card	Ⅰ 0' 03"		FC : CF+C	1.5 : 3	C.R.	9 (4)
Self Card			FC+CF+C:Fc+c+C'	4.5 : 0	D.R.	6 (2)
Family Card	Fa.Card		M : FM	5 : 2		
	Mo.Card					

あるが，P＝6は平均的かやや多めであり，常識的な見方ができることを示している。

F％，ΣF％，F＋％，ΣF＋％は，共に問題なく妥当な数値で，基本的な自我の対処力，統制力は保たれている。

これら量的分析をまとめると，次のようになる。

体験型は両向型で，内面での観念活動も自己表現も活発であるが，情緒統制の不安定さがある。外界や人への興味と関心は強いが，実際に関わることにやや警戒的で回避的であり，空想的な世界に逃避する傾向も見られ，外界や人との関係は葛藤的である。また，野心や要求水準の高さが示唆される。さらに，依存や抑うつなど繊細な情緒への感受性が低く抑えられていて，依存性にまつわる葛藤があることが推測される。全体の現実検討力など基本的な自我の対処力，統制力は神経症水準で機能しているものと思われる。

継起分析

カードⅠ

Ⅰ	1	3″ ∧	虫のように見えます。	（Q）これ〈d_3〉触角のように見えて，羽〈D_2〉で，広がっているような。（虫らしさ）世界の虫という本の中に，日本では見たことのないような。（？）蝶の類。（蝶）蝶は大体が開いているような。	W F± A P
	2	18″ ∧	顔にも見える。マンガみたい。	（Q）犬みたい。耳〈D_3〉があって，目と口〈S〉に見えた。（マンガ）はい。（？）ちょっとブラックユーモア的な可愛いというよりも意地の悪いように見えて。（？）目が吊り上がっていて，口も上がっている。	W，S F± (Ad)
		41″	左右対称ですね。		

最初のカードという新奇な刺激状況に対して，素早くP的な見方で2つの±反応を出すことができている。2つとも見方自体は平凡なものであるが，質問段階になって①「世界の虫という本にある日本では見たことがないような

蝶」や②「意地悪い，目が吊り上がっていて口も上がっている」と特殊なものを付け加えようとする動きがあり，それぞれ自己顕示欲と攻撃性の現れと考えられる。しかし，どちらも運動反応や色彩反応とはならずFであることから，情緒から距離を取った抑制的な構えとなっている。②では「顔」を空想化しマンガにすることで，敵意を防衛しながら表現している。

また，後にこのカードを Most Disliked Card に選び，「犬の顔，ニヤーッと笑っているの好きではない。意地が悪い感じ」と述べていることから，かなり強い敵意が誘発され，それに伴って不安や不快感が生じていたと推測される。

カードⅡ

Ⅱ	1	5″ ∧	人と人が向きあって手をつけているように見えます。	(Q) こう，しゃがんで，こうやっているような。(?) 赤いところ〈D_3〉顔で，下の赤いところ〈D_2〉は足に。どちらかというと夫婦のように。(夫婦?) 子どもの顔というよりは大人の顔に見えた。(?) 向き合って。	W　M±　H P
	2	18″ ∧	イノシシにも見える。	(Q) これ鼻で，イノシシ同士が向き合っている〈D_1+D_1〉。これ耳に見えたんだけど。(向き合っている) 向き合って愛情の表現を伝えている。(?) 2匹のイノシシ，さっきの人も，同じものが向きあっている。	D　M±　A P
	3	23″ ∧	象のようにも見える（笑）。	(Q) 鼻〈D_3〉に見えたんだけど。やはりこれも向き合っている。(?) やっぱり，これ耳で，足で。(向き合っている) はい。	W　FM∓　A
	4	39″ ∧	あとは島のような。こないだフランスでやっていた核実験の（笑）。	(Q) ドーナッツ島のような〈黒の部分2D_1〉。(核実験?) ここに穴が開いている〈S〉。	D, S　F∓ Lds
		1′23″	こんなもんかな。		

刺激が強く葛藤を起させやすいカードでも，素早くPの±反応を2つ出せ

ている。ここでも質問段階で「向き合って愛情の表現を伝えている」と付け加える動きが見られるが，カードⅠとは違いMとFMを伴っている。②で上の赤部分を入れないで見たり，攻撃性を示唆する反応内容である「イノシシ」を「向き合って愛情を伝えている」と強調することから，攻撃性への否認および反動形成がある

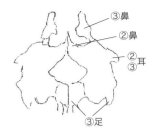

ことが推測される。しかし，②で一旦切り離した赤部分が無意識的に気になってなのか，③では「象の鼻」として無理な見方となり干へと現実検討が低下してしまう。そして，再び赤部分を無視して④「島」F干とさらに情緒を抑えた単純な反応となってしまう。そこでは「核実験をした島」と潜在的には攻撃衝動が誘発されていることが推測される。

このように攻撃性に対しては，意識では否認し反動形成して対処したり，あるいは攻撃性が表出されてもそれを促す外的刺激（赤色）を意識化できないことを示している。

カードⅢ

Ⅲ	1	3″ ∧	人が踊っているように見えます。	（Q）これは〈D₄〉足で，これも向き合っている。これは手で，腰曲がって見えた。（踊っている）これは〈D₃〉火で。（火）なんとなく炎に見えた。現地の人が炎を灯して，火を囲んで踊るという。これはたき火で，こっちは〈D₁〉魂の光というか。	W　M±, mF, CF H, Fire, Soul　P
	2	24″ ∧	骨盤のように見える。	（Q）これ骨盤で，こうなっている。骨のように見えた。この時はこれは（赤部分）ないように感じて。	W　F干　Atb
		38″	赤いので，火のような感じで，何かアフリカのダンスしているような感じで。		

このカードでも素早くPの±反応を出している。しかも，ブロットが分かれていてDで見られやすいカードであるが，Wとして見ている。また，これまでとは違い「人が踊っている……アフリカのダンス」というエネルギーの高いM反応で，さらに初めて「赤いので火」CFと色彩を取り入れることができている。しかし，質問段階では「なんとなく炎」とだけの説明となり，色とのつながりをすぐに切ろうとする動きが見られる。続く②では，突然エネルギーがなくなり，赤部分は切り離されて硬い「骨盤」F∓になってしまう。「ダンス」と楽しいものにし，「アフリカの……」と距離を遠ざけて，ようやく赤色を取り入れることができたが，その後はエネルギーが続かず，活気を失い，空虚になったのかと思われるような継起である。

カードⅣ

Ⅳ 1	8″ ∧	何かSF映画に出てくるような奇妙な。真正面を向いていて，足がこっちに向いているような。モンスターに見える。	（Q）これが〈d_2〉手で，顔〈d_1〉で，足がこう〈D_3〉。（？）こうデローッとしていて，なんとなく不気味な感じに見えるんだけど。（人，動物？）人のような。	W F±	(H)
2	1′06″ ∧	木にも見える。よく絵本に出てくる魔女が住んでいる森の木のような。	（Q）木が人のような，オバケのように見えるような。（木）自分が恐いときに真っ暗な中見ると，あるものすべてがオバケのように見えるという。昔よく絵本で見た。（？）ここが根っこに見えた。これは〈d_2〉枝のようなものでウワーッと。	W F± (H)	Pl,
	1′10″				

暗く陰影が強いカードで，これまでと同じように，よく見られる見方で「モンスター」「木」と2つの±反応を出すことができている。どちらも空想化して非現実的なものにすることで遠ざけて対処しているが，質問段階で関わっていくと「デローッとしていて不気味」「枝のようなものでウワーッと」と不気味さと恐怖を付け加えようとする動きが見られる。そこには，濃淡への不安や

葛藤が推測されるが，Fのみしかスコアできないような関わり方で，自分を不安にさせる刺激を意識化できないので，ますます不安や不気味感が強まっている。それでも「大男」と「大木」というよくある見方からずれてはいないという現実検討力は保たれている。

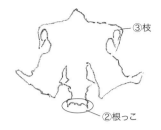

カードV

V	1	5″ ∧	これは蝶に見えます。	(Q) 触角〈d_1〉で，足の方〈d_3〉。本当にきれいな蝶の形。	W F± A P
	2	29″ ∧	何か舞台衣装にも見えます。	(Q) これ〈d_1〉顔で何か飾りを付けていて，これ〈D_1〉袖で，ひらいているように見えた。(舞台衣装)はい。(?) オペラの。	W M± H, Cg
		30″			

ここでもP的な見方で素早く2つの±反応を出すパターンは同じである。①では，見ているものはPの「蝶」で，Fと情緒から距離を取った抑制的な構えに，質問段階で「本当にきれいな蝶」と美化の防衛を加える動きが見られる。さらに②では「舞台衣装」「飾りを付けて袖を開いている」M±と続き，この単純で黒の濃いブロットでさえ，きれいで派手なものを強調する美化が活発に働くところから，自己顕示性の強さが推測される。

カードVI

VI	1	8″ ∧	楽器に見えます。	(Q) これ正面で，これが上のギターでいうと弦の。アジアの昔の弦楽器のように見えた。(?) こう弾くような感じでアジアの昔の弦楽器のような，大きな楽器。	W F± Music
	2	24″ ∧	よく，何か顕微鏡で，花とか果物を拡大したときの細胞と。	(Q) よく拡大すると，花とか顕微鏡で。こういうところ〈輪郭なぞる〉。(?) よく拡大するとこんな風な形が。	W F∓ Pl
		30″			

①はよくある見方で±反応を出せている。決定因もFで，内容的にも「楽器」と物体化されていて，情緒から距離をとった硬い反応である。②で「花とか果物を顕微鏡で拡大した」F∓と，急に漠然とした活気のない，輪郭のみでの把握となってしまう。ブロットの特性から考えて，陰影ショックかと思えるが，刺激された欲動は依存的とも性的とも取れる反応内容である。

カードⅦ

| Ⅶ | 1 | 7″ ∧ | 人形，陶器の人形というか，向き合っている人形に見えた。 | （Q）子ども。ヨーロッパとかにある陶器の向きあっている子もの置物のように見えるんですけど。（?）鼻と口。陶器の人形が向き合っているという感じ。（Loc）これ〈D₄〉身体で，下の方〈D₃〉が台。（陶器）瀬戸物のよくある。（?）子どもが向きあっている人形というのは瀬戸物のイメージがある。 | W　F±　(Hd)，Obj |
| | | 10″ | それくらいですね。 | | |

反応数が全カード中唯一1個のみである。また，RT＝10″とどのカードよりも早く反応を終了していて，正味3秒しかブロットには関わっていないなど，このカードに関わることに回避的，警戒的であることが示唆される。やさしく柔らかな濃淡刺激のカードであるのに，反応内容も「陶器の人形」F±で物体化され情緒から距離をとった硬い反応である。Ⅳ，Ⅵ，Ⅶという濃淡の強いブロットを比較して見直すと，Ⅳでは強い不安と不快感を体験し，Ⅵでは陰影ショックを疑う形態把握の低下を生じ，Ⅶではこのように固く遠ざけた見方となることが分かり，本例が材質刺激を受けると相当に葛藤的な情緒状態に陥ることが推測される。

また，後にこのカードを Most Liked Card に選び，「すごく可愛い。愛情を感じる」と述べていることから，幼児的な可愛らしさ（依存性）に関して，意識（言葉）ではそれを暖かく良いものとやや過剰に肯定的に表現する一方で，実際の関わりでは抑圧が強く，情感を体験できないことが示唆される。

カードVIII

VIII	1	10″ ∧	〈3″〉きれい。2匹のカメレオンがくっついているような感じ。	(Q)木か何かに,枝にくっついている。(カメレオン)〈D₁〉尻尾。このカラフルな色。口。2匹のカメレオンがくっついている。(木)カメレオンがくっついているのはだいたい木が多いので,木と感じた〈D₆+D₂〉。	W　FM±, FC A, Pl　P
	2	25″ ∧	何かアート作品のような。	(Q)色,カラフルで,その配色がきれいだったので。	W　C/F∓　Art
	3	43″ ∧	SFに出てくる飛行機のようにも見える。	(Q)これ先端で,これ〈D₅〉噴射するところ。これも〈d₁〉よくついているところ。(?)こないだスターウォーズを観て,こういうシンプルなの出てきた。	W　F±　Arch
		51″	すごくきれい。		

　初めての多彩色カードでは,直ちに「きれい」と色に反応している。①では,これまで同様に冷静に「カメレオン」Pで±反応を出すことができる。ここでは,「枝にくっついている」FMだけでなく,「カラフルな色」FCとうまく色彩を取り入れることもできている。しかし,②では「アート作品」C/F∓と美化はしているが,色彩と形態が結びつかない曖昧な扱いとなり,ほとんど形態は捉えられなくなるところに自我機能の退行が示されている。その後,③で「SFの飛行機」F±と現実検討を回復させることができるが,そうなると今度は形だけでの把握となり情緒は切り離されている。内容からは攻撃性が誘発されていると推測される。

カードIX

IX	1	11″ ∧	本に出てくる,ネバーエンディングストーリーに出てくる夢の中のお城のような。	(Q)これ〈D₂〉台で,ここからお城に見える〈緑とオレンジの部分〉。(?)真ん中で,すごくきれいな水色だったので,それを囲っている。(水色)すごくきれいで水晶のような。〈お城が水色部分の水晶を囲んでいる〉	W　FK∓, CF Arch, Obj

2	28″	∧	あと，むこうのアンティークランプにも見えます。	(Q) これも〈D₂〉土台で，これ〈オレンジと緑部分〉飾りに見える。ここ〈オレンジ部分〉は，よくガラスのランプになっている所。青い所は火に見えた。芯〈D₅〉。(ガラス) ルネラリックという人はガラスを変形させた作品を作っていて，その人の作ったような作品に見えた。緑は金の細工，すごくきれいな彫刻をしてあるような。(火) これボーッと，青い火に見えて，すごく神秘的な感じして。	W　FK± CF, mF Obj, Fire
	58″		真ん中の水晶玉を囲んでいるように見えます。こういう絵があったら良いな。すごくきれい。		

続く多彩色カードでは，色を取り入れて，華やかさを強調し美化された2つのW反応を出している。①は「夢の中のお城」と，空想化して非現実的なイメージにすることで遠ざけて対処しているが，形態把握がやや弱くなった退行的な反応となっている。②では「アンティークランプ」と，①より形態把握がしっかりして，現実検討を回復することができ

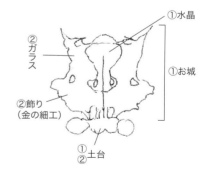

ている。反応としては，すごくきれいで華やかなもの（金の細工など）にしているが，実際に取り入れている色はカードの中でも一番弱いうす淡い青色だけであって，色に関わることに臆病である。また，物語や外国の古い置物などにして知性化して遠ざけ，空想の中ですばらしく派手なものにしているのであって，実際の行動で自己顕示的に関わることができないと思われる。

カードX

X 1	8″ ∧	ベニスの謝肉祭に出てくるような仮面の絵に見えます。	(Q) 仮面。これ〈d_1〉髭に見えた。これ〈D_{12}〉鼻で，これ〈D_7〉目で。(?) これはまわりの模様〈D_6の外側すべて〉。これ鼻と髭に見えたし，それで顔のように見えたので，色んな色を使っていたんで，仮面舞踏会の仮面に見えたんです。	W　FC± (Hd), Mask
2	38″ ∧	あとは，モンスターのダンスにも見える。	(Q) 1つ1つモンスターに見えた。(?) こうなって揺れてて。これは〈D_{13}〉悪魔のような2匹。槍〈d_2〉を持っている。(ダンス) 踊っている感じ。多分カラフルなので踊っているように見えたんだと思う。	W　M∓, Csym (H), Obj
	40″			

刺激が分散していてDで見られやすいこのカードでも，引き続き，色を取り入れ，きれいで派手で，楽しく美化された2つのW反応を出している。①は「ベニスの謝肉祭に出てくる仮面」FC±と物体化された反応で，色の使い方も「色んな色を使っていたので」とこれまでと

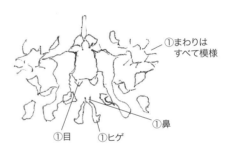

①まわりはすべて模様
①鼻
①目　①ヒゲ

同じパターンで表面的な関わり方である。②では「モンスターのダンス」M∓，Csymと，ここでも色の使い方は間接的である。また，反応内容的に「モンスター」「槍」と攻撃性の現れと考えられる。

まとめ

体験型は両向型で，内面での観念活動も自己表現も活発であるが，実際に刺激に関わり内面を出していくことには慎重で回避的である。継起としては，平凡でありきたりな見方をしているところに特殊なものを付け加えて色づけをするが，情緒とのつながりを切ってしまうという流れが多く見られ，全体として抑制的な構えが示唆される。情緒が誘発されると，Fにしたり非現実的な空想的なものにして情緒を遠ざける，さもなければ退行して形態把握があいまいになってしまうことが多く，情緒をうまく表出したり適切に関わることができず

統制が不安定になりやすい。

　また，自己顕示性の強さが示されている。きれいで派手なものやすばらしいものを強調する美化された反応や，知識を使って説明した知性化の反応が多く見られ，目立ちたいばかりでなく，野心や要求水準の高さを示すような知的な自己顕示願望の強さもある。しかし，そこでは「すばらしい装飾」などと空想をしているだけで，実際には色彩をうまく使って表現することができないという特徴が見られ，自分の内面で自己顕示的な空想をしているが，現実では表現できず満たせないことを示唆している。そのため，常にフラストレーションを感じていて，自己尊重感が低くなり，実際の自分がみすぼらしく見えてしまう（自己毀損感）ことが推測される。

　攻撃性に対しては，きれいで良いものを強調する否認，反動形成によって対処する傾向がある。また，攻撃性を反映した内容をいくつか反応として出せてはいるものの，そこでも情緒を切り離した反応となってしまい，情感を伴って攻撃性を意識したり表現することの難しさがある。

　情緒を扱うことができないという点では，自己顕示性や攻撃性よりもむしろ依存性にまつわる葛藤の方が問題である。数値（量的分析）からcとC'ともに0で依存や抑うつなど繊細な情緒への感受性の低さが示され，さらに継起でもカードⅣ，Ⅵ，ⅦのすべてがF反応となり，内容的にも「楽器（Ⅵ）」「陶器の人形（Ⅶ）」と情緒は硬く遠ざけられていて，依存性にまつわる感情は抑圧されていることが推測される。さらに，依存欲求を誘発される状況での感情表現に関して，カードⅣで恐怖や不気味さのみが表現されていることも，依存感情への抑圧の強さと，それゆえに刺激されると不安として体験されてしまうことを表している。しかし，優しく柔らかな濃淡カードであるⅦを「すごく可愛い。愛情を感じる」と後で Most Liked Card に選んでいることは，潜在的な依存願望の強さを示していると思われる。依存欲求が自覚できないために実際の人間関係でも甘えることが難しくて，潜在的には充たされていない欲求不満が強いことが推測される。

3．SCT

　すべての項目に丁寧に記入している。「<u>人々</u>　よくわからないから恐い。考えすぎもしくは考えなさすぎなのかもしれない」「<u>時々私は</u>　空想の世界へ逃げるクセがある」と対人感情への抑圧が強く，実際に関係することに不安があり回

避的であること，その中でときに空想へ逃避して慰めている自分がいることが記述されていて，ロールシャッハ法での表現とよく一致しており，またそういう自分について自覚していることが示唆される。

　また，「私が心をひかれるのは　自分を表現できる人」「はっきりしない自分が嫌い」と自分を表現できないことへの劣等感や不全感を持っているが，その一方で自分を認めてもらいたい，良くしたいとばかり考えて自分を評価していないとの記述も見られ，承認欲求や要求水準の強さが示されている。この点もロールシャッハ法との齟齬がなく，自分を過小評価していることにも気づいていることがうかがわれる。

　家族については，「私の母　少し抜けている人。友達みたいな人だが肝心な話はできない」と甘えたり頼りにできない幼い母親と，あまり話すことがなかったと記述された情緒的に遠い父親の中で，「家の人は私を　なんでもできる，頼りになる」と家族の期待に応えて世話役を担ってきた姿が示唆される。しかし，そこでの淋しさや不満は「もし私の母が　家にいる人であったらと考えたことはある」と遠回しにしか表現されていない。

　そして，「夫と妻はお互いを高め合えるような人でありたい」と異性に関しては理想化されていて，実際に付き合うことが恐いという記述が見られ，対異性感情や性的欲求はきわめて未熟と思われる。そのような中で，「今までは　よく人を笑わせていて自分でも楽しかった」「将来　何をしたいのか良くわからない」とこれまで家族の中でお世話役でやってきた自分が，自分を出せないことに不全感や将来への不安を強く感じ始めたことが推測される。

4．総合解釈

　このケースの問題は，自己評価が低いところに，空想の中身は非常に高く理想的であるため，そのギャップの大きさから実際には自分を出して関わることができないということにある。そして，依存欲求が抑圧されていて，それを感じると恐怖感や不安感が起きる。そのために人と関われない。絵本や映画など空想的なものに置き換えて依存欲求を扱うことはできるが，実際の人間関係では向き合うことが恐いのである。

　パーソナリティとしては，全体として高い自我の対処力と機能水準があり，否認や美化が使われていて自己顕示性が高いことから，神経症水準のヒステリー性格であると考えられる。しかし，症状として不安と自己不全感が中心であ

り，身体表現性や人を巻き込むなどの問題は表に出て来ない。これは，このケースがヒステリーではあるが病理としては重くないためにその特徴が表に出ないということでもあるし，空想の中での自己顕示というこのケースの特徴からくるものでもある。ロールシャッハ法を施行したので初めて，ベースはヒステリー性格ということが見えてきたと言える。

このケースのように，ロールシャッハ法とSCTとの矛盾があまりなく，ロールシャッハ法から理解できる内面の問題をある程度自覚しているとSCTからわかることは，神経症水準の特徴と言える。しかし，このケースにとってかなりのトラウマとなっているはずの手術のことは，SCTでまったく触れられていない。母親の共感不全の問題もあって本当に辛いことを意識して語ることができなかったのであろうと考えられる。家族と距離を取り自立を目指す中で，これまでのやり方での限界にぶつかり，自己不全感と将来への不安を症状として精神科治療につながった。その中で過量服薬という行動化がきっかけとなり，家族とのぶつかり合いも起き，理解される方向に進んだ。さらに，心理療法の中では数回の意識消失発作を生じながらも，自分の問題を語り整理していく作業を行っていった。

ケース2　神経症水準の現れ②——強迫性格

1．事例概要

男性，40代，会社員。

主訴：体調不良，全く出勤できない。

起始経過：被検者は企業カウンセリングでのケースであり，数年前より体調不良（身体が重い，息が苦しい）で仕事を週1〜2日程度休むことがしばらく続き，その後は全く出勤できなくなっている。当初から内科的には問題ないとのことで不明熱とされ，1年近く内科に通っているが改善が見られないので，カウンセラーは産業医と連携して対処していった。本人が出勤できないことから，電話で様子を尋ねることから始め，コミュニケーションのとれる精神科医を紹介して薬物療法（抗うつ薬）を開始した。その後，社内のカウンセリング室に来談することができるようになり，心理療法（半年間の病欠後）を開始したので，「今どのような心理的状態になっているのかを調べてみませんか」と心理検査への動機づけを行って施行した。

検査態度：検査の施行時は，苦しそうにしてハンカチを右手に持って絶えず鼻にあてており，まるで息を吸うのを妨げているようであった。息が詰まるような独特の口調で，自分の話に人を立ち入らせず，精根尽き果てていて，心理的時間が停止しているようであり，回復にはかなりの時間を要する困難なケースという印象を持った。検査中は，カードを片手で持って遠ざけて見ていた。

2．ロールシャッハ法

量的分析

反応数（32）は平均レベルであるが，F％＝93.8ときわめて高く，形式と論理のみでブロットと関わる心的姿勢が強固であり，他の決定因を使うことが困難

な状態に陥っていると考えられる。したがって，体験型は両貧であり内的な自分らしさを投影することも，外界の刺激への情緒的な反応をすることも出

Basic Scoring Table

Location		Main					Add	Content		Main		Add
		+	±	∓	−	nonF	Total				Freq.	Total	
W	W		2	1			3	H	H	1		3	
	W̌								(H)				
	DW								Hd	1			
D	D		18	3			21		(Hd)	1			
	d							A	A	18		25	
Dd	dd						6		(A)				
	de								Ad	6			
	di								(Ad)	1			
	dr		3	2	1			At	Atb				
S				2			2	2		Ats			
Total R			23	8	1		32		X-ray				
									A.At				
								Sex					
Determinant		Main					Add	Anal					
		+	±	∓	−	nonF	Total	Aobj					
F			22	7	1		30	Pl.f		2	2		
M								Pl		1	1		
FM								Na					
Fm								Obj					
m(mF, m)							1	Arch		1	1		
k(Fk, kF, k)								Map					
FK								Lds					
K(KF, K)								Art					
Fc								Abst					
c(cF, c)								Bl					
FC'								Cl					
C'(C'F, C')								Fire					
FC	FC		1				1	Expl					
	F/C							Food					
CF	CF			1			1	Music					
	C/F							Cg				1	
C	C												
	Cn												
	Csym												
Cp(FCp,CpF,Cp)													
Total R			23	8	1		32	Total R			32		

来ない状態に陥っているようである。R+％は71.9と高くなっており，P反応（5）も多いことから，現実の常識的な認識は問題なく可能ということがわかる。Dが21個と多く，部分に切り分けて見るという傾向が顕著である。さらにA％（78.1）も高く，H％（9.4）が低いことから，人と関わることを避け，無難で常識的な関わりに留まっていると推測される。つまり「D, F, A」のパターンを繰り返して反応しているのであり，しかも形態水準は比較的高いことから，自我の防衛機制として神経症水準の隔離（isolation）及び/または反動形成（reaction formation）が主として用いられている可能性が強い。W％が低く（9.4％），Dが多い傾向は隔離を中心的防衛とする人の特徴として理解でき

Summary Scoring Table

R (total response)	32		W：D	3：21	F％	93.8％
Rej (Rej/Fail)	0 (0/0)		W％	9.4％	ΣF％	96.9％
TT (total time)	11′22″		D％	65.6％	F+％	73.3％
RT (Av.)	1′08″		Dd％	18.8％	ΣF+％	74.2％
R₁T (Av.)	14.1″		S％	6.2％	R+％	71.9％
R₁T (Av.N.C.)	12.2″		W：M	3：0	H％	9.4％
R₁T (Av.C.C.)	16.0″		M：ΣC	0：1.5	A％	78.1％
Most Delayed Card	Ⅹ 0′22″	E.B	FM+m：Fc+c+C′	0.5：0	At％	0％
Most Liked Card	Ⅷ 0′19″		Ⅷ+Ⅸ+Ⅹ/R	31.3％	P (P％)	5 (15.6％)
Most Disliked Card	Ⅴ 0′10″		FC：CF+C	1：1	C.R.	5 (1)
Self Card	Ⅱ 0′16″		FC+CF+C：Fc+c+c′	2：0	D.R.	3 (1)
Family Card	Fa.Card	Ⅵ 0′15″	M：FM	0：0	修正 BRS	−21
	Mo.Card	Ⅲ 0′13″				

〈注〉以下の印象評価は質問段階の後に求めているが，記載の都合上ここに置く。
MLC：Ⅷ　これかな，うーん，色味が暖色系が多い。緑系も入っているところが好きですね。
MDC：Ⅴ　蝙蝠，蛾に見えた。両方ともあまり好きでないので。
Father C：Ⅵ　どっしりした感じ。筋が通っているような感じ。
Mother C：Ⅲ　なんとなくやさしい感じがする。
妹C：Ⅹ　この絵だけ，つかみづらい。それが妹につながる。
Self C：Ⅱ　般若，ウサギ，両極端なイメージ，自分的かな
印象：うーん，思ったより，すっと見えてこなかった感じがしました。

るが、さらにF%は93.8%で、形のみでの関わりが大部分となっていて、他の決定因が排除されており、極端に狭められた関わりが示されている。隔離防衛を過剰に用いており、自らの心的内界に幾重にも鎧をつけて、感情閉鎖の状態に陥っているものと考えられる。また、Dd%が高い（18.8%）ことは、外界との関わり方に特異な自己主張が含まれることを示唆している。M＝0であることが最も偏った、かつ顕著な問題であり、人と関わらない・人から大きく距離を取る・自分自身の内面とも関わらないという、対象関係の重大な不全が考えられる。さらにFM＝0であることから、生きているという実感が感じられなくなっており、潜在的な前意識レベルでも機能不全に陥っているものと思われる。

全般的に強迫性格防衛が神経症水準で働いていると考えられるが、F－が1個見られることからすると、一時的に隔離防衛が破綻して、深い退行状態に陥ることが推測される。また修正BRS－21という低い数値は、決定因の内容の乏しさから生じている。

量的分析のまとめ

隔離（感情を排除して観念のみで物事に関わるやり方）を中心とする強迫性格が最も疑われるが、「W－の顔反応」が1個あるところから、false selfのみで外界に対応していて横分裂が起こるBPO（併存型）の可能性があり、この貧困さはその病理ゆえであるとも疑われる。

自我機能がどの程度、健全で耐久力があるか、強迫性格者らしい詳細な観察や論理的な説明を伴っているか、「W－の顔反応」の出現の仕方と立ち直り方がどのようか、形態水準の高さは反応の質の良さを反映しているかなどについて、継起分析で検討する必要がある。

継起分析

カードⅠ

I	1	10″ ∧	えーっ、キツネ（他には、見えますか。）	(Q)キツネの口あたりに見えるかな。目。耳。	dr.S F∓ Ad
	2	∧	犬……それくらいです。	ここが犬の耳っぽい感じがして。目。口。	D_3 F± Ad
		37″			

反応①では，短いR_1Tで最初にきわめて珍しい領域を選択し，しかもSを含めて輪郭線を作るという特異な区切り方で，"偏った自己主張"と思われる見方を示す。またその区切りによる輪郭は茶碗のような形になり，「狐」には似ていないので，「口，目，耳」を指摘しているものの形態水準は干となった。決定因はFのみで，表面的には冷静

だが，かなり無理をして特殊な領域を選んだところに内面の不安定さが反映されている。②はD_3ではあるが周辺部分であり，この2つで反応が終わったことは，本例がブロットの全体や中心部分には関わらなかったことを意味する。通常Pが出やすいカードでPが生じていないのもこの関わり方と関連しているであろう。スコアは2つとも「D(dr)　F　Ad」であり，隔離防衛によって，物事に距離を置き，正面から向き合わず，周辺的なところで自己主張するという関わり方になっていると思われる。

周辺のみに関わるという特徴が生じたのはカードⅠのみであり，これは本例が慣れない場面に出会った時，最初に示す，内面に不安を隠した用心深さの現れであろう。

カードⅡ

Ⅱ	1	16″ ∧	般若のお面（他には見えますか。）	(Q) 角にあたるように見えて。目，鼻，口，顔が縦長なので鬼というよりは般若。（お面?）なんとなく，そう見えた。〈笑い〉	dr,S　F－(Hd)
	2	∧	ウサギ	(Q) ウサギの耳っぽく見えて。顔，前足，後ろ足，黒い部分だけ。	D_1　F±　A P
	3	∧	馬	(Q) 目から口までが長いので馬の頭。耳。首が長い感じ。	D_3　F干　Ad
	4	∧	えーっとランの花……くらいです。	(Q) 形がランの花弁に見えて。出てるところがオシベ，メシベに見えた。	D_2　F±　Pl.f
		1′00″			

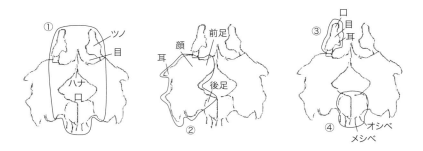

やや時間をかけて最初に出した反応①が「般若の面」である。Inq で dr になるが，ブロットの中央を中心に大部分の領域を使っているので，おそらく反応段階では全体を顔と見ていたのであろう。これは馬場（1983）の言う，いわゆる「横分裂」を意味する反応であり，本例には急激に外界から閉じこもり，外界を威嚇的な恐怖像と見るような自閉状態が生じるものと推測される。このカードで急激な閉じこもり現象が生じたのは，初めての赤刺激と赤と黒の混濁した不快な色彩のせいではないかと思われるが，決定因はあくまでも F である。この形態水準の急落は，隔離防衛で説明できる現象ではなく，この場面で本例の主防衛は一時的に機能不全に陥ったものと思われる。しかし②では D_1 を使って P の見方へと立ち直ることができた。③「馬の顔」は少々無理な形態ではあるが本人は馬らしい特徴を 4 個挙げて合理づけし，④でも「ランの花」らしさを指摘できて，元の防衛パターンに立ち戻っている。

カードⅢ

Ⅲ	1	13″ ∧	えーっと，女の人	（Q）頭，胸，手，足，靴はハイヒール。	D_2 F± H, Cg P
	2	∧	蝶	（Q）羽，形です。	D_3 F± A
	3	∧	オウム	（Q）長いタイプの尻尾から。頭，くちばし，羽。	D_1 F± A
	4	∧	リス……そんな感じです。	（Q）小さい感じ，丸っこい感じから。頭，手，足，尻尾。	D_7 F± A
		45″			

ここでは①から P を出すことができている。赤黒カードでも 2 枚目になって慣れたこと，本カードのブロットの区切りやすさが本例の対処パターンに適していることによるのであろう。ただし M を出せるような内的な柔軟性や活

力は伴わない。この後も3個の「D F± A」を出し,この刺激では安定して自分のパターンを守ったことを示している。

カードIV

IV	1	12″ ∧	龍	(Q) 頭, 目, ヒゲ。	D₁ F± (Ad)
	2	∧	うーん, 犬	(Q) 犬, 頭, シッポ, 口が開いている。	D₂ F± A
	3	∧	コブラ, ……そんなところです。	(Q) 目, 怒ると広げる部分。	dr F± A
		1′00″			

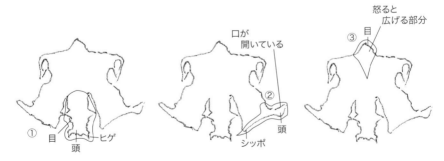

ここでも反応パターンはIIIと変わらず,形態水準は良いが「D, F, A」のパターンである。その中で①は（Ad）と変化を見せるが説明は淡々と形を指摘するのみである。③は「コブラ」の「怒ると広げる部分」を指摘するが怒りの表現はない。「龍」も「コブラ」も象徴としては男性的攻撃性を意味するが,そのような欲動の意識化は乏しいようである。領域は②も③も濃淡の区切りを使って輪郭を取っているが,濃淡への言及はない。つまり,細やかな感受性がなければ気づかないとされる濃淡に,潜在的には気づいているが,それを材質

感(感受性)として意識化するのではなく,輪郭線(論理)として意識化している。

以上のように,このカードの特徴である強い濃淡に潜在的には反応しながら,実際には論理のみで反応語を構成しているところに,隔離の特徴がよく出ている。Dに終始したため,よくある大男像にはならなかった。

カードV

V	1	10″	∧	コウモリ	(Q) 頭,耳。羽。	W F± A P
	2		∧	ガ	(Q) 頭,触角が伸びてて。羽。	W F± A P
	3		∧	ワニ	(Q) 頭,口。	dr F± Ad
		37″				

本例としては唯一,Wが連続している。しかし「コウモリ」と「ガ」というほとんど同じ見方で共にPであり,スコアは「W F± A P」の連続という固い動きなので,Wになったからと言って対処方式に変化は生じていない。③はまたブロットの片隅を切り取ったdrで,反応内容もAdであり,説明はFのみである。反応内容が「ワニの口」という口唇攻撃性を象徴するものであるのに,攻撃を全く言葉にしないのはこれまでと同じである。

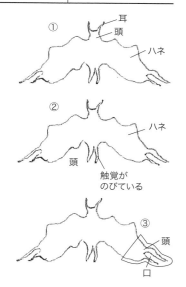

カードVI

VI	1	15″	∧	バッファロー	(Q) 頭,角,前足,後足。	D₃ F± A
	2		∧	うーん,……トーテムポール……ちょっと,あとはわからないです。	(Q) 薄い部分が横に出っ張っている。	dr F∓ Arch
		58″				

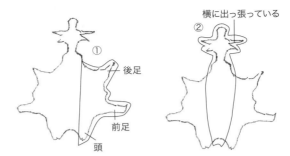

　ここでも部分に分けてFのみで説明するパターンが続く。反応内容は2つとも男性的攻撃性や自己主張を象徴するものであるが，形態（論理的整合性）を指摘するのみで感情表現を伴わないという，隔離特有の表現の仕方もこれまでと同じである。形態把握はブロットと一致しているが，②の説明は単純で，本例にしては幾分自信がなさそうである。

カードⅦ

Ⅶ	1	14″ ∧	えー豚	(Q) 耳，目，鼻，口。	D_4　F± Ad
	2	∧	アライグマ	(Q) シッポ，前足，頭。	D_1　F∓　A
	3	∧	ムササビ	(Q) 白いところ。頭，前足，後足，足のヒダ。	S　F∓　A
	4	∧	うーん……フクロウ……あとはわかりません。	(Q) 目，くちばし，頭，羽，胴体。	D_5　F∓　A
		1′16″			

　不安定な形態と柔らかい濃淡を持つ，依存的退行を促しやすいカードになっても，本例の姿勢は変わらず，基本的に「D, F±, A」のパターンを繰り返し

ている。攻撃的な動物がなくなり，おとなしい動物ばかりになったところに，カード刺激の影響が間接的に反映されているかもしれない。③でSのみとなるのは，中央にある大きな空間を埋めようとする行為（不安反応）であるかもしれない。ちょっとした出っ張りを「前足，後足」とするなど，詳細に観察し，命名しているが，説明が強引過ぎであり，頭と身体のバランスが悪いため∓となった。④の∓も説明の強引さが理由である。防衛の仕方が自己中心的で適応性を欠くことを意味している。

カードⅧ

Ⅷ	1	19″ ∧	うーんと，……豹	（Q）頭，前足，後ろ足。	D_1 F± A P
	2	∧	ホオズキ……あとは浮かびません。	（Q）色味と形。ヘタ。	W CF∓ Pl
		1′27″			

 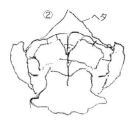

最初の多彩色カードでは，やや R_1T が遅れたが，まず①はFのみでPの動物を見るという冷静さは保たれている。しかし②ではCFとなり，しかもWが「ホオズキ」だという，大雑把な形態把握になっている。本例には唯一のCFであり曖昧なWである。ここでは隔離防衛が崩れ，情動的反応が表現された。しかし反応内容はPlであり，優しさ，依存性，あるいは無力感が誘発されたと思われる。防衛が緩むと，攻撃性ではなく弱さや依存性が意識化され，感情閉鎖（隔離）で突っ張っている時に攻撃的な連想が生じると言えるだろうか。

カードⅨ

| Ⅸ | 1 | 10″ ∧ | えーと……牛 | （Q）頭，角，鼻，口。 | S F∓ Ad |

ケース2　神経症水準の現れ②

2		∧	人の頭	（Q）髪の毛が跳ね上がっている。鼻、首。	D_7　F±, m Hd
3		∧	えーと，コアラ	（Q）耳，鼻，頭，胴体。	D_1　F±　A
4		∧	うーん，ライオン……あとは思い浮かびません。	（Q）頭，口，前足，後足，タテガミ。	dr　F∓　A
	1′05″				

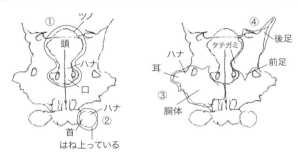

　多彩色カードも2枚目になると，早くも隔離による防衛体制が立て直されたようである。またしても部分に対する「F　A」の連続が始まる。どの反応も，よくぞ見つけたと思うくらい，細かい形態上の特徴を観察しており，しかもかなり強引で，「説得されればそう見える」と言いたくなるような指摘になっている。特に④の「ライオン」は，ライオンに見えるように無理に切り取ったdrであり，4個の反応を出すのにかなり無理をしたと思われる。

カードX

X	1	22″	∧	カメレオン	（Q）頭，目，耳，胴体，前足，後足。	D_2　F±　A
	2		∧	タツノオトシゴ	（Q）頭，口，シッポ。丸い形で巻いている。	D_6　F±　A
	3		∧	花のツボミ〈右手でカードの端をもって，手が震える〉	（Q）形と色合い。ツボミ，ガク，茎。	D_{8+9}　FC± Pl.f
	4		∧	オタマジャクシ……あとは思い浮かばないです。	（Q）シッポ，頭。	D_9　F±　A
		2′37″				

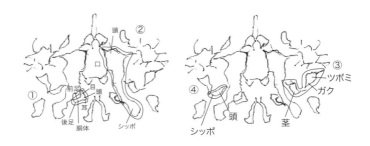

　Dで見る傾向の人には反応を出しやすいカードであるにもかかわらず，初発の時間が一番長くなったのは，散らばった多彩色への反応を制御するためだったのであろう。Ⅷでのように防衛を崩すことはなく，「D　F±　A」主体の反応が連続する。AもPl.fもよくある見方で，実に無難に終っているが，「花のツボミ」で本例では唯一のFCを出すことができた。量産したい本例なら，もっとたくさんのDを作ってもよさそうなカードであるが，4個で留まった。後に「この絵だけ，つかみづらい」と述べているところから，やはり多彩色の散らばりが苦手だったかと思われる。

まとめ

　すでに量的分析でも明らかだったように，本例は基本的に「隔離」という強迫性格防衛を用いて物事に関わる姿勢を作っている人である。つまり，何事も論理的に類推し，感情を交えず，冷静で客観的な態度を維持しようとする。この姿勢はほぼ常に保たれている。それは反面，自分の感情や願望など，人間として当然の自己表現をしない，あるいは出来ない，ということを意味する。また常に無難で常識的な判断や対応をしようとするために，とかく紋切り型の対応となり，固有の自己表現が不自由になっている。そうした不自由で過剰なコントロールの結果，内面に貯留されたものの出口がなく，身体化症状を生じているのであろう。

　対人関係では，一見従順で冷静で消極的であろう。しかし，共感性や情緒反応性が乏しいので（運動反応欠如），対人交流は苦手であろう。一方，この反応態度を見ると，紋切り型で平凡な見方であっても反応数を増やそうとしたり，あくまでも形で説明しきるために強引な説明になったりするところに，秘められた競争心や優越欲があるように思われる。また，反応内容には大人しい動物（依存性の象徴）と危険な動物（攻撃性の象徴）とが混ざっているが，drにな

った時に攻撃的な動物が多くなるようである。ここからも，あえて自己主張したい願望が潜在しているものと思われる。「D　F　A」パターンは，従順さと受身性で攻撃性を抑える反動形成と見ることも出来る。

　動物や物体の象徴によって依存性や攻撃性を間接的に表現していても，その反応には本人自身の感想や感情が一切伴っていない，形状のみの説明である。ここから，本人はこのような願望を自覚（意識化）せず，身体化のみが表現ルートになっているのであろうと推測される。

　継起分析途上で問題になった「一時的に自閉状態に陥る」問題は，1回のみであり，その場合にも直ちに性格防衛を取り戻し，以後は崩れを見せないので，あるとしてもごく稀に，よほど強い刺激を受けた時にのみ，一過性の防衛として現れるものと推測され，基本は神経症水準に留まっている人と思われる。

3．SCT

　本テストでも言葉数は少なく，文章は単純，簡潔で，自己を表現するルートが開かれていないことが分かる。その中で分かることは以下のようである。

　対人関係には消極的で「自分からは話しかけない」し，「自己表現はできない」ことを自覚している。家族とも交流が乏しく，適切な関係性は出来ていない。母親は「明るい人だったらよかったのに」であり，父親は「もっと有能であったら」，妹は「何を考えているのだろう」というように，誰とも共感できない関係にある。

　心身ともに不健康で，疲れが取れないなど，健康が損なわれていることはよく自覚していて，そのせいで抑うつ的になっているが，それが自分の内面処理の問題から来ているという自覚はない。つまり原因が分からず今後どうなるかも分からないという将来への不安が強い。

4．心理検査の総合

　ロールシャッハ法とSCTとの矛盾はなく，ともに，固い防衛で感情や欲求など内面から湧き出るものを強く抑え過ぎているために，活気を失い，抑うつ的となり，自信を失っている状態である。重い病理を疑うような思考障害は全く見られず，むしろ現実的な課題を生真面目に杓子定規に果たそうとする方である。内心強がりで要求水準が高いので，なおさら現状を苦しく感じていると

思われる。神経症水準の強迫性格者と言える。

このケースの独特な，堅苦しい見方は一貫して完結しており，柔軟性がないために適応上の問題を呈しやすいと思われる。結論として，神経症的な病理防衛が中心になっていると考えられる。

5．心理療法

この検査結果からすると，心理療法的関わりに応じる力はあるが，感情閉鎖によって，感情や感覚を表現するルートが開かれていないので，言語を中心にした精神分析的心理療法では困難と考えられた。そこで，「身体症状を改善していきましょう」と動機付けして，フォーカシングを中心とする面接を導入していった。心気症にまでなってしまっている，身体にこびり付いてしまった「疲れ感」を取れるようにするために，つまり隔離防衛で凝り固まった自我を解きほぐすために，フォーカシングを用いた。身体症状に対して，フェルトセンス（felt sense）の体験を続けることによって，身体感覚の転換（shifts）が生じるようになり（Gendlin, E. T. 1996），疲れ感を「からだの内側で丸ごと感じとる」（村瀬孝雄　1995）という体験を継続することによって，疲れ感が和らぐ効果を繰り返して行っていった。過剰な隔離防衛が緩和してきて，身体感覚と感情を自分のものとして実感することが出来るようになり，無意識の心理的エネルギー（Libido）が健康な自我に備給されることによって，約3年間（110回）で職場復帰をして，心身ともに活性化して生き生きと働くことができるようにまで回復していった。

ケース3 BPO水準の現れ①——結合型

1．事例概要

女性，20代，会社員。
主訴：強い不安。
起始経過：被検者は，失恋が契機となって強い不安に襲われ，さらに母親とのライバル意識が強く出現して，実家では「いてもたっても居られなくなって」しまい，緊急避難のために入院した。
検査態度：医師より検査依頼がありロールシャッハ法とSCTを施行した。心理検査では，「今のご自分の状態を見てみましょう」と説明すると，検査には積極的に意欲・関心を持って関わっていた。

2．ロールシャッハ法

量的分析

　反応数，初発反応時間ともに平均的で，反応行動は順調に行われたと考えられる。把握形はW優位であるが形態質がきわめて低く，Mがやや過剰であるところから，状況全体をまとめて捉えるけれども，それに対してかなり主観的な意味づけを加える傾向があり，適切で客観性のある状況把握が難しいであろうと推測される。ΣFよりFの形態水準が低いのも，またFの割合が低い（31.0％）のも，客観的観察が苦手であることを示唆している。

　運動反応はM，FM，m，ともにあり，内的観念・想像活動は活発である。M，FMの形態水準はやや低いがM－はなく，運動は静かで動きの少ないものであり，表現が抑制されている。mの量は1.5と適切である。

　体験型は顕在7：3.3，潜在5.5：4.5で，内向傾向であるが，色彩，材質刺激に対しても反応性が示され，内向のみに偏ってはいないことが分る。また色

彩反応ではFC：CF+C=3.5：1.5とよいバランスを示し，FCの形態水準も良く，情緒面でも表現力があると同時に，表現の抑制ができている。ΣFは高く

Basic Scoring Table

Location		+	±	∓	−	nonF	Total	Add
W	W		10	10	1		21	
	W⧸							
	DW							
D	D		5	3			8	
	d							
Dd	dd							
	de							
	di							
	dr							
S							3	
Total R			15	13	1		29	

Content		Main Freq.	Main Total	Add
H	H	1	9	1
	(H)	6		
	Hd	2		
	(Hd)			
A	A	7	9	
	(A)			
	Ad	2		
	(Ad)			
At	Atb	3	3	
	Ats			
	X-ray			
	A.At			
Sex				
Anal				
Aobj		1	1	
Pl.f				
Pl		2	2	
Na				
Obj		1	1	2
Arch				
Map				
Lds		1	1	
Art				
Abst				
Bl				
Cl				
Fire				
Expl		1	1	
Food		1	1	
Music		1	1	
Cg				

Determinant		+	±	∓	−	nonF	Total	Add
F			2	6	1		9	
M			6	1			7	
FM			3	1			4	
Fm								
m(mF, m)				1			1	1
k(Fk, kF, k)								
FK								
K(KF, K)								
Fc			1	1			2	1
c(cF, c)								
FC'				2			2	1
C'(C'F, C')								
FC	FC		3				3	1
	F/C							
CF	CF			1			1	1
	C/F							
C	C							
	Cn							
	Csym							
Cp(FCp,CpF,Cp)								
Total R			15	13	1		29	

Total R	29

（93.1％），ここにも抑制傾向があることが示されている。

　Pはやや多く（6個），公共性のある把握も可能である。C.R., D.R. 共に充分あり，視野の広さにも表現ルートの広さにも問題はない。A％とH％が同じ（31.0％）であり，At％がやや高い（10.3％）ところから，連想内容には主観的偏りが反映されている。

　以上をまとめると，形態質の低さと連想内容の偏りにのみ，主観的で現実検討力が低下している傾向が示されているが，他の諸面ではほぼ一般的な数値を

Summary Scoring Table

R (total response)		29		W : D	22 : 5	F%	31.0%
Rej (Rej/Fail)		0 (0/0)		W%	72.4%	ΣF%	93.1%
TT (total time)		5′ 33″		D%	27.6%	F+%	22.2%
RT (Av.)		33.3″		Dd%	0%	ΣF+%	55.6%
R_1T (Av.)		6.8″		S%	0%	R+%	51.7%
R_1T (Av.N.C.)		4.4″		W : M	22 : 7	H%	31.0%
R_1T (Av.C.C.)		9.2″		M : ΣC	7 : 3.3	A%	31.0%
Most Delayed Card		Ⅹ 0′ 12″	E.B	FM+m:Fc+c+C′	5.5 : 5	At%	10.3%
Most Liked Card		Ⅷ 0′ 06″		Ⅷ+Ⅸ+Ⅹ/R	41.4%	P (P%)	6 (20.7%)
Most Disliked Card		Ⅲ 0′ 07″		FC : CF+C	3.5 : 1.5	C. R.	10 (0)
Self Card		Ⅷ 0′ 06″		FC+CF+C:Fc+c+C′	5 : 5	D. R.	8 (0)
Family Card	Fa.Card	Ⅷ 0′ 06″		M : FM	7 : 4	修正 BRS	34
	Mo.Card	Ⅹ 0′ 12″					

〈注〉以下の印象評価は質問段階の後に求めているが，記載の都合上ここに置く。
MLC：Ⅷ　形がきちんとまとまっていて，色がきれい。
MDC：Ⅲ　宗教儀式してるような，霊的な感じがして気持ち悪い。赤いのも血がこぼれて見える。おそろしい。
父親カード：Ⅷ　願望そのもの，きちんとして，まとまりがある。いつも変わらず，穏やか。清潔感もある。
母親カード：Ⅹ　いつも気が変わりやすくて，好きでない。まとまりがなくて，なるべくなら近寄りたくない。
Self カード：Ⅷ　願望もあって，きちんとして，まとまりが取れ，余分なものがない。
　Most liked card も父親カードも self card もすべてⅧで，「きちんとしていて，まとまりがあって，奇麗で，」と説明も同じである。説明の内容から，自分の理想像は父親であると確信し，同一化というより一体化願望があるのかもしれない。

示している。修正BRSも+34である。そこで，認知，思考，感情統制などの，どの面にどの程度の問題があるのか，継起分析で丁寧に検討したい。

継起分析
カードI

I	1	3″ ∧	一枚に思いつくままに言っていい？（はい）コウモリ（他には，見えますか。）	（コウモリは，どうなっていますか。）全体に，ツバサを広げているところと色。（色というのは。）黒い。あと，尖った形がコウモリらしい。	W　FM±, FC' A　P
	2	∧	キリスト（その他には，見えますか。）	（Q）キリストが指をこうやって立ってる。まわりのものは天使の羽をイメージ。（キリストらしさ？）手の部分が，みんなに訴えかけ，説教してる感じ。	W　M±　（H）
	3	∨	山	（Q）全体に，尖ってて，中国の墨絵を思い浮かべた。尖っているテッペン。（墨絵？）色が黒いだけ。	W　FC'∓ Na, Art
	4	∧	悪魔	（Q）翼の部分と人間のようなところが全部黒だから。羽も随分，尖ってる。尖ってるのが悪魔に結びついた。	W　FC'∓　（H）
	5	∨	ガイコツ	（Q）目，歯，特にそれ以外は。パッと見て，ドクロですね，頭蓋骨の。	W, S　F∓　Atb
	6	∨	怪物……あとは見えません。	（Q）目，太い足，牙，ノドチンコ，角。（怪物らしさ？）尖った角と，横の刃物みたいな尖ったもの，牙。	W, S　F−　（H）
		50″			

初発は3″と早く，50″で6個の反応語を出している。他のカードの倍以上

あり，意気込んで始めたものと思われる。
①最初の反応はPで，認知，連想ともに無難に対処したが，②次には「キリスト」で，「天使の羽をつけ，みんなに訴えかけて説教している」と救世主らしさを強調している。形態の指摘は適切（±）であるが，「羽」をつけたのは過剰な理想化であるとともに，無理にWにするという背伸びがあるかもしれない。無理をしてこの反応語を作ったと思われる。③Wは急激に形態水準が低下し，「尖がっているから」のみの「山」（∓）に黒さの要素を加えたのみのやや暗い反応になってしまった。背伸びをした後で力が抜けたのだろうか。それでも「中国の墨絵」と美化を付け加えている。しかし④次にはまた力を盛り返し，「悪魔」と人間像を見つけるが，その見方は「キリスト」と全く同じである。悪魔の根拠は「黒いこと」と「羽が尖っていること」，

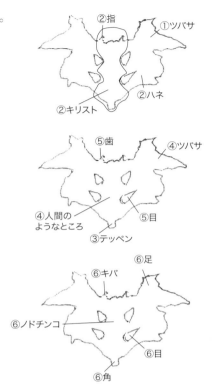

つまり理想化していたものに邪悪な特徴が見えて来て，一挙にイメージが逆転した（good object が bad object に逆転する分裂 splitting と，悪魔やキリストと見立てる投影 projection が疑える）と言える。⑤は「骸骨」，⑥は「怪物」とこの後は不気味な恐怖像ばかりとなり，形態水準も低下し，bad object の世界に埋没するという退行状態に陥ったようである。⑥では顔に足が直結し，顔の中央（鼻になる場所）に「ノドチンコ」があるという不良形態（F−）が生じ，不気味感の高まりとともに現実機能が著しく低下したことが分かる。

本カードでは自我機能が回復することはなく，このまま反応を終っている。初めには目前の現実（インクブロット）をよいものに見立て，よい対象像を思い浮かべて意気込んで関わり始めたものの，一旦好ましくない属性（黒さ）に気がつくと，一気に外界が悪いものに変化するというところから，自我機能の持続力（耐性）が弱く，僅かな刺激で原始的防衛（分裂＋投影）が発動され，評価が逆転するという，境界性パーソナリティ（BPO）の特徴が観察される。

反応数が多かったのは意気込みだけではなく，悪い対象（bad object）に捕われて抜け出せなくなり，「悪魔，ガイコツ，怪物」と恐怖像を列挙したせいと考えられる。量的分析での病理水準の推測からは予想し得なかった継起である。

カードⅡ

Ⅱ	1	10″ ∨	尾てい骨	（Q）見たまんま。腰骨，それ以外には説明できない。	D_1 F∓ Atb
		30″			

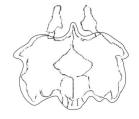

10″で1個の反応語を示したのみで終っている。カードⅠでの活力は著しく低下している。しかも内容は不安や抑鬱感を伴う解剖反応であり，見ている部位も「尾てい骨」というきわめて珍しいもので形態質は低く，カードⅠでの退行から充分に立ち直れず，暗さを引きずっているようである。Inqでの説明もほとんどできず，ただ「腰骨」と言っているところから，「尾てい骨」はおそらく骨盤の言い間違えであろう。ここにも思考や判断が曖昧になっている状態が示されている。

本カードは刺激が強いので，それに圧倒されたという観点も持たなければならないが，色彩には一切言及せず，黒部の輪郭のみという遠ざけた見方をしているので，遠ざけるという防衛によって，ブロットの刺激の影響はさほど受けず，原始的防衛も発動させずに済んでいる代わりに，認知が漠然とし曖昧になったと推測できる。ただし，潜在的に赤色によって解剖を連想したということはあったかもしれない。

カードⅢ

Ⅲ	1	7″ ∨	虫	（Q）目，カマキリをイメージ。カマキリが手を上げているところ。（カマキリらしさ？）手の部分。心臓で，これが歯。（心臓らしさ？）ハート型で赤いから。	dr FM−, FC Ad, Ats

2	14″ ∧	人と人が向かい合って，その後ろに人魂が飛んでいるところ。	(Q) 鼻，頭，首，手，足。こういう形してて人魂。（人魂？）フワーっと浮いてて，人の頭の上にあったから。絵自体が二人で宗教儀式やってるみたい。	W M±, m H, Fire P
	25″			

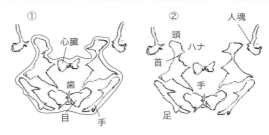

　反応語は2個になり（以後，全カードで2個以上の反応語になる），①はよくある「カマキリ」の見方であるが，運動しているカマキリの心臓が外から見えるという「内部外部反応」[注1)]が生じ，カマキリの「歯」も目の上についており，ゆえに形態水準はFM−となった。概念化と認知の両面に混乱がある。
　②は「二人の人が宗教儀式をやっている」公共反応で，よく構成されたWであり，形態水準も回復している。協調行動のMも見られる。ようやくカードⅠの後半からの低迷状態から立ち直ったようである。しかし次第に「人魂が飛んでいる」が加わり，Inqでは「宗教儀式」という連想が加わり，不気味感が増して来ている。終了後に尋ねたカードの好悪の質問には本カードをMost disliked cardに挙げ，「霊的で気持ち悪い，赤は血がこぼれているよう」と述べており，嫌悪感や恐怖感を最も強く意識化したカードであったことが分かる。Ⅱよりもブロットの刺激が軽くなっているので，気軽に近づいてしまったために，赤の刺激を強く受けたのであろう。それにしては②の形態水準は保たれており，反応段階でもInq段階でも説明は冷静に抑制的に行っている。

注1) 内部外部反応：Kleiger, J. H. (1999) が紹介している作話結合の一つ。

カードIV

IV 1	6″ ∧	クマの毛皮	（Q）ペターと毛皮を開いている。全体。（毛らしさ？）足，尻尾，頭，手。べたーとした感じがして，多少ぽこぽこしてて，一週間前に見た毛皮に似てた。	W Fc±	Aobj P
2	16″ ∨	虫	（Q）なんの虫は，わからないけど，羽，触角，目，足の一部，チョウに近い。	W F∓	A
	20″				

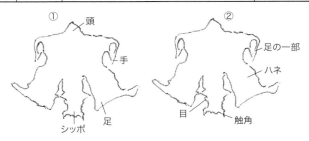

　順調に6″でPの「毛皮」を示した。形態の指摘は適切（±）でcを伴うが，材質感の説明は「ベターとして，多少ぽこぽこして」と，あまり心地よさそうではない上に，「1週間前に毛皮を見たから」と体験による合理づけを追加している。依存感覚を意識化することに何らかの抵抗があると思われるが，それにしても依存感覚は意識化されやすい状態にある。
　②の「虫」はまた奇妙な把握であり，チョウにはあり得ない形であるのに「チョウに近い」と言い，説明も曖昧である。何がこの被検者の認知を困難にしているのか，このカードのみでは手がかりが見えないので，他のカードへ進んでみよう。

カードV

V 1	4″ ∧	コウモリ	（Q）コウモリが後ろ向きになって立っているところ。全体で。耳，尻尾，羽を広げているところ。	W FM±	A P
2	19″ ∧	妖怪	（Q）顔，大きな角，翼を広げて立っているところ。（妖怪らしさ？）大きな角，翼。	W M±	(H)
	21″				

　これも順調にPから始まっている。説明は「後ろ向きに立って羽を広げている」と，FM±は付くがほとんど動きがない。
　そして②は「妖怪」である。①のコウモリと全く同じ見方で，「羽」が「大きな翼」となり，「耳」であったところが「角」になっている。カードⅠで「キリスト」が「悪魔」に変わるのと同じ変化であるが，ここではそれ以上の追加はなく終っている。ブロットの刺激があまり強くなかったせいで，悪いものの連想が進まなかったのかもしれない。通常，「コウモリ，チョウ」で無難に終わるカードであるが，本例はここでも「妖怪」を見ずにはいられなかったというくらいに，恐怖像を連想しやすいのであろう。

カードⅥ

Ⅵ	1	5″ ∧	ギター	(Q) ギターに似てた。動物の皮で作ったギターの一種。(皮?)ぽこぽこしてて，手と足がなんとなくある。	W	Fc∓	Music
	2	18″ ∧	虫	(Q) 頭，手，足。	W	F±	A
		22″					

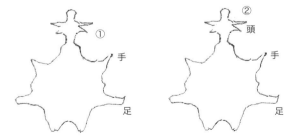

　ここでは5″で「ギター」，18″で「虫」と，無難に対処したように思える。しかし，ギターは「動物の皮で作ったギター」であり，皮には手足が付いている。おそらく「ギター」とPの「動物の皮」が同時に見えていたのであろ

う。作話結合というよりギターが動物の形をしているという奇妙な認知になっている。Inq での説明ではブロットの濃淡を指して「ぽこぽこしている」と材質感を述べているので，ますます動物らしくなっている。反応段階では漠然と気づいていた材質感が Inq ではより鮮明になり，それに惹かれて動物とギターを結びつけてしまったのであろう。これは概念の境界が混乱する混淆反応（contamination）に近い現象であるが，混淆には至らず踏み止まっている。「ぽこぽこした」材質感を依存性の反映と考えれば，Ⅳでの抵抗感のある毛皮（c）と共に，「依存欲求が意識化しやすいと同時にその意識化には強い葛藤が伴う」と言えるであろう。②の「虫」は形態としてはあり得るが，虫と言うにはあまりに大きすぎる。恐怖像を小さい無力なものに見立てる「縮小（minimization）」の防衛が働いたのであろう。つまりこのカードも，本人にとっては不快なものだったと思われる。

カードⅦ

Ⅶ	1	4″ ∧	人と人が向かい合っているところ。	（Q）インディアンの子どもが，頭に羽をつけて，向かい合って話をしてる。上半身，下は関係ない。	D_2	M±	Hd, Cg
	2	<	犬が二匹。	（Q）顔，尻尾の長い犬。顔，足，尻尾，耳。犬が二匹。	D_2	F±	A P
		38″					

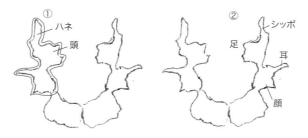

①はPに近い見方ができているが上半身のみである。友好的なMではあるが「子ども」としながら「向かい合って話をしている」と，動きの乏しいものである。②も同じ領域をPの動物とし，運動は伴わない。

本カードもまた材質刺激の強いカードであるが，材質には近づかず，輪郭のみを使って無難な反応を示している。運動も依存を思わせるものではない。ⅣやⅥのような混乱はここでは見られず，思考過程は安定している。本カードの

持つ軽さや明るさに対応しているのだろうか。

カードⅧ

Ⅷ	1	6″ ∧	物にカメレオンがとまっているところ。	(Q)カメレオンがものによじ上っている。二匹。丸みをおびた背中をした感じ。	W　FM±　A,Obj P
	2	∨	骨	(Q)腰骨。全体的に。(らしさ?)なんとなくイメージ的に。	W　F∓　Atb
	3	∧	王冠	(Q)全体的に,王様の冠らしい。(王冠らしさ?)下のあたりが,頭に入る感じ。上が尖ってて,色がついてて,きれいで。	W　FC±　Cg
		38″			

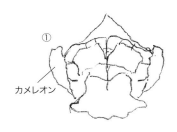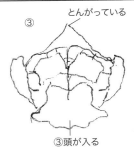

①①多彩色カードになっても順調に6″でPから始めている。「カメレオンが物によじ上って」と意欲的な運動FMを伴っている。しかし,②では「骨」という無力な連想になり,説明も「何となく」と漠然としてF∓に低下している。急激に無気力になったか,または距離を遠ざけたような反応である。ここでもⅡと同じく「腰骨」である。すると③では「王冠」とまた,力強さを取り戻すとともに美化の防衛が用いられ,説明も「王様の冠,尖っていて色がついて奇麗で」と明確で活気のある表現になっている。

この継起から,①では色彩を無視してPの形態を頼りに反応を作り,②では逆転したカードの形態を,輪郭のみで漠然と見ているところから,なかなか色彩を取り入れられなかったことが推測され,③になって漸く色彩に近づいたが,その時には充分に美化して,「素晴らしく美しいもの」として扱っていると推測される。日常行動に置き換えると,外界からの働きかけに対して臆病であり,なかなか近づけず,近づく時には「よい物と見立てて」よい関わりを

持てる状態を作り出して近づく，という関わり方が推測される。本カードがMost liked cardに選ばれ，またその理由が「きちんとして，まとまっている」というのは，最終的に到達した反応③が気に入ったからであろう。

カードIX

IX	1	11″ ∨	トンボの顔	(Q) 大きな複眼。目。	D_2 F∓ Ad
	2	∨	妖怪	(Q) 全体で見える。足が，おどろおどろしい。頭で，手で，仁王立ちしてる感じ。足を広げて。(おどろおどろしい?) 表現できない。	W M∓ (H)
	3	∧	花	(Q) 葉っぱ，植木鉢，花。花びらがオレンジのところが花びら。葉っぱは緑色。	W FC± Pl.f, Obj
	4	∧	野菜	(Q) ニンジン，赤カブ。形がそっくり。カブは，形と色。	W FC∓ Pl
		31″			

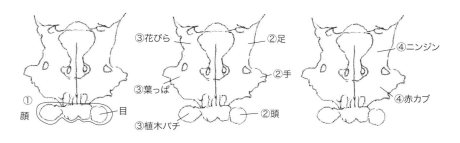

①初めからカードを逆転し，本例には珍しいDに着目して「トンボの顔」とする。実際に見たのは「大きな目」のみであり，それ自体はトンボの目に似ているが，ごく単純な形態のみ（∓）に終わっている。②で逆転のままWに目を向けると，たちまち「妖怪」となり，「仁王立ち，足を広げて，おどろおどろしい」など恐怖像であることを強調し，ここでも表現の極端さが示されている。形状としては人物像には見えず，また妖怪らしさの説明もないのでM∓となる。③と④はカードが正位置に戻り，内容は一転して美しいものになる。③の「花」は植木鉢，花と葉が形で示された後に「葉は緑色」と加わる典型的なFCであるが，④は赤いところのみ使って「人参」と「赤カブ」としながら

ケース3　BPO水準の現れ①　263

「形がそっくり，カブは形と色」と言うので，スコアとしてはFC干となった。本カードでも恐怖像の次に美化された対象像という継起が見られた。Ⅷでは抑えていた恐怖感をⅨでは意識化してしまったと思われる。

カードⅩ

X	1	12″ ∨	何かの顔	(Q) 目, 顔の輪郭。アゴ, ヒゲ, 口。微笑んでるような，皮肉っぽいような感じ。	dr, S　M干　Hd
	2	∧	山	(Q) 尖ってて，マグマが流れてる。噴火して溶岩が流れ出してる。まわりのは，噴火で飛び出したもの。(マグマ?)色とドロドロした感じ。(ドロドロ?)色が濃くなってるところ。	W　mF干, CF, KF Expl
	3	∨	海草	(Q) いろんな海草。いろんな色の海草をイメージ。海草の標本をつくる感じ。	W　CF干　Pl
	4	∨	原始生物の集まり	(Q) 一つ一つが原始生物。青ミドロ，ミジンコなど，いろいろ集めた感じ，アメーバとか。(原始生物らしさ?) どれも形が単純。	W　F干　A
	5	∨	真ん中にキリスト	(Q) キリストがいて，羽を広げて。キリストが飛んでる。(キリストらしさ?) 長い髪の毛。	D₃　M干　(H)
		58″			

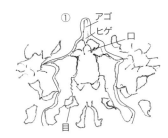

本例としては最も遅いR₁T 12″で，最初からカードを逆転させて「顔」から始めるのは，本カードへの対応として不自然で，形態も無理な組み合わせ（干）なので，関わりにくさを感じながら作り出した反応と思われる。拡散した多彩色という関わりにくい刺激に対して，色彩を排除(無視)しながら辛うじて見つけ出した（dr）形態なのだろう。Inqになると「微笑んでいるような皮肉っぽいような」と表情をつけているところから，不自然

な見方に感情移入して肯定感を増そうとしているように思われる。このように①は無理に力を入れた反応であったが，②では，反応段階では「山」という単純な見方，Inqではそれに「マグマが流れ，噴火して溶岩が流れ，ドロドロした感じ」など，mが優勢になり，他にもCF，KFが伴うという不安そのものの反応となった。この領域（D_{14}）を「流れている溶岩」と見るのは攻撃衝動とそれに伴う強い不安の投影であろう。③では「海草」と穏やかなものになったが，「いろんな色の海草」と形態指摘は無く（CF∓），構成力は回復していない。④の「原始生物」も同様で，「アオミドロ，ミジンコ」など名前は挙げるが形態指摘はできず，F∓となっている。⑤最後にカードを逆転させて「キリスト像」を

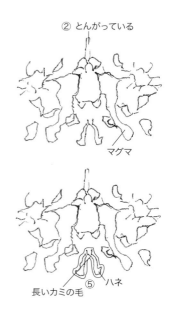

挙げた（D_3）。これも①と同様に，無理に作り出した人間像（∓）という特徴を示している。カードⅠの②同様，巨大な羽がついており，キリストである特徴は「長い髪の毛」というが，頭部はあまりに小さくて髪の毛らしいものは見えない。これも次第に崩れて来た形態把握を立て直すために無理に作ったものであり，それがキリスト，つまりよい対象であるのは，立て直しの努力のために「よいイメージ」を加えたのかもしれない。

　本カードは母親カードに選ばれていて，「気が変わりやすく，まとまりが無く，近寄りたくない」と述べている。まさに散らばった多彩色という本カードの特徴によく反応しており，こういう刺激が嫌いで気持ちを乱されること，本人がそれを自覚していることが分かる。それでも①に「微笑んでいる顔」，⑤に「キリスト」を挙げたのは，色彩を避けながらも好ましいイメージを作り出し，よいものに見立てようとする努力だったのであろう。「いろんな色の海草」も美化の努力だったであろうが，「標本を作る感じ」と実感無く遠ざけたままで終っている。

ロールシャッハ法のまとめ
　量的分析から想定した病理水準に比べて，反応継起に生じた現象ははるかに

不安定で動揺したものであった。約半数のカードに悪魔や妖怪という恐怖像が生じ，その見方は相当に極端であり，また作話結合が伴って認知自体が歪曲する。また逆に，「羽のあるキリスト」，つまり天使のイメージも理想化された人間像として使われるという両極への移行がある。こうした特徴，特にカードⅠ，Ⅴの継起から，本例には「分裂（splitting）」と分裂した極端な対象表象の「投影（projection）」の防衛が働く場合があり，またカードⅢとⅥではやや重度の思考障害を疑う現象が生じており，これらからは境界性パーソナリティ構造（BPO）を持つと推測できる。

　一方，圧倒する恐怖像を跳ね返して，否認や美化で対処する場合もある。また，扱いにくい外的条件（強い色彩）は遠ざけて，関わらないようにする防衛も見られる。こうした神経症的防衛が使えることからは，ハイレベルの（軽度の）障害であろうと思われる。また本例は，「悪い表象」と「よい表象」の両方を表出している。たとえ両極端の表象であっても，両者を示すことは分裂が強固でないことを意味するので，これもハイレベルの可能性を示唆している。

　反応語の輪郭が無くなるほどに統制を失ったのはⅩの「噴火」のみであり，他はたとえ恐怖像であっても懸命に形態の説明を加えること，そのために却って歪曲した見方になってしまうことから，衝動行為に走るタイプではなく，代わりに理屈で自分の主観を正当化する，関係念慮を生じやすいタイプと言えるが，作話反応が極端にならずに抑制されるところからは，関係念慮はそれほど進行しないと思われる。量的分析においてΣFが高くかつ形態水準が低かったのは，このタイプの防衛のゆえである。しかし攻撃衝動を投影する結果，対人恐怖感が強く，人と関わりにくい。関係をよいものと見立てることによって恐怖感を弱めたい願望も強いので，人と接する場合には，無理にでも相手を良い人，よい関係性と見なして関わるという努力が行われることになるであろう。

　依存の欲求不満は強く，意識化もしやすい状態にあるが，依存対象への恐怖感や拒否感も強いので，対人関係の中では容易に満たされず，鬱積しているであろう。このことが本人を不安定にしていると推測される。この被検者の不安や対人恐怖を改善するためには，心理療法によって，自身の攻撃性を意識化し肯定できるようにすることが望ましい。

3．SCT

　父親に対して理想化し同一化を求めているばかりでなく，異性としての愛情

も感じており，それだけに母親との競争心は強い。同時に母親に子どもとして愛されたい願望も強く，妹とはライバルになっている。つまりエディパル，プレエディパル両面の葛藤があり，ロールシャッハ法で推測された病理水準と一致している。家族間の葛藤が非常に強く多量に描写されており，ここに本人の不安定と対人葛藤の基があると言えるが，それだけに問題点を本人が意識化しているので，改善しやすいとも言える。

病前の自分は活発で明るく，人に好かれ，おしゃれで美しく，仕事はやりがいがあって巧くいっていたと，すべて肯定的である。病気になってからは太って醜くなり，家族の中での地位が下がり，対人関係も億劫になり，過去の嫌な出来事ばかりを思い出すと言うように，病前のよい自己（good self）が病気になってからの悪い自己（bad self）へと逆転したかのような表現になっている。

それでも未来の自分に希望を持っているし，良かった自分に戻りたいと努力しており，自己愛は保たれている。

心理検査のまとめ

観念過剰で被害念慮を抱きがちな境界性パーソナリティであるが，美化，否認などの神経症的防衛も使うことができ，パーソナリティ障害は軽度である。自己理解力はあり，良くなろうとする努力は認められる。心理療法の適応例であろう。

4．心理療法

心理療法を始めてから最初の一年間は入退院を繰り返していた。それ以前から，母親に愛されない恨みがこみ上げてきており，母親を all bad な対象として，父親は all good な対象として理想化して，どちらにも近づけないままで宙ぶらりんな状態となっており，分裂（splitting）防衛が活発となっており，その間に挟まれて風に舞う木の葉のように，すべてが不安に満ちているという汎不安（stable in unstability）に陥っていた。精神分析的心理療法によって，数知れない不安と失望・落胆を徹底操作（work-through）することによって，再防衛による揺り戻しを繰り返しながらも，次第に健康な自我が優勢となるまでに成長し，自我の統合へと至って，5年余りで終結となった。葛藤から自由な自我領域を獲得して，両親に対しても不安や不満はあるにしても安定して関われるようになり，不安に取り込まれない自分（自我同一性）を確立するまで

になった。同時に，勤務先の企業の倒産などの不運な事態などに遭遇しながらも，やり直して復元していく自我機能が発展していった。転職を繰り返しながら，自分に合った仕事や職場を探し求めていくことによって，自己実現を達成していった。

ケース4　BPO水準の現れ②──併存型

1．事例概要

男性，20代，大学生。

主訴：孤独，人が信用できない。

起始経過：被検者は，「孤独で，人が信用できない，だまされてひどい目に遭うのではないか」という被害念慮を持っていた。父親がアルコール依存症で，幼少の頃より大声で怒鳴られ，今でも父親が酒を飲もうとしている夢を見るという。小学生では，やりたい放題で，すぐに手が出ていたが弱かった。友達から相手にされなくなり，「人をごまかす，だます」という笑顔政策を始めた。兄（6歳上）からも叩く・バカにされるなどの暴力を受け，「父や兄が信じられないのに，なんで他人が信じられるのか」と考えていた。高校3年の時に，父親はガンにかかり数カ月で亡くなった。現在は，コンビニのアルバイトをしている時に話が出来る友達が一人だけ見つかる。しかし，大学ではなじめず，話ができないままであった。「話してくれるのを待っていたけれど，もう望みがないなと，それに定着してしまった」と語っていた。

検査態度：「心理テストで，心の状態を見てみましょう」と動機づけした。興味深そうな様子で関わっていたが，不自然な笑いが伴っていた。

2．ロールシャッハ法

量的分析

$R_1T(Av.C.C) = 14.2''$ であり，$R_1T(Av.N.C) = 6.8''$ の2倍以上かかっており，色彩ショックが推測される。カードⅡが最も遅くなり(21秒)，Most Disliked Cardに選ばれており，父親カードであることから，父親に対する嫌悪感が明確に見られる。W優位であるが(76.9%)，Wの形態水準が極めて低く，W－も多い

ことから，主観的思い込みを状況全体に投影し，偏った認識をする傾向が強いと推測される。Dは少なく（11.5％），具体的，現実的な対処力は乏しいと考

Basic Scoring Table

Location		Main					Add
		+	±	∓	−	nonF	Total	
W	W	7	8	5			20	
	W̌							
	DW							
D	D	2	1				3	
	d							
Dd	dd							
	de						3	
	di							
	dr	1	2					
S								7
Total R		10	11	5			26	

Content		Main		Add
		Freq.	Total	
H	H	1	12	
	(H)	3		
	Hd	7		
	(Hd)	1		
A	A	6	10	1
	(A)			
	Ad	3		
	(Ad)	1		
At	Atb			
	Ats			
	X-ray			
	A.At			
Sex				
Anal				
Aobj				
Pl.f		1	1	1
Pl				1
Na				1
Obj				2
Arch		1	1	
Map				
Lds		1	1	
Art				
Abst				
Bl				1
Cl				
Fire				1
Expl				
Food				
Music		1	1	
Cg				4
Total R			26	

Determinant		Main					Add
		+	±	∓	−	nonF	Total	
F		4	5	4			13	
M		1	3				4	1
FM		2					2	1
Fm		1	1				2	
m (mF, m)				1			1	1
k (Fk, kF, k)								
FK			1				1	
K (KF, K)								1
Fc								
c (cF, c)								
FC'		1					1	
C' (C'F, C')								
FC	FC	1	1				2	1
	F/C							
CF	CF						2	
	C/F							
C	C							
	Cn							
	Csym							
Cp (FCp, CpF, Cp)								
Total R		10	11	5			26	

えられる。体験型は顕在，潜在ともに内向であり，M は 4 あるが，そのうち 3 の形態質が不良であることから，主観的で観念過剰な体験をする傾向が示唆される。FC：CF＋C（2.5：1）では，外的刺激に対する反応は控え目で統制されている。c ＝ 0 であり，依存性と愛情体験に困難さがあると推測される。人間反応は多く（46.2％），対人的関心の強さを示すが，Hd：H ＝ 7：1 と，Hd つまり「顔」の反応が多く，しかもいわゆる「W－の顔」が 5 個と多量であることから，対象関係の病理（継起分析の中で詳述）が推測される。全体として，主観的な見方や判断に偏る傾向と，人間関係においての混乱や統制不全に陥ることが考えられ，量的分析から見ても適応力の乏しさが目立つ。

Summary Scoring Table

R（total response）	26		W：D	20：3	F％	50.0％
Rej（Rej/Fail）	0 (0/0)		W％	76.9％	ΣF％	96.2％
TT（total time）	13′28″		D％	11.5％	F＋％	30.8％
RT（Av.）	1′21″		Dd％	11.5％	ΣF＋％	40.0％
R_1T（Av.）	10.5″		S％	0％	R＋％	38.5％
R_1T（Av.N.C.）	6.8″		W：M	20：4.5	H％	46.2％
R_1T（Av.C.C.）	14.2″		M：ΣC	4.5：2.3	A％	38.5％
Most Delayed Card	Ⅱ 0′21″	E.B	FM＋m:Fc＋c＋C′	6：1	At％	0％
Most Liked Card	Ⅷ 0′06″		Ⅷ＋Ⅸ＋Ⅹ／R	42.3％	P（P％）	5（19.2％）
Most Disliked Card	Ⅱ 0′21″		FC：CF＋C	2.5：1	C.R.	6（6）
Self Card			FC＋CF＋C:Fc＋c＋C′	3.5：1	D.R.	8（2）
Family Card	Fa.Card	Ⅱ 0′21″	M：FM	4.5：2.5	修正 BRS	2
	Mo.Card	Ⅲ 0′08″				

〈注〉以下の印象評価は質問段階の後に求めているが，記載の都合上ここに置く。
Most Liked Card：Ⅷ　風景画が見えて心が落ち着くといいましょう。
Most Disliked Card：Ⅱ　顔のほうが嫌い，なんか絶望のような。
Mother Card：Ⅲ　でっぷりしたところが。
Father Card：Ⅱ　絶望感というか，父が絶望していた。
兄　Card：Ⅰ　目つきの悪さ，怒ったときの目つき。
姉　Card：Ⅸ　カラフルな感じ，性格的に明るい。
Self Card：ちょっと決めにくい。

継起分析
カードⅠ

Ⅰ	1	7″ ∧	羽があって, コウモリですか。(他には, 見えますか。)	(Q) 羽と胴体。	W　F±　A P
	2	∧	あと, 耳で, オオカミですか。……(他には見えますか。)ないです。	耳, 目がここで, ここは骨格のようになっています。	W, S　F± Ad
		53″			

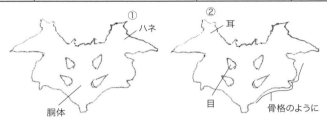

7″で「コウモリ」, 次に「オオカミ」と, よくある見方を順調に示している。説明はどちらも単純に形態を指摘するのみである。したがって形態水準も共に±である。②の「オオカミ」は, 動物の顔のなかでは幾分恐怖感を伴うものと言えるが, よくある見方であり, 特殊な説明もない。

カードⅡ

Ⅱ	1	21″ ∨	@〈図版をぐるぐると回すことの略字〉これ足で, 足がこうなってるような。	(Q) ズボンをはいていて, 赤い靴下をはいていて……下半身です。	W　FC∓ Hd, Cg
	2	∧	鼻, 口, ヒゲ。	(Q) ここが鼻で, 口を開けていて, 目がここで, マユ毛になっていて, ヒゲです。	W, S　F－　Hd
		1′17″			

初発に21秒を要し, 本例としては最も遅れたカードである。それだけ本カード特有の色彩の激しさに動揺したのだろう。カードを逆転させて, ようやく見つけたのはWで「ズボンをはいて赤い靴下をはいた下半身」と, 非常に大雑把なWとなっている。ブロット刺激を心理的に遠ざけて漠然と見たものと思われる。それでも赤色は「靴下」とし, ズボンとの位置関係で合理的に説明で

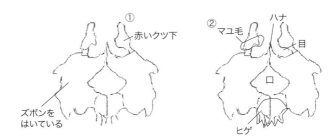

きている (FC)。

ところが②になると，ブロット全体が顔になり，Sが目と口で，D_3の下部を「眉」，D_2を「ヒゲ」とする。赤部は無理にでも取り入れ，大部分を占める黒部は取り入れないところに，赤に引きつけられていることが示されているが，色には言及せずに終わっている。カードⅠ以外のブロットの全体を顔と見ることには非常に無理があり，まず，ブロットを非常に遠ざけないと見えないこと，それほどには（腕の長さ以上には）遠ざけられないので，心理的に距離を取り，つまり自閉的な状態になっていること，その状態で外界を見ると，外界全体が大きな顔，多くの場合恐怖的な特徴を持った顔に見えるということは，本人が外界全体を迫害的恐怖像として見るような，分裂と投影という原始的防衛に支配された世界に陥っていることを示唆するので，そのような逸脱を生じやすい人格であること，つまり境界性パーソナリティ構造（BPO）を持つことの一つの現れであることが推測される。これはこの現象については，本書第7章で解説されている。

本例がブロットから遠ざかるという防衛をしていたことは，反応①から示されていたが，①での遠ざかり方は，たとえば「遠景のお城」，「花園の風景」などのように，理解可能な程度のものである。これらに対して「顔反応」の遠ざかり方は極端すぎて一般には見えないほどになるのが特徴的である。これは本例にこの後も繰り返される対処法なので，今後は詳しい説明を省略する。

カードⅢ

Ⅲ	1	8″ ∨	宇宙人が，こう，わーってやってる。	（Q）こう，ハーッとしている。（ハーッというのは？）アッという感じで，こう両手を挙げて。足があるんじゃないか。目，口，胴体。	dr, S M∓ (H)

2		∨	あと，昆虫がつぶれたような感じで。	(Q) こう，血が。足。(Q) 色，垂れ具合が。(つぶれた？) こう，広がっている感じ。	W　Fm∓, CF A, Bl
	53″				

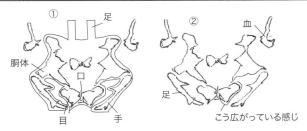

　①はこれもカードを逆転してWを「宇宙人」と見る，かなり遠ざけた見方であり，ここでもカードⅡの①と同じ防衛が続いている。空白の部分に「足」を作り出すなど，相当に恣意的であり，活気のあるMではあるが未だに不安定で，強引に自己主張しようとしているように思われる。
　②でようやく赤色を不快なものとして意識化することができた。それは「昆虫」と小さなものに置き換えられているが，「つぶれて血が垂れている」と，かなり生々しい破壊性の表現（Fm，CF）となっている。
　このようにカードⅢでは，Ⅱよりもブロットに近づくことができたが，赤色によって不快感や攻撃性が誘発される様相が，防衛（遠ざけ，置き換え）を介して示されている。形態水準はカードⅡ以来低下したままになっている。

カードⅣ

Ⅳ	1	5″	∧	バッタの顔……ちょっとそれしか……。	(Q) 顔のみ。(顔？) バッタの口，なんというか，特有の草を嚙むような。目が飛び出ている。	W, S　F−　Ad
		50″				

　「バッタの顔，それしか……」と言葉少なく1個のみの反応で終わり，しかもInq（質問段階）で「顔」だけであることが分かる。Ⅱ，Ⅲでの機能低下は赤色ショックのせいかと思われたが，黒色の強さか材質感の強さか，Ⅳも遠ざけざるを得なかったようである。バッタの顔という小さいものにして防衛して

はいるが，口唇攻撃性を示唆する「草を嚙むような口」が特に強調され，目も飛び出しているという恐怖像である。

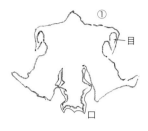

カードV

V	1	4″ ∧	チョウが羽を広げているような。	（Q）羽，胴体，触角。	W FM± A P
	2	∧	エイの真正面を見たところ。	（Q）目，尻尾，ヒレ。	W F∓ A
		48″			

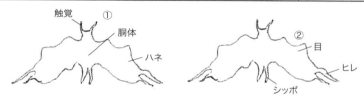

この最も刺激の少ないとされる無難なブロットでは，さすがに自我機能を取り戻すことができ，Pを示している。説明は簡単であるが，わずかながら運動も伴っている。しかし②ではかなり無理な見方になる。「エイを真正面から見た」という見方がまず珍しい。そして左右にヒレ，下に尻尾，d_4にあたる出っ張りが「目」だと言う。体部分がほとんど無いような横長のエイであり，いくら正面から見てもこうは見えないであろう。こうなると，カードⅡで動揺して以来，落ち着きを取り戻せない，回復力の非常に低い人なのかと疑われる。

カードⅥ

Ⅵ	1	11″ ∧	ギターっていうか，弦楽器……あとは……	（Q）本体。調節するところ。弦がひいてあるところ。	W F± Music
	2	∧	戦闘機を上から見て。	（Q）コックピット，機銃，羽。アフターバーナー（?）火を噴いているところ。	W F±, m Arch, Fire

	3	∧	目があって,……ここが,こう……哺乳類のような。	(Q) 目があって,ツノで,口っていうか。ヒゲがあるようなところ。(Q) 想像で見えた。実際は顔だけ。	W　F－　Ad
	1′05″				

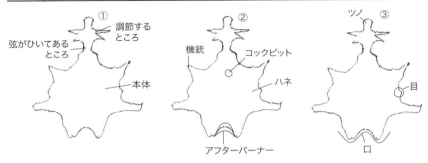

　ここでは11″で「弦楽器」と良い形態の見方ができ,説明も適切である(F±)。②の戦闘機は少し無理な見方ではあるが,必要な部分は指摘できている。「火を噴いている」と激しい特徴を加え,攻撃的な想像が発展しやすいことを示している。そして③ではまたしても「顔」になる。特に動揺した様子もないが,②で不安が嵩じたのだろうか,急激に自我機能水準が低下している。外的刺激のゆえではなく,常に内面に不安を抱えていて,一定時間外界と関わっていると自発的に分裂(低次元の防衛)に落ち込みやすいという,自我の弱さを抱えているのかもしれない。あるいは,カードⅣでも意外な落ち込みがあったことから,ⅣとⅥに共通する材質刺激の強さが関連しているのかもしれない。

カードⅦ

Ⅶ	1	7″　∨	土偶の断面図というか。	(Q) 縄文土器の感じ,ゴツゴツした。〈輪郭をなぞる。〉	W　F干　(H)
	2	∧	あと,なんか,インディアンの娘さんみたいのが向き合っているような。	(Q) 顔,髪の毛,鼻,口。インディアンの羽のようなやつ。手,スカート。	W　M±　H, Cg　P

3		∧	ここらへんが, 鬼門の鬼瓦のような。	(Q)色が鬼瓦の色。灰色が。怒ったような顔, 憂いを含んだ顔。目, 鼻, 口, 角。	D₄ FC'±, M (Hd)
	1′15″				

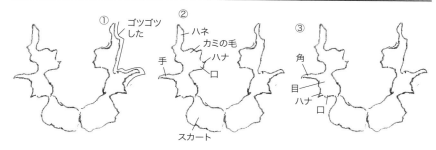

①の「土偶」はこのブロットで時々言われる見方である。しかし本例は全く形態の説明をせず，輪郭のゴツゴツ感に言及したのみであった。曖昧な見方なので∓となった。大雑把なWという意味でこれもやや遠ざけた見方である。次にはPのHに見えるまでブロットに近づいて，適切さを取り戻した（M±）。③は本例には珍しくDとなり，D₄を「鬼瓦」と物体化しながらも「怒った顔，憂いを含んだ顔」に「角」も加えた。恐怖像であるが，実際にそう見える形状であり，ブロットの特徴とよく合っている。

カードⅦでは分裂せず，どの反応もほぼ適切であるところを見ると，必ずしも材質刺激が退行を促進するとは思えない。この特に柔らかい刺激のブロットで，「土偶」「鬼瓦」と固い材質を連想するのは，柔らかさへの拒否あるいは反動形成とも考えられるが，「インディアンの娘」もあり，また「鬼瓦」について，「憂いを含んだ」と抑うつ感を付け加えているので，必ずしも柔らかさには拒否的とも言えない。

カードⅧ

Ⅷ	1	6″ ∧	風景画のような感じ。山があって，湖があって，花っていうか。	(Q)山は，アルプスの山脈にありそうな。湖は，少し濁ったようなところ。花は花びら，視点が花の中で，ある意味では，断面図になっている。そこから見て，湖と山が見える。	dr FK∓ Lds, Pl.f P

2	∧	冠をかぶった，ちょっと怒った人ですか。	(Q) 上がすべて冠。ここがムッとしたような。うっすらと目がある。	W M∓ Hd, Cg
3	∧	カメレオンが枝っていうのか，ツルにつかまっている様子。	(Q)ツルと岩のような。(Q)太い線があって垂れているところですか。	dr FM± A, Pl, Na P
4	∧	ロールプレイングゲームの最終ボスのような，怖いオジさんていうか。怖そうなツラをしている。	(Q)顔なんです。目で，鼻がここに，口がここに。あと，身体がここで。顔はズキンを被ったような感じで。ボディで，手がこうあるって感じ。下半身はない。	W F∓ Hd, Cg
	2′ 21″			

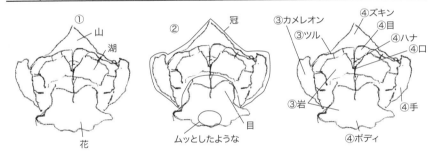

　多彩色カードになると直ちに「風景画」とし，「アルプスの山と，花，湖，」とそれぞれの色にあったところを指す，美化（beautification）の明らかな反応で，いかにも色彩がありそうだが，色彩の指摘は無いのが特徴的であり，生き生きとした風景描写である。山，湖，花の大きさが矛盾していることに気がついたのか，「花は断面図になっていて，そこから見ると湖と山が見える」と，花は近景，山と湖は遠景であることを言おうとしているようである（FK）。しかし率直に反応したのはそこまでで，次には「冠をかぶった人」と大きな冠の下に顔がある，かなり無理な見方になる（∓）。また「顔」は怒ったようなムッとした」と不機嫌な顔と見立てている（投影）。③はPの「カメレオン」を問題なく運動を伴って見ているが，④は「怖いおじさん」の半身像で，大きな帽子の下に小さな顔，両側の動物の部分が腕になり，中央が体というかなり無

理な見方である。結局このブロットでは色彩反応は生じなかったし，無理な見方の人間像が介入し，それらは怖い，不機嫌な顔をしているという見方になった。気楽に外界に接することができず，とかく警戒して難しく見立て，それが投影されて外界が恐怖像になるということだろうか。

カードIX

IX 1	18″ ∧	こう，眉毛が吊り上って，目，鼻，フューという感じ。口が歌舞伎のありますよね。	（Q）色が荒々しいような，治力の色，燃えるような色。	W,S m−,CF Hd
2	∧	西洋の宮殿にあるような，水をガーッと出している。それが二つあって。	（Q）半分ずつで，目，鼻，ここが水がドバーッと出るところ。お風呂の台座のような。	D_{1+2},S Fm± (Ad)
3	∨	目があって，セミのような感じ。	（Q）目，胴体，羽根。	W F∓ A
4	∧	花の断面図，チューリップのような。	（Q）ダイダイ色のチューリップ。葉は色と，開いたような感じ。ここは植木鉢。	W FC± Pl.f, Obj
	2′18″			

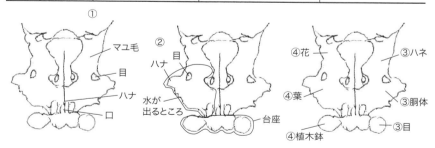

冒頭からWの「顔」であり，InqではPASS「歌舞伎の隈取り」と合理づけしていたが，Inqでは「荒々しい，燃えるような色」と激しさが増して，恐怖像の特徴が強調され，合理づけの努力は失われている。②では再び美化を試み，「西洋の宮殿にある噴水」としたが，「水をガーッと出している」，さらにInqでも「水がドバーッと出るところ」と美しさよりも激しい動きの方が強調されている。また噴水の台も何かの顔になってしまうなど，恐怖像の威嚇から逃れ

られないようである。③は一旦色彩を離れ，輪郭のみで「セミ」と無害なものを見たが，その形はセミからかけ離れている。そして④では再び色彩に戻って美化を試み，「花の断面図」をFC±で見ることができている。

　Ⅷ，Ⅸ共に，多彩色に惹かれて「よいもの」（good objectの投影）に見立てようと試みるが，恐怖像の圧力が強く，また激しい力や動きに圧倒されることが多い。

カードX

X	1	18″ ∧	これも，なんか，さっきのボスのような感じ。	(Q) 目，頭，腕，胴体。	W　F－　Hd
	2	∧	ヒゲを生やした陽気なオジさんのような。	(Q) ヒゲ，目，長い髪。	D_{3+6}, S　F∓　Hd
	3	∧	なんか，悪魔みたいのが，引っ張り合いっこをしている。	(Q) で，半分いて，引っ張り合いっこをしている。悪魔と家畜が綱引き状態の格好。（悪魔1？）目つきの悪そうな人相で。（悪魔2？）棒を引っ張り合って，目がなんか互いにガンをつけあっているような。（悪魔3？）影の悪魔，輪郭と色。もやもやしたところ。（悪魔4？）影の悪魔，輪郭がもやもやしている。（家畜1？）羊のメリーさんのような，柵を跳んでるような，頭，足。（家畜2？）子牛，引っ張られて，痛々しい感じ。（家畜3？）角がある，逃れようとしている。	W　M∓, FM, FC, KF　(H), A, Obj
	1′48″				

280　第Ⅱ部　事例編

　さらに面積が拡がり，飛び散る多彩色になっても，形態優位で認知しようとする冷静な態度を取る。反応内容は人間像が続き，「ロールプレイングゲームのボス」「陽気なおじさん」「悪魔」と男性像であり，形態水準は低いが，「W－の顔」状態に陥ることはない。特に③は，「たくさんの悪魔が争っている」と恐怖像ではあるが，「悪魔と家畜の綱引き，棒を引っ張り合い，ガンを付け合って，羊のメリーさん」など，思い付きを気軽に喋って楽しんでいる様子が感じられる。間接的に多彩色の明るさに反応しているのだろう。ただし，最後には「子牛が痛々しい」と被害的な空想になっている。

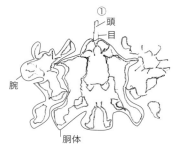

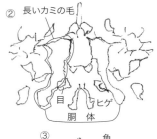

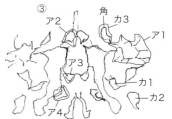

ロールシャッハ法のまとめ

　主観的思い込みに偏る傾向は随所に認められ，自分の観念の世界を優勢にしている境界性パーソナリティ構造の障害圏の人であることは明らかである。自閉の世界に入って，迫害的な外界を想定しているであろうこと（W－の顔反応が出ること）がしばしば示された。このタイプの被検者は，自閉の世界に閉じこもっている時と，表面的な二次過程の世界で無難に常識的に外界に接する時との落差の大きさが示される被検者が多いが（そのようなタイプを「併存型」と呼んでいる），本被検者の場合，「W－顔」以外のところでも対人不信感や恐怖感を反映する反応が非常に多く，常に被害的な想念（つまり自分の攻撃性の投影）を抱えているようである。その割には，人を求めるが（人間反応が多いこと），材質刺激の強いカードへの反応から推測すると（特にⅣ，Ⅵ），率直な依存感情の表出はできず，それを他者に投影して，誰も構ってくれない，自分

を無視する，といった被害感を高めていると思われる。

　物事を好ましい方へ，よいものであるかのように見立てようとする防衛（否認，美化）もしてはいるが（例＝Ⅷ，Ⅸ），ほぼ常に攻撃性や被害感の方が優勢になり，想念が葛藤してしまうようである。こういう葛藤があることが，境界性パーソナリティの中では比較的水準が高い（分裂していない，神経症的なところもある）人であるといえるが，本人としては，そのために却って対人的悩みが増してしまうことになっているのであろう。

　以上はすべて，量的分析からの推測をよく説明する所見である。ただし，カードⅨでは美化した反応で終わることができ，カードⅩでは空想を楽しんでいる様子も見受けられた。

3．SCT

　本例の場合，ロールシャッハ法とSCTの内容にあまり相違がない。つまり，本人が対人関係に悩んでいることをよく自覚しており，「人の輪に入れない，人が信用できない，一人でもいいから友達が欲しい，これからの大学生活が不安だ」等，対人関係の悩みを中心的に語っている。

　しかし対人関係の不全がどんなに辛いかを訴える割にはその原因，つまり自分の問題について考えていない。ただ出来事や現状を訴える愚痴ばかりである。自分についてはむしろ楽観的で，「将来は外交官になってみたいが，まだ進路が定まらない」と自分が選べば何にでもなれるような表現であったり，「仕事は自分から進んで企画するのではなく人から与えられた仕事をこなす方が好きだ」と自発性や積極性が無いことに無批判であったり，「今までは受身的だったが今は積極的になった」と自己肯定的であったりする。このようなところから，自閉状態での空想は自己愛的であるかもしれない。たとえばこんなに優れた自分なのに理解してもらえない，他者は一方的に責めてくる，自分は本来優遇されるはずなのだ，と感じているために，自分を認めない現実に対する怒りや被害感が強いのかもしれない。

　このような自己愛の強い可能性は，ロールシャッハ法では明らかではなかった。わずかにⅨ，Ⅹの多彩色カードで楽しんでいる様子が見られたのみであった。ロールシャッハ法で自閉傾向を強く示す人の場合，閉じこもった状態での空想がどのような内容なのかは推測できないことが多い。

心理検査のまとめ

　外界や他者への恐怖感や被害感が強く，閉じこもりがちであり，それゆえに適応的な行動がとれず，ますます対人関係が葛藤的になる人であろう。その割に劣等感や自己卑下の傾向が見られないところから，内的空想の世界ではやや誇大的な自己愛空想があるのではないかと推測される。現実との距離が取れないこと，極度に閉じこもる状態があるらしいところから，境界性パーソナリティ構造（BPO）を持つ自己愛性パーソナリティが最も疑われる。

4．心理療法

　このケースでは，精神分析的心理療法を用いて，怯え・不安などの迫害的対象関係の防衛解釈と明確化をすることによって，心理療法の場に居ることができるようになった。それに応じて，母親転移が形成されて口唇期にまで退行して依存・甘えを内在化していった。この「育ち直し」環境の中から，自我の核が成長を続けて，基本的信頼感を獲得していった。深く傷ついていた父親・兄によるトラウマ体験を語ることを繰り返していくことによって，カタルシスとなり修復されていった。グループカウンセリングを併用して，現実の他者との人間関係が改善されていって，人に対しての親和的感情を持ち，良好な関係を続けることが出来るようになり，6年間で終結となった。

ケース5　精神病水準の現れ①
——反応継起がある程度理解できる事例

1．事例概要

20歳男性。
　主訴：人間関係がうまくゆかない。カウンセリングでいろいろ話がしたいと，自ら相談機関に来談した。
　起始経過：小中学校から友人関係が長続きせず，「自分のやり方にこだわってしまい，自分の我を通そうとして感情的になってしまう」と本人は話している。中学校までは成績優秀で地域の有数の進学校高校に進む。高校2年生のころからクラスになじめない感じが強まり惨めに感じるようになり遅刻・欠席も増える。高校の勉強についていけなくなり成績が急激に低下，テレビゲームばかりして自室に引きこもる生活を送るようになり留年。2度目の留年が決まったあたりから気分が大きく落ち込むようになり，母親に幼児のように絡むようになる。この頃からあまり入浴もせず不潔なままでも気にしないようになる。空笑もあった様子で，心配した母親が医療機関に相談，医療保護入院で単科の精神病院に約4カ月入院する。当時の様子は明確ではないが，妄想・幻聴のエピソードが推測されている。退院後はより自宅に近い神経科クリニックで診察と集団療法に通いながら，高校卒業資格の取得に取り組み，来談時にはもう少しで取得というところにまでこぎつけている。期間限定のアルバイトをして社会関係が広まるが，その後はまた引きこもりがちになる。受診する以外はずっと自室におり，何もしなくなる。クリニックにおける友人や主治医との関係で被害感をしばしば訴え，そうなると精神状態も悪くなる。最初の入院からカウンセリング開始までのおよそ2年の間に「気持ち悪くなった」と被検者自ら希望して入院を3回している。入院するとすぐに状態は回復し，短期間で退院す

るとしばらくアルバイトができるようになる。主治医にもっと近づきたいという気持ちを持っているが、予約時間より待たされると腹が立ち、それを主治医に話すと相手の気分を害したような気持ちになる。主治医が自分のことを気にかけてくれていないような気持ちが強くなり、もう少し話を聞いてもらいたいと思い、クリニックの待合室に資料があった相談機関にカウンセリングを希望する。カウンセリング開始にあたって心理検査（ロールシャッハ法，SCT，統合HTP）を施行。クリニックの主治医の診断は「統合失調症あるいはパーソナリティ障害（自己愛人格）」と紹介状に記載があった。家族は母親（40代後半）と2歳上の姉。父親は被検者が中学1年生の時に疾病により他界している。

2．ロールシャッハ法

量的分析

反応数は38と多く，C.R.も17と非常に多く反応の内容は豊か（むしろ多すぎる）である。内的世界は豊かと言える。公共反応数4.5（11.8％）は十分な数値であり常識性・公共性はある程度備わっている。反応時間はやや早い方である。この被検者の最も特徴的な点はMが過剰で体験型が極度に内向型であり，非常に観念活動が活発なことである。しかしMの形態水準は全般的に悪く，13あるMのうち±は4個のみで，−反応が4個ある。観念過剰で主観的で恣意的な意味づけをしやすいと言える。これらの反応における現実検討の低下の程度（思考障害や認知障害がどの程度あるか）を継起分析で詳細に検討する必要がある。FMは1個のみであり，観念活動にエネルギーがしっかり伴っていない。また，一方でΣCも6.5と少なくはない。さらにFC：CF＋C＝1.5：4.5である。感情的になることを基本的に回避しているのであるが，いったん感情を体験すると非常に強く感じてしまい，感情に振り回されてコントロールが悪くなるようである。材質反応が欠如しており，愛着や人と親密になることについての葛藤があるのかもしれない。

反応領域ではDdが非常に多く，一般的に注目されることが少ないところに注目して反応している割合が多い。人間関係に対する関心も人間反応13個（34.2％）と高いが，pureHはわずか1個であり，断片的な印象や空想・想像によって相手を判断している程度がかなり高いと言える。F％は39.5％と平均的である。形態水準が全般的にかなり低く，さらに−反応が6個あるのは過剰であり，現実検討の低下の仕方を継起分析で綿密に検討してゆく必要がある。

反応内容には Na，Map，Obj などの距離を置く対象も見られるが，Fire，Bl，Weapon などの攻撃性・衝動性を推測させる反応も散見され，内的世界に不穏

Basic Scoring Table

Location		\+	±	∓	−	nonF	Total	Add	Content		Freq.	Total	Add
W	W	5	3	2			10		H	H	1	13	1
	W⚹									(H)	3		1
	DW									Hd	6		1
D	D	4	2				7			(Hd)	3		1
	d		1						A	A	5	9	1
Dd	dd						14			(A)	1		3
	de		1							Ad	1		
	di									(Ad)	2		
	dr	3	5	3	2			3	At	Atb		1	
S		1	5	1			7	4		Ats	1		
Total R		13	17	6	2		38			X-ray			
										A.At			
									Sex				
									Anal				
Determinant		\+	±	∓	−	nonF	Total	Add	Aobj				
F			6	9	1		15		Pl.f		1	1	
M			4	5	4		13		Pl		1	1	
FM					1		1	1	Na		1	1	1
Fm									Obj		2	2	2
m(mF, m)								2	Arch		1	1	1
k(Fk, kF, k)									Map		1	1	
FK			1				1	1	Lds				
K(KF, K)									Art		1	1	
Fc									Abst				
c(cF, c)									Bl		1	1	
FC'			2				1	2	Cl				
C'(C'F, C')									Fire		1	1	1
FC	FC			1			1	1	Expl				
	F/C								Food		2	2	
CF	CF			2			2		Music		1	1	
	C/F								Cg				2
C	C				1		2		Emblem		1	1	
	Cn								Fantasy		1	1	
	Csym				1			1	Weapon		1	1	
Cp(FCp,CpF,Cp)									Mask				1
Total R		13	17	6	2		38		Total R			38	

さが存在することが推測される。

　豊かさがある一方で内的世界が複雑であり，混乱している可能性が高い。－反応が多く，特に M－も多いので精神病的な問題の可能性を十分に考慮して継起分析を行ってゆくことが必要である。

Summary Scoring Table

R (total response)	38		W : D	10 : 7	F%	39.5%
Rej (Rej/Fail)	0		W%	26.3%	ΣF%	89.5%
TT (total time)	26′53″		D%	18.4%	F+%	40.0%
RT (Av.)	2′41″		Dd%	36.8%	ΣF+%	38.2%
R1T (Av.)	15.1″		S%	18.4%	R+%	34.2%
R1T (Av.N.C.)	16.2″		W : M	10 : 13	H%	34.2%
R1T (Av.C.C.)	14.0″	E.B	M : ΣC	13 : 6.5	A%	23.7%
Most Delayed Card	Ⅱ 0′22″		FM+m:Fc+c+C'	2.5 : 3.0	At%	2.6%
Most Liked Card	Ⅵ 0′14″		Ⅷ+Ⅸ+Ⅹ/R	23.7%	P (P%)	4.5(11.8%)
Most Disliked Card	Ⅳ 0′15″		FC : CF+C	1.5 : 4.5	C. R.	17(3)
			FC+CF+C:Fc+c+C'	6.0 : 3.0	D. R.	8(1)
			M : FM	13 : 1.5		

継起分析
カードI

I	1	22″ ∧	チョウチョのようなコウモリのような、そんなものに見えますけど。はい(もし他にあれば?)そーですね。あとは何か、うーん。	(チョウチョのような?)両脇のこういうところが羽。ここが頭に見えたり。(チョウチョらしいのは?)羽の形。微妙に複雑になっているところ〈輪郭をなぞる〉。(微妙に複雑?)形かな。言葉で言いにくいが、地図みたいと言ったが、入り組んでデコボコしているところが羽。コウモリは少し暗いイメージがあったから。(チョウチョで他?)それ以外には別に。羽のとこと、真ん中がチョウチョ。しんが詰まっている。(しんが詰まっている?)ここが体。それに羽。	W F± A P
	2			(コウモリ?)ほとんど同じ理由で、チョウチョにしては暗いイメージ。ひょっとしたらここが顔に見えて。(?)ハロウィンのそれのイメージで、複合してコウモリになったのかも。(コウモリらしさ?)ハネとコウモリの体と胴。それに黒だったので、色が。コウモリに近いと思って。(暗いイメージ?)顔みたいなところからきたのが暗い。コウモリは暗いところに住んでいるのできたのかも。	W FC'± A P
	3	1′00″ ∧	ハロウィンとかのかぼちゃに彫られているように見えたり。	(ハロウィン?)目とこれ笑っているように見えて、かぼちゃには見えにくい。彫られたものに近い。(彫られた?)かぼちゃ彫られた顔によく似ている。目。ここで笑っている。かぼちゃで思ったわけじゃない。	S, dr M∓ (Hd)

4	1′24″ ∧	あとは地図みたいに見えたりしますけど。うん。こんな感じ。	（地図？）下の方から複雑に入り組んだところが世界地図で見たように見えて，真ん中あたりが中国の東シナ海に面しているところに見えた。〈LCの確認〉輪郭。	de F Map ∓
	1′56″			

③ハロウィン

④地図

　新奇場面で22秒とこの被検者の中で最も遅いが，それほど遅れずに4つの反応を産出している。Inquiryでは，①のチョウチョを説明しているうちに地図やコウモリが見えてきており，②のコウモリは③のハロウィンと「複合している」と，やや混乱しやすい被検者の特徴が出ているのかもしれないが，検査者がチョウチョについて質問することでチョウチョだけに注目することができている（思考障害という状況には至っていない）。羽がほこほこしていると不全感が伴っており，チョウチョの胴体部分に「しん（芯）が詰まっている」と奇妙な表現となっている。②のコウモリでも，ブロットの黒さから不安を喚起され，③ハロウィンが「複合して顔が暗いイメージだからコウモリになったかも」と②と③が一緒に見えかかるなど混淆反応に近い心性が体験されている。④では周辺の線のみに目を向け（de）「地図」という漠然とした見方になり（形態水準は∓），混乱させられていた刺激を遠ざけたことが分かる。ただし，質問段階では「中国の南シナ海に面したところ」と知的検討を追加して，自我機能の立ち直りを示している。新奇場面での不安や黒刺激から強く揺り動かされ，知覚的混乱が起きかかっているが，大きく崩れることはなく，ささやかな検査者の助けで少しだけ回復することができている。

カードⅡ

Ⅱ 1	9″ ∧	真ん中で人が手を拝んで祈っているのが最初。	(真ん中で人が手を拝んでいる?)真ん中の白,赤と黒の間に,そこが点に見えて,眼の下のところが2つ手が合わさって祈っているような,拝んでいるように見える。手で,人の顔がここらへんに見えて,上半身の肩。このくらい。〈gesture〉	dr,S	F∓ Ad
2	1′00″ ∧	黒いところが2つ。2匹の熊のように。	(2匹の熊)熊の顔に見えて,体があって小さいから小熊かなと。大きな熊じゃない。顔のちょうど真ん中のちょっと上のほうに見えるところ。2匹の熊が人と同じように手を合わせているような。左右対称になっているので。ここ1匹,2匹。	D_1	M± A P
3	2′38″ ∧	何かこの赤いのが血の赤に見えて気持ち悪い気がする。	(血?)鼻血か何か出したときティッシュでとって,翌日乾いたのと似ているところあった。(どこ?)こことか,この下のところ。具体的なものの形ではなく,血の色。(気持ち悪い?)あー,言ったんですか。普段見ないですし,白い……べたっと塗ってあるのが気持ち悪いという。そうだとしたら……(べたっと?)流れているより,塗ってある感じ。	dr	C (nonF) Bl
4	∧	よく見ると真ん中の空白のところが人の顔に見えなくもない。そんな感じ。	(人の顔?)ここが目で鼻で,ここが大きくあけた口に見えたんですね。輪郭はない。何となくぼんやりしたけど。(どんな?)楽しい顔はしていない。怒っている顔でもない。何だろう,普通の顔より苦しいというかそういうイメージ。(どんなところから?)目に見えるところが下に下がって,口が大きく開いているところ。	S,dr	M− Hd
	3′00″				

 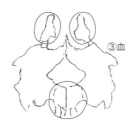 

　ここでも4つの反応を生成している。①からすでに，ありえない領域を作り出す（dr.S）が，その中で手に見えるところに注目して反応を構成したのであるが，空白部分に恣意的な顔を想定して，過剰な意味づけをし，現実検討を著しく欠いた主観的な反応となっている。赤の強い刺激から，大きく動揺・混乱していると言えるだろう。②ではよく見られる D_1 領域に注目してP反応を示して，現実検討を回復させている。熊という攻撃的なイメージがある表象を見ているが，「小熊」「大きな熊じゃない」と怖さ（攻撃性）を否認することに成功しており，怖さとうまく距離をとることに成功して，手を合わせている協働的な熊イメージを作り上げることができている。しかし，ここまで赤領域を回避してきたのに，③では赤刺激に目を向けるとそれが血に見え，「ティッシュでふき取って乾いた」と間接化することで恐怖心や不気味さを遠ざけたが，結局「べたっと塗ってある」「気持ち悪い」という生々しい感じ方になり，輪郭線を扱えないほど自我機能が退行している。④では空白部分に逃避すると同時に自閉的になったと推測され，W－の顔反応となっており，現実検討は低下したままで，外界に威嚇者像を投影している。本カードでは，赤刺激から大きく動揺して，現実検討が大きく低下した。ここでは分裂や投影同一化などの原始的防衛機制も発動していると想定されるが，自我機能の急激な退行過程としても理解できる反応継起となっている。

カードIII

III	1	22″ ∧	カマキリかコオロギみたいなのが万歳をしているところに人が,人みたいなのが向かい合っているように見える。	(カマキリかコオロギの万歳?)爬虫類の顔に見えて,ここが口,ギザギザしているのが昆虫だなというイメージ。(どちらに近い?)カマキリですかね。(他にらしさ?)目と口の位置。相互の関係。目が少し尖っている。つりあがっている。爬虫類ではなく昆虫。爬虫類にも見える。(万歳?)ここが顔で,体で,その上に立っている。(上に立っている?)カマキリみたいなのに,手に見えて,上の方に向いているので。顔で,腕が伸びている。(上?)こっち。(向かい合う?)対称になっているので,体と顔。(人らしさ?)顔と体があって,服を着ているようにも見えるので。(どんな?)ラフな格好ではない。タキシードみたい。(どんなところから?)体のとこ。少し黒く塗ってある。首のところから少し濃くなっているのがタキシード。(カマキリと人は一緒?)そのときは一緒。今は別々。	D_{4+5+6}　M∓ FC′　Ad, H
	2	1′00″ ∧	全体を見ると人の顔が少し笑っているような,ようにも見える。	(顔,少し笑っている?)目で頭って言ったところ。赤いとことの空白が鼻で,カマキリの内側が口になっている。(少し笑っている?)口の端の方が上向きになっている。(何の顔?)人の顔,ちょっと人間離れした。(人の顔らしさ?)目のとこ。目の下のとこ,黒くなっている。続いているように見えて,それがおかしいかもしれない。(おかしい?)単独として目で見られない。(どこまで?)濃くなる手前。(人間離れ?)なんだろう。イヌかウサギかそんな風には見えなくない。(近いもの?)やっぱり人の顔。〈LCの確認〉輪郭はない。	dr, S　M− (Hd)

3	2′09″	∧	両端の赤いものはタツノオトシゴが裏返ったようにも。	(タツノオトシゴ?)顔を上にしてみるので,タツノオトシゴによく似ているなと思って。(タツノオトシゴらしさ?)形,輪郭。(顔?)ここ,体でしっぽ。ファーと伸びているのが。(裏返った?)上下さかさま。図鑑とかで見ると頭が上になっているで,逆に見えたと思う。	D_1　F±　A
4		∧	さっき言った笑っている顔は黒いところにも,白いところにも見てもいい。どちらも笑っているような顔。そんな感じ。	(顔?)目は同じで,鼻が赤いところで,口がさっきのカマキリの顔のとこ,それで顔に見えるし,さっき言った顔に見える。(今のは?)鼻を赤く塗ってるとこ。(笑っている?)口先が上向きになっているので笑っている。白いとこが鼻と口の時だぶる。ちょっと見え方違うだけで,同じように見える。ちょっと目線が変わるだけでだぶる。2つ鼻と口じゃなくてこれが一緒。〈両方同時ということが確認された〉	dr,S　M－ FC　(Hd)
	3′30″				

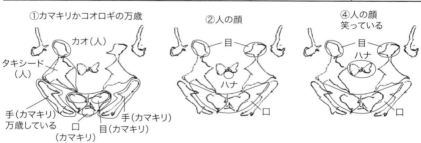

　ここでも4つの反応を示している。①ではカマキリかコオロギの昆虫の顔と向かい合っている人が同時に見えており,混淆反応に近いが辛うじて領域を分け,作話結合となっている。昆虫の顔は見ているうちに怖さが増して爬虫類の顔にも見えかかっており,知覚がかなり流動的になっており,概念境界が曖昧になるという精神病的な混乱体験を示している。検査者が尋ねると「そのとき(反応段階)では一緒,今(質問段階)では別々」と,少し切り替えると冷静に客観的に見ることができる。②と④は空白領域とD_3を除くブロットを結合させてdr.S－の顔反応を生成している。「目線が変わるだけでだぶる」と述べて,鼻の位置が異なる2種類の顔をほぼ同時に見ている。

カードIV

IV	1	15″ ∧	ここもここも大きな巨人というか怪物から，口の中から突き破ったのかわかんないけど，竜がばーっと出てきた。	(大きな巨人?)全体のところが大きな巨人に見えた。下から見上げているように見えて，真ん中から少し裂けて穴があって，何かが出てきているとこあって，竜のようなものがばーっと出ている。真ん中の線が軸になっている。(巨人?)下の広がっているところ足に見えて，とがっているところが頭。顔が小さいので見上げているイメージ。(口の中?)上の真ん中，白くなっているので穴みたいなところから出てきたのかと思って。(竜?)竜の顔に似ている。(どんなところ?)目とか鼻とか口のようにも見えるので，黒く濃くなっているのが長いので竜のイメージ。	W　FM−,FK,FC′ (H),(A)
	2	1′39″ ∧	両脇の方が怖い。人の横顔に見えたりします。	(人の横顔?)ここ，空いているこが手の白い空白。目で，その下，口。(何の顔?)恐怖に怯えている。(何の顔?)威嚇しているような顔。怖いんだけれど，追い払うように追い払っているように，振り絞っているようないイメージしない。(何の顔?)表情ですか？(何の顔に見えます?)人の表情。絵本で見たことがあるような。	S　M∓　(Hd)
	3	2′20″	下のほうの白い空洞。ピストルか何か持って座っている女性。対になっている。こんな感じ。	(女性?)一番上の空白。人の顔。次がピストル持っている手。下がスカートはいて座っているよう。輪郭を見て3つの空白を結びつけるとそういうふうに見える。(女性らしさ?)顔の輪郭とスカートはいている。(ピストル?)少し上のほうに出っ張っている。	S　M± Hd,Weapon,Cg
		3′10″			

①では大きな巨人から,竜が口の中から突き破って出てきていると,威嚇的,万能的で激しい内容の作話結合反応となっている。このブロットでは「巨人」,「竜」はよく認められる質の良い反応であるのだが,現実にはあり得ない奇妙な形で結合しており,ブロットの強い濃淡や黒さから大きく混乱し,現実検討を大きく低下させていると言える。②では空白部分に回避して,隔離して人の顔を見ているが,混乱は引き続いており,「恐怖におびえている」,「威嚇している」,「追い払うように,振り絞っている」と観念に非常に強く色づけされた迫害的・被害的な明細化となっている。何かに怯え混乱しており,よくわからずに威嚇してしまうというのは被検者の自己イメージなのであろう。③ではさらに別の空白部分で,「女性がピストルを持っている」と,ブロットの細やかな特徴をよく見ているとも言え,形態質は良いが,インクブロットの細かい部分に過剰な意味づけ

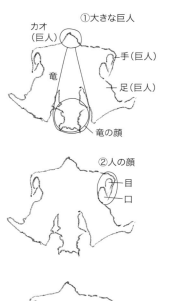

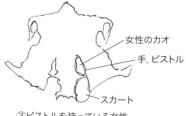

を加えていると言える。それでも,カードⅡ,Ⅲよりずっと安定している。このブロットでは珍しいほどの極端な恐怖像が立て続けに示され,被検者の内面で迫害的対象が如何に強い力を持っているかが推測される。ただしこのように細部の観察を伴う作話反応を作るのは,精神病というよりパラノイドパーソナリティの特徴なので,この被検者のもともとのパーソナリティとしての反応の特徴であろうと思われる。

ケース5　精神病水準の現れ①

カードV

V	1	14″ ∧	チョウチョのようにも見えるんです。	(チョウチョ?)触角,胴体で羽に見える。(チョウチョらしさ?)羽ですかね。触角もっているので,らしい。	W F±	A P
	2	∧	けど人が羽を広げて飛んでいるようにも。	(人?)小さいのではなく,真ん中のとこが人で,とても大きな羽を持っている。(大きな?)人の大きさと比べて。(人らしさ?)顔があって,足みたいに見えるので。〈LCの確認〉全体。	W M±	(H)
	3	1′10″ ∧	両端の方は狼かイヌの横顔に見えたりします。	(狼かイヌ?)裂けたところ口に見えて,影絵遊びか何かで,テレビで見たが,その面影に似ている。(影絵遊び?)影絵が出てくる狼の感じ。口が大きく裂けている。全体に横顔が狼。〈LCの確認〉ここ。	d F∓	(Ad)
	4	∧	あと唇の上の部分だけに見えたりします。こんな感じ。	(唇?)形がすごい似ている。真ん中,盛り上がっている。上の方に向いている。(唇らしさ?)というか,口紅の,女の人キスしたときの模様に似ている。(模様?)そうですね。(詳しく?)キスしたあと,ついたものに似ている。(ついた?)口紅。(口紅らしさ?)輪郭模様になっている。(どこ?)真ん中の濃いところ。	dr F∓	(Hd)
		2′20″				

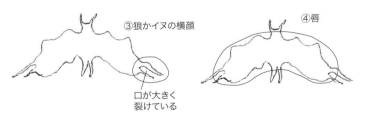

③狼かイヌの横顔　口が大きく裂けている　④唇

刺激の比較的少ないカードであるためか,今までとは異なってあまり恣意的な説明は加えないで終わっている。①ではP反応のチョウチョを見ており,

ここでは特に奇妙な見方や逸脱言語表現を加えてはいない。②ではWの羽を広げて飛んでいる人としており，非現実的ではあるが比較的よく見られる反応を付け加えている。反応段階では①と②は時間的にはほぼ同時に見えているうかのように説明していたが，ここでは混淆反応のように知覚的に同時に見えているわけではなく，被検者自らが仕分けをして説明することができていることが質問段階の説明から理解できる。③では左右の領域が犬の横顔に見えて，「裂けたところが口に見えて」，「口が大きく裂けている」と不穏で怖いものが見えている。「影絵」にして距離を置こうとしているが，怖さは和らぐことがない（防衛が不全であり，あまり効果をもたらしていない）。④ではさらに距離を置いて漠然と見ているのか，「盛り上がっている」「口紅の，女の人のキスした時の模様に似ている」と知覚は漠然としているのに，その一方で露骨に性的な意味合いを伴った反応となっている。①では冷静さを取り戻していたのに，④までの間に次第に退行が進んだことが分かる継起である。

カードⅥ

| VI | 1 | 14″ | ∧ | あの〈笑い〉バイオリンではなくて，バイオリンの大きいやつに見えました。 | （バイオリンの大きいやつ？）名前忘れたが，真ん中の黒いところ弦。真ん中あたりから中のところから下のとこが木でできているところ。引っ張っているとこが弾くやつに見えた。（バイオリンらしさ？）木製。ぱっと見た時にバイオリンの大きいやつと思って，木というのではない。全体そういう形。 | dr FK± Music |
| | 2 | 50″ | ∧ | 植木鉢からこう芽が出ている。木の芽。木がちょっと成長している。 | （植木鉢から芽？）植木鉢の形で，そこに葉っぱらしきものが見えて，そう思った。（植木鉢らしさ？）下の部分の形。（葉っぱ？）ここ。たくさん繁っているのではなく。ちょんちょんとついている。（木らしさ？）木というよりは芽。芽が少し成長したぐらい。（少し成長した？）植木鉢から出た感じと葉っぱ。 | dr F± Pl, Obj |

3	1′29″	∧	真ん中の濃くなっているところ。そこがトーテムポールのように。	(トーテムポール?) 2つ。人間の顔。それがばーっと下まで伸びている。小学校で見たトーテムポール。(顔?) こことここ。黒くて濃いのが目。と,鼻と口。ちょんちょんがヒゲ。目,ここが口。	dr　FC′± Art, Hd
4	2′10″	∧	あとは全体を見ると何か大きなものから天使というか妖精が飛び出しているような気がする。うん。それくらい	(大きなものから天使,妖精?) 大きな怪物からバーッと小さな妖精が飛び立っている。これ羽。(大きな怪物?) 上の方から下を見ている。大きく手を広げていて,2つ足がある。上の方が顔,目と口ははっきりしない。(天使,妖精?) 羽がはえているように見えて,人の体。(他?) 羽と,それだけ。ここが足。	W　M−, FM (H), (A)
	2′26″				

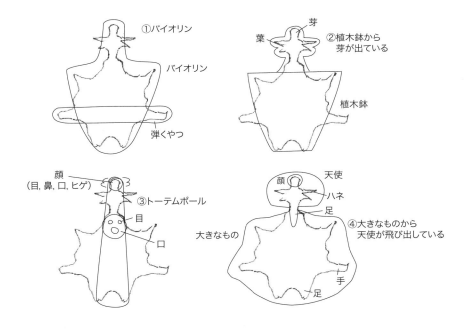

①ではdrで切り取って，「バイオリンの大きいの」とうまく知性化した反応を出している。ブロットの左右の突出部分を「バイオリンを弾くやつ」と指摘し，うまく統合している。②では左右の突出部分を排除して「植木鉢から木の芽が出ている」と，インクブロットの特徴をうまくとらえて，明細化している。③ではインクブロット中央部分の比較的色の濃い部分を恣意的にまとめ，トーテムポールと反応している。「小学校で見た」と個人的経験を出して正当性を主張しており，特徴も複数箇所あげることができている。隔離・知性化してある程度現実検討を保持しているが，小さな黒点から目，鼻，口を見つけており，顔への恐怖感が伴っていると思われる。④では「大きな怪物からパーッと小さな妖精が飛び立っている」と再び現実的にはありえない作話結合反応になって，現実検討を大きく低下させている。ここでは「バイオリン」「トーテムポール」「芽が出た」「パーッと飛び出た」といった反応内容の象徴的意味を考えると，カードⅣと同様に性的刺激を受けて性衝動が高まったためにこのような混乱を生じたのではないかと推測される。

カードⅦ

Ⅶ	1	16″ ∧	対をなしている黒い部分が女の人の顔で，チョコレートに描いてあったような記憶がある。	(女の人？) 女の人の顔に見えて，顔の模様が固形のチョコに輪郭が押してあるような，そういうチョコ食べたことある。それに似ている。(女の人らしさ？) 後ろのほう，髪がいっぱいあって，昔の西欧の方の髪。(チョコ？) 女の人がチョコのとこに押してあった。そうそれを思い出した。	D_1　F± Food, (Hd)
	2	1′00″ ∧	あと，白く似通ったところが何だろう，高級な花瓶にも見えるし	(高級な花瓶？) 真ん中が高級な花瓶のように，昔の西欧か何かで，フルーツ食べたときに手を洗う。水入れのように見えました。(花瓶，水入れ？) 水入れ。	S　F∓　Obj

3		∧	下からぶら下げられている，シャンデリアのように見えた。	(シャンデリア？)ぶら下がっていて，ごちゃごちゃついているような。(ごちゃごちゃ？)飾りというか，電球ではなく飾り。ここにもぶら下がっていて，飾り。	S	F∓	Obj
4	1′45″	∧	さっき言った女の人の斜め下には怖い人もいる。	(怖い人？)目と口のとこからそういうふうに見える。(どんな？)怖い人に見えるだけ。怖い，昔の人の怖いお面かぶっているように見える。強いイメージはあんまりない。(強いイメージはない？)お面に見える。	D_4	F±	Hd, Mask
5	2′18″	∧	下のほう一番下の真ん中に2つの肺があるように見えなくもない。	(肺？)ここが気管で，こういう部分が肺。形が似ている。(他には？)輪郭。	dr	F∓	Ats
6		∧	齧りかけのチーズみたいなイメージとか。あとはわかんないです。	(齧りかけのチーズ？)ねずみが齧ったような？　ここ。昔のアニメか何かで見た，それに少し似ている。(どんなところが？)マンガに出るような穴があったりとか，四角なんだけれども四角でない。アニメに描かれている昔の欧米のチーズ。	D_5	F∓	Food
	3′00″						

　陰影のあるカードでもⅣ，Ⅵに比較すると柔らかい陰影から快感を得たのか，6つと多くの反応を生成している。①は柔らかさに反応したのか女性像で，しかもチョコレートの押し型を連想するという，快感を伴う口唇期退行を示している。ただし形態水準は準Pを保っている。②，③では空白領域に回避して物体にするという，隔離防衛を伴うが表象は「高価な花瓶」「シャンデリア」とよい女性像の世界を保っている。しかし，現実（インクブロット）に目を戻すと④「怖い女性」も見えてくる。「お面」と物体化しているが，間接化の効

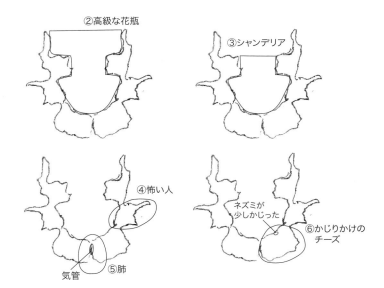

果は乏しく，子どものような口調で怖がっている。その後，⑤，⑥は隔離によって断片化・物体化したが，単純な見方に留まり，⑤はあえてdrという領域を取りながら反応内容は解剖と不安反応になっており，⑥は「ネズミが齧る」と口唇攻撃性の表象となっている。

　質問段階では②「高級花瓶」からすでに「汚した手を洗う水入れ」となり，③「シャンデリア」は「ごちゃごちゃついている」と美しさの説明にはならない。そして，④「怖い顔」⑤「内臓」⑥「齧ったチーズ」と続いてゆく。本例の否認・美化は長続きせず，すぐに破壊性が優勢になってしまうようである。このカードで食物反応が2つ出ていることからも，依存心が本当は強いのであろうが依存欲求が高まると不安や満たされない怒りも高まってしまうのであろう。

カードⅧ

Ⅷ	1	15″ ∧	カラフルだったのでなんだろう。反対側,下向きに咲いている花,葉っぱと花びら。	(花?)茶色が土。真ん中が葉っぱ。上が花びら。(花らしさ?)色の順番。(色の順番?)茶色の土。茶色,緑,赤で花。	dr　CF∓　Pl-f, Na
	2	1′00″ ∧	悪魔の組織みたいなものの紋章に見えて,茶色と緑が悪い人の顔。両脇がそれを象徴する動物に見える。	(紋章?)2つ。悪魔の顔のイメージと,象徴して補佐するような動物。(紋章らしさ?)全体でマークみたいなものに見えた。(悪魔?)目,鼻,口,厳しい表情。目じりが上向きとか全体的。それだけじゃない。どこがどうというのではない。(動物?)何なのかわからない。4本足あって,横向きなので体で,両脇に控えている。(両脇に控えている?)こういうマークあるような。(マーク?)テレビのアニメでよく出る。(補佐,控えている?)両脇にいるのはそういう意味。マークは動物を象徴するイメージ,それで動物。〈生きている動物ではないとのこと〉	W　M∓ Emblem, (Hd), (A) (P)
	3	1′45″ ∧	上の方がとがっているから今にも噴火しそうな火山。そういうように見えなくもない。そんなところ。	(火山?)山で噴火したニュースを見ていると断面図出てきて,マグマある,下の赤も影響している。これがマグマかも。(マグマ?)山があって山とイメージしたときに断面図。そうすると下を見ても赤いものあるので。(今にも噴火?)赤いのが下にあるので噴火しそうな感じ。	dr　CF∓, m Na, Fire
		2′35″			

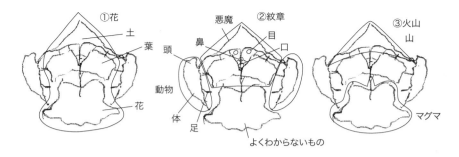

　初めての多色彩のカードに率直に「カラフル」と反応し，直ちに美化して，D_2を①「下向きに咲いている花」と見ている。しかし，美化はたちまち崩れ，次には②「悪魔の組織」を連想してしまう。そしてさらには③「噴火しそうな山」とますます激しく攻撃性が表面化する。

　①「下向きに咲いている花」で美化する場合に，そう見えた理由として「色の順番」とほとんど形態のない退行した状態となっている。②の「悪魔の紋章」の方が形態を取り入れており，「紋章」と物体化（隔離・知性化）しようとしているがそれはあまり機能せず，形態の取り入れ方は恣意的でおよそ顔には見えないところに悪魔の激しい表情を作り出し（投影），公共反応である動物は把握されているが，「悪魔の従者」という作話の中に組み込まれているというように，主観的で原始的防衛の方へ傾いてゆく。反応決定因はMで観念活動を働かせて感情から距離をとろうとしているが「厳しい表情」と恣意性が高まりかかってしまう。P反応の動物を少し丁寧に観察してその特徴を言うことができているが，どんな動物であるのかを同定することができずに終わっている。最後の「噴火」は「ニュースで見た断面図」と一旦は距離を取るが，「マグマがあるから今にも噴火しそうな火山」と抑制を失った破壊的想像に至っており，不穏な印象が続いている。不安定さや不穏な感情が持続して十分に対処しきれていないが，ここではある程度現実検討力が機能し，特に②では熱心に形態をとらえようとしている。

カードIX

IX	1	15″ ∧	一番上のとこ ろが太陽か光 が強いとこが あって，そこ から水が落ち ているような。	（太陽か光？）ここが光があって，青いですよね。それで水がバーっと落ちている。天国というかファンタジーの世界にあるように見えました。（ファンタジーの世界らしいのは？）青いとこ下に流れているとこ。〈LCの確認〉もしかしたら赤も何か象徴しているのかも。（なにか象徴している？）いいイメージが楽園。（どんなところ？）真ん中を取り囲んで，輝かせている。	dr　Csym,m Fantasy (nonF)
	2	1′00″ ∧	あと細い顔の 爬虫類に見え たりとか。	（爬虫類？）顔，目で，鼻で，ちょっと細長い爬虫類というか昆虫。（近いのは？）爬虫類にいたような。（服？）ガクランに似ているというのがあって。（どんなところ？）肩のところ，ボタン結ぶとこ，ボタンにも見えるし。	dr　F− (Ad),Cg
	3	1′50″ ∧	あとオリンピ ックの聖火ラ ンナー持って 走る，あの聖 火の上の部 分，描いたよ うに見える。 さっき言っ た，爬虫類の 顔の下に赤い とこが服のよ うに見える。 そんなとこ。	（聖火？）緑と赤が炎で，下の方が受け皿で持つところ。（？）この下にあるのかなーと。（らしさ？）赤いとこ炎に見えて，下を受け皿にすると炎に見えて，そうすると聖火をランナーが持つ聖火に似ているかなーと。（炎らしさ？）オレンジのとこと緑。炎は赤いやつと青いやつあるから。	W　FC∓ Fire,Obj
		2′36″			

ここでも①では色彩のみによるall good fantasyであり，インクブロットの主に上半分を利用して，美しい「天国というかファンタジーの世界」を示している。形態要素の全く入らない，色と動きのみの反応である。②ではF（ブロ

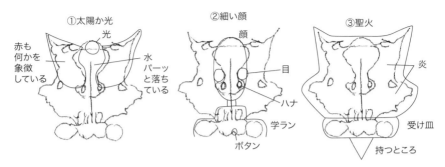

ットの現実)に立ち戻ると，たちまち不気味な「学ランを着た細長い爬虫類か昆虫(の顔)」と現実的にはあり得ない作話結合反応になっている。かなり恣意的な反応であるが，被検者はあまりおかしさや奇妙さを感じていないようで，淡々と話している。この②反応も，一次過程思考に満ちた現実検討を欠いた反応となっており，自我の水準は低下し続けている。③では「炎」となったが「受け皿のついた聖火」と，炎でも公共性のあるコントロールされたものになっている。ただし，そのように見るためにかなり無理な形を作り出しているので形態水準は高くはならない。

カードX

| X | 1 | 9″ | ∧ | みんなでお祭り騒ぎをしているような，一見すると楽しそうなイメージ。 | (お祭り騒ぎ?)カラフルな絵なのでにぎやかなイメージがあって，踊っているように見えた。(どんなところ?)よくわからない生き物。これとこれ。動き回っているように見える。(楽しそう?)色のイメージ強い。にぎやかなものというのがあって。 | W　M∓,Csym　(A) |
| | 2 | 41″ | ∧ | いろいろな動物たちがいて，一番奥に王様がいて，それを守りたてるというのか，そんなふうに見える。 | (いろいろな動物?)警護しているように見えるが，誰かを抑えているようなイメージ。ここらへんにいるのが王様で，周りにいるのが護衛というか，出迎えている人。ここが王様の道。〈LCの確認〉ここが建物というか，柱あって，これが護衛，道。 | W,S　M±H, A, Arch |

3	1′40″ ∧	どこかのビルの上の方をとったように見える。(とった？)そうですね。そんな感じ。	(ビル？)見たことがないがテレビで赤と赤の真ん中がビルの輪郭に似ている。真ん中あたりのオレンジは時計の針。ここがアンテナ。(とった？)テレビとかで見たイメージ。(ビルらしさ？)輪郭，こう。	S, dr　F∓ Arch
	2′20″			

ここでも①ではインクブロットの賑やかな色彩に即応した「カラフルなお祭り騒ぎ」となり，ブロットの中である程度形態の明確な部分を指摘して，「踊っている」と説明して，観念活動も伴っている。しかし，「よくわからない生き物(∓)」で「色のイメージが強い」と，色彩が優位なままである。②では形態がより明確になり，理想化された人物（王様）と建物と護衛が適切に配置されている。王様はやや強引に作り上げている感は否めないが，「柱」や「道」を見ることもできており，美化しながらも現実検討は保たれている。③は領域選択に無理があり，あえて追加した反応と思われるが，「ビル」「時計」「アンテナ」と物体化（隔離）して，情動を交えずに安定して終っている。美化の容易なこのブロットでは不気味な連想を起こさずに済んでいる。

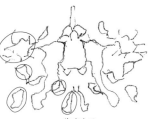

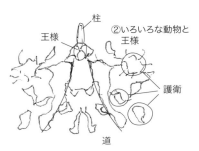

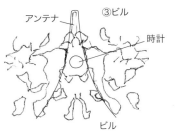

継起分析のまとめ

　容易に刺激されやすく観念活動が活発になり，かなり思い込んだ恣意性の高い世界を作りやすい。異なった見方が同時あるいは連続的に生じたりする認知障害的な知覚や結合がしばしば認められ（カードⅠ②「コウモリ，ハロウィンのイメージで，複合してコウモリ」，カードⅢ②と④「ちょっと目線が変わるだけでだぶる」），形態把握がかなり曖昧となり知覚対象の輪郭がはっきりしなかったり（カードⅡ③「血」「ティッシュでとって，翌日乾いたの」，カードⅦ⑥「齧りかけのチーズ」など），知覚対象の輪郭がはっきりしなかったり，非現実的で現実検討を欠いた激しい作話結合反応になったり（カードⅣ①「巨人か怪物，口の中から竜が突き破っている」，カードⅥの「怪物から妖精が飛び出している」，カードⅨ②「爬虫類の顔」「学ランに似ている」）する特徴がある。これらの特徴から，精神病的不安を体験している被検者であると想定することができる。反応表象が時に万能的になったり（大きな巨人，天使，高級な花瓶，聖火など），空虚になったりする感覚（地図，血，齧りかけのチーズなど）が不連続に混在しており，万能感と空虚感が交代する不安定な自己感を反映している。精神病的な体験を推測させる反応や反応継起の特徴は少なくないが，その一方でインクブロットの特徴と被検者の反応にはある程度の対応があり，反応継起に被検者の内的力動を反映させることが可能なカードも多い（特に無彩色カードにおいて）。W−の顔反応や作話反応・作話結合反応も多く，分裂や投影性同一視などの原始的防衛機制や，二次過程思考の中に一次過程思考がしばしば侵入する境界性パーソナリティ構造を示唆する反応や反応継起もよく表れている。何かに怯えて混乱しており，よくわからずに威嚇してしまうという被検者の自己イメージが反応によく表れている。

　また，機能しているレベルは高くはないが神経症水準の防衛機制や共感力もある程度機能できている。カードⅠ④「地図」ではやや漠然としているものの隔離，知性化などの防衛により対象を物体化して距離を取っている。カードⅡ②「クマ」では攻撃性を感じているのだが，子熊に見立てて「手を合わせている」と協調的な運動に見立てている。カードⅢの③「タツノオトシゴ」でもW−の顔反応が連続する間で，関わりやすいD領域に限定し色彩と関わらないようにして（隔離，美化，知性化防衛をうまく行っている），一時的ではあるものの回復している。精神病的な体験をしているであろうことは明らかだが，そういった病的な世界に圧倒されているのではなく，ある程度神経症水準で機能するパーソナリティと境界性水準で機能するパーソナリティも存在している。

これらの特徴から，この被検者は，Kernberg,O.が言うところの明らかな精神病水準のパーソナリティ構造（PPO）を有していると判断することも難しい。被検者が体験している世界は不安定であるけれども，内的世界がある程度豊かで活発であり，常に病的な不安に内的世界が圧倒されて，不穏や空虚になっているわけではない。

　この被検者の病態水準としては，重症の境界パーソナリティ水準～精神病水準の病態と考えることができる。被検者の自我の脆弱性は明らかであり，心理療法にあたっては，容易に精神病的な体験世界に圧倒されることや，精神病的な不安が侵入してくる可能性は高く，被検者の内的世界を十分に推測しながら慎重にかかわる必要性があるだろう。

3．SCT

　2つの項目（Part I. 4「私の失敗」，Part II. 17「私の野心」）で未記入があるが，全体的に記述量が多く，被検者の内的世界を十分にたどることができる。自身のことは時にシニカルに，他人事のように書いているが，多くの記述で被検者自身の心情をうかがうことができる。自己評価が低く，人からどのように思われているか不安であり，人から嫌われている・避けられているような気持ちになりやすいこと，自分としては調子が良いと思っていてもそれが長続きせず状態が悪くなってしまうこと（自分でコントロールできない無力感）などが伝わってくる。家族には肯定的なイメージも描けるが，自分が密かにしていることを家族が知ったら心配であるとか，家族は自分のことをあきらめていると，期待に応えていないことや本当の自分を知ったら不安であることが書かれている。対人関係では他者から変に思われているのではという不安や，深い関係性を求めながらそれを得ることができていない心情，異性に関心はありながら近づくことの不安やその心情を扱うことの難しさが素直に表現されている。自身の将来像については不明確ではっきりとしておらず，考えられない・考えたくないといった心情のようである。時に，やや独断的でひとりよがりと思える記述も認められるが，了解が難しい文書はほとんど見られない。明らかな思考障害や妄想様の思考を推測させる記述はないと言える。ある程度自分自身のことについてよくわかっているようで，それをSCTの中でうまく表現しており，他者に（セラピストに対しても）理解してほしい気持ちが十分に伝わってくる，いわゆる対象希求性が十分に感じられる記述内容になっている。ロール

シャッハ法に比較して被検者の社会常識や社会性があること，自分についてある程度理解しており，それを適切な形で表現することができるという適応的な側面が文章完成法には反映されている。

4. 統合HTP

　用紙の右側に片寄せてあまり構成されていない描画である。用紙の左半分は空白になっている。家は紙の右端にあり，紙からはみ出すような描き方。木は家の手前に重ねて描くが，木を透かして家を見ているかのような印象を与える描き方である。人物画が最も特徴的であり，正面を向いているのか，右側を向いているのか判然とせず，顔には目のみが描かれ，鼻口耳がなく，不気味な描画となっている。左側半分が空白になっているのは無意識的な領域については被検者が扱うことができないことの現れかもしれない。全体的に空虚な印象もあり，クライエントの漠然とした不安に圧倒されている不穏な世界が反映されている。施行した全検査中，最も精神病的表現が目立つ。

5. まとめ

　ロールシャッハ法，SCT，統合HTPを総合すると，この被検者はロールシャッハや統合HTPからは精神病水準の不安を有しており，その不安に圧倒されており混乱した体験世界にあるようである。ロールシャッハ法では内容は豊かであるのだが，いろいろなものを感じすぎ，不安に圧倒されており，思考障害や知覚的な混乱を生じている可能性がある，精神病的な心性を有した被検者であると言える。しかし，精神病的な不安や特徴がある一方で，神経症レベルの防衛がある程度機能している面もあり，さらに原始的防衛機制がしばしば発動し，境界性パーソナリティ構造と思われる特徴も認められる。よい対象を求めているが自ら破壊する力（内的破壊性）も強いのでたちまち崩れるというプロセスが読み取れ，こういった特徴が読み取れるのはこの被検者の元々のパーソナリティとしての反応であって，精神病的ではない側面であると言える。また，SCTにおいては記述内容が豊かであり，思考の混乱や空虚さといったものがあまり感じられず，被検者の心情や不安をある程度表現することができている。これはこの被検者の，長期間引きこもった後にも高校卒業資格を比較的苦労しないで取得したり，ある程度の対人関係を伴う短期のアルバイトを問題

なく体験できたりしている現実社会における適応と一致した結果となっている。内面には精神病的な不安を抱えながらも，一方である程度の反応継起を追うことが可能であり，病的な不安に圧倒されてしまっている被検者ではないようである。しかし，統合HTPでは精神病的な特徴が目立った。

　このようなこの被検者の特徴をどのようにまとめるかは難しく，いくつかの考え方があるであろう。まず，Kernberg, O. の病態論にもとづけばこの被検者の病態水準は精神病的パーソナリティ構造(PPO)水準であろう。SCTではある程度の常識性や社会性，自己理解を示しているが，ロールシャッハ法でも神経症水準の防衛，境界性パーソナリティ水準の防衛も用いることができている。しかし，統合HTPとロールシャッハ法に認められる認知障害や思考障害が顕著であり，精神病的な不安を体験していることは間違いない。一人の被検者の中に精神病的な特徴とパーソナリティ障害的特徴，神経症的特徴が同居している。

　一つの考え方としては，発症初期のあるいは軽度の統合失調症（Schizophrenia）であり，まだ病前性格が保たれているという考え方である。この被検者はある程度神経症的防衛も使えること，対象表象が「悪い迫害者像」に偏らず「良い表象」にも想定できることは，パーソナリティ・レベルの高さを思わせるが，やはり中心に動いているのは分裂をともなう投影，それに基づく被害念慮の強さ（作話反応として表現されている）である。ここからハイレベルのBPOで，神経症水準の防衛も使える人，分裂していない心的領域を保っているパーソナリティであると考える。こういうパーソナリティがあるところへ，精神病的現象が重なってきているというのがこの被検者の現状であると考えられる。つまり，パーソナリティとして理解されるところはこの人の病前性格であり，そのように精神病（統合失調症）が発症しており，現在はその両方の現象がロールシャッハの反応語に反映されている状態である。

　もう一つの考え方はこの被検者のパーソナリティが精神病的パーソナリティであり，かなり前から精神病的不安を有しながら成長してきた被検者で，思春期・青年期のさまざまな変化（たとえば，性衝動の高まりなど）から急激に不安が高まり精神病的な特徴が前面に出るようになったのではないかという考え方である。

　この他にも，いわゆる初期統合失調症であるとの理解もできるだろう。これらの理解のどれが妥当であるかは，発症前の被検者の状況を詳細に確認することや，被検者の経過を長期に追うことによってある程度判断できる場合もあるだろう。ロールシャッハ法などの投映法心理検査では被検者の心理構造の今現

在の横断面的な特徴を把握することができる。しかし何ゆえこのような内的力動が生じているかについては縦断的なアプローチが必要である。

6．心理療法の経過

クライエントの希望で隔週のカウンセリングを2年半、約40回を継続した。面接開始当初はクリニックで一緒であった友人のことや、現在と前（最初に入院した精神病院）の主治医への不信感などが話される。「（診察などで）少し待たされるとイライラしてしまう。気が立ってしまう」「やりたいことが見つからない。暇だがやりたいことが見つからない」と話す。カウンセリングを開始してすぐに高校卒業資格を取得。友人関係から一度は中断していたクリニックのグループにも再び通い始め、短期アルバイトをいくつか経験する。高校卒業資格を取ったことで大学入試試験の受験資格を得たのであるが、その先については「考えない（考えたくない）」「何をしていいかわからない」と話し、自分でもどうしたいのかわからない様子。アルバイトでは同年代や少し年代が上の人とのよいつながりができかかるのであるが、そこから先につながらない、展開してゆかない。カウンセリングでは沈黙も多く、非常にゆっくりとしたペースでぽつりぽつりと話してゆき、セラピストが〈（そのことを）もう少し詳しく聞かせてください〉〈そのことであなたはどのように感じたのかしら〉と問いかけても話があまり深まることがなかった。何をカウンセリングの目的としてよいのか定まらない印象をセラピストは感じていた。クリニックに通っている友人との関係の問題については、クライエントの語りからある程度その概要を理解することはできるのだが、細やかなところは聞いても十分に理解できないところもしばしばあった（結局なぜ関係がこじれたのかをクライエントはセラピストにはわかるように語ることができなかった）。また、セラピストはクライエントとの面施中に眠気を感じることも多かった。クライエントは時折気分が不安定となり、面接のキャンセルや予定変更がある。不安定になるなり方も唐突な印象を受け、「『気持ちが悪いのでお休みします』と言っています」と母親から電話があり、その具合の悪いクライエントとは話をすることが難しかった。このことは、その後の面接においても話題になりにくい（セラピストが取り上げてもクライエントはあまり話すことができない。クライエントはその時の体験につながることが難しいという印象を持った）。面接開始1年を過ぎたころから、具合が少し悪くなった際に、自分でもよく理由がわからないまま

に状態が悪くなり,「周囲から見られている気がする。高校生から目をつけられている」「辛くて死んでしまいたい」と話すことがあった。
　クライエントは「カウンセリングで話ができると気持ちが落ち着く」「カウンセリングで話を聞いてもらっているので，最近状態が良い方向に向かっている気がする」と話す。クライエントは受給している障碍者年金からカウンセリング料金を支払っており，動機づけが高いクライエントであることは疑いのないことであったが，その一方でセラピストは面接がクライエントの役に立っているという手ごたえが今一つしない印象を持っていた。「母親との衝突がなくなった」「(クリニックの) 友人のことは少し区切りがついた」などの効果も語られた。セラピストはクライエントの語りに『ついてゆけなくなりそうな感じ』を有しながら，なんとか寄り添っている感じで解釈を伝えることにも難しさを感じていた。面接開始から1年半を過ぎた頃に，クライエントの語りから〈深い人間関係を望んでいながらそれがかなえられない辛さ〉〈時折あなたを襲う訳のわからない空虚感と無力感にあらがうことができない惨めな気持ち〉をセラピストが解釈したときには，クライエントの表情がかすかに豊かにそして穏やかになった。心理療法の開始から2年半後に，何度目かの気持ちの大きな落ち込みがあった後，その後クライエントからの連絡がないままに中断している。セラピストはクライエントがなにかはっきりとしたとらえどころがなく戸惑うことが多かったが，精神病的な心性を有しているクライエントであることはよく理解しており，慎重にかかわったケースである。
　心理療法において，このクライエントは精神病的な不安や体験についてうまく語ることはできなかったようであるが，クライエントは投影同一化の機制によりセラピストとコミュニケートすることはできていたようであり，得体の知れない不安や内的体験に圧倒されているクライエントをセラピストは感じることができていた。アセスメントにおいてロールシャッハ法を中心とする投映法のテストバッテリーを活用することにより，このクライエントの内的世界をある程度理解して心理療法を開始したことから，クライエントの面接中の沈黙の多さや体験を語ることの難しさをセラピストは十分に理解して，余裕を持って関わることができた。心理療法がクライエントにどのような効果をもたらしたかについては慎重な考察が必要だろうが，面接が2年半継続し，クライエントから語られた効果が本当にあっただろうことも予測される。心理検査によるアセスメントから面接で展開されていることをある程度推測・予測することができ，心理療法に役立てることができたケースである。

ケース6　精神病水準の現れ②
——サインの顕著な統合失調症の例

1. 臨床像

19歳，女性，大学1年生。

主訴：大学1年のゴールデンウィーク明けから「あんまり行きたくない」と言って登校しなくなり，何をするでもなく家でごろごろと過ごしていた。そのうちに母親に向かって唐突に「からくり人形」と言うようになり，同年夏両親同伴で精神科を受診した。

起始経過：父親の話では「4～5年前から変なことを言うようになっていた」。本人の話では「中学生の頃（5年程前）から耳鳴りが聞こえるようになって，その後人の声が聞こえるようになった。それは知っている人のような知らない人のような変な声で，悪口を言われることもあるし，励ましてくれることもあって，今日まで続いている」とのことである。

学業成績をみると，小学校は公立で成績は中の上，中学は中高一貫の私立で入学時の成績は中だったが次第に低下して下となり，高校の成績も下だったが，系列の大学に内部進学した。高校卒業までの間，不登校歴はないという。

検査態度：ロールシャッハ法受検中は，検査者の教示に素直に従い，検査と関係のない話をすることはなかった。

2. ロールシャッハ法

量的分析

①反応数は少なく，反応時間も短い。したがって，ブロットという現実に積極的に関わろうとする姿勢の乏しいことが推察される。反応領域はほとんどすべ

ケース6　精神病水準の現れ②

Summary Scoring Table

R (total response)	11		W : D	10 : 0	F%	90.9%
Rej (Rej/Fail)	0		W%	90.9%	ΣF%	100%
TT (total time)	4′26″		D%	0%	F+%	20.0%
RT (Av.)	26.6″		Dd%	9.9%	ΣF+%	18.2%
R1T (Av.)	4.8″		S%	0%	R+%	18.2%
R1T (Av.N.C.)	3.8″		W : M	10 : 0	H%	0%
R1T (Av.C.C.)	5.8″		M : ΣC	0 : 0.5	A%	100%
Most Delayed Card	Ⅱ, Ⅶ 0′07″	E.B	FM+m:Fc+c+C'	0 : 0	At%	0%
Most Liked Card	Ⅳ 0′04″		Ⅷ＋Ⅸ＋Ⅹ/R	27.3%	P (P%)	1 (9.1%)
Most Disliked Card	Ⅵ 0′02″		FC : CF+C	1 : 0	C. R.	1 (0)
Self Card			FC+CF+C:Fc+c+c'	1 : 0	D. R.	2 (0)
Family Card	Fa.Card		M : FM	0 : 0		
	Mo.Card					

てWで，Dが皆無，形態水準が不良で，決定因がほとんどFで，反応内容もすべてAであることからも，本例にはブロットという現実を吟味して捉えようとする姿勢はなく，表面的にしか関わろうとしていないことが推察される

②形態水準に関してBasic Scoring Table（掲載は割愛）をみると，マイナスレベルが多出している。観念活動を反映するMもFMも皆無であるから，マイナスレベルの反応は，作話反応などの空想過多によるものではなく，知覚それ自体の問題によると考えられ，自我の働きが全般的に著しく不全であることが示唆される。「現実に関わろうとしない」のではなく，「関われなくなっている」と捉える方が妥当であろう。

③不安や緊張を反映するmも，Atも皆無で，不安や緊張は反映されていない。

④人間反応が皆無であることも，外界に関心をもつ力が乏しくなっているので，他者への関心も持てずにいるのではないかと推察される。

⑤そう考えると，わずかばかり出現した形態水準の良好な反応，1つだけみられたFC，Pの意味は，自我の働きが全般的にきわめて弱まっている本例における適応的な面を示していると捉えることができる。ただし，Basic Scoring Table（掲載は割愛）をみるとFCの形態水準はマイナスであり，情緒の動きを込めることはできたが現実検討には失敗しており，FCに関し

⑥以上まとめると，本例は自我の力と機能が著しく低下していて，自発性が著しく低下しており，自発的に外界に関わってゆくことも，外界の現実をありのままに知覚することも困難となっていると推測される。かつまた，内面で動く情緒や欲求を意識化することが困難になっていると推測される。外部から本例を見ると，おそらく，現実に根ざしたまとまりのある言動のできないことが多く，概して無為に見えるのではないかと思われる。

⑦しかし，わずかであれ，現実的な知覚の可能なこともあるので，それがどのような状況においてなのか，またそのときはどの程度適応的な判断が可能なのかを，継起分析を通して検討する必要がある。また，形態水準の不良な反応について，どのような要因によって不良になっているのかを詳細に検討することも継起分析の課題となる。

継起分析
カードⅠ

Ⅰ	1	2″ ∧	これは，なんかドラキュラの絵に出てくるようなカラスに見えます。	(Q) それは，なんか，なんとなく見えました。(なんとなく，どんなふうに？) こういう牙のあるところ (d_3) と羽のところ (D_2) があるので，それで思いました。(牙と羽の他は？) あとは，なんとなく，そういう形に見えました。(形の他は？) イメージです。(イメージというと，どんな？) イメージというと……〈しばし沈黙〉イメージです。(ああ，イメージですね) はい。(特にカラスって感じがしたのは？) 羽があるところです。羽と牙があります。(ドラキュラの絵に出てくるような感じがしたのは？) イメージです。(イメージっていうと，どんな？) どんな……〈黙り込む〉(ドラキュラの絵に出てくるようなイメージかな？) はい。〈はっきりした口調〉	W F∓ (A)
		22″ ∧	終わりです。(もうちょっと見ていて，もし他にも何か見えてきたらおっしゃってください。)		

2	44″ ∧	コウモリに見えます。	(Q)それは,牙と羽のところです。(カラスのときと同じ位置を指摘)(さっきのカラスと同じかな?)はい。(こう見ると特にコウモリっぽいとかってありますか?)はい,そうです。(どんなところがコウモリぽいですか?)イメージです。	W	F±	A	P
	1′09″	ありません。					

　第1反応は,P反応の「コウモリ」や「チョウチョ」と同じ見方で「カラス」を見ており,Pに準じた反応である。基本的には,ブロットという現実に対する妥当な知覚をしている。ただし説明は,「羽」と「牙」の指摘だけであり,形態把握は大雑把である。

　「カラス」という反応内容は,特別稀有ではなく,了解できる。そこに「ドラキュラの絵に出てきそうな」という明細化が加えられているが,カードIから「ドラキュラ」のイメージが浮かんだことも了解可能である。

　しかし被検者は,このブロットから「ドラキュラ」や「カラス」を連想した自らの連想過程を説明することはできない。

　質問段階で「牙」の指摘が加わった。「牙」は「羽」と同様に,被検者にとってこの反応を決定する重要な要素となっている。「ドラキュラ」から「牙」を連想するのは了解可能であるが,自然界に棲息するカラスに「牙」はないし,ふつう一般に目にする「ドラキュラの絵」にカラスが描かれていることはない。また,「牙」と指摘されたところは「羽」の付け根にあたっており,「牙」の位置としては不自然である。質問段階での検査者とのやりとりから推察するに,こうした不自然さに被検者は全く気づいていないようである。

　つまり,被検者は個々については了解可能な着想をしたが,それらを統合したときの不自然さには全く気づいておらず,バラバラに着想したものをそのまま口にするだけで,全体像として検討することは全くできていないといえる。

　第2反応として,検査者の促しによって,「コウモリ」というP反応が出された。形態の説明は第1反応と全く同じだが,自然界に棲息するコウモリには牙があるし,被検者が「牙」と指摘した領域は「牙」とするには不自然ではあるがこの領域はしばしば「コウモリの鉤爪」と指摘されることがあるので,形態水準は大目に見て±とした。

　第2反応はP反応だし,一般的に「ドラキュラ」からは「カラス」よりも

「コウモリ」のほうが連想しやすいので，第2反応では自我機能が少しばかり回復したといえるだろう。しかし被検者は「ドラキュラ」と関係づけた説明はしていない。反応段階では被検者の内面で自我の修復機能が働いたとしても，質問段階でそれを意識化することはできなかったようである。また質問段階では，検査者の〈こう見ると特にコウモリっぽいとかって，ありますか？〉という質問に対して，被検者は「はい，そうです」と答えているが，「そうです」という答えは，質問にそぐわない。検査者のこの質問を受けているとき，被検者の内面では注意集中が少し途切れた可能性が考えられる。

　第2反応は，全反応中唯一のP反応であり，2つ出現した形態水準±反応のうちの1つである。知覚的には形態水準の良いP反応を出すことができているが，その説明は大雑把であり，第1反応の説明と違わない。通常の意味における適応の良さを示すものとはいえない。

カードⅡ

Ⅱ	1	7″ ∧	テレビに出てくるようなマンガで，なんか，トンボに見えます。	（Q）やっぱ，ここのところ〈D₃〉がトンボに似てます。それと，この後ろの尻尾〈D₂の突起部分〉がトンボのような感じします。（ここ〈D₃〉は何ですか？）牙です。（トンボの牙？）はい，そうです。（トンボに見えたのは，これ〈ブロットを漠然と示す〉のどこですか？）牙と後ろの尻尾。あと，横は羽。（テレビに出てくるマンガと思ったのは？）黒いところでわかりました。（黒いところがテレビに出てくるマンガぽい？）はい。（そう思ったのは？）そう思ったのは，イメージです。	W　F−　（A）
		30″ ∧	あとはありません。（もうちょっと見ていて，もし他に何か見えてきたらおっしゃってください）		
		40″ ∧	別にありません。		

　質問段階で「牙」が指摘されている。自然界に棲息するトンボに「牙」はないし，大きな2つの「尻尾」もない。カードⅡのブロット全体を「トンボ」とするには，「羽」の縦横の長さの比が自然界に棲息するトンボとは違う。被検者は「テレビに出てくるようなマンガ」というが，被検者の言うような形態の

「トンボ」のキャラクターをテレビで観ることはない。したがって，形態水準は－とした。

　「牙」は自然界に棲息するトンボにはなく，「牙のあるトンボ」というテレビマンガのキャラクターもないことから，「牙」という着想はカードⅠから引き継いできたものではないかと考えられる。したがって，状況が変わっても以前の状況で生じた観念が引き続き残り，新しい状況に照らしてそれが妥当であるかどうかの現実検討は全くなされないまま新しい状況の認知にあてはめているといえる。

カードⅢ

Ⅲ	1	6″ ∧ 17″ ∧ 31″ ∧	これはウシに見えます。 あと，ありません。(もうちょっと見ていて，もし他にも何かみえてきたらおっしゃってください。) 別にありません。	(Q)それは，ここ〈d_1〉とここ〈d_1〉が見えました。(こことここは何ですか？)耳です。(耳の他は？)あと，この辺が鼻に似てます。(特にウシらしいと思ったのは？)この耳と鼻のところです。	dr	F－	Ad

　赤色領域を取り入れていないのでdrだが，知覚の成り立ちは「W－顔」反応と同質といえよう。ブロットという現実から距離を置いて漠然と捉えた反応である。被検者は，「耳」と「鼻」から「ウシ」ときっぱり特定して言う。

カードⅣ

Ⅳ	1	4″ ∧ 20″ ∧	これはイヌに見えます。 あとは別にありません。	(Q)それは，ここ〈d_2〉の耳のところと，あと，この辺〈D_4〉の鼻と口のところが似てるんです。あと，見た感じもイヌです。(見た感じのどんな感じがイヌですか？)この目〈D_4の脇のS〉が，イヌの目です。	W,S	F－	Ad

「W-顔」反応である。「耳」,「鼻」,「口」,「目」から「イヌ」ときっぱりと特定しており,被検者は「目がイヌの目」と言う。

カードⅢとカードⅣは,反応の成り立ちがよく似ている。きっぱりと「ウシ」「イヌ」と特定し,動物を特殊化せず,形態の指摘のみであるところから,固執反応と言える。

カードⅤ

| Ⅴ | 1 | 2″ ∧

10″ ∧ | これはカラスに見えます。

あとは別にありません。 | (Q) それは,この部分〈D_1〉とこの部分〈D_1〉の羽が見えました。で,ここ〈d_3の突起部分〉が足で,こっち〈d_1〉が前の顔の部分です。(前の顔というと?)こっち〈d_3〉が後ろの顔の部分です。(前の顔と後ろの顔があるんですね)はい。(特にカラスぽいと思ったのは?)やっぱり,なんとなく見た感じで,羽の部分でわかりました。 | W | F- | A |

カードⅤのブロット全体に「カラス」を見るのは稀有なことではないし,基本的な知覚はP反応の「チョウチョ」「コウモリ」に準じたものである。

しかし,被検者はこの「カラス」には「前の顔」と「後ろの顔」があるという。「後ろの顔」は,検査者の〈前の顔というと?〉という問いかけに応じて出て来た。被検者はカードⅡで「後ろの尻尾」と言っているのと同じように「前の」という言葉には重きをおかずに口にしたのかもしれない。もしそうだとすると,被検者の最初の知覚は,「羽」と「尻尾」と「顔」という,現実に即した妥当な見方だったことになる。そして検査者から問いかけられて「後ろの顔」が出てきたのだが,〈前の顔?〉と問われて「後ろの顔」と対語的に出てきたのは被検者の発想であり,この時「カラスに後ろの顔があるかどうか」という視点は欠落していたといえる。また,「後ろの頭」から「尻尾」が出ていることになるのだが,被検者は頓着していない。さらに,〈前の顔と後ろの顔があるんですね〉と確認されて,さらりと「はい」と答えているのも,通常の言語感覚の喪失,現実検討の欠落を示唆する。

カードⅥ

Ⅵ	1	2″ ∧ 19″ ∧ Rej	これ，よくわかりません。わかりませんね！（これまでになく，いささかきつい口調）	（今見て何か見えてきたらおっしゃってください）なんか，動物に出てくる虫で，クワガタに見えます。（クワガタですね，それは？）それは，わかりません。（クワガタに見えたのはどこですか？）この部分〈D₂+D₂＋その間の部分〉です。（ここはクワガタの何ですか？）背中。（背中の他は？）この顔の部分〈D₁〉が似てるから。	W F± A

　Rejカードである。被検者は19″で「わかりませんね！」と言っている。通常ならば検査者は〈もう少し見ていて，何か見えてきたらおっしゃってください〉と続行を促すのだが，この検査者は19″であっさり終わりにしている。それは被検者の口調がこれまでになくきつかったのと，カードⅠ，Ⅱ，Ⅲで，検査者は反応を促す働きかけをしているが，被検者はカードⅡとⅢではあっさり「あとはありません」と言って反応を終わりにし，カードⅣ以降も1つ反応するとすぐに終わりにしており，カードⅤまでに出された反応がすべて動物反応であることから柔軟性の乏しいことが推測されたので，続行を促すことで被検者に不快なプレッシャーを与える恐れを危惧したためである。「一度は促してもよかったのではないか」という意見もあるだろうが，統合失調症をはじめとした自我の脆弱な被検者には被検者を脅かさない配慮も必要であろう。

　質問段階で「クワガタ」と反応している。しかし「動物に出てくる虫」という日本語としてつながりの悪い言い方をしている。そして検査者の〈クワガタですね，それは？〉という問いかけに，「それは，わかりません」と答えた。検査者の問いかけは，カードⅤまでの質問段階における冒頭の問いかけとほぼ同様である。カードⅤまでは「～に見えたんですね。それは？」と言っている。P.P.段階でRejであったことからも，Ⅵは関わりにくいブロットであったと思われ，それまでよりも自我の働きが低下していると推察される。そこで検査者は，かなり具体的で単純な質問に切り替えた。それによって被検者は大雑把ながらも「背中」を指摘した。つまり被検者は，このブロットを自分がどんなふうに「クワガタ」と見立てているのか全く意識化できていなかったのではなく，漠然とした問いかけに対してこれまでのように説明する余裕がなかったのだと

考えられる。統合失調症の被検者においては，概して，具体的で単純な質問の方が答えやすいようである。

　説明は大雑把ではあるが逸脱はしてないし，カードⅥは一般に「クワガタ」や「カブト虫」という反応がしばしば出るので，形態水準は大目に見て±とした。

　２つの±反応のうちの１つである。形態水準±のもう１つの反応であるカードⅠの「コウモリ」でも「牙」の位置に関して大目に見たが，ここでも大雑把な説明という点について大目に見て，±としている。どちらも大雑把な知覚であり，知覚・判断力の良好なことを示す±とは言い難い。

カードⅦ

Ⅶ	1	7″ ∧	これは……なんか，動物の，あっ，トナカイの頭の上にあるやつ，なんだっけ……の骨に見えます。	（トナカイの頭にあるやつの骨に見えたんでしたね）牙です。（骨というか，牙？）はい，牙です。（それはどこですか？）この部分〈D₁〉とこの部分〈D₁〉です。（どんな感じが牙ぽいですか？）見た感じが似てます。あっ，こっち側もだ。これ全部です。（こっちとこっち，それぞれひとつひとつの牙ということですか？）全体です。全体のイメージです。（全体のイメージね）はい。（全体のどんな感じがトナカイの牙ぽいですか？）似てるとこです。	W	F−	Ad
			あとは別にわかりません。				
		30″ ∧					

　また「牙」である。反応段階では「骨」と言ったのを，質問段階で打ち消して「牙」と言い換えている。２つの突起部分を「牙」と見るのは，カードⅠの第１反応の質問段階以降４度目であり，固執反応である。

　「牙」という反応内容は，一般に攻撃性を反映する。カードⅠの「カラス」もカードⅡの「トンボ」もカードⅦの「トナカイ」も，「牙」のない動物であるが，カードⅠでは反応段階ですでに「ドラキュラ」を連想しており，カードⅡは一般に赤色が攻撃性を喚起しやすいといわれ，カードⅦでは反応段階で「トナカイの頭の上にあるやつ，なんだっけ……の骨に見えます」と言っている。おそらく角と牙を言い間違えているのであり，ここでも言葉の実感（現実感）が失われていることが推測される。角も攻撃性を反映するものである。したがって，これら３つのカードで攻撃性が喚起された可能性が推察される。そ

して被検者の脳裡で攻撃性と「牙」が強く結びついたことから「牙」の固執反応となったのだろう。しかし攻撃性は決定因とは結びついておらず，情緒として体験されているとは推測し難い。「カラス」も「トンボ」も「トナカイ」も一般的に強い攻撃性を象徴する反応内容ではないことから，概念としてのみ浮上してきたのであり，攻撃性の発散とは言い難い。また，「カラス」も「トンボ」も「トナカイ」も現実に棲息しているものには「牙」はない。その矛盾について被検者はまったく頓着しておらず，葛藤も生じていない。「カラス」なり「トンボ」なり「トナカイ」に見立てる過程と「牙」を見立てる過程とがバラバラに展開されていると推察される。すなわち，断片化した知覚といえよう。

カードⅧ

Ⅷ	1	5″ ∧	これは赤トンボにみえます。	（Q）それは，この部分〈D_2〉が目に見えるからです。あと横〈D_1〉が羽で，ここの部分〈D_4〉が背中と尻尾です。（特に赤トンボと思ったのは？）目です。この部分の。	W	FC−	A
		17″ ∧	あとはわかりません。				

　唯一のFC反応である。形態的には，「目」が大きすぎて「羽」は小さすぎるなど，カードⅧの全体を「トンボ」に見立てるのは無理があるため，形態水準は−となっている。被検者は，形態的に無理のあることに全く頓着していない。感覚的直感的に捉えたイメージと現実との照合をしようとする姿勢はみられず，二次過程の自我の働きが著しく低下している。

カードⅨ

Ⅸ	1	2″ ∧	これは動物のブタに見えます。	（Q）ここの部分〈D_3の中央下部〉が目に見えて，ここの部分〈d_4〉が鼻にみえました。（ここが目で，ここが鼻ですね）あと，ここ〈d_4より下方でD_6と$2D_1$とに挟まれた部分〉が口に見えました。あと，耳が見えます〈D_3〉。	W	F−	Ad
		13″ ∧	あとはわかりません。				

　「W−顔」反応である。カードの全体，ほぼ全体を「顔」と捉える反応は，カードⅢ，カードⅣに続いて3つ目である。いずれも「ウシ」，「イヌ」，「ブ

タ」ときっぱり特定しているが，どの反応でも淡々と「目」「鼻」「口」「耳」を指摘するだけであり，第三者が納得できる「ウシ」らしさ「イヌ」らしさ「ブタ」らしさを説明できているわけではない。

したがって，境界性パーソナリティ構造の被検者のプロトコルにしばしば出現して迫害者像の投影と解釈される「W-顔」とは異なる。本例の場合は「動物の正面向きの顔」という固執反応と捉えた方がよい。

カードX

X	1	6″ ∧	これテントウ虫に見えます。	(Q) それは，見た感じです。(見た感じというと？) イメージです。(テントウ虫はどこですか？) これ全部です。(全部でテントウ虫，どうなってますか？) ここの部分〈D_4もしくは$2D_{13}$〉が顔です。(顔の他は？) 顔の他は……，他もテントウ虫です。全部でテントウ虫です。(ここが顔だと思ったのは？) イメージです。	W	F-	A
		17″ ∧	あとはわかりません。				

「テントウ虫」と特定しているが，その説明は非常に漠然としていて，検査者の質問によってようやく「顔」を指摘しただけである。反応領域はWだが，「顔」と指摘した領域は全体に対して占める割合が小さく，かつまた，他の領域はDが散らばっていて「テントウ虫」の体の輪郭線は主観的に引くことになるが，その説明はない。また，一般的に「顔」が「テントウ虫」を特徴づけるものではないので，形態水準はーとした。

おそらく，いろいろな色が散らばっているところから，「テントウ虫」の斑点を直感的にイメージしたのではないかと想像されるが，被検者は全く説明できていない。

継起分析のまとめ

RejのⅥを除いて，すべてのカードで短い初発反応時間で1つの反応を出すとすぐ終わりにしようとしており，カードⅥを含め，出された反応の説明はすべて大雑把である。形態水準が±とスコアされた反応も大目に見ての評定である。反応内容はすべて動物で，その種類をきっぱりと特定するが，それらしさを第三者に伝わるように説明することはできない。領域の選択もほぼすべて

Wで，drもWに近いdrであり，決定因もほぼFで，FC反応の説明も形態の指摘のみである。

　すべてのカードにおいて基本的に同じパターン化したやり方で反応しており，被検者の心の中での動き，すなわち力動が反映されない。このような力動の読めない継起は，進行した統合失調症に一般に見られる特徴である。

3．総合解釈

　不安や恐怖の潜在する可能性が考えられるが，被検者がそれを実感することはなく，のみらず，喜怒哀楽をはじめとして情緒全般について感じることなく，好奇，探索，達成欲求などの内発的欲求も起きず，意欲も乏しく，言葉の実感を失っているので，自発的に行動を起こすことは滅多にないだろうと推測される。外界の他者や出来事に対する関心はきわめて低いが，他者から具体的かつ単純にわかりやすく指示され枠付けされたならば，目を向けることもできる。ただし，じっくりと取り組むのに必要な集中力や自己制御力はなく，直感的に捉えた，表面的で大雑把な関わり方しかできないだろう。そして，自らの認識や判断について洞察することは困難であろう。思考過程そのものも直感的で，ひとつことに拘りやすく，融通性がなく，論理性を欠いているだろう。

　周囲の他者には，被検者が無為な人に見えるだろうし，言動はまとまりがないように見えるだろう。

　以上より，統合失調症の破瓜型（解体型）と推測される。

　直感的な判断の中には了解可能なこともあり，かすかに残る健康部分と推察される。また，「ドラキュラのカラス」「牙」などをはじめとして暗いイメージを反映する言葉があり，被検者には暗い気分を反映することができる程度の感受性が保たれている面もあるのだろうと推測される。この点は，進行した統合失調症の典型的なプロトコルとは異なる。

　そう考えると，もしかしたら被検者は心の内奥では感情や内発的欲求，自発性が枯渇して自由に動けなくなっている自分を感じているのかもしれず，「からくり人形にされる」という訴えの源はそのあたりにあるのではないかと思われてくる。

4. 統合失調症および統合失調症の疑われる被検者に対する心理検査施行上の留意点

　最も留意すべきは，被検者を脅かさないようにすることであり，過剰なプレッシャーを与えないようにすることである。

　特にロールシャッハ法は，インクブロット刺激そのものも，また検査状況も統合失調症の被検者にとってはストレスフルであることが少なくない。質問段階での検査者からの質問に答えることも負担となることもある。

　本事例の質問段階で，検査者は被検者の出した反応や被検者の発言に関心があるという雰囲気を少しだけ口調にこめるようにしたが，過剰になると被検者が不自然に感じるなど圧迫感をおぼえる怖れもあるので，演技的にならないように注意した方がよい。一方，検査とは関係の無い話を繰り広げる被検者においては，そうした話に関心のある雰囲気を示すと被検者の関心がそちらに向いてますます話に没頭することもあるので，一概に関心のあることを口調にこめれば良いのではなく，被検者の様子に適したやり方を工夫することになる。

　カードⅠの第１反応の質問段階で「〈ドラキュラの絵に出てくるような感じがしたのは？〉イメージです。〈イメージっていうと，どんな？〉どんな……（黙り込む）〈ドラキュラの絵に出てくるようなイメージかな？〉はい」というやりとりがあるが，ここで検査者は〈ドラキュラの絵に出てくるようなイメージかな？〉と，被検者の答えを代弁している。これは，直前の検査者の質問に対して被検者が答えに詰まってしまったので，答えられない失敗感や不全感もしくはそれらに起因する困惑が被検者の内面で生じていた場合それを長引かせないように配慮するとともに，検査者は被検者の説明をわかろうと努めていることを伝えようと考えたためである。しかし被検者の答えを代弁すると，被検者は「このように答えればよいのだ」と思ってそのように答えるようになり，そうでなかったならば被検者独自の答えが出てきたかもしれないのを妨害する結果になることもあるので注意が必要である。もしそのようなことが起きた場合には，後の質問では質問の仕方を変えることで被検者独自の回答が出やすいように配慮するとよい。

　被検者を脅かさない配慮をした上で，スコアリングや解釈に必要な情報はきちんと収集しなければならない。自発的な説明の少ない被検者に対して「この被検者は説明能力が乏しいのだ」とか「被検者は曖昧にしか捉えていないのだ」などと検査者が決め込んで必要な質問をしないということは避けたい。も

し検査者が必要な質問をしなかったならば，被検者は質問をされたならば説明できたのか，それとも，本当に説明能力が乏しいのかの判断ができなくなる。

　すでに述べたが，統合失調症の被検者の場合，検査者が曖昧なやり方で質問をすると答えられなかったり主観的な想像に走ったりするきらいがあるようなので，曖昧なやり方の質問ばかりでなく，少し具体的な質問も加えるとよいだろう。

　検査中を通して，被検者が被検者の出した反応に対してどんな態度でいるか，たとえば本事例のようにきっぱりと確信しているのか，それとも，ためらいや自信のなさが伺えるのかといったようなことを摑んでおくとよい。

　そして，以上のようなことも含めて，検査中のやりとりをできる限りすべて記録しておくのが望ましい。特に，被検者の発言に混乱がみられたり，思路弛緩，支離滅裂などが含まれるときには，できる限りそのまま逐語的に記録しておくと，病理を検討する際の重要な参考資料となる。

　以上述べた諸点の基本は投映法検査施行時の一般的な留意点であるが，統合失調症者および統合失調症の疑われる被検者においては，とりわけ細心の注意が肝要となる。

文　献

序　章

Korchin, S. J. (1976) Modern Clinical Psychology-Principles of Intervention in the Clinic and Community. Basic Books Inc., New York.（村瀬孝雄監訳：現代臨床心理学．弘文堂，1980.）

Rorschach, H. (1921) Psychodiagnostik Hans Huber（第9版，1972）．（鈴木睦夫訳：精神診断学　付録・形態解釈実験の活用．金子書房，1998.）

松本真理子他 (2013) Rorschach――児童・青年期臨床に活きるロールシャッハ法．金子書房．

Schafer, R. (1954) Psychoanalytic interpretation in Rorschach Testing Theory and Application. Grune and Stratton, Inc. New York.

片口安史 (1974) 新・心理診断法．金子書房．

理論編
第1章

馬場礼子 (1960a) 芸術の解明に対する精神分析学の貢献とその限界について（その一）"Psychoanalytic Explorations in Art": 1952 by Ernst Kris, Ph.D.『芸術の精神分析学的解明』より．精神分析研究，7-1.

馬場礼子 (1960b) Ⅱ白日夢とフィクション，Ⅲ美的幻想 "Psychoanalytic Explorations in Art": 1952 by Ernst Kris, Ph.D.『芸術の精神分析学的解明』第一章より（その二）．精神分析研究，7-2.

馬場礼子 (1960c) Ⅳ魔術，伝達，同一化，Ⅴ創造と再創造 "Psychoanalytic Explorations in Art": 1952 by Ernst Kris, Ph.D.『芸術の精神分析学的解明』第一章より（その三）．精神分析研究，7-3.

馬場礼子 (1961) 自我心理学にもとづくロールシャッハテストの了解について．ロールシャッハ研究，4.

馬場禮子 (1965) 境界例とその周辺領域――ロールシャッハ・テストによる精神力学的研究．精神分析研究，11-6.

馬場礼子 (1966) 心理テストと精神分析学．精神分析研究，12-5.

馬場禮子 (1979) 心の断面図――芸術家の深層意識．青土社．

馬場禮子 (編著) (1983) 境界例――ロールシャッハ・テストと精神療法．岩崎学術出版社．

馬場禮子 (1995) ロールシャッハ法と精神分析――継起分析入門．岩崎学術出版社．

Baba, R. (1995) A comparative study of the Comprehensive system and a Psychoanalytic analysis. Rorschachiana, vol. 20.

馬場禮子・深津千賀子・吉田直子・餅田彰子・佐伯喜和子・加藤志ほ子（1980）反応過程における距離の意味．ロールシャッハ研究，22．

Beck, S. J. (1930) The Rorschach Test and personality diagnosis: the feeble-minded. The American journal of psychiatry, 87(1).

Beck., S. J. (1936) Autism in Rorschach scoring a feeling comment. Character & Personality, 5, 83-85.

Beck, S. J (1937) Introduction to the Rorschach method A manual of personality study. Monograph No.1 of the American Orthopsychiatric Association.The American Orthopsychiatric Association.

Beck, S. J. (1952) Rorschacha's Test III. Grune & Stratton.

Beck, S. J., Beck, A. G., Levitt, E. E. & Molish, H. B. (1961) Rorschach's Test I Basic Processes. Grune & Stratton.

Brown, F. (1953) An exploratory study of dynamic factors in the content of the Rorschach protocol. Journal of Projective Technique 17.

Cooper, S. H. & Arnow, D. (1986) An object relations view of the borderline defenses: a Rorschach analysis. Kissen, M.(Ed.): Assessing object relations phenomena. International University Press, Inc.

Cooper, S. H., Perry, J. C. & Arnow, D. (1988) An empirical approach to the study of defense mechanisms: 1. Reality and preliminary validity of Rorschach Defense Scale. Journal of Personality Assessment, 52-2.

Ellenberger, H. (1954) The life and work of Hermann Rorschach (1884-1992). Bulletin of Menninger Clinic. vol.18, No.5（大槻憲二訳：ヘルマン・ロールシャッハの生涯と業績（上）ロールシャッハ研究1．1958，大槻憲二・山内一佳共訳：ヘルマン・ロールシャッハの生涯と業績（下）ロールシャッハ研究2．1959．）

Ellenberger, H. F. (1981) From Justinus Kerner to Hermann Rorschach—The History of the Inkblot.（中井久夫訳：ユスティーヌス・ケルナーからヘルマン・ロールシャッハへ——インクブロットの歴史．ロールシャッハ研究ⅩⅩⅢ．1981．）

Exner, J. E., Jr. (1986) The Rorschach: A comprehensive system volume 1 basic foundation.（高橋雅春・高橋依子・田中富士夫監訳：現代ロールシャッハ体系（上）．金剛出版．1991．）

Exner, J. (1993) The Rorschach, vol.1. Wiley.

Frank, L. (1948) Projective Methods for the Study of Personality. Journal of Psychology, 8.

人見健太郎・黒田浩司（2006）：ホルト（Holt）の一次過程尺度．氏原寛ほか編：心理査定実践ハンドブック．創元社．

Holt, R. R. (1968a) Editor's Foreword. D. Rapaport, M. M. Gill & R. Schafer: Diagnostic psychological testing. Revised edition by R. R. Holt, International University Press, Inc., New York.

Holt, R. R. (1968b) Footnote. D. Rapaport, M. M. Gill & R. Schafer: Diagnostic psychological testing. Revised edition by R. R. Holt, International University Press, Inc., New York.

Holt, R. R. (1977) A method for assessing primary process manifestations and their control in Rorschach responses. M. A. Richers-Ovsiankina (Ed) Rorschach Psychology (2nd Ed.). R.E.Krieger Pub.Co., New York:

Holt, R. R. & Havel, J. (1960) A method for assessing primary and secondary process in the Rorschach. M. A. Richers-Ovsiankina(Ed.): Rorschach Psychology. Wiley, New York.

堀見太郎・杉原方・長坂五朗 (1958) 歴史的発展と意義．戸川行男・村松常雄・児玉省・懸田克躬・小保内虎夫監修：心理診断法草書　ロールシャッハ・テスト1．中山書店．

堀見太郎・辻悟・長坂五朗・浜中董香 (1958) 阪大スケール．戸川行男・村松常雄・児玉省・懸田克躬・小保内虎夫監修：心理診断法双書　ロールシャッハ・テスト (1)．中山書店．

片口安史 (1956) 心理診断法―ロールシャッハ・テスト．牧書店．

片口安史 (1987) 改訂　新・心理診断法．金子書房．

Kernberg, O. (1976) Object relation theory and clinical psychoanalysis. Jason Aronson, Inc., New York.

Kleiger, J. H. (1999) Disordered thinking and the Rorschach: Theory, research, and differential diagnosis. The Analytic Press, Inc. (馬場禮子監訳：思考活動の障害とロールシャッハ法――理論・研究・鑑別診断の実際．創元社，2010.)

Klopfer, B., Ainsworth, M. D., Klopfer, W. G. & Holt, R. R. (1954) Developments in the Rorschach technique. Harcourt, Brace & World, Inc.

Kris, E. (1952) Psychoanalytic Explorations in Art. International Univ.Press. (馬場礼子抄訳：芸術の精神分析的解明．精神分析研究，5-4., 1958.)

Krr, J. (2001) Foreword to this edition. in Schachtel, E. G.: Experential Foundation of Rorschach's Test. Basic Books, The Analytic Press Inc.

Lerner, P. M. (1998a) Psychoanalytic perspectives on the Rorschach. (溝口純二・菊池道子監訳：ロールシャッハ法と精神分析的視点 (上) 臨床基礎編．金剛出版，2003.)

Lerner, P. M. (1998b) Psychoanalytic perspectives on the Rorschach. (溝口純二・菊池道子監訳：ロールシャッハ法と精神分析的視点 (下) 臨床研究編．金剛出版，2003.)

Lerner, P. M. & Lerner, H. D. (1980) Rorschach assessment of primitive defenses in borderline personality structure. J. Kwawer, H. P. Lerner, & A. Sugarman (Ed.): Borderline Phenomena and the Rorschach Test. International Universities Press, New York.

Lindner, R. (1950) The content analysis of the Rorschach protocol. In Projective psychology (L. E. Abt and L. Bellak, ed.), Knpf.

Mayman, M. (1962) Rorschach formlevel manual. Unpublished manuscript, Menninger Foundation, Topica.

Mayman, M. (1964) From quality of Rorschach responses. Unpublished manuscript, Menniger Foundation, Topica.

Mayman, M. (1970) Reality contact, defence effectiveness, and psychopathology in Rorschach form-level scores. Edi. B. Klopfer, M. M. Meyer, & F. B. Brawer; Developments in the Rorschach technique III. Farcout Brace Jovanovichi Inc.

Mayman, M. (1977) A multi-dimensional view of Rorschach movement response. In:

Rorschach Psychology, ed. M. Rickers-Ovsiankina, Huntington. Krieger, NY.

本明寛（1942）ロールシャッハ検査における良形態反応の研究．心理学研究，16-2．

本明寛（1952）臨床的人格診断検査解説．金子書房．

村松常雄・村上英二（1958）名大スケール．戸川行男・村松常雄・児玉省・懸田克躬・小保内虎夫監修：心理診断法双書　ロールシャッハ・テスト（1）．中山書店．

岡田強（1930）ロールシャッハ氏ノ所謂「精神診断学」ノ実験的考察（第一回報告）ロールシャッハ氏精神診断学用「テキスト」ニ於ケル形態竝ニ意味ノ研究．神経学雑誌，32-5．

小此木啓吾（2002）一次過程／二次過程．小此木啓吾（編集代表）：精神分析事典．岩崎学術出版社．

小此木啓吾・木村礼子（1958）ロールシャッハ・テストの精神分析学的研究（その1）．精神分析研究，5-1．

小此木啓吾・馬場礼子（1959）ロールシャッハ・テストの精神分析学的研究（その2）強迫症的防衛機制の研究．精神分析研究，6-3．

小此木啓吾・馬場礼子（1961）ロールシャッハ・テストの精神分析学的研究（その3）自我機能の弾力性と適応性．精神分析研究，8-1．

小此木啓吾・馬場礼子（1962）ロールシャッハ・テストの精神分析学的研究（その4）自我機能の創造性と適応性．精神分析研究，9-2．

小此木啓吾・馬場礼子（1963）ロールシャッハ・テストの精神分析学的研究（その5）分裂病者における器官言語と身体自我障害．精神分析研究，10-2．

小此木啓吾・馬場禮子（1972）精神力動論――ロールシャッハ解釈と自我心理学の統合．医学書院；新版　精神力動論――ロールシャッハ解釈と自我心理学の統合．金子書房．1989．

Phillips, L. & Smith, J. G. (1953) Rorschach interpretation: advanced technique. Grune & Stratton.

Rapaport, D. (1952) Projective techniques and the theory of thinking. Journal of projective techniques, 16.

Rapaport, D., Gill, M. M. & Schafer, R. (1946) Diagnostic psychological testing I, II. The Year Book.

Rapaport, D., Gill, M. M. & Schafer, R. (1968) Diagnostic Psychological Testing Revised Edition by Holt, R. R.. International University Press, Inc.

Rorschach, H. (1921) Psychodiagnostik．（東京ロールシャッハ研究会訳：精神診断学――知覚診断的実験の方法と結果．牧書店．1958．（絶版）；鈴木睦夫訳：新・完訳・精神診断学――付形態解釈実験の活用．金子書房，1998．）

Rorschach, H. und Oberholzer, E. (1924) Zur Auswertung des Formdeutversuchs für die OPsychoanalyse. Zeitschrift für die gesamte Neurologie und Psychiatrie, 82. 240-274. 1923; Rorschach, H. and Oberholzer, E.: The application of the interpretation of form to psychoanalysis. Journal of Nervous & Mental Disease, 604. 359-379．（鈴木睦夫訳：形態解釈実験の活用．鈴木訳：新・完訳・精神診断学――付形態解釈実験の活用．金子書房，1998．）

佐竹隆三・田中富士夫（1958）ロールシャッハ法の変法と平行系列．戸川行男・村松常

雄・児玉省・懸田克躬・小保内虎夫監修：心理診断法双書　ロールシャッハ・テスト（2）．中山書店．
Schachtel, E. G. (1966) Experential Foundation of Rorschach's Test. Basic Books, New York.; The Analytic Press Inc., 2001.
Schafer, R. (1947) The Clinical Application of Psychological Test. International Universities Press, Inc. sixteenth Printing.
Schafer, R. (1953) Content analysis in the Rorschach Test. Journal of Projective Technique 17.
Schafer, R. (1954) Psychoanalytic Interpretation in Rorschach Testing Theory and Application. Austen Riggs Foundation Monograph Series No. 3 Grune & Stratton, Inc.
内田勇三郎・松井三郎・本田實昌・谷本撲一・山根薫（1930）素質の実験類型心理学的研究（一）．教育心理学研究／東京高等師範学校心理学教室編輯，5．
Watkins, J. G. & Stauffacher, J. C. (1952) An index of pathological thinking in the Rorschach. Journal of Projective Techinique, 16.

第2章

青木佐奈枝（2013）色彩投映反応の解釈仮説再考．心理臨床学研究，31: 586-596．
馬場禮子（編著）（1983）境界例．岩崎学術出版社．
馬場禮子（1995）ロールシャッハ法と精神分析．岩崎学術出版社．
馬場禮子（1999）改訂　ロールシャッハ法と精神分析．岩崎学術出版社．
馬場禮子・黒田浩司（1992）ロールシャッハ・テスト．安香宏・大塚義孝・村瀬孝雄（編）臨床心理学大系　第6巻．人格の理解Ⅱ，第Ⅱ章．金子書房，p. 25-51．
Beck, S. J. (1976) The Rorschach Test: Exemplified in Classics and Fiction. Stratton Intercontinental Medical Book, New York.（秋谷たつ子・柳朋子訳：ロールシャッハ・テスト——古典文学の人物像診断　みすず書房，1984．）
Exner, J. E. (1969) The Rorschach System. Grune & Stratton, Inc, New York.（本明寛監修：ロールシャッハ・テスト——分析と解釈の基本．実務教育出版，1972．）
Exner, J. E. (2003) A Comprehensive System Volume 1 Basic Foundations and Principle of Interpretation Fourth Edition. John Wiley and Son, Inc, Hoboken.（中村紀子・野田昌道監修：ロールシャッハ・テスト——包括システムの基礎と解釈の原理．金剛出版，2009．）
Hertz, M. (1961) Frequency Table for Scoring Rorschach Responses (4th ed.). The Press of Western Reserve University.
片口安史（1974）新心理診断法．金子書房．
片口安史（1987）改訂・新心理診断法．金子書房．
片口安史（監修）藤岡新治・松岡正明（著）（1993）ロールシャッハ・テストの学習——片口法スコアリング入門．金子書房．
児玉省（1958）日本女子大式——日本人のロールシャッハ反応の基準．本明寛・外林大作（編）：ロールシャッハ・テスト（1）．pp. 223-270, 中山書店．
Klopfer, B, & Davidson, H. H. (1962) The Rorschach Technique: An Introductory Manual. Harcourt, Brace & World.（河合隼雄訳：ロールシャッハ・テクニック入門．

ダイヤモンド社，1964.）

Mayman, E.（1962）Rorschach Form Level manual. Unpublished manuscript, The Menninger Fundations.

Mayman, E.（1970）Reality Contact, Defense Effectiveness and Psychopathology on Rorschach Form-level Scores. Klopfer, B., Meyer, M. & Brawer, F.(ed.) Development in the Rorschach Technique Vol. III: Aspects of Personality Structure. Horcourt Brace Javanovich.

Meyer, G., Viglione, D. J., Mihura, J., Erard, R. & Erdberg, P.（2011）Rorschach Performance Assessment System:Administortion, Coding, Interpretation, and Technical Mannual. Toledo: Rorschach Performance Assessment System.（高橋依子（監訳）高橋真理子（訳）：ロールシャッハ・アセスメントシステム――実施，コーディング，解釈の手引き．金剛出版，2014.）

小川俊樹（2008）概説――今日の投影法をめぐって．小川俊樹（編集）：現代のエスプリ別冊　投影法の現在．至文堂，pp. 5-20.

岡部祥平・菊池道子（1993）ロールシャッハ・テスト　Q&A．星和書店．

Piotrowski, Z. A.（1957）Perceptanalysis: a fundamentally reworked, expanded, and systematized Rorschach method. Macmillan, New York.（上芝功博（訳）：（1980）知覚分析――ロールシャッハ法の体系的展開．新曜社，1980.）

Rapaport, D., Gill, M. M, & Shafer, R.（1968）Diagnostic Psychological Testing. International Univ. Press, New York.

Rorschach, H.（1921）（片口安史訳：精神診断学――知覚診断的実験の方法と結果：改訂版．金子書房．）

Rorschach, H.（1921）Psychodiagnostik—Methodik und Ergebnisse eines wahrnehmungsdiagnostischen Experiments. Verlag Hans Huber, Bern.（Psychodiagnostics: A Diagnostic Test Based on Perception. trans. Lemakau P. & Kronberg B. Grune & Stratton, New York.）（鈴木睦夫訳：新・完訳 精神診断学．金子書房，1998.）

高瀬嗣司（2014）Personal Communication.

辻悟（1997）ロールシャッハ検査法．金子書房．

辻悟・福永知子（1999）ロールシャッハ・スコアリング――阪大法マニュアル．金子書房．

内田裕之（1994）ロールシャッハテスト形態水準評定の再検討．名古屋大学教育学部紀要，41: 79-86.

Watkins, J. G. & Stauffacher, J. C.（1952）An index of pathological thinking in the Rorschach. Journal of Projective Techniques, 16: 271-286.

第3章

青木佐奈枝（2013）色彩投映反応の解釈仮説再考．心理臨床学研究，31: 586-596.

馬場禮子（編著）（1983）境界例．岩崎学術出版社．

馬場禮子（1995）ロールシャッハ法と精神分析．岩崎学術出版社．

Exner, J. E.（1969）The Rorschach System. Grune & Stratton, Inc., New York.（本明寛監修：ロールシャッハ・テスト――分析と解釈の基本．実務教育出版，1972.）

Exner, J. E.（2003）A Comprehensive System Volume 1 Basic Foundations and

Principle of Interpretation Fourth Edition. John Wiley and Son, Inc., Hoboken.（中村紀子・野田昌道監修：ロールシャッハ・テスト——包括システムの基礎と解釈の原理. 金剛出版，2009.）

Kernberg, O. (1967) Borderline personality organization. Journal of the American Psychoanalytic Association, 15: 641-685.

片口安史・田頭寿子・高柳信子（1958）ロールシャッハ分裂病得点（RSS）心研 28, No. 5, 273-281.

片口安史（1987）改訂・新心理診断法．金子書房．

Klopfer, B. & Sender, S. (1936) A system of refined scoring symbols. Rorschach Research Exchange, 1: 19-22.

Klopfer, B. & Kelly, D. M. (1942) The Rorschach technique. Yorkers-on-Hudson, NY: World Books.

Klopfer, B., Davidson, H. H. (1962) The Rorschach Technique: An Introductory Manual. Harcourt, Brace & World.（河合隼雄訳：ロールシャッハ・テクニック入門．ダイヤモンド社，1964.）

馬淵聖二・岸竜馬・和田多佳子・山田聡子（2012）空白反応の解釈仮説の明確化の試み（2）——図版ごとのS反応出現傾向による比較．包括システムによる日本ロールシャッハ学会プログラム・論文集　第19回山梨大会，pp. 26-27.

Mayman, M. (1966) Measuring reality-adherence in the Rorschach test. American Psychological Association meetings, New York.

Mayman, M. (1970) Reality Contact, Defense Effectiveness and Psychopathology on Rorschach Form-level Scores. Klopfer, B., Meyer, M. & Brawer, F. (ed.) Development in the Rorschach Technique Vol. III: Aspects of Personality Structure. Horcourt Brace Javanovich.

Meyer, G., Viglione, D. J., Mihura, J., Erard, R. & Erdberg, P. (2011) Rorschach Performance Assessment System: Administortion, Coding, Interpretation, and Technical Mannual. Toledo: Rorschach Performance Assessment System.（高橋依子（監訳）高橋真理子（訳）：ロールシャッハ・アセスメントシステム——実施，コーディング，解釈の手引き．金剛出版，2014.）

小川俊樹・松本真理子編著（2005）子どものロールシャッハ法．金子書房．

小此木啓吾・馬場禮子（1963）ロールシャッハテストの精神分析学的研究（その5）——分裂病者における器官言語と身体自我障害．精神分析研究，10-2.

Piotrowski, Z. A. & Abrahamsen (1952) Sexual crime, alcohol, and the Rorschach test. Psychiatric Quarterly Supplement, 26: 248-260.

Piotrowski, Z. A. (1957) Perceptanalysis: a fundamentally reworked, expanded, and systematized Rorschach method. Macmillan, New York.（上芝功博（訳）：知覚分析——ロールシャッハ法の体系的展開．新曜社，1980.）

Rorschach, H. (1921) Psychodiagnostik—Methodik und Ergebnisse eines wahrnehmungsdiagnostischen Experiments. Verlag Hans Huber, Bern.（Psychodiagnostics: A Diagnostic Test Based on Perception. trans. Lemakau, P. & Kronberg, B. Grune & Stratton, New York.）（鈴木睦夫訳（1998）：新・完訳 精神診断学．金子書房，1998.）

Schachtel, E. G.（1966）Experiential foundation of Rorschach's Test. Basic Books, New York.（空井健三・上芝功博訳：ロールシャッハ・テストの体験的基礎．みすず書房，1975．）

Weiner, I. B.（1966）Psychodiagnosis in schizophrenia.Wiley, New York.（秋谷たつ子・松島淑恵訳（1973）精神分裂病の心理学．医学書院．

Weiner, I. B.（1998）Principles of Rorschach Interpretation. Laurence Erlbaum Associates.（秋谷たつ子・秋本倫子訳：ロールシャッハ解釈の諸原則．みすず書房，2005．）

吉村聡・人見健太郎（2012）初発反応時間について改めて考える――包括システムと力動的解釈の比較から．日本ロールシャッハ学会第16回大会 プログラム・抄録集，p.31.

第4章

馬場禮子（編著）（1983）境界例――ロールシャッハ・テストと精神療法．岩崎学術出版社（改訂 境界例――ロールシャッハ・テストと精神療法．岩崎学術出版社，1997．）

馬場禮子（1995）ロールシャッハ法と精神分析――継起分析入門．岩崎学術出版社．（改訂 ロールシャッハ法と精神分析――継起分析入門．1999．）

小此木啓吾・馬場禮子（1972）精神力動論――ロールシャッハ解釈と自我心理学の統合．医学書院；新版 精神力動論――ロールシャッハ解釈と自我心理学の統合．金子書房．1989.

Bellak, L.（1958）Creativity: Some random notes to a systematic consideration. J. of Projective Technique, 22(4).

Freud, S.（1912）Recommendation to physicians practicing psycho-analysis. SE12 Trsnlated by Strachey, J., 1958, Hogarth Press, London.（須藤訓任訳：精神分析治療に際して医師が注意すべきことども．フロイト全集12．岩波書店，2009．）

Klopfer, B., Kelly, D. M.（1942）The Rorschach Technique. World Book.

Kris, E.（1952）Psychoanalytic Explorations in Art. International Univ. Press.（馬場禮子訳：芸術の精神分析的研究．岩崎学術出版社，1976．）

Schafer, R.（1954）Psychoanalytic Interpretation in Rorschach Testing Theory and Application. Austen Riggs Foundation Monograph Series No. 3 Grune & Stratton, Inc.

第5章

馬場禮子（編著）（1983）境界例――ロールシャッハテストと精神療法．岩崎学術出版社．（改訂境界例――ロールシャッハテストと心理療法．1997．）

馬場禮子（1995）ロールシャッハ法と精神分析――継起分析入門．岩崎学術出版社（改訂 ロールシャッハ法と精神分析――継起分析入門．1999．）

片口安史（1974）新心理診断法．金子書房．

片口安史（1987）改訂・新心理診断法．金子書房．

Kernberg, O.（1967）Borderline Personality Organization. In: Borderline Conditions and Pathological Narcissism. James Aronson, 1975.

Kleiger, J. H.（1999）Disordered Thinking and the Rorschach Theory, Research, and Differential Diagnosis. Tailor & Francis Group LLC, New York.（馬場禮子監訳：思考活動の障害とロールシャッハ法．創元社，2010．）

第6章

馬場禮子（1969）投映法における投映水準と現実行動との対応——ロールシャッハ・テスト．（in）馬場禮子：心理療法と心理検査．日本評論社，1997．

馬場禮子（編著）（1983）境界例．岩崎学術出版社．

馬場禮子（2006）投映法——どう理解しどう使うか．（in）氏原寛・岡堂哲夫・馬場禮子編：心理検査実践ハンドブック．創元社，2006．

Kernberg, O.（1976）Object relation theory and clinical psychoanalysis. Jason Aronson, Inc., New York.

Kernberg, O.（1984）Severe Personality Disorders: Psychotherapeutic Strategies. Yale University Press.（西園昌久監訳：重症パーソナリティ障害．岩崎学術出版社，1996．）

Kleiger, J. H.（1999）Disordered thinking and the Rorschach Theory, research, and differential diagnosis. The Analytic Press, Inc.（馬場禮子監訳：思考活動の障害とロールシャッハ法——理論・研究・鑑別診断の実際．創元社，2010．）

Kris, E.（1952）Psychoanalytic Explorations in Art. International Univ. Press.（馬場禮子訳：芸術の精神分析的研究．岩崎学術出版社，1976．）

Gunderson, J. G.（1984）Borderline Personality Disorder. American Psychiatric Press, Washington.（松本雅彦・石坂好樹・金吉晴訳：境界パーソナリティ障害．岩崎学術出版社，1988．）

Rapapor, D., Gill, M. M. & Schafer, R.（1946）Diagnostic psychological testing I, II. The Year Book.

Singer, M. T.（1977）The Rorschach as a transaction. In: Rorschach Psychology, ed. M. Rickers-Ovsiankina. Huntington, NY.: Krieger, pp. 455-485.

Widiger, T. A.（1982）Psychological tests and the borderline diagnosis. Journal of Personality Assessment, 46: 227-238.

第7章

馬場禮子（編著）（1983）境界例．岩崎学術出版社．

Bellak, L.（1973）Ego functions in Schizophrenics, Neurotics, and Normals. John Willey & Sons.

Bellak, L.（ed.）（1984）The Broad Scope of Ego Function Assessment. John Willey & Sons: New York.

Federn, P.（1952）Ego Psychology and the Psychoses. Basic Books, Inc.

Kernberg, O.（1967）Borderline Personality Organization. In:（1975）Borderline Conditions and Pathological Narcissism. Jason Aronson.

Winnicott, D. W.（1965）The Maturational Processes and the Facilitationg Environment. The Hogarth Press Ltd.（牛島定信訳：情緒発達の精神分析理論．岩崎学術出版社，1977．）

第8章

馬場禮子（1969）投映法における投影水準と現実行動との対応．片口安史・秋山誠一郎

編：臨床心理学講座 第2巻, pp. 119-136. 誠信書房.
馬場禮子他 (1972) 精神力動論――ロールシャッハ解釈と自我心理学の統合. 医学書院.
馬場禮子 (2006) 投映法――どう理解しどう使うか. 氏原寛・岡堂哲夫・馬場禮子編：心理検査実践ハンドブック. 2006.)
馬場禮子 (編著) (1983) 境界例――ロールシャッハテストと精神療法. 岩崎学術出版社, 1983.
馬場禮子 (1997) 心理療法と心理検査. 日本評論社.
Goldberg, P. A. (1965) A review of sentence completion methods in personality assessment. J. Project. Tech. Personal. Assess, 29: 12-45.
生熊譲二・稲松信雄 (2001) 第21章 文章完成法 (Sentence Completion Test). 上里一郎監修：心理アセスメントハンドブック 第2版, pp. 233-246.
片口安史・早川幸夫 (1989) 構成的文章完成法 (K-SCT) 解説. 千葉テストセンター.
小山充道 (2008) 6：構成的文章完成法検査 (K-SCT). 小山充道：必携臨床心理アセスメント. 金剛出版, pp. 316-320.)
Loevinger, J., Jewish, H. et al. (1959) Theory and techniques of assessment. Ann. Rev. Psychol., 10: 287-316.
Loevinger, J. (1966) The meaning and measurement of ego development. American Psychologist, 21: 195-206.
小川俊樹 (1991) 心理臨床における心理アセスメント. 安香宏・田中富士夫・福島章編：臨床心理学体系5 人格の理解1. 金子書房.)
小川俊樹 (2011) 投映法のこれから. 包括システムによる日本ロールシャッハ学会誌, 15(1).
小林哲郎 (1990) 文章完成法の新しい応用 (SCT-B) の試み. 心理学研究, 61: 347-350.
小林哲郎 (1993) 文章完成法テスト (SCT). 大塚義孝・岡堂哲雄編：心理検査学. 垣内出版, 1993.
槇田仁・小谷津孝明・伊藤隆一他 (1981) 筆跡とパーソナリティの関係について実証的研究―I. 慶應義塾大学社会学研究科紀要 第21号.
槇田仁 (1982) SCT 筆跡による性格の診断. 金子書房.
槇田仁 (1995a) パーソナリティの診断I 理論編. 金子書房.
槇田仁 (1995b) パーソナリティの診断II 実践編. 金子書房.
中安信夫 (1990) 初期分裂病. 星和書店.
中安信夫 (1996) 初期分裂病／補稿. 星和書店.
大塚義孝・岡堂哲夫・東山紘久・下山晴彦監修, 下仲順子編：臨床心理学全書6 臨床心理査定技法1. 誠信書房.
Piotorowski, C., Sherry, D. and Keller, J. W. (1985) Psychodiagnostic test usage: A survey of the Society for Personality Assessment., Journal of Personality Assessment, 49: 115-119.
佐々木正宏 (1981a) SCTによる女子青年の自我発達の測定. 教育心理学研究, 29: 147-151.
佐々木正宏 (1981b) 成人男子の自我発達. 東京大学教育学部相談室紀要 4 : 131-137.
Stein, M. I. (1947) The use of a sentence completion test for the diagnosis of

personality. J. Clin. Psychol., 3: 46-56.
Sacks, J. M.（1949）Effect upon projective responses of stimuli referring to the subjects and others. J. Consul. Psychol. 3: 12-21.
佐野勝男・槇田仁（1976）精研式文章完成法テスト（成人用）．金子書房．
下仲順子・村瀬孝雄（1975）SCTによる老人の自己概念研究．教育心理学研究，23: 104-113.
下仲順子・中里克治（1999）老年期における人格の縦断研究――人格の安定性と変化及び生存との関係について．教育心理学研究，47: 293-304.
鈴木睦夫（1999）精神医学的診断のための検査　SCT．松下正明編集：臨床精神医学16　精神医学的診断法と検査法．中山書店．
栃尾順子・秋葉英則（1988）J. Loevingerの自我発達段階の検討――女子非行少年のパーソナリティとの関係．大阪教育大学紀要，37(1): 17-27.
栃尾順子・花田知津子（1991）女子非行少年の自我発達水準の検討――Loevingerの自我発達理論に基づいて．日本教育心理学研究，39: 324-331.
Tendler, A. D（1930）A preliminary report on a test for emotional insight. J. appl. Psychol., 14.
辻悟（1978）心理学的検査．金子仁郎ら編：現代精神医学体系4A1　精神科診断学Ia．中山書店，pp. 347-350.
渡部雅之・山本里花（1988）文章完成法による日本人の自我発達測定研究．滋賀大学教育学部紀要，38: 51-64.
渡部雅之・山本里花（1989）文章完成法による自我発達検査の作成――LoevingerのWU-SCTの翻訳とその簡易化．教育心理学研究，37(3)．

第9章
加藤志ほ子・吉村聡編著（2016）ロールシャッハテストの所見の書き方――臨床の要請にこたえるために．岩崎学術出版社．

事例編
ケース2
馬場禮子（編著）（1983）境界例――ロールシャッハテストと精神療法，p. 31．岩崎学術出版社．
Gendlin, E. T.（1996）Focusing-Oriente Psychotherapy, pp. 57-88. Guilford Publications.
村瀬孝雄（1995）臨床心理学の原点，p. 244．誠信書房．

ケース3
Kleiger, J. H.（1999）Disordered Thinking and the Rorschach The Analytic Press Inc.（馬場禮子監訳：思考活動の障害とロールシャッハ法，p. 191．創元社，2010．）

ケース4
馬場禮子（1983）境界例――ロールシャッハテストと精神療法，p. 212．岩崎学術出版社．

継起分析の基本姿勢——あとがきに代えて

　筆者らは，1987年から月1回の研究会を30年にわたって継続してきた。慶應義塾大学で馬場の授業を受けた者が，引き続き指導をお願いしようと研究会を立ち上げた。メンバーの入れ替わりはあったが，ここまで研究会が継続するとは誰も予想していなかったのではないかと思う。研究会はロールシャッハ法の事例検討が中心であったが，それによって微妙な表現に示される個人差を学ぶことができた。本書の執筆に関わったメンバーはいずれも個性的で自己主張が強かったので，馬場の解釈もさることながら議論は刺激的であった。このような研究会を続ける中で本書の作成が企画されたが，それが実現したのは，私たちが学んできたアプローチを「馬場法」として明確化しよう，というところで皆が結集したためである。私たちのアプローチは片口法と言われ，時に慶応グループと称されることもあるが，それらが自分たちを表わしてはいないという違和感があった。心理検査は，検査を施行するところから解釈まで理論に基づく一つの体系をなしている。私たちは馬場が追求した精神分析的理論とそれに基づくロールシャッハ法解釈の技法と理論を基礎から学び，実践的研修を通して馬場の体系を身につけると同時に，馬場法を作り上げる一端にいくらかでも加わることができたのではないかと内心自負している。私たちは，ロールシャッハ法とは何かを考えること，データを取ること，スコアすること，解釈を加えること，それら一つ一つに注意深く目を向けてきた。その実践を言語化したものが本書であり，したがって本書は「馬場法」と命名できる体系の一貫した解説である。

　馬場の事例検討会で解釈の実際に触れた者であれば，その解釈に驚き，感銘，魅力を感じない人はいないであろう。筆者の経験では，研究会で議論して積み上げてきたさまざまなクライエント理解が，馬場の一言で生き生きとしたものに変わる瞬間がある。継起分析で積み上げて来たすべてのパーツが纏まって，一人の人間像が立ち上がる瞬間である。これがどうやって得られるのか，筆者は継起分析の章を担当し，その秘密を明らかにしようと苦闘した。

　そこで理解したことは，馬場が領域，決定因，形態質，反応内容，被検者の態度，言葉遣い，表情，といった要素を綿密に読み込みながら，その意味を精

神分析的に理解し，そうした知的作業をしながら同時に，その反応行為をしている被検者に感情移入しているということである。たとえば，「火が燃え上がっている」という反応を出した被検者が，火を恐ろしいものと感じているのか，心地よい興奮と感じているのかによって，「火」の象徴的意味は全く違って来るしそれによってその人への理解も違って来るが，その違いを感じ取るには，語っている被検者への感情移入がなければならない。

これは取り立てて言うべき新発見ではなく，ロールシャッハ反応について力動的に理解するためには必須の姿勢であり，私たちも常に努力していることである。しかしそれを実践することは実は難しいのだと改めて気がついた。継起分析が難しいと言われるのは，この同時並行的な心と脳の動きを維持することの難しさではないだろうか。

今後もこの姿勢をさらに身につけるべく努力したいものである。

私たちは，ロールシャッハ法の学習がクライエントの多層的な理解を可能とし，本法が心理療法を行う上でも大きな力となると考えている。そこで，その技量を高めるために具体的に何をすればよいか，本書ではできるだけ具体的かつ詳細に書いたつもりである。本書がロールシャッハ法に関心を持ち，さらに深めたいと考える人たちの一助になればと思う。そこで，本書をよりよくするために，読者の忌憚のないご意見，感想をいただきたい。また，本書の刊行を機に馬場法の実践と研究がますます盛んになり，力動的な継起分析の伝統が次の世代に続くことを願っている。

最後に，本書を刊行するにあたり，多くの方々にご助言やご協力をいただいた。とりわけ，長年まとまらない私たちの構想が形となるまで辛抱強く待ち続け，入稿してからの様々なご提案含め，尋常ならざるご尽力をいただいた岩崎学術出版社の長谷川純氏に深く感謝したい。

2017年8月

執筆者を代表して　西河　正行

付　記

　本書は8名の執筆者によって、「馬場法による継起分析」という中心テーマに向かって書かれたものである。大まかには使用する用語を共有し、そのつど話し合ってきたが、それでも校正段階において不統一になっている箇所が多数あった。その多くは訳語である。用語を統一するために執筆者の思いを削除することになったり、不統一であるために読者にご迷惑をおかけすることもあるかもしれない。そのいくつかを例示することで、読者の方々に事情をお察しいただければ幸いである。

　まず、「自我のための退行」（regression in the service of the ego）である。「自我による自我のための退行」とか、必要があれば「自我が監視する退行」あるいは「自我のコントロールを受けながら生じる退行」といったように多種多様な訳語が書かれたが、本書は日本語で書かざるを得ないので「自我のための退行」で統一した。その用語の創案者であるKris自身は"in the service of the ego"とか、"under the control of the ego"とかその場で必要な意味を強調する言葉を使っている。しかし日本の習慣では一定の言葉を使った方が良いだろうと判断し、「自我のための退行」に統一した。なお、「一時的、部分的退行」という言葉は、「自我のための退行」を説明するためにKrisは用いており、Krisがこの二つの表現を分けて使っていることを、ここで明記しておく。

　次は「投影性同一視」「投影性同一化」（projective identification）である。これはあえて不統一であるが、実践上、その区分けは重要だからである。場合によってどちらが適切なのかを考えることになる。馬場も両方使っているが、これは「自分が成り代わる主体であれば同一化」だし、「他者の言動を見て評している場合であれば同一視になる」という考えがあると私信で述べている。それゆえ、統一することばかりに気を取られ、内実を失ってはいけないということで統一していないし、その方が妥当だろうと考えている。

　また、「人格」も悩んだ言葉である。現代はすべて「パーソナリティ」にした方が良いだろうと判断した。とりわけKernbergの「パーソナリティ構造論」は本書に頻出であり、執筆者によって訳語が一致しなかった。かつては「パーソナリティ構造」という方が不自然だったが、昨今の流れを受け、本書では

「パーソナリティ構造」「パーソナリティ障害」と用語を改めている。

　Scoring Table をはじめ，用語を日本語に統一できず英語が混ざるのもやむを得ない。そして，日本語にしようがないものの例として all good, all bad という言葉がある。時々「極度に悪い対象」などと入れながら，多くは英語のままにしている。結果的に，一人の執筆者の中でも両方混ざることがある。文脈における書き方もあるというご理解をいただきたい。

　こうした不統一は，意味あるものを残そうという努力の成果である。用語の統一は学術的に重要でも，どういう使い方をするかは，どういう思想を持つかということにつながり，それは臨床実践における「読み」とも関連する深い問題でもあるだろう。

2017年10月

編集補佐　人見 健太郎

人名索引

馬場禮子　1, 6, 15, 16, 29〜31, 34, 35, 64, 72, 73, 80, 82, 83, 85, 97〜99, 101, 102, 104, 105, 114, 122, 123, 132, 134, 135, 153, 155〜160, 163, 167, 179, 181, 184, 186, 191, 192, 194, 196, 202, 204, 205, 207, 242, 334
Balint, M.　162
Beck, S.　12〜14, 18, 21, 24, 28, 29, 38, 64
Bellak, L.　102, 164, 168〜172
Bleuler, E.　8, 9
Brown, D.　21
Buhler, C.　71

Cooper, S.H.　24, 26

Davidson, H.　78, 89, 93

Ebbinghaus, H.　193
Ellenberger, H.　8, 9
Exner, J.E.　10, 12, 13, 27, 37, 38, 41, 51, 56, 58, 65, 79, 85, 88, 92〜94

Frank, L.　17
Freud, S.　17, 24, 98, 102, 156, 161, 175
Fromm, E.　22
Fromm-Reichman, F.　22

Gehring, K.　8
Gill, M.　16, 19
Gunderson, J.G.　159

Havel, J.　25
Hens, S.　8, 9
Hertz, M.R.　13, 36, 62, 64
Holt, R.R.　13, 16, 24, 25
堀見太郎　11, 28

Jung, C.G.　8, 14

片口安史　2, 5, 28, 35〜40, 43, 47〜56, 58, 60, 62, 63, 65〜72, 78〜83, 85, 90〜93, 97〜100, 105, 113, 128
Kelley, D.M.　93
Kernberg, O.　25, 82, 133, 158〜160, 180, 185, 307, 309
Kleiger, J.H　31, 128, 156, 257
Klein, M.　25
Klopfer, B.　3, 4, 12〜16, 18, 24, 27, 29, 36, 50, 65, 78, 79, 87〜89, 93, 97, 101
Korchin, S.J.　2
Kris, E.　20, 21, 25, 30, 102, 103, 156, 161, 162, 164, 172
Krr, J.　22
Kubie, L.S.　162

Lerner, P.M.　24, 26, 27, 28
Levy, D.　12
Lindner, R.　21
Loevinger, J.　193

May, R.　22
Mayman, M.　24, 26, 66, 100
Menninger, K.A.　16
Meyer, G.　41, 84
本明寬　28
村上英二　29
村松常雄　29

Oberholzer, E.　8, 11, 12, 14
岡田強　28
小此木啓吾　15, 16, 25, 29, 30, 98

Phillips, L.　21, 65

Piotrowski, Z.   13, 36, 56, 89, 92

Rapaport, D.   3, 13, 16〜19, 22〜25, 31, 37, 58, 66, 156, 160, 163
Rorschach, H.   2, 8〜15, 20, 22, 24, 28, 31, 36, 52, 62, 64, 68, 71, 73, 78, 80, 84, 87, 90, 96

佐竹隆三   29
Schachtel, E.G.   13, 22, 23, 26, 79, 86, 88〜90
Schafer, R.   3, 4, 13, 16, 19〜21, 27, 30, 37, 101〜103
Sender, S.   87

Smith, J.G.   21, 65
Stauffacher, J.C.   19, 68, 71
Sullivan, H.   193

田中富士夫   29
Thompson, C.   22
戸川行男   28
辻悟   28, 38, 193, 198

内田勇三郎   28

Watkins, J.G.   19, 68, 71
Weiner, I. B.   84
Winnicott, D.W.   184

事項索引

あ行

愛情
　　異性としての―― 265
アンビバレント 199
意識化
　　――に伴う強い葛藤 260
依存
　　――と甘え 282
　　――の欲求不満 265
依存感覚 258
依存感情 280
依存対象
　　――への恐怖感や拒否感 265
依存欲求
　　――の意識化 260
一次過程（primary mental process） 24, 102, 103, 161, 184
　　――思考 24, 25, 304
一時的部分的退行（temporary and partial regression） 102
一体化願望 253
逸脱言語反応 67
逸脱言語表現 46, 68, 202, 296
　　――カテゴリー 68, 71
意欲的な運動FM 261
陰影ショック 108, 230
陰影反応（Sh：shading response） 47, 52, 57, 59
インフォームドコンセント 37
運動反応（movement response） 47, 52, 53, 87
　　――欠如 248
エッジング 42
エディパル
　　――, プレエディパル両面の葛藤 266

演技性人格 183
置き換え 273
大人しい動物（依存性の象徴） 248

か行

外拡型 110
解釈の生成過程 102
外的規定性 205
外的自我境界 187
回復力
　　――の非常に低い人 274
解剖反応（At） 61, 98
顔反応 272
隔離（isolation） 205, 207, 239, 240, 248
　　――防衛 250, 299
固い防衛 249
片口法 34, 35, 48
カタルシス 282
葛藤
　　――から自由な自我領域 266
仮面 60
カラーショック 73
関係念慮 265
感情閉鎖 250
観念過剰 266
願望
　　子どもとして愛されたい―― 266
危険な動物（攻撃性の象徴） 248
記号化（Scoring） 48, 103
機制 174
基礎ロールシャッハ得点法（Basic Rorschach Score） 71
基本的信頼感 282
奇妙な結合 65
鏡映反応 59
境界性パーソナリティ構造（BPO） 67,

158, 180, 255, 265, 266, 272, 280, 306
　　——を持つ自己愛性人格　282
　　神経症的なところのある——　281
　　比較的水準が高い——　281
境界性パーソナリティ水準　307, 309
共感性
　　——と情緒反応性の乏しさ　248
教示　39
競争心
　　——と優越欲　248
　　母親との——　266
強迫性格　199
　　——者　250
強迫的防衛　107, 248
恐怖
　　——的な特徴　272
恐怖感　263, 265, 280, 282
恐怖像　259, 260, 262, 263, 265, 274, 278, 279, 280
極度に悪いイメージ　182
空虚感　306
空白（間隙）反応（S）　48, 51, 84
グループカウンセリング　282
継起分析　26, 102
形態質（form quality）　64
形態水準（Form Level）　43, 63, 68, 69, 99, 113
形態反応（F：form response）　52, 53, 85
結合型の分裂現象　134
結合性　65
決定因　68
嫌悪感
　　——と恐怖感　257
限界吟味　47, 48
　　——段階　47, 48
健康な自我　266
健康な退行　161, 164
言語新作　196
顕在型　96, 110
検査室の設定　36
検査者の位置　35
現実機能　169

現実検討　128
　　——機能　129, 169
原始的投影　182
原始的防衛（primitive defenses）　25, 26, 180, 202, 203, 207, 255, 272, 290, 302, 306, 308
原始的理想化（primitive idealization）　208
建設的明細化　65
公共（平凡）反応（P：popular response）　43, 47, 62, 70
攻撃化　182
攻撃衝動　265
攻撃性　275, 281
　　——が誘発される様相　273
　　——の意識化　265
　　——の投影　280
口唇期　282
　　——退行　299
口唇攻撃性　274, 300
構成的側面　4
構造化　17, 156
　　——された検査　157
　　——されていない，あるいは構造化がゆるい検査　155, 157
　　——の程度　155
　　中程度に——されている検査　157
荒廃色彩反応　187
合理づけ　201, 278
固執的な「顔」反応　184
固執反応　188
混淆反応（contamination）　46, 67, 188, 260, 292
混乱　188

さ行

サイコグラム（Psychogram）　69
材質〈きめ〉反応（c）　57, 94
彩色反応　55
再防衛　266
作話結合　182, 265, 292
　　——反応　46

作話結合反応　306
作話的全体反応（DW）　49
作話反応　67, 182, 306
自我
　——の核　282
　——の統合　266
　——の弱さ　275
自我異和感（ego-alien）　205
自我機制　167
自我機能　167
　——水準の低下　275
　——評価　168
自我境界
　——の機能　170
　——の崩壊　187
自我同一性　266
自我のための退行（regression in the service of the ego）　20, 25, 102
自我発達測定尺度　193
色彩ショック　108
色彩投映反応（Cp: color projection）　55, 56
色彩濃淡ブレンド反応　58
色彩反応（C：color response）　47, 52, 55, 90
色彩命名反応（Cn）　56, 91
ΣF＋％　70, 100
自己愛空想
　誇大的な——　282
自己愛人格　284
自己愛的　281
『思考感情カテゴリー』　65
思考障害　249, 284, 308, 309
自己観　196, 197
自己毀損感　201, 234
自己顕示
　——願望　195
　——性　200, 229, 234
自己実現　267
自己尊重感　234
自責感　201
質的分析　101

質問段階（inquiry）　38, 40, 43, 46, 47, 55
自閉
　——の世界　280
自閉傾向　281
自閉状態
　——での空想　281
邪悪な特徴　255
弱立体反応　58
主観的
　——色づけ　204
　——思い込み　280
　——で観念過剰　270
主観の正当化　265
縮小（minimization）　260
主決定因　52
主題分析（thematic analysis）　20, 21
純粋形態反応　53
純粋彩色反応（C）　55, 91
衝動行為　265
初期分裂病　204
初発反応時間（R_1T）　69, 80, 108
自律的機能　173
支離滅裂反応　67
神経症水準　249, 250
神経症的な病理防衛　250
神経症的パーソナリティ構造（NPO）　159
神経症的防衛　25
身体化　105
　——症状　248, 250
身体表現性障害　200
心的過程の分裂　183, 186
心理療法
　——の場　282
親和的感情　282
生産的退行　21
『精神診断学』　64
精神病水準　186
精神病的な混乱体験　292
精神病的な不安　311
精神病的パーソナリティ構造（PPO）　159, 307, 309

──水準　309
精神病的不安　306, 308
精神病レベル　283
性同一性　197, 198, 205, 206
整理用紙　68
潜在型　97, 111
全体空白反応（W,S）　49
全体反応（W）　47, 48, 49, 81
「育ち直し」環境　282
創造的退行（creative regression）　102
想念
　　──の葛藤　281

た行

体験型　70, 96, 110
退行　160
　　──状態　255
　　──水準　156
　　──理論　102, 103
　　良性の──と悪性の──　162
退行促進要素　191, 192
退行阻止要素　191
対象関係
　　──機能　170
　　──の分裂　181, 183, 186
対人葛藤　266
対人関係　281
　　──の不全　281
　　葛藤的な──　282
対人恐怖感　265
対人不信感　280
脱価値化（devaluation）　182, 208
縦の分裂　159, 181
知能検査　193, 196
適応機能　129
適応的退行　172
テストバッテリー　155
徹底操作（work-through）　266
転換（shifts）
　　身体感覚の──　250
同一化　253, 265
投影（projection）　255, 265, 272, 277

よいものの──　279
投影性同一化　182
投影性同一視　306
投影同一化　290, 311
投映法（Projective Technique）　17
動機づけ　37
統合機能　205, 208
統合失調症　49, 284
　　──の初期　204
統合・総合機能　174
統合的　195, 199, 201, 207
　　──解釈　205
動物運動反応（FM）　53, 54, 88
動物反応（A）　97, 98
特殊スコア　65
特殊部分反応（dr）　48, 49, 50
独創（稀有）反応（original response）　63
閉じこもり　282
トラウマ体験　282

な行

内向型　110
内在化　282
内的境界　187
内部外部反応　257
内面処理の問題　249
二次過程（secondary mental process）　25, 102, 103, 161, 183, 192
　　──思考　192, 195, 196
　　表面的な──　280
人間運動反応（M）　53, 54, 87
人間関係　282
人間反応（H）　47, 60, 97
認知障害　284, 309
認知の歪曲　265
濃淡拡散決定因子（Y）　58
濃淡反応　94
濃淡ブレンド反応　58

は行

パーソナリティ構造の水準　133

パーソナリティ障害　67, 284
ハイレベルの（軽度の）障害　265
破壊性
　——の表現　273
破壊的明細化　65, 67
迫害的
　——恐怖像　272
　——対象関係　282
　——な外界　280
母親カード　264
母親転移　282
阪大法　50
反動形成（reaction formation）　234, 239, 249, 276
万能感　181, 306
反応拒否（Rej）　40, 41, 48, 69
反応決定因（Determinant）　43, 45, 51, 52, 85, 110
　——についての質問　44
　——のカテゴリーの数（D.R.）　54
反応語の記録　42
反応時間（RT）　48, 68, 79, 106
反応失敗（Fail）　40, 41, 48
反応終了時間（RT）　42
反応数（R）　48, 69, 79, 106
反応段階（performance proper）　38, 40, 43, 46, 47
反応内容（Content）　43, 45, 59, 60, 68, 97, 114
反応領域（Location）　43, 44, 48, 68, 80, 109
汎不安（stable in unstability）　266
美化（beautification）　200, 201, 229, 264, 277, 278
　——された対象像　263
　——と否認　266
被害感　281, 282
被害的な空想　280
被害念慮　266
非形態反応　68
ヒステリー性格　200, 202
非生物運動反応（m）　53, 89
筆圧　194
筆跡　196
非特異的な自我の弱さ　185, 203
否認　200, 205, 207, 234
　——と美化　265, 281
標準（良好）水準　66
病前性格　189
病理水準の推測　256
不安定　266
フェルトセンス（felt sense）　250
フォーカシング　250
不気味感　257
副決定因　52
復元
　——していく自我機能　267
不自然形態色彩反応（F/C）　56, 91
不自然色彩形態反応（C/F）　56
不自由で過剰なコントロール　248
普通全体反応（W）　49
普通部分反応（D）　48〜50, 82
部分反応　47, 48
ブラインド・アナリシス　11
不良（病的）水準　66, 67
分裂（splitting）　202, 204, 207, 255, 265, 266, 272, 275, 290, 306
分裂病質パーソナリティ　183
併存型　280
　——の分裂現象　134
防衛　273
　低次元の——　275
防衛解釈
　——と明確化　282
防衛機能　129
防衛・適応機能　171

ま行

無関心（indifference）　204
無彩色反応　52, 55, 92
妄想性人格　183
文字新作　196

や行

柔らかさへの拒否　276
揺れ（oscillation）　102, 103
よい自己（good self）　266
よい対象（good object）　255, 264
良い WAIS，悪いロールシャッハ　156, 160
抑圧　200, 205
抑うつ　249, 276
欲動・情緒体験　128, 130
横の分裂　159, 183

ら・わ行

力動的過程　123
力動的なパーソナリティ理解　123
理想化　182, 265, 266
理想像　253, 265
立体反応（K）　57, 59
両極への移行　265
両向型　111
良好な関係　282
量的分析　11, 101, 106
両貧型　111
ロールシャッハ・テスト反応記録用紙　62
ロケーションチャート　44
悪い自己（bad self）　266
悪い対象（bad object）　255

アルファベット

A

A　→　動物反応（A）
A%　70
all bad な対象　266
all good な対象　266
At%　70

B

Basic Scoring Table（基礎整理表）　68, 69, 70
Bl　99
BPO　180　→　境界性パーソナリティ構造（BPO）
──の SCT　183

C

C　→　純粋色彩反応（C）
c　→　材質〈きめ〉反応（c）
C'　55
C'F　55
C.R.（Content Range）　62, 70, 99
C/F　56, 91
CF（彩色形態反応）　91
Cg　60, 62
Cn　→　色彩命名反応
color response　→　色彩反応（C：color response）
Content　→　反応内容（Content）
Cp（color projection）　55, 56, 91
Csym　91

D

D　→　普通部分反応（D）
d　50
D.R.（Determinant Range）　54, 70
Dd（特殊部分反応）　48, 83
dd　50, 83
Dd%　70
de　50, 83
Determinant　51
di　50, 83
dr　49, 50, 84
DW　→　作話全体反応（DW）

F

F%　70
F/C　→　不自然形態色彩反応（F/C）
F（form response）　→　形態反応（F：form response）
F＋%　70, 100
Fail　→　反応失敗（Fail）

false self　184
FC（形態彩色反応）　90
FC'　55
Fc + c + C'　70
FC + CF + C　70
FC：CF + C　70
Fire　99
FK（立体〈通景〉反応）　95
FM　→　動物運動反応（FM）
FM + m：Fc + c + C'　70
Food　99
form quality　→　形態質（form quality）

H

H　→　人間反応（H）
H%　70

I

isolation　→　隔離（isolation）

K

K（拡散反応）　96
K－Ⅷ B　62
KF　96
Klopfer 法　50

L

Lds　99
Location　→　反応領域（Location）

M

M　→　人間運動反応（M）
m　→　非生物運動反応（m）
M：FM　70
M：ΣC　70
Mask　60
Most Delayed Card　69
movement response　→　運動反応（movement response）

N

nonF　68

O

Obj　99
original response　→　独創（稀有）反応（original response）
oscillation（振動）　164
Other　62

P

P　→　公共（平凡）反応（P：popular response）
P%　70
Pl　99
Psychogram　→　サイコグラム（Psychogram）
pure H　60

R

R　→　反応数（R）
R-PAS　41, 84
R + %　70, 100
R_1T　→　初発反応時間（R_1T）
R_1T（Av.C.C）　69
R_1T（Av.N.C）　69
R_1T（Av）　69
reaction formation　→　反動形成（reaction formation）
Rej　→　反応拒否（Rej）
Rorschach Data Sheet K-Ⅷ　68
RSS　71
RT　→　反応終了時間（RT）
RT（Av）　69
Ⅷ + Ⅸ + X／R %　70

S

S　→　空白（間隙）反応（S）
S%　70
Scoring List（分類表）　68, 69
SCT（Sentence Completion Test）　157, 193
shading response　→　陰影反応（Sh：shading response）
splitting　→　分裂（splitting）

Summary Scoring Table（まとめの表）
　68, 69, 72

T

true self　184

W

W　→　全体反応（W）
W%　70

W, S　49
W－の顔反応　82, 98, 159, 280, 306
W：D　70
W̶　49
Weapon　60, 62

Y

Y　→　濃淡拡散決定因子（Y）

編著者略歴
馬場禮子（ばば　れいこ）
1934年　東京に生まれる
1958年　慶応義塾大学社会学研究科心理学専攻・修士課程修了
同　年　慶応義塾大学医学部精神神経科勤務
　　　　同時に，三恵病院などにて精神科臨床に従事
1984年　常磐大学人間科学部教授
1991年　東京都立大学人文学部教授
1997年　放送大学教育学部教授
2005年　山梨英和大学大学院（臨床心理学専攻）教授
現　職　中野臨床心理研究室
著　書　「精神分析的心理療法の実践」，「改訂境界例」，「改訂ロールシャッハ法と精神分析」（岩崎学術出版社），「心理療法と心理検査」（日本評論社），「精神力動論」（共著，金子書房）他
訳　書　「精神分析的発達論の統合①」（監訳，P. タイソン／R. L. タイソン著），「芸術の精神分析的研究」（E. クリス著），「親‐乳幼児心理療法」（D. スターン著）（以上，岩崎学術出版社），「思考活動の障害とロールシャッハ法」（監訳，J. H. クレイガー著）（創元社）他
担　当　序章，第6章第2節，第7章

執筆者略歴（50音順）
伊藤幸江（いとう　ゆきえ）
1951年　東京に生まれる
1975年　早稲田大学第一文学部心理学専攻卒業
1980年　早稲田大学大学院文学研究科心理学専攻修士課程修了
現　職　ひらかわクリニック
著訳書　「学校社会とカウンセリング　教育臨床論」（分担執筆　学文社），「人間関係と心の健康　心理臨床からの考察」（分担執筆　金剛出版），「心理査定実践ハンドブック」（分担執筆　創元社）
担　当　第1章，第9章，事例

内田良一（うちだ　りょういち）
1965年　東京に生まれる
1990年　慶応義塾大学大学院社会学研究科修士課程修了
同　年　三恵病院勤務
1991年　相州メンタルクリニック勤務
2001年　NTTデータにて産業臨床に従事
現　職　かながわ臨床心理オフィス所長（代表取締役）
著訳書　「心理査定実践ハンドブック」（分担執筆　創元社），「精神分析的発達理論の統合①」（共訳　岩崎学術出版社）
担　当　第4章，事例

黒田浩司（くろだ　ひろし）
1960年　岐阜県に生まれる
1989年　慶應義塾大学大学院社会学研究科博士課程単位修得退学
1994年　茨城大学人文学部講師
1998年　みとカウンセリングルームどんぐり　カウンセラー・コーディネーター
2004年　茨城大学人文学部教授
現　職　山梨英和大学大学院人間文化研究科教授
著訳書　「改訂・臨床心理学概説」（分担執筆　放送大学教育振興会），「臨床心理学大系第6巻」（分担執筆　金子書房），「投映法研究の基礎講座」（分担執筆　遠見書房），「『臨床のこころ』を

学ぶ心理アセスメントの実際」(分担執筆　金子書房),「心理査定実践ハンドブック」(分担執筆　創元社)
担　当　第2章，事例

鈴木淑元（すずき　よしもと）
1953年　神奈川に生まれる。
1983年　東京都立大学人文学部心理学科卒業
1993年　慶應義塾大学大学院社会学研究科博士課程修了
現　職　カドラント心理研究所，企業カウンセリング，スクールカウンセラー活動
著訳書　「精神分析的発達論の統合①」(共訳　岩崎学術出版社),「臨床・コミュニティ心理学」(分担執筆，ミネルヴァ書房)
担　当　事例

西河正行（にしかわ　まさゆき）
1950年　東京に生まれる
1974年　慶應義塾大学法学部卒業
1985年　慶応義塾大学大学院社会学研究科博士課程単位取得退学
1999年　大妻女子大学人間関係学部勤務
現　職　大妻女子大学人間関係学部教授
著訳書　「心理学マニュアル面接法」(分担執筆　北大路書房),「抑うつの臨床心理学」(分担執筆　東京大学出版会),「精神分析的発達論の統合①」(共訳　岩崎学術出版社),「ヤーロム　グループサイコセラピー　理論と実践」(共訳　西村書店)
担　当　第5章

人見健太郎（ひとみ　けんたろう）
1973年　茨城県に生まれる
1997年　茨城大学大学院人文科学研究科文化構造専攻（人間科学論）修士課程修了
同　年　大野クリニック（現　医療法人南山会　柵町診療所）勤務
現　職　みとカウンセリングルームどんぐり所長
著訳書　「心理査定実践ハンドブック」(分担執筆　創元社),「ここだけは押さえたい学校臨床心理学」(分担執筆　文化書房博文社),「フロイトを読む」キノドス著（共訳　岩崎学術出版社),「学校臨床に役立つ精神分析」(分担執筆　誠信書房)
担　当　編集補佐，第3章，第6章第1節

村部妙美（むらべ　たえみ）
1960年　福岡県に生まれる
1985年　慶應義塾大学文学部人間関係学科卒業
1987年　慶應義塾大学社会学研究科前期博士課程修了
1998年　東京学芸大学学生相談室勤務
2009年　東京学芸大学特任教授（2013 特命教授）
現　職　杏林大学医学部総合医療学教室　講師
著訳書　「家族に学ぶ家族療法」(分担執筆　金剛出版),「心理査定実践ハンドブック」(分担執筆　創元社)「精神分析的発達論の統合①」(共訳　岩崎学術出版社)
担　当　第8章

力動的心理査定
―ロールシャッハ法の継起分析を中心に―
ISBN978-4-7533-1128-6

編著者
馬場 禮子

2017年11月19日　第1刷発行
2022年10月22日　第4刷発行

印刷　(株)新協　／　製本　(株)若林製本工場

発行所　(株)岩崎学術出版社　〒101-0062 東京都千代田区神田駿河台3-6-1
発行者　杉田　啓三
電話 03(5577)6817　FAX 03(5577)6837
©2017　岩崎学術出版社
乱丁・落丁本はおとりかえいたします　検印省略

改訂 ロールシャッハ法と精神分析──継起分析入門
馬場禮子著
心理検査を超える可能性を臨床的に蓄積した　　　　　　　　本体3200円

精神分析的心理療法の実践──クライエントに出会う前に
馬場禮子著
学派を超えて通用する心理療法の基本とその技術　　　　　　本体3200円

改訂 精神分析的人格理論の基礎──心理療法を始める前に
馬場禮子著
刊行から8年，好評テキストの待望の改訂版　　　　　　　　本体2800円

ロールシャッハテストの所見の書き方──臨床の要請にこたえるために
加藤志ほ子・吉村聡編著
臨床で使える報告書をまとめるために必携の書　　　　　　　本体2500円

発達精神病理学からみた精神分析理論
フォナギー／タルジェ著　馬場禮子・青木紀久代監訳
多くの理論を並列し実証性の観点から見直す　　　　　　　　本体5000円

精神分析的発達論の統合①
P・タイソン／R・L・タイソン著　馬場禮子監訳
現代精神分析における発達論の臨床的統合　　　　　　　　　本体4000円

精神分析的発達論の統合②
P・タイソン／R・L・タイソン著　皆川邦直・山科満監訳
乳児期から青年期に至る超自我の発達過程　　　　　　　　　本体3800円

親‐乳幼児心理療法──母性のコンステレーション
D・スターン著　馬場禮子・青木紀久代訳
母になることと親‐乳幼児関係論の力動的研究　　　　　　　本体5000円

精神力動的精神療法──基本テキスト
ギャバード著　狩野力八郎監訳　池田暁史訳
米国精神分析の第一人者による実践的テキスト（DVD付き）　本体5000円

この本体価格に消費税が加算されます。定価は変わることがあります。